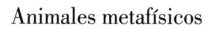

Animales metafísicos

Clare Mac Cumhaill
y Rachael Wiseman

Animales metafísicos

Cuatro mujeres que hicieron renacer la filosofía

Traducción de Daniel Najmías

EDITORIAL ANAGRAMA
BARCELONA

Título de la edición original:
Metaphysical Animals
© Chatto & Windus
Londres, 2022

Ilustración: El comedor del Somerville College durante los años de la guerra, cuando Mary Midgley, Iris Murdoch y Philippa Foot estudiaban allí. Fotografía: Cortesía del director y miembros del Somerville College, Oxford

Primera edición: enero 2024

Diseño de la colección: Julio Vivas y Estudio A

© De la traducción, Daniel Najmías, 2024

© Clare Mac Cumhaill y Rachael Wiseman, 2022

© EDITORIAL ANAGRAMA, S. A., 2024
Pau Claris, 172
08037 Barcelona

ISBN: 978-84-339-2225-0
Depósito Legal: B. 18837-2023

Printed in Spain

Liberdúplex, S. L. U., ctra. BV 2249, km 7,4 - Polígono Torrentfondo
08791 Sant Llorenç d'Hortons

A nuestras abuelas, madres e hijas:
Alice, Joan, Rose, Christina, Paula,
Lynda, Penelope y Ursula

PREFACIO

La historia de la filosofía europea suele ser la historia de las ideas, de las visiones, las esperanzas y los miedos de hombres. Es también la historia de las ideas, las visiones, las esperanzas y los miedos de hombres que –en general– llevaron una vida excepcionalmente aislada, lejos de mujeres y de niños. «Prácticamente todos los grandes filósofos europeos fueron hombres solteros», escribió en 1953 la filósofa Mary Midgley[1] en la primera línea de su guión para una charla radiofónica encargada por la BBC pero cancelada después. Para el productor, el comentario de Mary relativo al estado civil de los filósofos era «una intrusión trivial e irrelevante de los asuntos domésticos en la vida intelectual».[2] Pero Mary sostenía que el solipsismo, el escepticismo y el individualismo característicos de la tradición filosófica europea no se encontrarían en una filosofía escrita por personas que hubieran mantenido amistad íntima con cónyuges y amantes, se hubiesen quedado embarazadas, criado niños y disfrutado de una vida diversa, rica y plena.

El presente libro cuenta una historia que gira en torno a cuatro mujeres filósofas y a la amistad que las unió. Mary Midgley (de soltera, Scrutton), Iris Murdoch, Elizabeth Anscombe y Philippa Foot (de soltera, Bosanquet) alcanzaron la mayoría de edad cuando tenían lugar algunos de los acontecimientos más perturbadores del siglo xx.

Nacidas justo después de la Primera Guerra Mundial, iniciaron

9

sus estudios de filosofía en la Universidad de Oxford poco después de que las tropas de Hitler entrasen en Austria. De hecho, Mary se encontraba en ese momento en Viena –adonde había viajado con la intención de mejorar sus conocimientos de alemán antes de ingresar en la universidad–; su profesora la había tranquilizado diciéndole que los conflictos europeos no irían a más. La futura filósofa volvió a Inglaterrra tras ver los mensajes que iban apareciendo en los escaparates de la capital austriaca: «Si entra aquí como un auténtico alemán, que su saludo sea *"Heil Hitler"*».[3] Los sucesos que se produjeron durante los años siguientes cambiarían por completo el escenario de la humanidad: el nazismo, el Holocausto, la guerra total, Hiroshima y Nagasaki... Esa generación tuvo que enfrentarse a actos de depravación y a unos desórdenes que difícilmente hubieran imaginado las generaciones anteriores.

Iris Murdoch señaló que los filósofos franceses y británicos parecieron reaccionar de maneras muy distintas a la realidad posterior al nazismo. La experiencia francesa de la ocupación marcó la filosofía y la literatura de posguerra.[4] La filosofía de Jean-Paul Sartre exploraba las implicaciones morales y políticas de la libertad e intentaba comprender si la autenticidad y la sinceridad tenían cabida en quienes habían conocido la Francia de Vichy; sin embargo, los británicos no sufrieron una crisis parecida. En vez de eso, cuando en 1945 los hombres de Oxford volvieron del frente, se remangaron y reanudaron su trabajo donde lo habían dejado.

La tarea que esos jóvenes habían acometido antes de que los interrumpiese la guerra era audaz: acabar con la materia hasta entonces llamada «filosofía» y resituarla con una nueva serie de métodos lógicos, analíticos y científicos conocidos como positivismo lógico. La investigación metafísica especulativa –el conocimiento de la naturaleza humana, de la moral, de Dios, la realidad, la verdad y la belleza– debía ceder paso a la interpretación y el análisis lingüísticos puestos al servicio de la ciencia. Las únicas preguntas permitidas eran las que podían responderse con métodos empíricos. «¿Cuál es el sentido de la vida humana?», «¿Cómo debemos vivir?», «¿Existe Dios?», «¿Es real el tiempo?», «¿Qué es la verdad?», «¿Qué es la belleza?» Este tipo de cuestiones metafísicas sobrepasan los límites de lo que podemos medir y observar, razón por la que se las tachaba de disparate, de sinsentido (un *nonsense*). También estaba prohibida la vieja imagen filosófica del hombre como criatura espiritual cuya vida se orienta hacia Dios o el Bien, y para quien la filosofía es el intento de reflexionar sobre la estructura fundamental de la realidad. En ese momento se necesitaba una visión de los seres humanos como «máquinas calculadoras eficientes»,[5] individuos cuyas capacidades intelectuales les permitieran superar su desordenada naturaleza animal de tal modo que fueran capaces de organizar y racionalizar un mundo de otro modo amorfo y brutal. Se declaró que no había auténticos problemas filosóficos y que las cuestiones que no podían ser objeto de investigación científica eran incómodos embrollos de confusiones lingüísticas.

De no ser por la interrupción que impuso la guerra, Mary, Iris, Elizabeth y Philippa podrían haberse sumado a los hombres en el empeño de abrirle paso, en un mundo feliz, a una filosofía carente de poesía, misterio, espíritu y metafísica, o, lo más probable, habrían terminado sus estudios y habrían dejado la filosofía convencidas, como tantas jóvenes lo están aún, de que esa disciplina no era para ellas.

No obstante, lo que ocurrió fue que a los hombres jóvenes y a las «Grandes Bestias» de la filosofía británica (Alfred Jules Ayer, Gilbert Ryle y John Langshaw Austin) se los arrancó de raíz de Oxford para replantarlos en Whitehall, centro neurálgico del Gobierno británico, que incluía el Ministerio de Guerra. Nuestras cuatro amigas se quedaron en un Oxford amputado y alterado, repleto de evacuados de Londres y de refugiados llegados del continente. Y así empezó a resucitar la filosofía. Los metafísicos de siempre pudieron volver a hablar de poesía, de trascendencia, de sabiduría y verdad. Los objetores de conciencia preguntaron qué querían de ellos Dios y el deber. Los académicos refugiados compartieron, en una lengua que no era la suya, una erudición y un estilo de enseñanza nunca antes vistos en Oxford, y las mujeres, que ya no asistían a clases repletas de hombres inteligentes que disfrutaban cuando salían airosos de tal o cual disputa, prestaron, juntas, atención al mundo.[6] Les interesaba, como dijo Iris, «la realidad que rodea al hombre, sea trascendente o de otra clase».[7] Y tenían preguntas, muchísimas preguntas. Fue así como estas cuatro mujeres aprendieron a entender la filosofía del modo en que lo hicieron, como una antigua forma de indagación mantenida con vida a lo largo de miles de años de conversación y cuya tarea es ayudarnos, colectivamente, a encontrar nuestro camino en una vasta realidad que nos trasciende a todos. Cuando los jóvenes volvieron de la guerra, con sus métodos analíticos y su desdén por el misterio y la metafísica, nuestras cuatro amigas estaban listas para recibirlos con un «¡No!» exclamado al unísono.

Nosotras empezamos nuestro propio diálogo filosófico en el verano de 2013. Nos conocimos en Ginebra, donde formamos parte de un reducido grupo de filósofos reunidos para intentar comprender la naturaleza del sueño. Cada una vio en la otra a una colega que amaba lo oscuro, lo efímero y lo tangencial y tendía a hacer preguntas raras. No tardamos en descubrir que compartíamos la misma desesperación por el estado de la filosofía académica, una disciplina en que ambas lidiábamos por abrirnos camino. Sabíamos que si queríamos seguir en la brecha teníamos que encontrar una manera de hacer filosofía de un modo más comprometido, creativo y abierto. Estábamos aburridas de oír a los hombres hablar de libros sobre hombres escritos por hombres, y queríamos filosofar juntas, como amigas. Buscábamos un tema que pudiera ayudarnos a hacerlo y, entonces, el 28 de noviembre, apareció en el *Guardian,* bajo el epígrafe «The Golden Age of Female Philosophy», una carta de una tal Mary Midgley. Reconocimos el nombre, pero no era una filósofa cuya obra figurase en los planes de estudios universitarios o se discutiera en las principales revistas especializadas. En la carta, Midgley exponía los elementos esenciales de la historia que nos disponemos a contar y explicaba cómo ella y sus tres amigas, Iris, Elizabeth y Philippa, habían prosperado en el campo de la filosofía, una disciplina poco receptiva a las mujeres, porque en un momento crucial llamaron a los hombres a filas.[8] «El problema no son, por supuesto, los hombres en cuanto tales –proseguía diciendo Midgley en la carta– [...], ellos desarrollaron en el pasado una filosofía bastante buena.» La autora parecía sugerir, con un guiño, que iba siendo hora de considerar qué tipo de filosofía habían hecho –y harían– las mujeres. El cosmos semejaba ofrecernos exactamente lo que habíamos pedido y lo dejaba a nuestros pies.

Antes de que nos diéramos cuenta, empezamos a visitar una re-

sidencia de ancianos situada en un barrio de las afueras de Newcastle, a apenas unos kilómetros de donde nos alojábamos, y allí
conversamos muchos días con Mary Midgley, quien, desde su sillón, hablaba de los autores de los libros que conservaba en la estan-
tería como si acabasen de marcharse de la habitación, nos pasaba
papeles, notas y recortes que cubrían todos los alféizares, todas las
superficies y casi por entero la alfombra de su minúscula sala de estar: Collingwood, Joseph, Price, Wittgenstein, Austin, Ayer, Hare.
Nos habló también de sus amigas, todas fallecidas ya, Iris, Philippa
y Elizabeth. Hubo una cuestión en especial que Mary quiso que en-
tendiéramos, a saber, qué significaba «estar en guerra». Literalmente. Nosotras dos vivíamos en un momento en que se nos decía,
desde hacía más de una década, que estábamos en «guerra contra el
terror». Mary insistió en que conociéramos la diferencia:

*No hacéis lo que normalmente estaríais haciendo; no estáis donde
normalmente estaríais; se os ordena, se os redirige, se os imponen restricciones. Familia y amigos también han tenido que desplazarse o han
muerto, están heridos o en peligro. Es difícil averiguar lo que ocurre.
Los periódicos no son fiables, la radio transmite propaganda, se censu-
ran las cartas. Escasea la comida, la gasolina está racionada, los viajes
restringidos. El futuro es incierto. La gente tiene miedo. Está oscuro.*[9]

Nos habló de todo eso, sí, pero no como si fueran recuerdos de
un pasado estático que ya no puede cambiar, sino como un trasfondo vivo de la filosofía que quería transmitirnos. En medio del caos,
dijo, la filosofía es necesaria, y lo que quería ofrecernos era una teoría de la vida humana que sus amigas y ella habían elaborado mientras fumaban para mitigar el hambre, mientras las sirenas avisaban
de inminentes ataques aéreos y las cortinas hechas con los tejidos
más opacos impedían que se detectase la luz de los interiores.

Ahora que el mundo intenta recuperarse de una pandemia y
abre los ojos a la realidad del cambio climático, puede que sea el
momento de volver a preguntar, como hicieron esas mujeres al
cabo de la Segunda Guerra Mundial, ¿qué clase de animal es el ser
humano?, ¿qué necesitamos para vivir bien?, ¿sirve para algo la filosofía?

Al final de la guerra, y a ambos lados del canal de la Mancha, los hombres compartían una «imagen del hombre» que aún domina en nuestra imaginación colectiva. Iris escribió que el «héroe» de la filosofía moderna es el «fruto de la edad de la ciencia»: «libre, independiente, solitario, poderoso, racional, responsable, valiente, el héroe de tantas y tantas novelas y libros de filosofía moral».[10] Sin embargo, está alienado de su propia naturaleza, del mundo natural que habita y de otros seres humanos. Hoy, para nosotros, la soledad y la alienación tienen un rasgo distintivo. El desarrollo tecnológico de las últimas décadas crea la impresión de un mundo que está íntegramente a la vista, donde en apenas un par de segundos nuestro ordenador nos enseña la superficie de Marte, el interior de un nido de avispas o los planos de un reactor nuclear. No obstante, ante la abrumadora complejidad de la vida humana, y cada vez más satisfechos con las versiones virtuales, sucedáneas, de la amistad, del juego, del amor y del contacto humano, renegamos colectivamente de la tarea que tenemos delante. Preferimos, en su lugar, fantasías en las que una generación futura, la inteligencia artificial o la innovación científica asumirán esa carga por nosotros, pero, en palabras de Mary, «lo que de verdad nos ocurre seguirá estando, sin duda, determinado por las elecciones humanas. Ni siquiera las máquinas más portentosas pueden elegir mejor que las personas que se supone que las programan».[11]

Lo que necesitamos ahora es una imagen que nos ayude a entendernos a nosotros mismos de un modo que nos muestre cómo seguir adelante. Tenemos que ser capaces de ver las nuevas pautas de acción y pensamiento que caracterizan nuestra vida, tanto hoy como en el pasado, y de comprender las posibilidades de cambiarlas y los mecanismos que pueden hacer realidad ese cambio. «He puesto en la misma lista "los hombres" con cosas como "gatos" y "nabos"», escribió Elizabeth Anscombe en 1944, insistiendo en que todo intento de entendernos a nosotros mismos debe empezar por reconocer que somos criaturas vivientes.[12] Pero mientras que la vida de gatos y nabos solo podemos estudiarla objetivamente desde fuera, debemos estudiar la vida de los humanos desde dentro. Y si la tarea consiste en descubrir lo que somos, entonces debemos acometerla en compañía, como hicieron esas mujeres, en residencias y comedores universitarios, en salones de té y salas de estar, por correspondencia y en pubs, entre bebés y pañales. Su hábitat fue un mosaico de jardines tapiados, ríos, galerías de arte, campamentos de refugiados y edificios bombardeados. A través de los ojos de esas amigas emerge una nueva imagen.

Nuestro mundo familiar se transforma en un suntuoso tapiz con motivos que se entremezclan, tachonado de objetos culturales de poder metafísico y rebosante de vida vegetal, animal y humana. Y a nosotros, los individuos humanos cuyas vidas ayudan a crear y preservar esos motivos y objetos, se nos vuelve a ver como la clase de animal cuya esencia debe cuestionarse, crearse y amarse. Somos *animales metafísicos*. Hacemos y compartimos imágenes, historias, teorías, palabras, signos y obras de arte que nos ayudan a gestionar nuestra convivencia. Si esas creaciones son tan potentes es porque nos muestran lo que es y lo que fue correcto y, al mismo tiempo, sugieren nuevas maneras de seguir. Nos muestran que lo que se convierte en nuestro pasado común es siempre provisional; el pasado se mantiene vivo dando fe de él y gracias al empeño por conservarlo, y, como tal, es mutable y se debilita o se pierde con facilidad. Aun así, al ser algo vivo, lo que descubramos ahora puede afectar a nuestra historia. Podemos ver nuestro pasado de otra manera y reescribir lo que creemos que ocurrió. Nos esperan pasados distintos.

Hemos reconstruido ese pasado uniendo fragmentos de cartas, diarios, fotografías, conversaciones, cuadernos, recuerdos y postales para crear imágenes. Estas modelan unas pautas sostenidas gracias a la más importante de todas: las vidas entrelazadas de cuatro mujeres sorprendentemente brillantes. Las conoceremos cuando eran unas adolescentes, a principios de una guerra, y las seguiremos mientras luchaban por encontrar su camino en un escenario político e intelectual cambiante. Las dejaremos cuando ya se acercan a los cuarenta años, el momento en que hacen su entrada en la escena mundial con sus nombres impresos en artículos y libros, y con sus voces en la radio. Cada una de ellas sugiere una manera distinta de vivir una vida dedicada a la tarea de entender el mundo. Cada una de ellas encontró soluciones diferentes a los problemas prácticos, intelectuales y psicológicos que plantea hacer filosofía siendo mujer, y todas se fortalecieron gracias a la amistad que las unió.

15

A su vez, la vida de estas mujeres ilumina un contrarrelato respecto a la historia dominante de la filosofía del siglo xx. Sus protagonistas no son Alfred Jules Ayer, ni John Langshaw Austin, ni Richard Mervyn Hare, sino unos personajes que pueden resultarnos desconocidos: Henry Habberley Price, Horace William Brindley Joseph, Susan Stebbing, Robin George Collingwood, Dorothy Emmet, Mary Glover, Donald MacKinnon y Lotte Labowsky. Esa contranarrativa conecta la filosofía contemporánea con los grandes metafísicos especulativos del siglo xix y principios del xx, fuesen idealistas o realistas, que trabajaron para comprender la naturaleza de la verdad, la realidad y la bondad antes de que el paso al análisis lingüístico hiciera que la filosofía se interesase por el significado de palabras como «verdadero», «real» y «bueno».

Asimismo, demuestra que formular preguntas metafísicas y buscar una respuesta a ellas es una parte natural y esencial de la vida humana, y conecta preguntas en apariencia abstractas y esotéricas con las cuestiones urgentes y realmente éticas, prácticas y espirituales a las que todos nos enfrentamos en nuestra vida cotidiana. Atravesando esa historia están las grandiosas arcas históricas del pensamiento occidental: Platón, Aristóteles, santo Tomás de Aquino; Descartes, Hume, Kant, Hegel; Frege, Wittgenstein; Moore. Y, por supuesto, trastocando todas esas vidas y modelos, el gran caos del siglo xx: refugiados y migrantes, crímenes y guerras, muerte y confusión.

El libro empieza con una escena que plantea una pregunta filosófica. Corre el año 1956 y Elizabeth Anscombe, ante el claustro de la Universidad de Oxford, declara que Harry S. Truman, presidente de los Estados Unidos de América de 1945 a 1953, el hombre que ordenó lanzar las bombas sobre Hiroshima y Nagasaki, es un asesino de masas al que no ha de otorgársele un título honorífico. Casi todos los académicos presentes se muestran en contra. Oxford ensalza a Truman. Elizabeth se pregunta, intrigada, qué ve ella que los demás no ven. Están perdidos si se decantan por honrar a un hombre que se ha hecho célebre por matar sin piedad a decenas de miles de inocentes. La filosofía de este libro es un mapa que empieza a trazarse ahí.

Puede leerse como un relato y extraer de él un retrato de la vida humana que ayudará a ver el mundo de todos los días como lo vieron estas mujeres: como algo asombroso y frágil que necesita un cuidado y una atención constantes. También como una discusión filosófica que sirve para imprimir nueva vida a nuestra disciplina. De ser posible, debería leerse en compañía de amigos.

Elenco

Elizabeth Anscombe	Philippa Foot (de soltera, Bosanquet)	Mary Midgley (de soltera, Scrutton)	Iris Murdoch

MUJERES FILÓSOFAS

Alice Ambrose
Dorothy Emmet
Mary Glover
Martha Kneale
Margaret Masterman
Susan Stebbing
Mary Warnock (de soltera, Wilson)

MUJERES UNIVERSITARIAS

Myra Curtis
Helen Darbishire
Vera Farnell
Barbara Gwyer
Mildred Hartley
Isobel Henderson
Carlotta Labowsky
Lucy Sutherland
Janet Vaughan

LOS IDEALISTAS Y EL GRUPO DE BOARS HILL

E. F. y Winifred Carritt
H. W. B. Joseph
Sandie y Erica Lindsay
Gilbert Murray
y lady Mary
E. J. y Theo Thompson

LOS REALISTAS

G. E. Moore
H. A. Prichard
W. D. Ross

«LOS VIEJOS» Y LOS OBJETORES DE CONCIENCIA

R. G. Collingwood
E. R. Dodds
Peter Geach
Donald MacKinnon
H. H. Price
Victor White
Oscar Wood

18

PROFESORES REFUGIADOS	WITTGENSTEINIANOS	EXISTENCIALISTAS
Heinz y Eva Cassirer	Ludwig Wittgenstein	Martin Buber
Eduard Fraenkel	Wasif Hijab	Katharine Farrer
Fritz Heinemann	Georg Kreisel	Gabriel Marcel
Raymond Klibansky	Rush Rhees	Jean-Paul Sartre
Franz Steiner	Kanti Shah	
Friedrich Waismann	Yorick Smythies	
Richard Walzer	John Wisdom	

LOS METAFÍSICOS	«HOMBRES JÓVENES» EN EL FRENTE	EL SOCRATIC CLUB
Ian Crombie	*Los profesores*	Stella Aldwinckle
Austin Farrer	J. L. Austin	C. S. Lewis
Michael Foster	A. J. Ayer	
Basil Mitchell	Isaiah Berlin	
Eric Mascall	Gilbert Ryle	
Dennis Nineham		
	Los estudiantes	
	Nick Crosbie	
	Richard Hare	
	David Hicks	
	M. R. D. Foot	
	Geoffrey Midgley	
	Frank Thompson	
	Geoffrey Warnock	

19

Prólogo
El título del señor Truman
(Oxford, mayo de 1956)

ELIZABETH ANSCOMBE TOMA PARTIDO

El 1 de mayo de 1956, justo después de comer, la campana mayor de la iglesia de Santa María sonó para convocar a los miembros del claustro de la Universidad de Oxford a la Biblioteca Bodleiana,[1] la Vieja, sede de estudios para hombres y lugar de trabajo de escribas y copistas a lo largo de cuatro siglos, y ese día, de repente y de manera inexplicable, considerada blanco de amenazas de «las mujeres».[2] Desde St. John's, New College y Worcester, los profesores se dirigieron hacia el sur por St. Giles', hacia el oeste por Holywell Street y hacia el este por Broad Street, togas y birretes al viento.[3] Cuando se reunieron en el patio de Convocation House ya circulaban rumores. «Las mujeres traman algo en Convocation; tenemos que [...] votar en contra de ellas.»[4]

Algo se sabía. Alic Halford Smith, el vicerrector, había propuesto al Consejo Hebdomadario que la universidad concediera un título honorífico a Harry S. Truman, expresidente de los Estados Unidos.[5] La tradición mandaba que la candidatura se aprobase en Convocation (el órgano rector formado por todos los doctores y profesores universitarios) y que el *honoris causa* se concediera el mes siguiente durante la antigua ceremonia académica de la Encaenia, pero... de pronto salieron a la luz algunos hechos y empezaron a correr rumores apenas formulados. Se decía que «las mujeres» se opondrían a la candidatura.

Los miembros del claustro de St. John's, que habían llegado con un mandato muy sencillo, «votar en contra de ellas»,[6] formaron co-

23

rros para intentar averiguar contra *cuáles* debían votar. A nadie sorprendió que todo fuese culpa de Somerville, el ateo, el College para cerebritos (o, como decían algunos, para *freaks*).[7] En All Souls hubo reacciones en contra de semejante injusticia; nadie dudaba de que «*¡CASTIGAR al señor Truman sería un error!*»: «Por Dios, no se puede considerar a un hombre responsable simplemente porque "su firma figura al pie de una orden"». En las mesas del comedor de New College se había acordado que «la decisión [de Truman] había sido una *"equivocación"*, apenas *"un incidente, por decirlo de algún modo, en toda una carrera"*».[8] Aun así, hubo también quienes se pararon a pensar y vieron que apenas se sabía nada más de la carrera del señor Truman. Al oír el apellido del expresidente de los Estados Unidos resultaba imposible no asociar de inmediato «Hiroshima» y «Nagasaki».

Esa tarde, los profesores entraron en fila en Convocation House, un tribunal medieval dispuesto en cierto modo como una Cámara de los Comunes en miniatura. Todas las miradas se dirigieron hacia los bancos situados cerca de la entrada (donde solían sentarse las mujeres) en busca de la agitadora. Y ahí estaba, quieta, callada, sentada, la señorita Elizabeth Anscombe.

Entre bambalinas, los celadores, los secretarios, decanos y censores de la universidad estaban inquietos. ¿Acaso Anscombe había «formado un partido»? Según ella, no, pero ¿se podía confiar en su palabra?[9] Los funcionarios habían consultado a conciencia los estatutos y habían examinado precedentes, pues se desconocía el procedimiento que debía seguirse para tratar esa clase de protestas; nadie recordaba una ocasión similar. A Alic Halford Smith, el vicerrector, le quedaba poco para jubilarse, y pidió a John Masterman, su sucesor, que presidiera la asamblea en su lugar.[10] Masterman aún estaba haciéndose con el cargo y, cuando se alisó la esclavina de la toga y se dispuso a tomar asiento, seguía sin saber a ciencia cierta el procedimiento que debía aplicar. El orden del día venía muy cargado, pues había que discutir el estatus que tendría el Nuevo Testamento griego en la carrera de Teología. El Consejo Hebdomadario no veía la hora de que se aprobase su propuesta de nombrar a Truman doctor *honoris causa*, aplazada ya un año, y hete aquí que «la señorita Anscombe» se disponía a iniciar una polémica que podía acabar poniéndolos en apuros.[11] Para colmo, había liado aún más las cosas al solicitar permiso para dirigirse a los presentes en inglés y no en latín (a pesar de que hablaba latín perfectamente).[12]

La prioridad de Masterman era «que se removiera cuanto menos fango posible».[13] Los periodistas, ávidos de información, ya habían llegado. Nadie dudaba de que ahí tendría lugar una «escena». En cuanto a los celadores, la señorita Anscombe era una espina que llevaban clavada desde hacía tiempo. Se había hecho famosa por ir a clase en pantalones, una prenda que, según los estatutos de la universidad, las mujeres tenían prohibido llevar. Esa tarde, los asistentes experimentaron un gran alivio cuando se puso de pie y vieron que debajo de la toga llevaba falda y medias.[14]

Algo parecido al silencio descendió sobre Convocation House cuando la señorita Anscombe se dirigió al atril; los comentarios en sordina, unos por mera diversión, otros con intención de burla, fueron apagándose hasta quedar en nada cuando empezó a hablar. El aspecto de la oradora, poco respetable (el pelo largo y alborotado, la cara lavada, una ropa sin forma), quedó eclipsado por la belleza de su voz baja y firme. «Estoy decidida a oponerme a la propuesta de conceder al señor Truman el doctorado *honoris causa* aquí en Oxford.»[15] Estaba nerviosa, pero habló despacio y con claridad.

«Un título honorífico no es hoy una recompensa al mérito; es, por así decir, el premio por ser una persona muy distinguida, y sería una necedad preguntar si un candidato merece tamaña distinción. Por ese motivo, en general, no tiene interés alguno preguntar si tal o cual persona debería tener un título *honoris causa*.» Es posible que cuando Anscombe pronunció esas palabras en apariencia apaciguadoras se produjera un perceptible relajamiento de la tensión. «Es sumamente difícil que alguien muy distinguido sea también un notorio criminal y –prosiguió– si no fuese un criminal célebre, sería impropio, en mi opinión, discutir la cuestión.» Es posible también que unos cuantos de los presentes se permitiesen sonreír como hizo ella. «La cuestión [*Oh, Dios*] solo podría tener un mínimo sentido en el extrañísimo caso de que a un hombre se lo conociera en todas partes por un acto en virtud del cual honrarlo no sería más que mera adulación.» Esas palabras, y su significado, acabarían comprendiéndose.

Cuando la señorita Anscombe reanudó su intervención, los allí reunidos tuvieron que esforzarse por seguir su razonamiento. Anscombe no quería cuestionar que la medida que había tomado Truman «salvó, con toda seguridad, un inmenso número de vidas» y tampoco que evitó una posibilidad terrible: «La muerte de muchísimos soldados de ambos bandos; los japoneses [...] habrían masacrado a los prisioneros de guerra y los bombardeos "corrientes" habrían aniquilado a una población civil muy numerosa». En su opinión, el pacifismo es «una falsa doctrina»; ella no está en contra de la pena de muerte. Sin embargo, insiste: la acción de Truman es «asesinato». El expresidente tiene «un par de masacres» en su haber.

En algunos momentos pareció dirigir violentos insultos al exjefe de Estado: «Una persona muy mediocre puede hacer cosas increíblemente malvadas y no por ello provocar nuestra admiración». «Cualquier tonto puede ser todo lo tramposo que le convenga.» «Si se es estúpido, no se puede ser bueno ni hacer nada bueno.»[16] La filósofa comparó a Truman con los mayores villanos de la historia: «Si le conceden este título, ¿qué Nerón, qué Gengis Kan, qué Hitler o qué Stalin no será premiado en el futuro?».[17] En algún momento empleó la palabra «carnicero».[18]

John Masterman no pudo más que «sulfurarse» mientras la «mujer miembro» iba soltando su «discurso». Cuando echó un vistazo a la sala, no dudó de que «las mujeres» perderían cuando se procediera a votar, pero ¿podría controlarse la situación removiendo el menor fango posible? La prensa, «como correspondía, habría sacado partido del incidente» y él y Oxford serían culpables de un «acto de descortesía» para con el presidente Truman, que iba a ser invitado de honor. Masterman le dio vueltas a la idea de aplazar la asamblea antes de que pudiera llamarse a votación.[19]

La señorita Anscombe se dispuso a concluir su discurso. «Las protestas de personas que no tienen poder son una pérdida de tiempo», dijo. Seguía hablando despacio y con calma. «No estoy aprovechando la oportunidad para hacer un "gesto de protesta" contra las bombas atómicas; protesto enérgicamente contra *nuestra* acción de ofrecer honores al señor Truman, porque con el elogio y la adulación se puede compartir la culpa derivada de una mala acción.»[20] Se hizo silencio cuando Anscombe regresó a su asiento. «Ni un murmullo, ni un movimiento, ni un cambio de semblante.»[21]

Correspondió al historiador Alan Bullock, en calidad de miembro del Consejo Hebdomadario, intervenir en defensa de la candidatura. Los reunidos en asamblea parecían totalmente impertubables;[22] así y todo, la potente voz masculina de Bullock y su acento de Yorkshire los calmarían. «No aprobamos la medida –dijo, en una primera persona del plural que implicaba a los severos hombres del comité que lo rodeaban y restablecía el cómodo orden–, no, nosotros creemos que fue una *equivocación*.»[23] No obstante, añadió que los atenuantes eran muchos. «No fue el señor Truman quien hizo las bombas, y tampoco decidió lanzarlas sin consultar con nadie.» Bullock habló con la autoridad de un historiador; acababa de escribir la primera biografía de Hitler con extensión de libro.[24] No, Truman «solo era responsable de la decisión». Suya era solamente «la firma al pie de la orden».[25] Esas palabras parecían sugerir que lo que el expresidente había hecho no era sino una manera de acabar con el papeleo. Bullock concluyó –y no se extendió demasiado– «que un acto así es, al fin y al cabo, un episodio; apenas un incidente, digamos, en una carrera. El señor Truman algo de bien ha hecho».[26]

Al final, y a pesar de sus reservas, Masterman hizo lo que debía y presentó la moción a la asamblea diciendo: «*Placet ne vobis, Domini Doctores? Placet ne vobis, Magistri?*» Si alguien hubiese dicho «*Non placet*», Masterman se habría visto obligado a convocar una votación en toda regla, pero, aliviado, comprobó que nadie exclamaba nada –al menos, nada que él no quisiera oír–. La señorita Anscombe y los partidarios que pudiese tener deben de desconocer el procedimiento, pensó Masterman, más tranquilo, y, al cabo de un silencio que duró apenas unos segundos, declaró el decreto aprobado por unanimidad.[27]

Tras la disolución de la asamblea, los testigos no tenían muy claro lo que exactamente había ocurrido. ¿Era la señorita Anscombe una pacifista disfrazada? ¿Se trataba de algo parecido a una protesta católica romana? ¿Qué clase de «noble» disparate era ese?[28] ¿Habían concebido «las mujeres» ese numerito con fines aún desconocidos? ¿No entendía esa «mujer carente de toda moderación» hasta dónde estaban dispuestos a combatir los japoneses?[29] Algunos estaban seguros de que la señorita Anscombe estaba completamente sola, pero otros afirmaban haber oído o visto a partidarios suyos. ¿Acaso no levantó la mano la (vagamente escandalosa) señorita Hubbard, de St. Anne's? ¿Y la señora Foot, de Somerville? Hubo quienes juraron haberla oído emitir unos ruidos.[30] «La oponente solitaria», decía el titular del *Manchester Guardian* del día siguiente: a pesar de lo mucho que se había esforzado Masterman, la prensa no dejó escapar la oportunidad.[31] Según el periódico, nadie más se opuso, pero a la semana siguiente publicó una carta al director que lo negaba; firmaba M. R. D. Foot.[32] La señorita Anscombe no había estado sola. Algunas voces, oportunamente desoídas por Masterman, habían dicho «*Non placet*», insistía Foot en la carta.

La noticia sobre la «campaña de una sola mujer» atravesó el Atlántico y llegó a las páginas del *New York Times*; un periodista no tardó nada en preguntar a Harry Truman qué pensaba de la intervención de la señorita Anscombe. Truman contestó: «Tomé la decisión basándome en los hechos conocidos entonces y, si tuviera que volver a hacerlo, lo haría sin dudar».[33] Sin embargo, en la víspera de la Conferencia de Potsdam, tras ver «la ruina absoluta del Berlín conquistado», había escrito, en la privacidad que le ofrecía su diario: «Pensé en Cartago, Baalbek, Jerusalén, Roma, la Atlántida, Pekín [...], Escipión, Ramsés II [...], Sherman, Gengis Kan [...]. Me temo que las máquinas han adelantado en algunos siglos a la moral y que cuando la moral les dé alcance, ya no tenga razón de ser».[34]

El 20 de junio, cuando agasajaron al señor y la señora Truman con melocotones y champán en la Founder's Library de New College, el incidente ya solo era un mero recuerdo. Más tarde, Truman, radiante con su toga escarlata y su bonete Tudor de terciopelo negro, se dirigió al Sheldonian Theatre, diseñado por Christopher Wren, donde se celebraría la ceremonia de entrega. Abarrotaron la sala mil doscientas personas. Los aplausos duraron tres minutos cuando el conde de Halifax, rector de Oxford, proclamó «*Harricum Truman, Doctoris in Iure Civili*» (doctor en Derecho civil). Y sonaron las seis campanas de St. Mary's.

Esa noche, Truman ocupó su asiento en la mesa de honor de la llamada cena «Gaudy», de gala, que tuvo lugar en Christ Church (solo para hombres y llamada así por la voz latina *gaudium*, «gozo»), flanqueado a derecha e izquierda por una larga fila de obispos, caballeros, lores, embajadores y condes. En el menú del banquete, siete platos: *Pâté Maison, Tortue Claire, Escalopes de Saumon Granville, Mousse de Caneton Aylesbury, Selle d'Agneau, Coupe Hélène*, seguidos de *Pailles au Parmesan*.[35] De las bodegas: Sercial Madeira, Bernkasteler Lay 1953, Château Certan de May, Louis Roederer N. V., Cockburn 1935 y Segonzac Fine Champagne 1924.[36] Más tarde, cuando el flamante doctor *honoris causa* atravesó el comedor para dirigirse a la salida, desde las ventanas los estudiantes le gritaron: «¡Dales duro, *Harricum*!».[37]

PHILIPPA FOOT TRAMA ALGO

Diecisiete meses después, en octubre de 1957, todo Somerville College enfermó de gripe. En el número 16 de Park Town, Philippa Foot, la profesora de filosofía, se llevó a la cama una botella de agua caliente, una pila de pañuelos y una caja de bombones (caros, parte de su dieta habitual). Quería tenerlo todo a mano.[38] Estaba acostumbrada a trabajar debajo del edredón; había pasado la mayor parte de su último año, cuando aún era la señorita Bosanquet, estudiante de licenciatura, postrada en cama debido a una recurrente enfermedad de la infancia. Y se puso a redactar una carta muy importante que empezaba diciendo:[39] «Querida Janet...».

La destinataria era la señora Janet Vaughan, hematóloga y rectora de Somerville College. La semana en que al presidente Truman le notificaron la existencia de la bomba atómica,[40] Vaughan, según ella misma había afirmado, «intentaba hacer ciencia en el infierno». El Medical Research Council la había enviado al campo de concentración de Bergen-Belsen, liberado poco antes, para que asesorase sobre la manera más segura de alimentar a personas a las que poco les faltaba para morir de hambre.[41] Al regresar a Oxford se dedicó a estudiar los efectos de la radiación en el esqueleto humano, ámbito en el que pronto se la reconocería como una autoridad mundial.[42]

«Cuando la gripe remita –escribió Philippa–, ¿puedo ir a hablarle del futuro de Elizabeth Anscombe?» Aun con gripe y luchando contra las almohadas, se esforzó para que su enrevesada letra fuese legible. Se sentía bastante débil, pero no cejó en su empeño. La señorita Anscombe necesitaba trabajo y «es obvio que Somerville es el lugar para ella». «En este momento [Anscombe] es, probablemente, la mejor filósofa de la universidad en todos los sentidos (si bien no la mejor especialista en lógica). Dudo de que haya alguien mejor en todo el país, sin contar a Russell y G. E. Moore, ya retirados. Nunca ha habido una mujer capaz de hacer filosofía como ella.»

La beca de investigación de Elizabeth en Somerville estaba a punto de acabarse. Junto con Isobel Henderson, que enseñaba Historia Antigua en el mismo colegio, Philippa había estado elaborando un plan para que Elizabeth se quedara con ellas a pesar de que no había plazas vacantes ni dinero para financiar una nueva. Y ahuecó las almohadas antes de compartir su idea.

«Esto parece conducir a una única conclusión: hacemos algo para repartir la carga de trabajo o yo tengo que renunciar, pero no quiero renunciar. Nunca he querido menos renunciar que en el momento en que <u>pienso</u> que he encontrado una provechosa línea de trabajo en filosofía moral.» A pesar de que en Somerville se sentía muy a gusto, continuó: «Si no hay otra solución, tendré que dimitir, porque quedarse viendo que Elizabeth tiene que irse sería algo que dejaría a cualquiera sin un mínimo de respeto por sí mismo».

En la carta, diez cuartillas en total, Foot intentó dejar las cosas claras a pesar de las molestias que le causaba la enfermedad. «Hay algo que quiero dejar muy claro. Nada de esto es por Elizabeth. Yo <u>la</u> quiero en Somerville. [...] Siempre me ha ayudado con mi filosofía y, si quiero conseguir algo en ética, la necesitaré más que nunca.»[43]

Cuando se escribió esa carta, Elizabeth y Philippa –con Iris Murdoch y Mary Midgley– ya llevaban media vida creciendo juntas en el campo de la filosofía. En la década transcurrida desde la orden del presidente Truman y la «lluvia de destrucción» sobre Hiroshima y Nagasaki,[44] habían trabajado codo con codo para encontrar «una provechosa línea de trabajo en filosofía moral». Ahora, sus conversaciones en cafés, dormitorios, salas de estar, pubs, salas de reunión y aulas, sentadas en el suelo, en sillas, en divanes o montadas en bicicleta las habían llevado de vuelta a la casilla de salida. En filosofía «hay que empezar de cero –le había dicho Elizabeth a Iris después de la guerra– y se tarda muchísimo en llegar a cero».[45]

Los sucesos del 1 de mayo de 1956 confirmaron lo que las filósofas habían descubierto, a saber, que también la filosofía moral debe empezar de cero. Mucho antes de plantearse preguntas como «¿Qué es lo moralmente correcto?», «¿Qué principios morales debería escoger?» o «¿Qué resultados son mejores desde el punto de vista moral?», Elizabeth había comprendido que algo le había ocurrido al concepto de asesinato, pues era posible que una sala repleta de teólogos, filósofos e historiadores –hombres y mujeres cultos y comprensivos de la Universidad de Oxford– honrase a un hombre que había ordenado dos de las peores masacres de la historia de la humanidad. Ya podían ponerse por la mañana sus mejores galas y beber champán con él en el césped de una facultad.

Los hombres y mujeres que ese día entraron en la sala habían sido testigos de los mismos hechos que Elizabeth, pero no vieron lo que ella vio. A diferencia de Elizabeth, no podían colocar lo que Truman había hecho –un acto físico apenas perceptible, pluma sobre papel– en el mismo marco que esas escenas tremendas y escalofriantes de las que luego se hicieron eco los periódicos: ochenta mil muertos (ciento cuarenta mil o doscientos mil...). Tampoco vieron claramente a la señorita Anscombe ni oyeron su protesta. A ojos de los presentes, era «grosera», «pretenciosa», «una ingenua», «pacifista», «católica», «mujer». Truman, en cambio, era «valiente», un hombre «decisivo», un «estadista». Habían pasado diez años, la niebla de la guerra ya se había disipado y sin embargo...

Cuando las acciones humanas ocurren a gran escala y la gente toma decisiones en circunstancias difíciles y anómalas, no podemos dar por sentado que veremos con claridad lo que se hace ni que comprenderemos fácilmente lo que eso significa. Cuando cambia el fondo en el que se desarrolla nuestra vida, es posible que nuestras palabras no signifiquen lo que antaño significaban y que desaparezcan las posibilidades de vernos y entendernos entre nosotros, así como ver y entender el mundo. A veces, en los momentos en que más importa, lo que hace otra persona (lo que hacemos nosotros) puede ser oscuro e incomprensible. Es entonces cuando la filosofía es verdaderamente útil.

Capítulo 1
Periodo de prueba
(Oxford, octubre de 1938-septiembre de 1939)

LA SEÑORITA MARY SCRUTTON Y LA SEÑORITA IRIS MURDOCH, DE SOMERVILLE COLLEGE

En sus primeros días de estudiante, Mary Scrutton tuvo una extraña experiencia: *vio* datos sensoriales puros. Ocurrió así: «Estaba inclinada sobre una bañera, removiendo el agua antes de meterme, cuando sentí un golpecito en la cabeza, por detrás, y el mundo ante mí se convirtió de repente en una superficie de triángulos blancos». Asombrada, vio que los triángulos empezaban a moverse y que los bordes se volvían azules. Trancurridos unos instantes, las cosas empezaron a recomponerse. Las superficies blancas no eran diminutos objetos sensoriales, fragmentos de una experiencia personal, sino trocitos de yeso del cielorraso que, al caer, se hacían añicos suavemente cuando, de camino a la bañera, le daban en la cabeza. Más tarde, cuando empezó a estudiar filosofía, recordó esa escena. Había visto forma y color en estado puro. ¿Es posible que el mundo estable de bañeras y techos pueda estar hecho de fragmentos tan efímeros?, se preguntó. ¿Las bañeras y los techos no son más que constelaciones de apariencias?[1] Mary estaba pensando en cosas que, en una isla del Egeo, ya habían preocupado a Protágoras cuatrocientos cincuenta años antes de Cristo.

En el suave otoño de 1938, con su intensa, aunque agradable brisa, vemos a Mary en la concurrida Woodstock Road de Oxford, frente a los arcos de la entrada de Somerville College; da la espalda al bajo sol de la mañana y un par de gafas redondas le cuelgan de la na-

35

riz. Cuando entró, su infancia se retiró en silencio detrás de ella: los muros del jardín de su niñez; la rectoría de Greenford, condado de Middlesex, con sus castaños y acebos;[2] el dormitorio de su adolescencia, libros por todas partes, en la nueva casa del municipio londinense de Kingston-upon-Thames; ella y Lesley, su madre, sonrientes y luciendo sendos vestidos chinos a juego;[3] un perro salchicha en una posición imposible cantando junto al gramófono;[4] el coche de su padre, con la manivela de arranque no junto al capó, sino al lado del asiento del conductor, para no tener que rodear el vehículo bajo la lluvia antes de montarse de un salto cuando el motor se ponía en marcha.[5] Puede que ese día Mary llevase el pelo recogido en un moño, el peinado por aquel entonces propio de una mujer adulta, pero solía lucir las trenzas características de una *muchacha guía*.[6] De pequeña prefería las salamandras a las muñecas y la sacaba de quicio ver las rígidas permanentes de sus juguetes replicadas luego en los peinados de mujeres de carne y hueso. Se resistió con todas sus fuerzas a las ondas Marcel que quiso imponerle su madre –«demasiado artificiales. No me va esto»–.[7] Con casi metro ochenta de estatura, no veía manera alguna de ser «delicada». Casi siempre llevaba los cordones de los zapatos desatados, rotos o sustituidos por un cordel cualquiera.[8] Antes que un guante o una polvera o cualquier cosa que fuese signo de una vida de mujer adulta, era más probable que en el bolsillo llevase una estilográfica que perdía tinta. En cierto modo, estaba orgullosa de su capacidad –que no perdió nunca– para exasperar ligeramente a sus pares y a sus mayores. Una carta de su padre indicaba el camino que debía seguir: «Lo importante es aclararse y NEGARSE A ACEPTAR SUPUESTOS TRILLADOS. Formarse una idea de la humanidad tal como debería ser y planificar el camino que conduce a ella».[9]

Cuando Mary llegó a Somerville Lodge, Neville Chamberlain, el primer ministro, había declarado «paz para nuestra época», pero en los parques de Londres ya se empezaba a cavar trincheras. La mayoría podía ver que Europa se encaminaba sin remedio hacia una segunda guerra. Muchos de los hombres jóvenes que, como Mary, llegaban a las puertas de los colegios de Oxford en el umbral de la vida adulta, no esperaban ya terminar los estudios.

Si las cosas hubiesen salido según lo planeado, Mary habría llegado a Somerville desde Viena hablando alemán con soltura y la conversación salpicada de referencias informales a la cultura y el arte vieneses, pero algo había interrumpido de golpe su aventura austriaca. Había llegado a la capital de Austria una semana antes de que el país dejase de existir. Jean Rowntree, profesora de Mary y nieta del filántropo cuáquero Joseph Rowntree, había tranquilizado a los preocupados padres diciéndoles que no ocurriría nada y que cualquier peligro que representase el fascismo tendría su compensación en lo mucho que mejoraría el alemán de Mary.[10] En 1935, Jean había pasado un trimestre sabático en Viena, donde trabajó junto a otros cuáqueros ayudando a civiles que huían del país; también había vivido una breve temporada en Praga dedicada a la misma actividad, de manera que sabía más que la mayoría acerca de la situación en Europa.[11] Así y todo, el 12 de marzo Mary vio por la ventana la llegada de los nazis, que marcharon por la ciudad colgando de las farolas del Ring esvásticas cosidas en paños rojos que ondeaban al viento. Rubias muchachas alemanas regalaban flores a los soldados y sonreían cuando los invasores saqueaban las tiendas de los judíos de Viena y acosaban a sus propietarios. El profesor Jerusalem, anfitrión judío de Mary, fue uno de los arrestados; ella tuvo que abrirse camino entre los cristales rotos que cubrían la acera para hacer una cola delante de la casa de los cuáqueros con la esperanza de que los miembros de la Sociedad de Amigos pudiesen hacer algo por ella, pero no pudieron ayudarla –el profesor Jerusalem era ciudadano austriaco– y la joven desanduvo llorando el camino que la había llevado al sitio donde había tenido lugar la reunión.[12]

Mary volvió a Inglaterra antes de que acabara ese mes; sus anfitriones, por suerte, llegaron poco después. Cuando lo pusieron en libertad, el profesor Jerusalem, junto con su mujer y Leni, su hija de catorce años, consiguieron salir de Austria para reunirse con Mary y su familia en Inglaterra. Se quedaron en casa de los Scrutton hasta abril del año siguiente, cuando recibieron los permisos para instalarse en Palestina e iniciar allí una nueva vida.[13]

A Mary le habían ofrecido la beca Deakin (cincuenta libras anuales durante tres años)[14] después de intentar, muerta de miedo, aprobar el examen de ingreso en el otoño de 1937, una prueba de la que solo esperaba un resultado desastroso. Mary era un producto de Downe House, una escuela que había empezado su andadura en la casa de Charles Darwin antes de trasladarse a The Cloisters, en Berkshire, antigua sede de una comunidad religiosa femenina. Olive Willis, la fundadora y rectora, se inspiraba en el filósofo pragmático norteamericano John Dewey.[15] La tarea fundamental de un educador consistía en supervisar las experiencias de sus alumnos cultivando impresiones que «sigan vivas de un modo fructífero y creativo en experiencias posteriores».[16] A medida que el niño crece, «el espacio vital y el tiempo se ensanchan»,[17] decía Dewey, y una escuela debe almacenar experiencias que permitan al alumno navegar con una curiosidad dosificada por ese futuro en expansión.[18] Olive Willis fomentaba las relaciones no autocráticas entre profesores y alumnos. Los jóvenes y los viejos tenían que llegar a ser verdaderos amigos.[19] La reforma no debía ser brusca. A Mary la había emocionado que la eligiesen para ejercer de *Form Captain* (delegada de curso) hasta que descubrió que esa elección formaba parte de la «Campaña por una Scrutton más ordenada», lanzada después de que perdiese una bicicleta, una cajita de música, tres lápices portaminas, una raqueta de bádminton y el Libro de los Jueces, percances todos ellos que llevaron a sus compañeras a entrar en acción.[20] En Downe no había premios, ni delegada de la clase (*Head Girl*) ni asambleas. Las pruebas y los concursos no formaron parte de la infancia de Mary, pero, a pesar de sus temores a medida que se acercaba el día de la prueba en Somerville, el resultado de su examen causó impresión.

A petición del colegio, Mary había pasado el año anterior a su ingreso tomando clases de latín y griego con la señora Zvegintzov (de soltera, Diana Lucas), una alta y solvente antigua alumna de Somerville casada con un hijo de emigrados rusos a la que el colegio enviaba regularmente futuras estudiantes.[21] Los métodos de la señora Z. eran severos y cuando menos sorprendentes. Prudence (Prue) Smith, otra estudiante de Somerville que recibió clases de ella, se quejó así a su novio: «Sugiere con gran solemnidad que me meta en una bañera de agua fría [...] y recite las declinaciones y las conjugaciones». A pesar del escepticismo de Prue, aquel inusual método dio tan buenos resultados que temía que cuando le llegara la hora de la muerte le vinieran a la cabeza los «modos y tiempos» de la *Gramática griega* de William W. Goodwin.[22] A la señora Z., la ignorancia de Mary la dejó estupefacta, pero también la asombraron los buenos resultados que la joven fue obteniendo. «Bueno, bueno –dijo, al enterarse de la beca que le ofrecían a Mary–, prefiero perder mi reputación de profeta que mi reputación de formadora.»[23]

Ese año, la señora Z. tuvo otra alumna particular, a la que bien podría haberse arriesgado a predecirle el futuro. Hablamos de la señorita Iris Murdoch. De Iris se dijo una vez que era «una chica pobre que entró por los pelos en una escuela para chicas ricas».[24] Hija única de inmigrantes irlandeses protestantes, nació el 15 de julio de 1919 en el número 59 de Blessington Street, Dublín, en una destartalada casa adosada georgiana situada en la orilla norte del Liffey. Ese mismo año, la familia cruzó el mar de Irlanda para instalarse en Londres, una mudanza que fue consecuencia de un levantamiento popular masivo que tuvo lugar hacia la época de la división de Irlanda en 1921. Iris decía que su padre había ido a Londres a hacer fortuna, pero la familia no logró integrarse y podría decirse que casi no hicieron amigos en los barrios del oeste de Londres. Cuando Hughes Murdoch falleció después de haber vivido cuarenta años en Inglaterra, solo seis personas asistieron al funeral.[25]

En 1932, Iris, con solo doce años, ganó una de las dos primeras becas disponibles para Badminton, una escuela exclusivamente femenina en las afueras de Bristol. La señorita Colebrook, secretaria, escribió a los encantados padres de Iris para decirles que la beca se había anunciado en el *Times*, en el *Manchester Guardian* y en los periódicos locales. «Tiene muy buena pinta.»[26] La señorita Beatrice May Baker (alias BMB), directora de Badminton, era una mujer progresista con visión cosmopolita. A las alumnas de entreguerras les decía: «No esperéis mermelada con el té mientras los niños alemanes se mueren de hambre».[27] Cuando Iris llegó a Badminton echó muchísimo de menos su casa. Tanto lloró las primeras semanas que una de las alumnas mayores formó la Society for the Prevention of Cruelty to Iris (SPCI) cuya única actividad consistía en ser amable con ella.[28] BMB enviaba a Iris a «trabajar en el jardín al cuidado de la floricultora» con la esperanza de que ese ambiente «menos agitado» la sosegara. A la joven podía vérsela en el invernadero con la bata beis y la camisa de franela del colegio «arrancando plantones [...], trabajando en silencio y con sumo cuidado».[29]

Los esfuerzos combinados de BMB y de la SPCI lograron el objetivo deseado y, según recordó una compañera de clase, pronto Iris «dejó

39

de llorar y empezó a escribir redacciones amenas, imaginativas y brillantes».[30] A medida que avanzaba en sus estudios, llegó a ser la preferida de BMB, y a esa extraña pareja se la podía ver en la salita de la rectora enzarzada en profundas conversaciones filosóficas.[31] Las más jóvenes la recordaban como buena jugadora de hockey y delegada muy querida de la que todo el mundo sabía que era «muy inteligente».[32] «Iris era una muchacha extraordinaria, ya entonces tenía una filosofía de vida», dijo BMB a la chicas del curso inferior.[33] Iris fue «una de las personas más bondadosas que he conocido en toda mi vida», recordó la señorita Jeffery, su profesora de latín.[34] En 1938, Somerville College le concedió una modesta beca (la Open Exhibition) de cuarenta libras anuales.

Es posible que ese verano Mary se cruzara a todo correr con Iris en el pasillo de la señora Z., arrastrando sus cosas y sus cordones, la cabeza a rebosar de declinaciones griegas, pero no se conocieron hasta que coincidieron entre los muros de Somerville College. Con un flequillo atrevido y prendas que parecían propias de algún traje regional, Iris era ahora una chica segura de sí misma y con inquietudes artísticas que de inmediato se sintió cómoda en su nuevo hábitat y con su nuevo papel –la llorera de Badminton no iba a repetirse–.[35] Aunque Mary era, con mucho, la más alta, cuando la gente la veía atravesar con Iris el césped de Somerville College era Iris la que se le quedaba grabada en la memoria. Ese «pelo como barbas de maíz» y su aire seguro no pasaban inadvertidos.[36] «¡Si parece un torito!», comentó la madre de una amiga.[37] Para su compañera Carol Stewart, Iris era una mujer «paisana»; combinaba «sencillez, ingenuidad, fuerza y distancia».[38] En la foto de la matrícula de ese año, Mary, con traje oscuro de lana, aparece sentada algo incómoda en la primera fila (es la cuarta desde la izquierda); Iris está en la segunda fila (cuarta desde la derecha), vestida con una ligera blusa de algodón.

Fueron cuarenta y tres las alumnas que ese año ingresaron en Somerville y, a pesar del asombro de la señora Z., Iris y Mary fueron las dos únicas que se inscribieron en Honour Moderations y Literae Humaniores,[39] una opción más conocida como «Mods and Greats». La carrera de cuatro años se dividía en dos partes: «Mods» duraba cinco trimestres y culminaba con doce exámenes de tres horas durante siete días consecutivos. Las candidatas debían traducir con soltura pasajes de poesía y prosa griegas y latinas que no habían visto en cla-

se. Si aprobaban la primera parte, podían cursar siete trimestres de «Greats» (historia, arqueología y arte de Grecia y Roma y, también, filosofía).[40] Estudiaban filosofía moderna hasta Kant y un poco más (incluidos Hegel y Marx) y también algo de lógica, ética y filosofía política. Sin embargo, la mayor parte de los estudios se dedicaba a la filosofía antigua y su recepción en el pensamiento cristiano durante la Edad Media. *La República* de Platón y la *Ética a Nicómaco* de Aristóteles, que debían leer en griego, serían los platos principales de su dieta. En el primer año de Greats, Iris y Mary podían escoger entre catorce clases dedicadas a obras de más de dos mil años de antigüedad.

Todo eso las esperaba el día del primer trimestre en que Mary se sentó cruzada de piernas en el suelo de la habitación de Iris, la anfitriona tumbada en la cama, rodeada de libros y flores y escribiendo una entusiasta carta a una compañera. Le encantaba que los profesores la llamasen «señorita Murdoch»; hasta entonces había sido solo «Iris».[41] El cambio de nombre implicaba cierto cambio de posición. Iris tenía una habitación soleada en el ala este, el nuevo anexo cuadrangular del colegio; la de Mary era una habitación oscura situada en el otro extremo del edificio más antiguo, el ala oeste.[42] La que tenía dinero corría a comprarse un sillón cómodo para su habitación;

desde la ventana de Iris, en el primer piso, encima de los arcos que daban al pequeño patio delantero, podía verse un desfile de sillones que entraban y salían mientras las nuevas iban instalándose.[43] Iris prefirió un cojín *art déco* de rayas, color aguamarina.[44]

A Iris y Mary, junto con otras recién llegadas –zoólogas, lingüistas, matemáticas e historiadoras en ciernes–, no tardaron en llamarlas a la sala común de las nuevas (*Junior Common Room*); allí, Vera Farnell, la profesora particular (*tutor*) de francés del colegio,* les advirtió, en su calidad de «decana», que cualquier desliz, cualquier violación de las reglas o cualquier escándalo las perjudicaría no solo a ellas, sino también a generaciones de mujeres que en el futuro aspirasen a ser universitarias. En tono severo les dijo: «Deben tener seriamente en cuenta que es importante cuidar el comportamiento. No es broma; no olviden que las mujeres siguen estando *muy* a prueba en esta Universidad. Podrán pensar que hacer alguna locura no tendrá importancia, pero yo puedo asegurarles que sí».[45] Al cabo de unos meses, Farnell no pudo evitar fijarse en la manera de vestir de la señorita Scrutton (lo que llevaba debajo de la larga bata negra del uniforme).[46] Mary encontró un aviso en su casillero.[47]

From THE DEAN, SOMERVILLE COLLEGE, OXFORD.

Dear Miss Scrutton
I must draw your attention to the rule that slacks are not recognised as a part of women's Academic Dress.
Yours sincerely
Vera Farnell.

Feb. 24

---

* En el sistema universitario británico, *tutor* es el profesor de un *college* que da clases especiales o de refuerzo a título particular. *(N. del T.)*

Mary Scrutton no fue la primera en recibir advertencias de la señorita Farnell sobre la manera de vestir. En sus días de estudiante, Vera había tenido que entregar un mensaje de Emily Penrose, la entonces rectora, a una compañera, la futura novelista Dorothy Sayers: los pendientes con «loros escarlatas y verdes en jaulas doradas colgantes» podían considerarse un «comportamiento y unos accesorios innecesarios e incluso escandalosamente llamativos».[48]

Vera Farnell hablaba por experiencia propia cuando lo comunicó. Había llegado a Somerville a estudiar lenguas modernas en 1911, casi una década antes de que se permitiera graduarse a las mujeres. Esa lucha se había ganado a pulso y, en la sociedad en general, muchos, entre ellos muchas mujeres, seguían sin estar convencidos. ¿Quién podía saber qué nuevas formas de vida femenina estaban surgiendo entre los muros de las universidades para mujeres y cuál sería su efecto al salir al mundo? En 1926, la condesa Bathurst (contraria al voto femenino y antigua propietaria del *Morning Post*, periódico de derechas y antisemita)[49] se quejó: «En mi opinión, las mujeres han arruinado Oxford por completo, y abrir más universidades para mujeres sería la ruina. Tengo un hijo allí y está obligado a asistir a las clases que imparten tres profesoras. En mi opinión, una situación ridícula, humillante. Ojalá hubiéramos enviado a nuestros hijos varones a Cambridge, donde el ambiente sigue siendo viril».[50] En 1897, una votación en Cambridge para reconocer los títulos femeninos había terminado con incidentes: los estudiantes de sexo masculino quemaron efigies –montadas en bicicleta– de Anne Clough (la primera rectora de Newnham) y de la clasicista Katharine Jex-Blake (sobrina de Sophia, la primera médica de Escocia).[51] La cuestión no había vuelto a plantearse y, en Cambridge, las mujeres no pudieron graduarse hasta 1948. En Oxford, se las culpaba de una nueva tendencia que causaba furor entre los hombres, a saber, café por la mañana; desde la década de 1920, los salones de té venían sirviendo lo que el vicerrector Lewis Farnell (tío paterno de Vera Farnell) llamaba «comida superflua y nada masculina».[52] Se respiraba un aire «*feminizante*».[53]

Las mujeres habían hecho progresos nada desdeñables a lo largo de la década anterior a la llegada de Mary e Iris. Hasta 1925, las chicas necesitaban una carabina para ir a cualquier parte, clases incluidas. Vera Farnell recordó que cuando era estudiante, «casi todos los profesores insistían, por temor a que le provocasen un gran bochorno

43

a causa de un desmayo, un ataque u otro numerito femenino, en que las dos o tres mujeres que asistían a sus clases fuesen acompañadas».[54] Por una pequeña tarifa, señoras mayores acompañaban a las chicas al aula y allí pasaban el tiempo tejiendo, por ejemplo, durante la clase de «Historia del idealismo británico desde 1863».[55] Sin embargo, Iris y Mary ya pudieron asisitir a clase solas, e incluso aceptar invitaciones de jóvenes a visitarlos en sus habitaciones para saborear tostadas con canela.[56] A cambio, a los chicos les permitían entrar en Somerville los sábados a tomar el té. La señorita Martha Hurst acababa de convertirse en la segunda filósofa que conservó su plaza (en lady Margaret Hall) después de casarse, cuando pasó a ser la señora Kneale. Así y todo, cuando se envió un misterioso cuestionario a algunas de las chicas del primer año de Iris y Mary –«¿Aspira usted a casarse o a terminar una carrera?»–, algo parecido al pánico cundió en el comedor de Somerville. «El problema era, por supuesto, que nosotras no queríamos enfrentarnos a ese dilema», recordó más tarde Mary. Se especuló que «las autoridades intentaban sonsacarles sus secretos».[57] «¿A ellos qué les importa?», preguntó a Mary, indignada, pero también un poco alterada por el hecho mismo de que se lo preguntaran, una de las destinatarias del cuestionario. Mary, que no lo había recibido, se sintió excluida; en secreto temía que su aspecto y su inteligencia hicieran de ella una persona sin atractivos.[58] ¿Acaso por eso las autoridades ni se habían tomado la molestia de preguntarle nada? Al final se supo que la encuesta era obra de una compañera, la joven (señorita) Peter Ady, que años después escogería una carrera, llegaría a ser una prestigiosa economista y tal vez ya supiera por entonces que el matrimonio no era para ella; más tarde nos la encontraremos besándose apasionadamente con Iris en el asiento trasero de un coche.

Si Mary esperaba que fuese posible nadar y guardar la ropa,[59] Iris parecía saber cuáles eran sus prioridades. «Yo *deseo* casarme, haría *cualquier cosa* con tal de casarme», declaró al final de su primer año durante una excursión en batea por el río Cherwell hasta el pub Victoria Arms. Mary deslizaba los dedos por el agua mientras una de las hermanas Williams-Ellis (Charlotte o Susie) las llevaba río arriba pasando junto a una familia de gallinetas con los polluelos a la zaga. «Pero a ti te han hecho seis proposiciones solo en este trimestre», exclamó una de las hermanas: quizá por un momento la embarcación estuvo a punto de zozobrar. «Bah, esas no cuentan», dijo Iris.[60]

De los cuatro centros para mujeres, todos menos Somerville pertenecían a la Iglesia de Inglaterra, y cada uno de ellos tenía su propia reputación: lady Margaret Hall (para muchachas ricas), St. Hilda's (para muchachas pobres), St. Hugh's (para las devotas), Somerville (para las inteligentes). O, como decía el proverbio: «LMH para jóvenes damas, St. Hilda's para juegos, St. Hugh's para religión y Somerville para los genios».[61] Los colegios para hombres también tenían su reputación: Christ Church (aristócratas y liberales), Keble (curas escuálidos), Magdalen (progresistas inteligentes), Trinity (gente sana o deportista), Balliol (cerebrales, equitativos, influyentes), Wadham (ingeniosos), New College (para los más racionales).[62] En lo que atañe al nivel de la cocina de cada colegio, la gradación podía ser más sutil: venado en Magdalen, aves de caza en Christ Church, *fondues* en Brasenose, cangrejo relleno y sopa de liebre en Merton.[63] Asimismo, diferían en lo que a riqueza se refiere. Aunque Somerville era más pudiente que los otros *colleges* para mujeres, St. John's, el más opulento de todos, era cien veces más rico.[64] La norma que fijaba los límites de gasto de la universidad (Limitation Statute) mantenía en la pobreza a los centros femeninos, pues garantizaba cinco estudiantes de sexo masculino por cada mujer, poniendo así un tope a los ingresos, privando a numerosas muchachas de la oportunidad de encontrar una plaza y asegurándose de que en el menú no vieran ni venado ni cangrejo.[65]

Los colegios más pobres tenían menos docentes; de ahí que fuese habitual que los femeninos compartiesen estudiantes. Una alumna de St. Hugh's podía ir a Somerville a recibir clases particulares de historia. De vez en cuando, las chicas recibían clases de profesores de colegios masculinos, pero se tomaban precauciones. A estos profesores de sexo masculino se les solía pedir que fueran a impartir la docencia a los colegios de mujeres en lugar de recibir a las chicas en sus habitaciones. En 1921, Margery Fry, entonces rectora de Somerville, concedió a un joven filósofo llamado John Mabbott un permiso especial para enseñar en St. John's. Mabbott llevaba cinco años dando clases a chicas de Somerville sin que se produjera «un desastre»: «Bueno, tampoco tenía que casarse con ninguna de ellas, ¿verdad?», aclaró Fry.[66] El temor de la rectora a que se produjera algo catastrófico estaba justificado. Muchas de las esposas de profesores –las que servían las bandejas de emparedados en las salas de North Oxford– habían sido alumnas particulares de sus maridos, hombres mucho mayores que ellas. Alice Cameron, estudiante antes de la Primera Guerra Mundial, era muy generosa cuando atribuía la predilección de los profesores por sus estudiantes de sexo femenino al «espíritu caballeroso, casi romántico» con que los hombres jóvenes aceptaban los nuevos colegios para mujeres.[67] Aunque a finales de la década de 1930, cuando Mary e Iris ya estudiaban en Oxford, esos colegios habían alcanzado la mayoría de edad, el «espíritu romántico» persistía. En su primer trimestre de Greats, Jean Coutts, estudiante de Somerville –una prometedora filósofa que iba un año por delante de Mary e Iris–, se apuntó a las clases sobre Aristóteles, poco solicitadas, de John (J. L.) Austin. Cuatro días después de su primer encuentro, recibió de Austin un pañuelo, a todas luces sin estrenar, junto con esta nota:

18 VI 40

Querida señorita Coutts:

Me pregunto si no será suyo este pañuelo.

Lo encontré en mi sofá el viernes pasado. Pero no veo su nombre en él. Una confusión verbal.

Atentamente,

John Austin[68]

A lo largo de los seis meses siguientes, Jean recibió al menos tres proposiciones de matrimonio de parte de su profesor particular antes de acabar aceptando. Gracias a un permiso especial del órgano rector de Somerville, se casó antes de los finales y se examinó ya embarazada de su primer hijo.

La angustia por el futuro de Europa y del Imperio británico había sido el trasfondo de la adolescencia de Mary e Iris, y las dos llegaron a Oxford bien preparadas para participar en el debate político que marcaría su temprana amistad en Somerville.

De pequeña, Mary había gozado de un fácil acceso a las últimas posiciones de la izquierda y de las corrientes progresistas. Para ella, la vida política era algo natural, «inevitable como el clima».[69] Los ejemplares de la revista *New Statesman* eran, como el papel pintado, parte del decorado de la rectoría. Al llegar a Downe House destacó por escribir un poema, que no se ha conservado, sobre la cláusula de culpabilidad de la guerra (artículo 231 del Tratado de paz de Versalles). Olive Willis lo publicó encantada en la revista del colegio. (Mary siempre tuvo oído para la expresión concisa y enérgica y talento para las imágenes insólitas.)

«Miren ustedes, aquí todas somos de izquierdas», recordaba BMB a las futuras profesoras de Badminton.[70] Un año antes de que ingresara Iris, BMB dijo a un periodista: «Aquí aspiramos a inculcar un ideal de servicio [...]. Una escuela ya no puede ser una pequeña comunidad cerrada en sí misma [...]. Si las chicas tienen que enfrentarse con coraje y sensatez a los problemas de nuestros días, deberían relacionarse con el mundo exterior».[71] El círculo de debate discutió la propuesta «El lugar de la mujer es la casa», que acabó derrotada por doce votos a ninguno, y uno de esos votos fue el de Iris.[72] Como miembro de la rama juvenil de la Sociedad de Naciones, la adolescente Iris (junto con otras seis alumnas) pasó seis días en Ginebra en la escuela de verano de dicho organismo. Nadó en el lago Lemán y el teléfono privado de la habitación con balcón de su hotel, un lujo asombroso para una estudiante, la impresionó.[73] La Sociedad de Naciones ocupaba tan amplio espacio en el imaginario político de BMB que una vez asistió a la fiesta de disfraces de Navidad vestida con un traje alusivo a dicho organismo internacional.[74] Lamentablemente, no se han conservado fotografías de la ocasión.

Iris ganó el concurso de artículos sobre la Sociedad de Naciones dos años seguidos. El primero de ellos, en torno a la elección entre democracia y dictadura en relación con la guerra civil española, estaba dotado con dos libras, doce chelines y seis peniques. «Nos dicen que el mundo de mañana será nuestro para que hagamos con él lo que nos plazca, pero será un mundo extraordinariamente difícil y la cuestión consiste en saber qué vamos a hacer con él.» Esa es la primera frase del artículo.[75] En el segundo, titulado «Si yo fuera ministra de Exteriores», sostenía que si los países fascistas perseveraban en su expansionismo, se los debía amenazar con severas sanciones. Si se los podía tentar a sumarse a la comunidad democrática solo con ventajas económicas, el «mundo se calmaría y se sentiría seguro, y la amenaza de guerra se disiparía poco a poco».[76] Estas palabras revelan algo de la seguridad juvenil de Iris; la Sociedad de Naciones se había limitado a observar mientras Hitler y Mussolini se unían para acudir en ayuda de los nacionalistas de Franco en España y la Unión Soviética apoyaba a los republicanos. Para muchos británicos, se trataba de una confrontación ideológica con sangre y armas. Unos dos mil quinientos voluntarios de Gran Bretaña e Irlanda, en su mayoría apenas unos años mayores que Iris y Mary, se apuntaron al frente republicano. La mayoría no volvió. Dos hijos del filósofo socialista Edgar Frederick Carritt (conocido por impartir en la Universidad de Oxford las primeras clases de Estética y Materialismo dialéctico) se alistaron en las Brigadas Internacionales; solo uno de ellos regresó.[77]

Si Mary era pragmática y observadora, Iris, impaciente e inquieta, se dispuso de lleno a interpretar el papel de estudiante adulta. No tardó nada en ser la representante de primer curso en el comité de la sala común júnior y en aparecer en la mancheta de dos periódicos universitarios, *Cherwell* y *Oxford Forward*. En una misiva dirigida a la revista de Badminton, habló de un «aluvión de ensayos, prosas, campañas, comités, fiestas del jerez y discusiones políticas y estéticas».[78] El pánico a no estar ahí cuando ocurría algo imprimió un ritmo frenético a su vida social. En flagrante contravención de las normas del centro, probó su primera bebida alcóholica en el Royal Oak, un pub que quedaba justo enfrente de Somerville, acompañada por la «muy deslumbrante» Carol Stewart, a la que admiraba por tener «más de animal de la jungla» que sus demás compañeras (incluida, sin duda, Mary Scrutton).[79] Carol pidió gimlets para las dos.[80] No eran las únicas que se escapaban. A pesar de la advertencia de la señorita Farnell, Mary, desde su habitación del ala oeste, por la noche veía de vez en cuando que algunas chicas saltaban por encima del muro de Walton Street. Descarríos así solían tolerarse –el único castigo aplicado a una estudiante de Somerville pillada extramuros era un baño caliente, para que no se resfriase–.[81] Sin embargo, algunas normas seguían siendo férreas, sobre todo si afectaban a la vida y a la convivencia del colegio. En St. Hugh's, a un kilómetro y medio de distancia por Banbury Road, a la señorita Elizabeth Anscombe la llamaron al orden después de faltar tres veces a la cena en una sola semana y sin haber pedido permiso. Para que compensara su mala conducta, la señorita Barbara Gwyer, rectora, le pidió que la semana siguiente fuese a cenar cinco noches y que en el futuro comunicara con antelación cualquier ausencia. «¿No puedo hacerlo en el momento? Cuando salgo es casi siempre por alguna invitación espontánea de conocidos», suplicó Elizabeth. «No va usted a decirme, señorita Anscombe, que vale usted tan poco como para dejarse arrastrar por las olas de las circunstancias», dijo la señorita Gwyer.[82]

Mientras navegaba por el comedor, Iris exhibía su carácter de verso libre. En la mesa de honor se sentaban los docentes. A Vera Farnell se la solía ver conversando con Helen Darbishire, la rectora (una pareja de amigas íntimas que más tarde se fueron a vivir juntas); a Mildred Hartley, la profesora de Clásicas, charlando con Isobel Henderson, la glamurosa profesora particular de Historia Antigua, o con la historiadora Lucy Sutherland. Las estudiantes de tercero se sentaban en tres mesas largas junto a las ventanas; las de segundo se sentaban en las mesas dispuestas en el centro, y las novatas en las que quedaban más cerca del pasaplatos. Esa era la lectura habitual en

transversal; pero si se observaba la escena de refilón, longitudinalmente, prevalecía un sistema más sutil. Las mesas mejores –las que estaban más cerca de las profesoras– las ocupaban las chicas más ansiosas, vestidas casi todas de azul marino y beis, que entraban en tropel desde la biblioteca cuando empezaban las comidas y las cenas y salían alborotando cuando terminaban. A veces las llamaban *bunnies*, «conejitas». En las mesas del fondo, más allá del campo visual inmediato de la señorita Farnell, se sentaba «una mezcla de jovencitas guapas de pelo largo y grandes ojos inocentes vestidas de varias maneras, pero siempre sin que se entendiera bien de qué iban vestidas; a menudo llegaban tarde a comer». Entre ellas, la princesa Natalya Galitzine, que se fugó el primer trimestre;[83] Léonie Marsh, una comunista muy atractiva y muy chic –vestía «como una bolchevique: un cálido chaleco de lana, falda azul de sarga, cinturón rojo y sandalias y mitones rojos» y su pelo era «una desafiante melena de león, negra»–;[84] Lucy Klatschko, una hermosa estudiante de Somerville, judía y medio letona a la que una vez sorprendieron trepando por el muro del colegio y que más adelante se hizo monja y fue gran amiga de Iris;[85] Anne Cloake, a la que le gustaba llamar la atención –más tarde se jactó de haberle enseñado a Iris las «cosas de la vida»–,[86] y Zuzanna Przeworska, polaca y miembro del Partido Comunista. Y «en el centro, muchas cosas intermedias».[87] Conejitas, intermedias, encantadoras. O, en palabras de Iris, «anticuadas, aburridas, mediocres y salvajes».[88]

Mary estaba entre las muchachas del medio, junto con Charlotte, estudiante crónica de zoología (de pequeña había preguntado a su madre: «¿Para qué sirven los pájaros?»)[89] y Greta Myers, responsable de introducir el primer componente de biología en el mapa mental de Mary. Sensata y pragmática, le dijo que dejase de llevar el pelo como una *girl scout* y que hiciera algo para solucionar el problema de los zapatos.[90] Iris, amiga de todas y sin deseo alguno de presentarlas para que se conocieran entre ellas, iba de un extremo al otro del comedor, pero lo normal era verla en el medio, con Mary.[91]

Fue allí donde ambas conocieron a la tercera de nuestras heroínas, la señorita Elizabeth Anscombe, de St. Hugh's, pero aún tendría que pasar un tiempo.

En el verano de 1937, la señorita Elizabeth Anscombe había ganado la beca Clara Evelyn Mordan –sesenta libras– para estudiar en St. Hugh's.[92] Clara Mordan, sufragista y partidaria de la educación femenina, había creado esa beca en 1897 con una sola condición, a saber, que quien la obtuviese «no practicase ni presenciase ningún experimento ni demostración con un animal vivo durante el tiempo que se beneficiase de la beca».[93] Elizabeth llegó a Oxford para estudiar Mods and Greats un año antes que Iris y Mary y dos años antes de que estallase la guerra. Al final de su segundo trimestre, Dorothea Gray, profesora particular de Clásicas del colegio, señaló que la «lógica y el humor» eran las dos «virtudes principales de la señorita Anscombe».[94]

La Sydenham School de Lewisham, en el sureste de Londres, había dicho adiós con tristeza a su talentosa alumna. La secretaria de la Political Society informó sobre una «parodia de juicio» celebrada en el último trimestre de Elizabeth:

> Los principales reconocimientos por el éxito de la reunión deben ser para Elizabeth Anscombe, que no solo planificó todo el juicio de un modo admirable, sino que también interpretó a la perfección el papel de juez. Mantuvo la actitud propia de los jueces, hizo comentarios cortantes en los momentos en que correspondía (añadiendo mucho al lado cómico del proceso) e hizo un resumen magistral e ingenioso. Lamentamos mucho tener que decir adiós a Elizabeth al final del trimestre; ha sido una de los miembros más entusiastas de la Political Society y se ha mostrado más que dispuesta a participar en todas las actividades y a contribuir al buen término de las reuniones.[95]

No había necesidad alguna de enviar a Elizabeth a las clases de la señora Z. «Nuestra enhorabuena a Elizabeth Anscombe por haber ganado tres de los distinguidos premios que concede el fondo», pudo leerse en la revista de la escuela en 1935. «El premio George Hallam *Senior* por griego; el premio Mary Gurney *Senior* por latín y también el de Ensayo del Jubileo», que se concedía a las *assistant mistresses*, profesoras auxiliares.[96] Elizabeth y sus dos hermanos mayores, los gemelos John y Tom, habían aprendido griego desde pequeños con su madre, Gertrude Thomas. Los tres hermanos se acercaron a la figura de Platón contando con su madre como profesora particular.[97] No era lo habitual, pero Gertrude había recibido clases en casa con profesores de sexo masculino –sus padres aceptaron esa solución después de ver que les resultaba imposible proteger a una retahíla de institutrices de las fogosas atenciones del tío de la niña–. Así, en lugar de aprender francés y costura, aprendió latín y griego y, después, antes de llegar a rectora, estudió Clásicas en la Universidad de Aberystwyth. Solo abandonó la carrera cuando se casó, algo mayor ya, a los treinta y nueve años. Cuando Elizabeth ingresó en Sydenham, Gertrude insistió en que siguiera estudiando griego y dijo a la señorita Edith Turner, la rectora, que tenía la intención de enviar a su hija a la universidad.[98]

St. Hugh's (para Religión) se halla en un hermoso jardín de casi seis hectáreas; en primavera y verano, las chicas correteaban por su magnífica extensión de césped, holgazaneaban tumbadas en esterillas o en hamacas mientras leían y tomaban café. Era un escenario propicio para la señorita Anscombe, a la que vemos de pie a la derecha de la fotografía.

La señorita Gwyer, la rectora, creía que «Dios había dado la vida al colegio».[99] En realidad, lo había creado *Dame* Elizabeth Wordsworth. En 1886, Wordsworth (que había hecho caso omiso de las palabras de su hermano cuando dijo que educar a mujeres era «una animalada» si quería llegar a ser rectora) supervisó la ampliación de lady Margaret Hall para fundar un nuevo centro que debía acoger a chicas de «casas más modestas», en especial a hijas de párrocos.[100] St. Hugh's Hall, más tarde St. Hugh's College, pronto se ganó la reputación de ser el lugar adecuado para formar directoras.[101]

Mientras la señorita Gwyer dirigió el colegio, aquel precioso jardín fue el territorio de la señorita Annie Rogers, la primera profesora particular de Oxford y cronista de la lucha de las mujeres para ser miembros de pleno derecho de la universidad.[102] Nacida en 1857, fue una de las niñas que inspiraron a Lewis Carroll.[103] Annie Rogers conocía esa lucha de primera mano. A los diecisiete años había sido la principal candidata en los exámenes del condado (los *Senior Locals*) y le habían ofrecido una beca para estudiar en Worcester College y Balliol. Los profesores, que no habían contemplado la posibilidad de que esas notas correspondiesen a una estudiante, tuvieron que retirar el ofrecimiento cuando se reveló que «A. M. A. H. Rogers» era «Annie». (Balliol la consoló con cuatro volúmenes de Homero.)[104] En 1921, cuando Annie Rogers se jubiló como profesora de Clásicas, St. Hugh's creó para ella el cargo de *Custos Hortulorum*. Los primeros minutos de las reuniones de su recién creado comité de horticultura se hicieron eco de los llamamientos públicos que proliferaron al terminar la Primera Guerra Mundial para cultivar más vegetales comestibles: se plantaron patatas, ruibarbo, ciruelos y manzanos y también matas de grosella y uva espina. Sin embargo, lo que mejor se le daba a la señorita Rogers eran las flores y el jardín de St. Hugh's era perfecto para tal fin. Pasionarias, mirtos, nísperos y granados florecieron al cobijo de la fachada sur del edificio principal. Los helechos prosperaron en la sombra de la hondonada. Para la terraza, Rogers escogió las plantas por sus colores; abundaban los heliantemos, la flox alpina y las saxífragas.[105] No era raro encontrarla al borde del césped sentada en un taburete de acampada; cuidaba las plantas tocada con un viejo sombrero de terciopelo, siguiendo aún el anticuado hábito de no aparecer nunca en público, ni siquiera en el jardín, con la cabeza descubierta.

Cuando Elizabeth llegó a Oxford, ya había hecho «agotadores» esfuerzos en filosofía. No fueron los diálogos de Platón que había escogido su madre los que despertaron su temprana curiosidad, sino un volumen jesuita del siglo xix sobre teología natural. Cuando tenía unos trece años, los escritos religiosos de G. K. Chesterton la apartaron del anglicanismo de la familia para acercarla a la fe católica.[106] Haciendo caso omiso de los intentos de su padre para evitar que se convirtiera al catolicismo, la adolescente Elizabeth se embarcó en un entusiasta plan de lectura y, entre otros, escogió el texto jesuita. Devoró el volumen, página a página, pero hubo dos puntos que la intrigaron. El primero fue la idea de que Dios sabía qué habría hecho alguien si no hubiera muerto. Pero ¿existía algo semejante respecto a esa misma persona, viva? ¿Habría hechos igualmente predichos, como que su abuela sería enterrada en Beguildy, si no hubiese muerto en Rusia? [107]

El segundo quebradero de cabeza la encontró *haciendo* filosofía. El libro incluía una supuesta prueba del principio según el cual todo hecho ha de tener una causa. Elizabeth creyó ver un error en el razonamiento y se puso a trabajar para enmendarlo. Lo intentó de varias maneras redactando nuevas versiones, pero se dio cuenta de que el mismo fallo reaparecía siempre aunque fuese de otra guisa. Tiró a la papelera sus primeros trabajos y volvió a intentarlo. Inspirada tal vez por la semblanza que hizo Platón de su maestro Sócrates, iba por ahí haciendo preguntas a la gente. «¿*Por qué*, en caso de que ocurriese algo, estaría usted seguro de que ha tenido una causa?»[108] ¿*Por qué*? ¿*Por qué*? ¿*Por qué*? Como nadie tenía una buena respuesta, ella siguió adelante y, al cabo de tres años de dedicación, ya tenía «cinco versiones de la supuesta prueba», pero todas ellas «adolecían del mismo error, si bien este se ocultaba cada vez con más astucia».[109] Y todo ello sin dejar de dedicar su energía de joven estudiante a las actividades de la Political Society y el tiempo libre a una larga (y a veces cruenta) batalla contra sus hermanos, «los Gemelos». (Más tarde confesó a Mary que una vez se agazapó armada con un palo junto a la tienda en la que jugaban los muchachitos, dispuesta a matarlos en cuanto asomaran la cabeza.)[110]

Cuando ingresó en Oxford, decidió convertirse oficialmente al catolicismo. Cargada de preguntas se entrevistó con un sacerdote dominico, el padre Richard Kehoe, quien, aunque las precoces dudas de la muchacha le hicieron gracia, la comprendió: Elizabeth podía ser católica dejando aparte el acalorado debate doctrinal entre dominicos y jesuitas. Así, la joven acabó con una antigua estirpe de esposas e hijas de vicarios anglicanos y se convirtió al catolicismo romano. La señorita Anscombe fue recibida en el seno de la Iglesia el Domingo de Pascua de 1938, pocos meses antes de que Iris y Mary llegasen a Oxford.[111] La iglesia de San Aloisio, con las campanas al vuelo y su campanario amarillo visible desde las habitaciones de Somerville, será su lugar de culto durante el resto de nuestro relato; se la podrá encontrar allí a la hora de los maitines.

En 1938, Elizabeth tomó clases particulares de lógica con la profesora de filosofía Martha Kneale, una mujer casada. A pesar de ser Kneale la única, leer ese «señora» en la lista de clases de filosofía consoló un poco a la señorita Anscombe, quien, antes de que Iris recibiera alguna de sus propuestas de matrimonio (fueron seis en total), ya había aceptado la primera y estaba comprometida. Apenas unos meses después de unirse oficialmente a la Iglesia católica, Elizabeth asistió a la procesión del Corpus celebrada en el priorato de Begbroke, un pueblecito situado a unos ocho kilómetros al noroeste de Oxford. El servicio de Acción de Gracias celebra la Presencia Real de Jesucristo en Cuerpo, Sangre, Alma y Divinidad y, al final de la Santa Misa, los frailes servitas, vestidos con su hábito negro y envueltos en una nube de incienso y latín, llevan el sacramento hasta el altar atravesando toda la iglesia. Fue allí donde conoció a Peter Geach, tres años mayor que ella, católico converso también y filósofo en Balliol.

La desdichada infancia de Peter podía considerarse un cruce entre la de Oliver Twist y la de John Stuart Mill. Su madre, Eleonora Sgonina, hija de inmigrantes polacos, había estudiado literatura en la Universidad de Cambridge,[112] donde conoció a George Hender Geach, el padre de Peter. Tras la boda, Eleonora lo siguió a Lahore, en el Punjab, donde George enseñó filosofía en el Indian Educational Service. Fue un matrimonio desdichado; ella viajó a Inglaterra en 1916 para dar a luz a Peter y, en lugar de regresar con su marido, decidió retomar los estudios. Pasó tres trimestres en Somerville, donde tomó clases particulares con Dorothy Sayers y empezó a publicar poesía.[113] Peter pasó sus primeros años en Cardiff, en casa de sus abuelos polacos, mientras Eleonora seguía estudiando y editaba *Oxford Poetry 1918* (junto con Dorothy Sayers y Thomas Wade Earp).

La vida de Peter cambió abruptamente en 1920. George, que seguía en Lahore, consiguió un mandato judicial para que se pusiese al niño bajo la tutela de la señorita Tarr, una mujer mayor que había sido su tutora. A Peter lo enviaron a un internado y no volvió a hablarle nunca a su madre. Cuatro años después, el padre regresó de Lahore e, incapaz de encontrar una plaza universitaria en Inglaterra, empezó a dar clases a su hijo. George había estudiado Ciencias Morales en Cambridge; con trece años, Peter ya dominaba la lógica formal de Neville Keynes, había estudiado los *Principia Mathematica,* de Russell y Whitehead y había hecho una investigación sobre las falacias lógicas de los *Diálogos* de Berkeley, *El utilitarismo* de Mill y *Some Dogmas of Religion* de J. M. E. McTaggart.[114]

Peter escapó de la estricta formación paterna cuando ingresó en Oxford en 1934. George habría preferido que su hijo se formase en Cambridge –«lo que en Oxford llaman lógica, Peter, solo es un chiste malo»–,[115] pero lo impidieron ciertas consideraciones de índole económica. A George no le bastaba la beca Balliol para pagar las tasas universitarias. Al cabo de un par de años, el centro aceptó costear a Peter la totalidad, pero con una condición cuando menos sorprendente, a saber, que siguiera el consejo de su psiquiatra y aceptara no volver a ver a su padre.[116] El joven lo hizo y, huérfano *de facto* con dieciocho años, se convirtió al catolicismo.

Según Peter, su renacimiento religioso lo dejó «enamorado del amor» y muy necesitado de «una muchacha a la que amar y cortejar y con la que casarse».[117] Tras ver a una joven al terminar el servicio religioso en Begbroke, le propuso matrimonio creyendo que era otra,[118] pero la versión de Elizabeth no es la misma. Ella recuerda que Peter se le acercó en cuanto acabó la procesión, que empezó a acariciarle el hombro y dijo: «Señorita Anscombe, me gusta su mente.»[119] Es posible que la combinación del incienso con la elevación espiritual les ofuscara los recuerdos a los dos, pero, como ninguna de las dos versiones es muy verosímil, es más probable que sean bromas íntimas entre dos filósofos interesados en la identidad personal. Según el relato que se prefiera, Elizabeth dijo «Sí» o «Y a mí la suya». Pronto se puso a estudiar con su prometido a santo Tomás y la nueva lógica de Gottlob Frege y juntos leyeron el *Tractatus Logico-Philosophicus* de Ludwig Wittgenstein. Escrito en las trincheras durante la Primera Guerra Mundial, el breve pero oscuro libro contiene los primeros intentos de Wittgenstein por ponerle un límite al pensamiento mediante una descripción de la estructura del lenguaje. «Elizabeth recibió de mí no poca instrucción filosófica –alardeó Peter más adelante–. Me di cuenta de que esta disciplina se le daba bien.»[120]

MARY E IRIS ENTRAN EN LA ESCENA POLÍTICA Y NOSOTROS CONOCEMOS A LOS HABITANTES DE BOARS HILL

En griego, Iris superaba a Mary, pero las dos estaban muy por detrás de los chicos de los colegios privados con los que habían crecido; las clases en la sala de la señora Z., durasen lo que durasen, no podían compensar una verdad: la formación de esos muchachos se estructuraba en torno al dominio temprano del griego y el latín. Así pues, en cuanto deshicieron las maletas, se lanzaron a «una carrera desesperada para ponerse al día».[121] Para Mildred Hartley, la exigente profesora particular de Somerville, la ignorancia era un inconveniente, pero estaba decidida a que sus alumnas rindieran lo mismo que los hombres y se las evaluara aplicando exactamente los mismos criterios. Mary e Iris se unieron por el sufrimiento derivado de la idea de igualdad de Hartley, que parecía olvidar que ellas no tenían que sortear los mismos obstáculos que los hombres, sino unos «terriblemente más altos». Siguiendo sus instrucciones, escogieron «latín y griego, composición en verso y en prosa»,[122] una opción masoquista que les impedía acceder a cualquier esclarecedora bibliografía secundaria. Si Mildred aspiraba a la excelencia era por su amor al griego, y le encantó correr esa carrera con sus alumnas. Al ver la extraordinaria energía de Iris, pasó por alto su manera de vestir, bastante personal («parecía siempre disfrazada»): «No sabía lo que era la ociosidad», recordó Mildred,[123] elogios nada desdeñables viniendo como venían de una mujer increíblemente activa que no se permitía relajarse hasta el final de cada trimestre, cuando empezaba a ponerse pantalones y llevaba el thriller en una mano y la pipa en la otra.[124]

En la soleada habitación de Iris, las nuevas amigas lidiaron juntas con la poesía y la prosa griegas con tanto empeño que todas las semanas producían resmas enteras de errores de traducción y ejercicios más bien mediocres. Sin embargo, en 1938 era difícil no atender el llamamiento urgente de la escena política y se vieron arrastradas a un activismo frenético. La composición griega podía esperar, las campañas no. La opinión pública había estado fuertemente dividida cuando Neville Chamberlain, el primer ministro, regresó de Múnich en septiembre de 1938 y declaró «paz para nuestros tiempos». Beatrix Walsh, de Somerville, recordó la «ostentación de papeles recién salidos de la mano de Herr Hitler», unos pactos que hicieron de Chamberlain un salvador para algunos y un traidor para otros.[125] Para muchos refugiados europeos que ya pisaban las aceras de ciudades británicas, la traición fue devastadora. Heinz Cassirer, especialista en Kant que había viajado de Alemania a Inglaterra con su padre Ernst, se presentó unos días más tarde en la habitación de Mildred Hartley. Había llegado a sus oídos el rumor de que entre las mujeres que vivían en Somerville podía encontrarse la amistad y la causa común y allí se dirigió para asegurarse de que aún vivía entre personas dispuestas a resistir con firmeza la amenaza nazi.[126]

Un mes después de lo ocurrido en Múnich se presentó la oportunidad de que la ciudad de Oxford, mediante unas elecciones extraordinarias, tomase partido contra las medidas de Chamberlain. Roy Harrod, economista de Christ Church, publicó en el *Oxford Mail* una carta abierta a los candidatos laborista y liberal: ¿darían un paso al lado y apoyarían a un candidato independiente en una lista contraria a la contemporización? Justo nueve días antes de la votación, los dos partidos llegaron a un acuerdo.[127] Dos profesores de Oxford aspiraron al escaño vacante. A favor estaba Quintin Hogg, candidato conservador y académico de All Souls; en contra, Sandie (A. D.) Lindsay, filósofo político y profesor de Balliol College.

Mary e Iris pasaron a formar parte de la correa de transmisión de estudiantes que ensobraban propaganda en el cuartel general de Lindsay, montado a toda prisa en una sala situada frente a St. Peter's Hall.[128] Mary «hacía recados y ponía las señas en los sobres».[129] Junto a ellas, Isobel Henderson, la brillante profesora de Historia Antigua de Somerville, con quien estudiarían Iris, Mary y Elizabeth. Las estudiantes habrán revisado los panfletos de la Liga Socialista que se amontonaban en las habitaciones de ese «animal decididamente político» mientras intentaban seguir sus oscuras pero ingeniosas reconstrucciones de la política romana que creaba a partir de fuentes primarias.[130] Cuando Franco tomó el poder, Isobel, «hispanófila apasionada, juró no volver a pisar España hasta que [Franco] cayera».[131] Aparte de la política y las infaltables clases particulares, «la música, correr, la poesía, el críquet y el Mediterráneo eran partes esenciales de su vida».[132] Era una conversadora muy jovial; una instantánea la recuerda con un vestido de noche, pulseras de diamantes y clavando un cuchillo para trinchar un pollo *en croûte*.[133] Una historia trágica la cubrió aún de más glamur. Todavía era la señorita Munro cuando fue la primera mujer que, estando ya comprometida para casarse, fue elegida para ocupar una plaza de titular. La boda se celebró en Oxford en junio de 1933; la hija de su anterior profesor particular, el filósofo R. G. Collingwood, fue dama de honor.[134] Los recién casados pasaron la luna de miel en Italia, pero Isobel volvió sola a Inglaterra como viuda de Henderson, pues Charles Henderson murió de una insuficiencia cardiaca durante una visita al santuario del Monte Sant'Angelo.[135]

Los partidarios de Lindsay formaban un grupo variopinto en el que tenían cabida votantes comunistas, laboristas, liberales y algunos conservadores disidentes. Harold Macmillan, conservador y miembro del Parlamento por Stockton, hizo campaña por Sandie Lindsay en un mitin celebrado en el ayuntamiento. Solly Zuckerman, zoólogo de Oxford, le pasó el auricular del teléfono de su habitación a su amigo Randolph Churchill: «LINDSAY TIENE QUE ENTRAR», atronó la voz de Winston, el padre de Randolph.[136] Ted Heath (futuro primer ministro conservador) se paseaba por Oxford en bicicleta haciendo campaña con el izquierdista Denis Healey. Los dos eran alumnos particulares de Lindsay y podían llevar en los bolsillos de la chaqueta libros de Søren Kierkegaard, del poeta místico Piotr Ouspensky y de John Locke.[137] Hasta los anarquistas de Oxford prometieron no apoyar al *Master* de Balliol:

Estimado señor:
   A los anarquistas de la universidad nos resulta imposible apoyar su campaña parlamentaria. De hecho, estamos preparando una campaña a favor de la abstención en cualesquiera elecciones que se celebren. Sin embargo, considerando que está usted dispuesto a oponerse a Cham-

berlain, nos gustaría hacerle saber que intentaremos disuadir de votar solo a los partidarios de Q. Hogg.[138]

Los partidarios de Hogg advirtieron que Lindsay había recibido telegramas de Stalin,[139] pero para muchas de las jóvenes de Somerville que llenaban los buzones de Iffley Road con panfletos de Lindsay, saberlo solo fue un estímulo más.

Iris y Mary se sumaron al Club Laborista de la Universidad, del que se decía que tenía las «mejores chicas» (en 1936, un grupo de estas jóvenes había quemado sus medias de seda para protestar contra la agresión japonesa a China).[140] Unas cuantas de ellas se arriesgaron a disgustar a la señorita Farnell y se pintaron los labios de color rojo para dejar bien claro su compromiso con los rojos. Se dice que algunos hombres solo se asociaron para «alinearse con mujeres», lo que

WHO IS DR. LINDSAY?

DR. LINDSAY, the Progressive Independent candidate in the Oxford by-election, is 59 years old. His father was a professor of Theology in Scotland, and his mother was Chairwoman of the Scottish Liberal Women's Federation: she also founded the first women's Trade Union in Glasgow.

Dr. Lindsay first came to Oxford in 1898; he has lived here ever since, except for two years in Glasgow, one other year away, and the duration of the War.

He has been a member of the Fabian Society since 1899, and a member of the Labour Party since it was founded.

War Service

HE was 35 when the War began. When he volunteered for service he was sent out to join the Intelligence Staff in France. There, a friend who was starting a Labour Corps found him and got him transferred to the job of directing the technical side of it.

He describes his job as 'a cushier job than a great many'; but it took him into the Ypres district and he was nearly every day in the firing line. He confesses that he was 'very, very frightened'. *He never wants another war.*

Three Children

DR. Lindsay is married and has three children.

His eldest son Michael is now in Pekin where he is introducing some of the Oxford methods of teaching to the Chinese Universities.

His daughter Drusilla, has married a man in the Indian Political Service in India, and is now living on the North-West Frontier.

también explica el hecho de que entre los miembros hubiera dos del Club Conservador. No obstante, para los miembros, la verdadera cuestión no era lo lejos que se llegaría, sino cuán lejos a la izquierda. ¿Rosa laborista o, como Iris y Léonie Marsh, rojo rabioso del Partido Comunista? «Lo primero que hice cuando llegué a Oxford fue afiliarme al PC», recordó Iris muchos años después.[141] (No era totalmente cierto. Lo primero que hizo fue ir a la iglesia de San Aloisio, la de la torre amarilla, y es posible que en el camino se cruzara con Elizabeth. Cuando llamó a la puerta, nadie le abrió.)[142]

La carta que Iris remitió a Ann Leech, una amiga de Badminton, durante su segundo trimestre en Somerville permite hacerse una idea de su fanatismo juvenil. «Doy gracias a Dios por tener el partido que dirigirá y disciplinará mi anterior idealismo, vago e ineficaz –le decía a Ann–. Ahora siento que estoy haciendo algo bueno, que la vida tiene una finalidad y que la historia de la civilización no es solo una sucesión interesante de enredos inconexos, sino un desarrollo inteligible hacia el estadio más elevado de la sociedad, el Estado soviético mundial.» En un intento por evitar que Ann se preocupase por un posible derramamiento de sangre, la tranquilizó con estas palabras: «Una revolución bolchevique no es un desenfrenado asunto emocional con bombardeos indiscriminados [...] es un hecho científico y planificado con todo cuidado que se producirá en el momento en que haya un mínimo de personas a las que tratar con violencia».[143] Mientras esperaba ese glorioso y provechoso día, fue con «algunos agradables rojos de Oxford» al Festival de Música para el Pueblo que se celebró en el Royal Albert Hall. Se puso de pie cuando sonó el himno nacional español y el deán de Canterbury, con sus vestiduras rojas, exaltó la «plenitud de la vida en la Unión Soviética».[144]

Mary, sintiendo tal vez que incluso un «mínimo» de muertes violentas podían ser demasiadas, siguió siendo rosa. Los volúmenes del Left Book Club en tal o cual mesa de la casa de sus padres arrojaban una luz ambivalente sobre la Unión Soviética. Circulaban historias sobre los juicios de Moscú y, si bien a la intelectual socialista Beatrice Webb «le gustaba que Stalin hubiese "talado el bosque muerto"»,[145] eran legión los que se sentían desencantados. En abril de 1937, John Dewey –el filósofo que había inspirado a Olive Willis su visión de Downe House– encabezó una delegación que viajó a México para entrevistar al exiliado Trotski. El informe de la Comisión Dewey, de cuatrocientas páginas, reveló sus conclusiones ya en el título: *No culpable*.[146] Los juicios de Moscú, concluyó Dewey, eran un «montaje». En la familia Scrutton cundió el desengaño.

Mientras las chicas progresaban en los estudios, a Mary le resultó cada vez más difícil comprender la ferviente adhesión de su amiga al Partido Comunista. Cuando el Club Laborista estudiantil se dividió y los moderados formaron el disidente Democratic Socialist Club (DSC, Club Socialdemócrata), Mary e Iris se situaron en bandos opuestos. Mary se sorprendió a sí misma pronunciando un «virulento discurso» en la asamblea inaugural del DSC. La eligieron para formar parte del comité; por su parte, Iris encarnó a su homóloga en el Club Laborista, de inclinación marxista.[147] Su entusiasmo político era imparable y, como le dejó claro a Mary, superaba con mucho su interés por la filosofía.

En Oxford, el estado de ánimo, al menos más allá de las salas comunes júnior, se asemejaba más al de Mary: rosa más que rojo. Mary dedicó a Iris un poema después de que su amiga participase en una manifestación del 1 de Mayo que un proletariado local aparentemente ingrato atacó con tomates:

> Ah, ¿dónde está Iris Murdoch, decidme, ¿dónde?
> ¡Ha ido a ayudar en la marcha de los obreros!
> Los tomates plutoaristocráticos en el pelo
> no consiguen alejarla del proletariado.
> Aunque los jóvenes pomposos ladren en el High
> y en el Bullingdon pidan la cabeza de Iris
> coronada de sangre y oro, en su corazón
> se ve su auténtico color, ¡ella es la Roja![148]

Así y todo, durante las elecciones, toda la izquierda, los rosa y los rojos, jóvenes y viejos, se unieron para votar a Lindsay. Isaiah Berlin, filósofo y académico de All Souls, cambiaba en los coches las pegatinas que pedían el apoyo para Hogg por otras a favor de Lindsay.[149] Maurice Bowra, (el ingenioso) secretario de Wadham, que por lo demás lamentaba que todos los hombres jóvenes se interesaran por la política («¿Dónde están los estetas de antaño?»),[150] también apoyó la campaña. J. L. Austin, el de los pañuelos, acuñó el eslogan oficial «Un voto para Hogg es un voto para Hitler» y siguió al candidato conservador de mitin en mitin para ponerlo en evidencia. «Hogg tenía una mente alerta –recordó E. R. Dodds, el *Regius Professor* de griego–,[*] pero Austin aún más. Lanzaba réplicas ingeniosas y mordaces como estocadas; era muy raro que desperdiciase una oportunidad, y nunca ofrecía una.»[151]

Se votó el 27 de octubre. Lindsay abandonó pronto la campaña; le repugnaba el eslogan de Austin. Hogg ganó por un escaso margen, con la habitual mayoría tory dividida en dos. Los resultados se anunciaron desde el balcón del ayuntamiento:[152]

> Hogg   15.797
> Lindsay 12.363

Durante los nueve días que duró la campaña, toda la energía juvenil se había volcado con Sandie Lindsay, un profesor de cincuenta

---

[*] Plaza de profesor fundada o sostenida por la Corona. (*N. del T.*)

y nueve años. Lindsay se movía en un distinguido enclave donde convivían internacionalistas, idealistas, socialistas fabianos, comunistas versificadores y poetas laureados de clase alta, el mundo de Boars Hill, un pueblecito situado en lo alto de una de las colinas de Cumnor, al norte de Oxford. En *Retorno a Brideshead*, el conservador Evelyn Waugh hace que Charles Ryder reciba de su primo Jasper esta brusca orden: «No te acerques a Boars Hill».[153] Mary, Iris y Philippa visitaban ese lugar regularmente.

El clasicista Gilbert Murray y lady Mary Murray, su mujer, eran el corazón de Boars Hill. El número de teléfono de su casa, Yatscombe, era Boars Hill 1.[154] Cerca de ellos, en el extenso e intrincado vicariato de Heath Barrows, vivía el filósofo socialista Edgar Frederick Carritt, que había dado clases particulares a Lindsay, con su esposa Winifred y su numerosa prole. Los senderos de grava bordeados por muy cuidados setos estilo inglés llevaban a un campo de cróquet, un huerto, una pista de tenis de hierba, un *paddock* y un bosquecillo.[155] Aunque Edgar (a diferencia de Winifred) no era comunista, dio clases de materialismo dialéctico en los últimos años de la década de 1930; en sus clases ya no cabían más estudiantes y en el patio se vendían ejemplares de la revista *Labour Monthly*.[156] En Scar Top, en un recinto de diez mil metros cuadrados, vivían el indólogo y escritor Edward (E. J.) Thompson, su mujer Theo y sus hijos Frank y Edward (E. P.). Durante las elecciones se pudo ver a Theo en Oxford con una pancarta –«¡Salvemos Checoslovaquia!»– pegada en el coche de la familia hasta que un policía lo detuvo.[157] Cuando Gandhi visitó Oxford en 1931, lo llevaron a la colina a ver a los Thompson, donde Lindsay (para quien Gandhi era un santo) organizó un debate informal sobre la independencia de la India. (La filósofa Dorothy Emmet, que había recibido clases de Lindsay, recogió a Gandhi en la estación de Oxford en su viejo Baby Austin descapotable.)[158] El poeta laureado Robert Bridges, cuya hija Margaret se había casado con el filósofo platónico H. W. B. Joseph, vivía en Chilswell House; la poeta Elizabeth Daryush, hermana de Margaret, en Stockwell. La fértil imaginación de los románticos e idealistas de Boars Hill había contribuido a la creación de la Sociedad de Naciones, del Oxford Committee for Famine Relief (Oxfam, el Comité de Oxford de Ayuda contra el Hambre) y de la Sociedad para la Protección de la Ciencia y el Aprendizaje (un consejo fundado por William Beveridge para ayudar a los intelectuales a huir del régimen nazi).

Hombres como Murray y Lindsay también habían sido aliados esenciales en la lucha a favor de la educación de las mujeres. Anna Dunlop, la madre de Lindsay, que en la década de 1880 había contribuido a la fundación del Scottish Council for Women's Trades, organismo que luchaba para mejorar las condiciones de trabajo de las mujeres, fue una de las primeras en estudiar en la Universidad de Edimburgo, donde obtuvo el primer premio en Filosofía moral y Física experimental. En 1923, cuando Emily Penrose se retiró como rectora de Somerville, Gilbert Murray y Sandie Lindsay se sentaron a su lado en la cena oficial de despedida. Los dos siguieron siendo patrocinadores del colegio; Murray era amigo y mentor de Helen Darbishire, la nueva rectora, y de la historiadora Isobel Henderson. Lindsay se casó con la temperamental poeta Erica Violet Storr, también de Somerville, que no resultó lo que se dice idónea para el papel de esposa del *Master*: cuando el equipo de remo los Ocho de Balliol fue a una fiesta celebrada en el Master's Lodging, Erica los acorraló y les leyó pasajes de *Travels in Arabia Deserta*, de Charles Montagu Doughty.[159]

Lindsay dijo una vez en broma: «Soy conservador, liberal y socialista»,[160] una descripción de sí mismo forjada en los campos de batalla de Ypres, en las ciudades alfareras en que había dado clases a los mineros y en Glasgow, donde, de niño, lo despertaban los ruidos de los astilleros Clyde. Sin embargo, aunque en la Gran Bretaña de entreguerras sus puntos de vista atrajeron a muchos –el odio a la competición, la creencia en una comunidad nacional, la unidad de una Iglesia arraigada, un Estado activo y un sistema nacional de enseñanza–,[161] a los profesores más jóvenes y a los estudiantes les sonaban anticuados. Al pie de la colina, en el laberinto de callejas de Oxford, en los antros de estudiantes y los pubs llenos de humo, la descripción que Lindsay hacía de sí mismo no tenía sentido. «Comedor de loto por naturaleza, reaccionario y creyente en la aristocracia, se ha engañado a sí mismo y ha engañado a sus amigos por considerarse un idealista, un radical y un colectivista», pudo leerse en la revista estudiantil *Isis*.[162]

Entonces todavía no se había inventado la palabra *«teenager»*, pero a los adolescentes se los había visto, y se los iba a ver, por todo Oxford haciendo cosas propias de la edad.[163] Los discos de Duke Ellington sonaban en las habitaciones de los estudiantes, los blues de Bessie Smith salían por las ventanas de los colegios y la mayoría de los centros tenía una banda de jazz. The Bandits, un grupo de Dixieland, tocaba para comunistas que fumaban como carreteros.[164] Maurice Bowra abrió en Wadham un club gastronómico exclusivo en el que daba de beber y de comer a lo más selecto del talento adolescente (casi exclusivamente masculino). En su mesa, tener mucha labia lo era todo. Cotillear era un arte. Se ignoraban los comentarios maliciosos que no eran graciosos, así como las bromas que solo pretendían escandalizar pero no aportaban nada; con todo, se admitían las bromas crueles e inteligentes. «El *Master* de Balliol ha estado enfermo, pero por desgracia se está recuperando.»[165]

Lindsay no enviaba hombres de Balliol a Bowra para que les diera clases. Cuando Gilbert Murray encabezó una campaña para impedir que los estudiantes tuvieran automóvil –el asiento trasero era, sin duda, un sitio hecho a medida para fornicar–, Bowra lo derrotó.[166] Para una nueva generación de estudiantes y profesores más jóvenes, vivir constreñidos por normas, y daba igual si dichas normas se habían concebido con espíritu paternalista, estaba totalmente descartado, igual que las persistentes dimensiones imperialistas del internacionalismo de Lindsay. Los adolescentes buscaban una visión del mundo menos acartonada que hiciera hincapié en la libertad y la individualidad.

LA CLASE *AGAMENÓN*

Mientras rellenaba sobres junto con Mary e Iris, Isobel Henderson elaboraba una estrategia aplicable a la educación de las muchachas. Los ejercicios de traducción de los Mods que escogía Mildred Hartley apenas conseguían estimular a una clasicista en ciernes. Los pasajes de César o Cicerón no le bastaban y por ello apenas los trabajaban, pues Mildred prefería textos que pusieran a prueba la inteligencia de sus alumnas. Lewis Carroll figuraba entre los elegidos: el pasaje en que el Gato de Cheshire desaparece dejando solamente su ancha sonrisa (*grin*) era casi imposible de verter al griego. «Lo que ocurre con la sonrisa Cheshire, o "*grin*", como la llama Carroll, una palabra más dura que "*smile*", es que no hay una voz griega que traduzca el sustantivo; tiene que ser un participio, un participio con función adjetiva acompañando a un sustantivo. Así se apreciaría de inmediato la dificultad de hacer algo con una sonrisa que permanece después de que el gato desaparezca», se quejó Prue Smith, una de las alumnas.[167] Y Mary e Iris sintieron por primera vez extramuros la fuerza y el magnetismo de la erudición –la emoción pura– cuando Isobel Henderson las envió juntas a Corpus Christi College, donde iban a asistir a las clases de Eduard Fraenkel sobre la tragedia *Agamenón*.

Las clases del profesor Eduard Fraenkel no tenían parangón entre las que impartían los demás clasicistas vivos, y la devoción casi religiosa con que abordaba su trabajo era legendaria en toda Europa.[168] No obstante, como el resto de profesores judíos de su generación, en 1933 se había visto obligado a dejar su plaza universitaria cuando los nazis aprobaron la Ley para la restauración de la función pública.[169] Martin Heidegger, en su calidad de rector, dio el visto bueno al despido de Fraenkel, catedrático de la Universidad de Friburgo.[170] Con la ayuda de la Society for the Protection of Science and Learning (SPSL), lo que Friburgo perdió lo ganó Oxford. E. R. Dodds, *Regius Professor* de griego, testificó: «Desde el punto de vista de la erudición, no conozco a nadie más digno de ser rescatado».[171]

Mary e Iris habrán entrado en el antiguo claustro de Corpus Christi un poco azoradas y con las palabras de Isobel Henderson resonándoles en los oídos: «gran privilegio», «distinguido», «serio». «Uno siempre se equivoca cuando no quiere probar algo», decía Isobel a sus estudiantes para alentarlas a vencer la timidez.[172] A Iris y Mary también las envió con una advertencia: «Es probable que [Fraenkel] os meta mano, un poco, pero no le deis importancia».[173] Cuando se alisaron el uniforme y abrieron la diminuta puerta de la sala del siglo XVI (techo bajo, largas ventanas Tudor, una gran mesa en el centro), se sumaron a un grupo cambiante formado por veinte profesores y estudiantes que lidiaban, línea por línea, con el texto de Esquilo. Como el curso había empezado cuando ellas todavía eran dos colegialas, tuvieron que comenzar en el verso 83 («Las cosas ahora están como están y acabarán en lo que ya ha decretado el destino», se lamenta el coro mientras espera noticias de la lejana guerra en Troya).[174]* Semana a semana, de las cinco a las siete de la tarde, la traducción avanzaba con dificultad; Fraenkel presidía la mesa.[175] El formato –en la tradición alemana del *Seminar*– era nuevo en Oxford, hasta entonces acostumbrado a clases impartidas en las aulas y a clases particulares (un profesor del colegio y uno o dos estudiantes).[176] Condición *sine qua non* para poder participar era no faltar a una sola lección.[177]

A Mary la emocionaba la «sensación de formar parte de un gran empeño intemporal». La tarea de Fraenkel consistía en descubrir lo que Esquilo había querido decir y lo que había escrito, palabras de un autor que había dejado su impronta hacía más de veinticuatro siglos. La vasta distancia temporal y cultural entre pasado y presente solo se salvaba gracias a la constante actividad humana de conservar, copiar, proteger y reproducir papiros, pergaminos y libros en papel. Fraenkel estudió la superficie de diferentes copias y fue cribando particularidades y corrupciones introducidas en las reiteradas transcripciones; en cierto modo, iba decapando lo que el tiempo había cubierto con su pátina. Ese trabajo requería conocer toda una red de pequeños detalles: cómo surgieron las obras, cómo se copiaban, cuáles eran los hábitos y las singularidades de los hombres que las habían creado. Después estaban los hechos que solo habían dejado un rastro en el texto; por ejemplo, un error en la transcripción podía revelar la mano de un «monje cansado» que «escribía al final de su jornada». Después de quitar las capas de errores y accidentes acumulados, Fraenkel transformaba el texto, ahora limpio y claro, en sonido; a Mary la asombró no poco darse cuenta de que esos versos se habían escrito para decirlos en voz alta.[178]

La condición de refugiado de Fraenkel marcaba su manera de tratar al personaje de Casandra, la sacerdotisa troyana cautiva de Agamenón, exiliada como él: «El entorno, desconocido para ella, agrava

---

* Salvo mención expresa a pie de página, como en este caso, las citas se han traducido a propósito para la presente edición. Las de *Agamenón* están tomadas de: Esquilo, *Tragedias,* traducción y notas de Bernardo Perea Morales, Gredos, Madrid, 1986. (*N. del T.*)

su desgraciada situación, a lo que se suma, como podemos suponer, que al menos durante un tiempo no entiende la lengua», escribió el profesor.[179] En 1934, cuando el matrimonio que formaban Fraenkel y Ruth von Velson llegó a Inglaterra junto con sus cinco hijos, Ruth (que cuando se casó abandonó su carrera académica en Filología clásica) era la única que hablaba inglés.[180] El German Jewish Aid Committee (Comité de Ayuda a los Judíos Alemanes), temiendo que entre la opinion pública británica cundiera el sentimiento antialemán, aconsejó a los refugiados como Ruth y Eduard Fraenkel: «Dediquen desde hoy mismo su tiempo libre a aprender inglés y a pronunciarlo correctamente. No hablen alemán en la calle ni en los medios de transporte y los lugares públicos como restaurantes. Mejor chapurrear inglés que hablar un alemán fluido, y *no hablen en voz muy alta*. No lean periódicos alemanes en público».[181]

Para los estudiantes, algunos todavía adolescentes, la enormidad del escenario mundial en que se desarrollaría su futuro confería peso y *pathos* a la historia que cuenta el regreso de un guerrero. Más tarde, Iris lo plasmó en su poema «Agamemnon Class, 1939»:

> ¿Esperábamos la guerra? ¿Qué temíamos?
> La agobiante y ardiente llama del primer amor
> o que apareciera en público
> eso que no podíamos llamar
> el aoristo de un verbo conocido.

Los profesores de más edad, muchos de ellos demasiado jóvenes para haber luchado en la Primera Guerra y demasiado mayores para combatir en la guerra que se avecinaba, hicieron todo lo que estaba en su mano para ayudar con la traducción a sus jóvenes compañeros de clase. El coro de Esquilo lamenta su avanzada edad: «Como nosotros no pudimos aportar nuestra ayuda por la vejez de nuestras carnes, sino que fuimos eximidos de la expedición vengadora de entonces, aquí quedamos, apoyando en el báculo nuestra poca fuerza, ya tan débil como la de un niño».[182] Lo único que pueden hacer es dar testimonio mientras en Troya cae toda «la juventud de Grecia», alterada ya la lógica de la generación.[183]

Entre el verso ochenta y tres y el verso mil
nos pareció haber perdido la inocencia,
nuestra juventud, ahí, perdida,
en ese aire limpísimo, implacable,
viviendo antes lo que vendría después
mirando con miedo una pálida llama,
misteriosa combinación de sol y lluvia.[184]

Y sí, Fraenkel «metió mano» a Iris (más tarde ella comentó que no le importó), pero no a Mary, ocupada en enamorarse del tranquilo y apuesto Nick Crosbie. Entre tanto, Kenneth Kirk, amigo de Nick, languidecía por Mary, y Noel Martin asistía solo para mirar embobado a Iris.[185] Para Frank Thompson, Iris, la del vestido verde, era «la chica de sus sueños», «una poeta comunista irlandesa que está cursando Honour Mods», escribió a sus padres en Boars Hill, «la adoro».[186] Michael Foot, futuro especialista en Historia Militar y compañero de estudios de Frank en Winchester, estaba enamorado de Léonie Marsh, pero más tarde recordó que «casi todos los que trataban con Iris se quedaban prendados de ella».[187] Iris pidió seriamente a Frank que se afiliara al Partido Comunista. «Ven a tomar el té dentro de unos días y conviérteme»,[188] fue la velada proposición de Frank. Iris hizo las dos cosas.

UNA REVOLUCIÓN EN LA FILOSOFÍA: FREDDIE AYER DECLARA LA GUERRA A LA METAFÍSICA Y LA ÉTICA

A generaciones de estudiantes de Greats que pasaron por Oxford les enseñaron metafísica especulativa –los intentos de los filósofos por desarrollar, basándose únicamente en la razón, diversas teorías sobre la naturaleza de la realidad– junto con la dieta clásica consistente en (muchísimo) Platón y (muchísimo) Aristóteles. Un estudiante de la promoción de 1900, tras recuperarse de la impresión que causaba ver a mujeres sin sombrero ni carabina, se habría sentido cómodo junto a Elizabeth Anscombe mientras asistía a las clases sobre filósofos antiguos en su primer año de Greats –la *República* y la *Teoría de las ideas,* de Platón, las *Éticas* y *Acerca del alma,* de Aristóteles–. Sin embargo, se habría sentido perdido en las clases de H. A. Prichard sobre «La idea de obligación moral» o en las de W. D. Ross sobre «Filosofía moral». En el primer tercio del siglo XX se había producido un cambio espectacular en la ortodoxia filosófica, un cambio que se reflejaba en los programas que publicaba la *Gazette* de la Universidad de Oxford. Cuando Elizabeth ocupó su asiento, la lucha por el poder llegaba a su punto álgido.

A principios de siglo, en Oxford mandaban los metafísicos idealistas: Bradley, Bosanquet, Muirhead, Collingwood, Mure. Los inspiraba el filósofo alemán G. W. F. Hegel, que, según opinaban ellos, ofrecía una visión auténticamente metafísica de la realidad como un todo unificado en el que imperaba un orden racional o «ideal». Los idealistas insistían en que ese orden se constituye en y por la conciencia, así como en que interconecta a todos los sujetos y todas las cosas –el que conoce y lo conocido fundidos en un Absoluto que lo abarca todo–. La tarea de la filosofía consiste en llegar a conocer ese Absoluto, un objetivo que había que alcanzar, aunque fuese de manera parcial e inadecuada, mediante la trascendencia de uno mismo; de esa manera se revelaría la estructura del todo (al que pertenece el filósofo que se trasciende a sí mismo). El conocimiento humano, sostenían los idealistas, no se agota en la aprehensión meramente sensorial de cosas separadas e individuales, como las mesas y las montañas; antes bien, progresa hacia una visión unificadora, el reconocimiento del Absoluto. La poesía, el arte, la religión y la comprensión histórica son cruciales en esa tarea; los métodos científicos y empíricos de observación y medición solo pueden desempeñar un papel modesto. El objetivo último de la investigación filosófica, proclamaban los idealistas desde su podio en los primeros años del siglo XX, es conseguir que la vida esté en armonía con el mundo. La filosofía contribuye a que las cosas sean como *deben ser*, a hacer real el Ideal.[189]

Los poco imaginativos realistas habían atacado a los idealistas justo antes de que estallara la Primera Guerra Mundial. Inspirándose en los filósofos de Cambridge Bertrand Russell y George (G. E.) Moore, y trabajando a partir del manifiesto de Moore («La refutación del idealismo», 1903),[190] insistían en que quien conoce es distinto de lo conocido. No hay interconexión alguna entre la mente y el mundo, ni Absoluto que todo lo abarque. La tarea de la filosofía no difiere tanto de la tarea de la ciencia, a saber, descubrir y describir una realidad totalmente independiente. El conocimiento había que construirlo fragmento a fragmento, una pieza discreta tras otra. La observación reemplazaría a la especulación y un espíritu realista sustituiría al romántico. Desde sus atriles, a lo largo de las décadas de 1920 y 1930, los filósofos de Oxford Harold (H. A.) Prichard (un tipo bajito y ligero con el pelo blanco y ralo, grueso bigote negro y voz aguda y algo cascada) y David (W. D.) Ross (unos años menor, calvo, lampiño y con acento escocés) explicaban una ética «intuicionista» que encajaba en el marco realista. Los humanos tienen intuición moral, decían, similar a la visión común, pero especialmente ajustada a las características morales de la realidad. Gracias a esa facultad, más que a la trascendencia de sí mismo, podía aprehenderse la realidad moral. Para un estudiante de la primera década del siglo XX, habría sido escandalosa la idea de que el conocimiento moral se podía entender hasta cierto punto según el modelo del conocimiento científico basado en la observación.

G. E. Moore, uno de los primeros realistas, había hecho latir con fuerza los corazones del grupo de Bloomsbury cuando incluyó la «bondad» entre las características del mundo. Cuando desmanteló el Absoluto, preservó la autonomía y la pureza del bien insistiendo en una división fundamental de la realidad: el hecho natural y el valor no natural. Moore subrayaba que la bondad existe aun cuando no sea una «propiedad natural» y no pueda reducirse a nada que corresponda al ámbito de la psicología o de las ciencias naturales y aunque tampoco pueda entenderse en los términos de dichas disciplinas.[191] Así y todo, la realidad está poblada de muchas y variadas cosas valiosas que reconocemos como tales por las experiencias que nos brindan —los placeres de la comunicación humana, el cariño y el amor, la apreciación de la belleza en el arte y la naturaleza—. Según Moore, el deber de cada individuo consistía en aumentar la cantidad de valor en el mundo creando objetos que dieran lugar a tales experiencias.

Aunque Prichard y Ross, de Oxford, eran realistas como Moore, rechazaban esa versión de la conexión entre deber y valor. Desde su atril, Prichard explicaba que entre los filósofos morales había sido una tendencia casi omnipresente responder a la pregunta «¿Por qué tengo que hacer lo que debo?» diciendo «Porque es bueno». El paso siguiente había sido demostrar que hacer lo debido es bueno porque es beneficioso para uno (*It's good for you*) o porque los actos de obediencia son buenos en sí mismos. Pero, dice Prichard, si el motivo para hacer lo que debemos es que acabará beneficiándonos, la moral se reduce al interés propio y, aunque puede ser cierto que los actos de obediencia son buenos, lo son porque son cumplimiento del deber y no a la inversa (como pensaba erróneamente Moore). Según Prichard, los intentos de los filósofos morales por entender la idea de una «buena acción» con independencia del deber –apelando a conceptos en los que Aristóteles había hecho hincapié, como la «virtud» o el «carácter»– solo enturbiaban las aguas. El motivo no afecta en absoluto a la pregunta por si lo que hago es lo correcto.

El famoso artículo de Prichard («¿Se basa en un error la filosofía moral?») presentaba un paralelismo entre la búsqueda de una teoría sobre el deber que acometieron los filósofos morales y el célebre intento de Descartes por demostrarse a sí mismo que conocía el mundo exterior. A veces sentimos el tirón de una duda escéptica (¿Qué conozco de verdad?) y a veces nos preguntamos si somos tontos cuando, sin cuestionarlos, cumplimos con unos deberes que en cierto modo son irritantes (¿Por qué debería hacer lo que debo?). Aun así, Prichard sostenía que en ambos casos la búsqueda de una teoría que pueda ofrecer una base de confianza no iba bien encaminada. Cuando los deberes entran en conflicto y no sé a ciencia cierta lo que debería hacer –¿Debo devolver el libro a la biblioteca o cumplir mi promesa de ayudar a un amigo?–, no me ayudan ni una teoría ni una prueba. En su artículo de 1912, Prichard concluye que «la única solución pasa por estar en una situación que ocasiona obligación [...] y luego dejar que nuestras capacidades morales hagan su trabajo».[192] Es decir, tenemos que confiar en la intuición moral.

El intuicionismo moral de Prichard y Ross desesperaba a sus estudiantes. «Prichard y Ross parecían vivir en un mundo de certezas morales que había dejado de ser nuestro», se lamentaba la filósofa Dorothy Emmet, que asistió a sus clases (con carabina) al llegar a lady Margaret Hall justo cuando acababa la Gran Guerra. «Estaban absolutamente seguros de la clase de actos que eran correctos o no.» Sin embargo, no la convencían la confianza de los profesores en que sus «capacidades morales» siempre dictarían un veredicto sobre lo que estaba bien ni la tajante división que establecían entre lo correcto y lo bueno. «Para la ética, yo necesitaba un contexto en el cual lo que estaba bien tuviera alguna relación con lo bueno. Eso significaba una referencia a las clases de relaciones humanas y los estilos de vida que considerábamos buenos.»[193] Más tarde, Emmet ofreció esa profundidad y ese contexto en sus libros. Cuando Iris ocupó su asiento en el aula para oír a David Ross, su reacción tuvo ecos de la de Dorothy: «estúpida leche superficial y "ética" aguada», se quejó en una carta a una amiga de Oxford.[194]

La última etapa de la lucha por el poder en Oxford tuvo lugar cuando Elizabeth supervisaba su parodia de juicio en Sydenham. Para gran sorpresa de Ross y Prichard, fue un ataque a ellos y también a sus adversarios.

En 1933, en un mitin público sobre filosofía, un joven desconocido con el pelo negro liso y una camisa de colores vivos se puso de pie en medio de un mar de canas. Los «más viejos se quedaron estupefactos y se escandalizaron» cuando de labios de aquel joven salió una declaración de guerra. «Todos ustedes —proclamó— experimentarán una extinción prematura.» Los procesos por los que realistas e idealistas acabarían desapareciendo de la tierra eran irreversibles y ya se habían puesto en movimiento, añadió. «¡Los ejércitos de Cambridge y Viena ya están sobre ustedes!»[195] Ese joven era Freddie (A. J.) Ayer, investigador de veintiséis años de Christ Church. Michael Foster, su anciano profesor particular, lo consideraba inepto para enseñar a los jóvenes,[196] pero Maurice Bowra, de Wadham, a cuya mesa se había formado Freddie, lo tenía por un «joven genio».[197]

Mientras en Oxford y Cambridge los realistas polemizaban con los idealistas, un círculo de intelectuales había empezado a reunirse en los cafés de Viena para discutir sobre el futuro de la filosofía tras la caída del imperio austrohúngaro.[198] A la cabeza del grupo estaba Moritz Schlick, catedrático de Filosofía Natural en la Universidad de Viena, una plaza creada para el polímata Ernst Mach, cuyo empirismo, según creía ahora Schlick, podía salvar la democracia y el humanismo. En el siglo XIX, las revoluciones de la geometría habían hecho añicos la idea del ilustrado Immanuel Kant en el sentido de que el espacio euclideano es la forma de toda experiencia posible, y, con ello, habían demolido también la idea kantiana de una especie de conocimiento *a priori* que no deriva de la experiencia ni se adquiere a partir de ella. Mach ofreció una alternativa: no postular nada que la experiencia sensorial no confirme o prediga. En lo político, su rechazo del *a priori* era una lección de antiautoritarismo que podía aplicarse con eficacia tanto a la teoría social y la economía como a la psicología. Schlick esperaba que la «psicofísica» de Mach allanase el camino para atribuir sensación a la materia y explicara los fenómenos mentales sin separarlos del mundo físico. Oxford tendría que esperar hasta 1935 para tener el Institute of Experimental Psychology (fundado después de que Anna Watts donase diez mil libras para su creación), pero en la década de 1870 Mach ya desarrollaba conceptos que harían posibles los experimentos del instituto.[199]

Es posible que, en el verano de 1938, Mary pasara alguna vez corriendo junto al busto de Mach, mármol blanco en un pedestal de granito rosa, cuando atajaba por el Rathauspark al dirigirse (un poco tarde) a ver *La novia vendida,* de Smetana («Me alejó de la ópera durante una larga temporada»).[200] A esas alturas, Moritz Schlick ya había muerto (asesinado por un exalumno) y casi todos los miembros vivos del Círculo de Viena se habían quedado sin su plaza universitaria o, previendo la que se avecinaba, las habían dejado para emigrar. Más adelante encontraremos a uno de ellos, Friedrich Waismann, en las aulas de Oxford y Cambridge.

Aunque fue Freddie Ayer quien lanzó la declaración de guerra, había sido Susan Stebbing, la primera profesora de filosofía de Gran Bretaña, la que ya había invitado a los «ejércitos de Viena» a unirse a los realistas de Cambridge. Stebbing, que había conocido a Schlick en Inglaterra en 1930, de repente vio, durante una conversación sobre la necesidad de claridad que había mantenido con G. E. Moore, su amigo y antiguo mentor, algunas maneras de introducir el positivismo lógico (el giro vienés hacia la ciencia, la medición y la observación). Reconociendo el potencial del «análisis» para revelar la estructura oculta del lenguaje y del mundo, creía que también podía aplicarse a los hechos (igual que a las frases) para descubrir los componentes fundamentales de nuestra experiencia cotidiana. Asimismo, vio una finalidad fuera de las aulas de filosofía. Si a la población en general se le podía enseñar a preguntar, cuando se enfrentaba a un artículo de propaganda política, a un anuncio publicitario o a un artículo periodístico, «¿Qué significa esto?», y a responder desglosando frases y argumentos en sus partes integrantes, se tendría una opinión pública mejor informada y políticamente más espabilada. Entre tanto, G. E. Moore, siguiendo su «Refutación del idealismo», no había dejado de atacar el esoterismo alarmando a sus alumnos, interlocutores y colegas por igual con una reiterada pregunta: «¿QUÉ DEMONIOS ha querido decir con eso?».[201] Apuntando al principio a los idealistas (cuyas afirmaciones acerca del «Absoluto» eran decididamente crípticas), la repetición de la pregunta, acompañada de puñetazos en la mesa y papeles hechos trizas, había contribuido (junto con los empeños menos iconoclastas de Stebbing) a que en Cambridge se produjese un giro metodológico. Bajo el inquietante y persistente desafío de Moore y la cuidadosa defensa de Stebbing, a finales de la década de 1920 los filósofos de Cambridge ya no preguntaban «¿Qué es bueno?», sino «¿Qué significa "bueno"?».

Stebbing vio un método para responder a esas preguntas en el trabajo de los lógicos de Viena. En 1933 dio en la Academia Británica la conferencia «Positivismo y análisis lógico», en la que puso de manifiesto que los métodos del análisis lógico del Círculo de Viena, con el acento puesto en la observación, podían ser una herramienta útil en la búsqueda de claridad. También contribuyó a fundar *Analysis*, revista dedicada a la filosofía «analítica» en la que publicaron Schlick y su círculo. En 1936, Ernest Nagel, filósofo de la ciencia norteamericano de origen eslovaco, redactó una «valoración de la filosofía analítica en Europa» basada en un estudio de un año en el que describía a sus lectores norteamericanos las conexiones metodológicas y doctrinales que ya existían entre «la filosofía que se practicaba en Cambridge, Viena, Praga, Varsovia y Leópolis».[202] «La señorita Stebbing ha dedicado una cantidad ingente de energía», señaló Nagel,[203] algo que también advirtieron los colegas de la profesora. «Siempre deseé que escribiera un libro o, como mínimo, un artículo, sin la presión de otras obligaciones o de cualquier promesa de acabarlo en una fecha dada», se lamentó uno de ellos. «Pero no... Siempre había algo, una reunión de tal o cual comité o un taxi para Irlanda, y se marchaba con una maleta en una mano y el sombrero un poco torcido en la cabeza.»[204]

Gran parte de la energía de Stebbing se centró en crear una comunidad de académicos, pero la filósofa también trabajó para explicar los nuevos métodos lógicos a un público general. Su *Introducción moderna a la lógica* (1930) fue el primer libro de texto de lógica moderna con los métodos técnicos que los positivistas lógicos empleaban para analizar proposiciones. «La lógica, en el sentido más habitual y más amplio del término, se ocupa del pensamiento reflexivo»,[205] empieza diciendo. Pensar lógicamente significa simplemente pensar con claridad y con una finalidad. Sin embargo, «hace poco se ha reconocido que hay una ciencia de lógica pura que solo se ocupa de la forma». Este sentido técnico y estrecho de la «lógica», añadía la autora, se refiere a la estructura general y abstracta del razonamiento. Pensemos, por ejemplo, en esta proposición: «Si todos los políticos son incoherentes y Baldwin es un político, entonces, Baldwin es incoherente». Las premisas y la conclusión pueden ser verdaderas o falsas, irrelevantes y chocantes, pero esas cualidades no tienen interés para el lógico moderno, pues a él únicamente le interesa la forma. «El ideal del lógico es la totalidad [y] alcanza ese ideal con afirmaciones absolutamente formales» mediante el empleo de sus nuevos *gadgets* lógicos, las «constantes» y las «variables». En lugar de «Baldwin» pone «b», en lugar de «incoherente» pone «β», y «α» donde dice «políticos» y así obtiene: «Si todas las α son β y β es una α, entonces b es una β».[206] Seguidamente, «todas», «entonces» e «y» también pueden cambiarse por símbolos: $\forall$, $\rightarrow$, &. El lógico no necesita mirar la palabra ni observar la conducta de Baldwin y de sus colegas políticos para aprehender la validez lógica de la serie de símbolos $((\forall x)(\alpha x \rightarrow \beta x)$ & $\alpha b) \rightarrow \beta b$.

Durante la intensa campaña previa a las elecciones de Oxford, Stebbing publicó *Thinking to Some Purpose*, libro con el que aspiraba a comunicar la fuerza y la importancia del pensamiento lógico (en su sentido más amplio) para un país que estaba al borde de la guerra, y también a inmunizar a los lectores contra los peligros de la manipulación. La propaganda, por ejemplo, solía basarse en formas de «pensamiento envasado» que, aunque se digerían fácilmente, carecían de las vitaminas esenciales para el cerebro.[207] En frases como «pacifista timorato», «capitalista panzón», «cristianos cobardes», el epíteto se ha vinculado de manera tal al nombre que califica que hace psicológicamente imposible pensar, por ejemplo, en un cristiano que no sea un cobarde». Por tanto, lo que se necesita para liberarse de esas formas de pensamiento «envasadas», de esos lugares comunes, es una «reconsideración de los hechos».[208]

En 1939, cuando la cátedra de Moore en Cambridge quedó vacante, Susan Stebbing se presentó para ocuparla. «Todos piensan que eres la persona idónea para suceder a Moore –le dijo Gilbert Ryle, amigo y estudiante (*senior member*) de Christ Church–. El problema es que eres mujer.»[209] Y la cátedra fue para Ludwig Wittgenstein.

Fue Gilbert Ryle quien, en 1933, envió a Freddie Ayer, su joven alumno particular, primero a Cambridge (donde conoció a Stebbing y a Wittgenstein) y luego a pasar unos meses en Viena. Lo acompañó su esposa, Renée Orde-Lees. Joven sumamente culta (expulsada de un convento) con un elegante corte de pelo a lo paje, patucos y un gato persa al que llevaba con correa, «se diferenciaba de las mujeres de Oxford y de los hombres de Oxford por igual».[210] Se daba por sentado que por la noche los hombres debían acompañar a casa a las mujeres (en los colegios universitarios masculinos, el toque de queda empezaba más tarde que en los femeninos), pero Renée llevaba a Freddie en motocicleta mientras él iba leyendo y escribiendo en el sidecar.[211]

Mientras ella iba de cine en cine y a las salas de baile y museos de la capital austriaca, Freddie asistía a las reuniones del Círculo de Viena, centrado esos días en la exégesis del *Tractatus Logico-Philosophicu*s de Wittgenstein.[212] «Cuanto puede siquiera ser pensado, puede ser pensado claramente. Cuanto puede expresarse, puede expresarse claramente –escribe Wittgenstein–. Lo que siquiera puede ser dicho, puede ser dicho claramente; y de lo que no se puede hablar hay que callar.»[213]* «Aquí a Wittgenstein lo tratan como a un segundo Pitágoras –escribió Freddie Ayer a Ryle– y Waismann es el sumo sacerdote de este culto.»[214] Freddie no entendía gran parte de lo que se decía –su alemán era demasiado pobre para procesar el flujo del discurso–, pero no tardó en convencerse de que sabía todo lo que había que saber. «En general, he sacado muy poco en limpio de todos ellos –escribió–. Creo que con tu ayuda ya tengo de Wittgenstein todo lo que tiene que ofrecernos y esa es la actitud correcta para con la filosofía, la apreciación de lo que es y de lo que no es un verdadero problema filosófico.»[215]

Las dos ideas que Ayer había extraído de Ryle y de las conversaciones de Viena entendidas a medias fueron las del análisis lógico y el empirismo: las proposiciones cotidianas se podían formalizar y aclarar empleando la nueva simbólica y después someterlas a prueba una a una apelando a la experiencia. Cualquier proposición que no concuerde con ese análisis y ese método de prueba no expresa un pensamiento. Entusiasmado con los nuevos métodos de la lógica, Ayer propuso que el análisis procediera hasta alcanzar una descripción en «contenidos de sentido»: «La frase "Ahora estoy sentado delante de una mesa" puede, en principio, traducirse en una que no mencione mesa alguna, sino únicamente contenidos de sentido». [216] Así pues, la lógica moderna llevó a Ayer a defender una versión lingüística de una corriente antigua conocida como *fenomenalismo*; decir algo sobre mesas es, de hecho, decir algo acerca de experiencias sensoriales. Un análisis de «ahora estoy sentado delante de una mesa» no compromete al filósofo alerta a admitir la existencia de mesas: «Las mesas son construcciones lógicas hechas de contenidos de sentido».[217]

Al volver a Inglaterra, Ayer se encerró en una habitación situada encima de una expendeduría de tabaco en Foubert Place (Soho), se puso a trabajar encorvado sobre la máquina de escribir y vio que la síntesis Viena-Cambridge podía emplearse de un modo muy distinto del que utilizaba Stebbing; así, se decidió a valerse del poder destruc-

* Las citas del *Tractatus* están tomadas de la traducción de Jacobo Muñoz Veiga e Isidoro Reguera Pérez: Alianza/Gredos, Madrid, 2009. (*N. del T.*)

tivo de dicha síntesis para lanzar «una campaña» contra sus convencionales profesores, los viejos victorianos.[218] ¡El organicismo esotérico de los idealistas ya no volvería a utilizarse para limitar la individualidad con su insistencia en que cada persona debe subsumirse dentro del conjunto! ¡Por fin el joven podía liberarse de las exigencias del deber que imponían los realistas! Y transformó el denso y sutil texto del *Tractatus* en un manifiesto contra las teorías metafísicas especulativas (de las idealistas tanto como de las realistas).

Los primeros en caer bajo las teclas de la máquina de escribir de Ayer fueron los idealistas. ¿Cuáles eran las posibles observaciones que podían verificar proposiciones como «El Absoluto está involucrado en la evolución y el progreso, pero es en sí incapaz de ellos»?[219] ¡Ninguna! La proposición no tiene sentido y quienes la expresan solo dicen un disparate. Así acabaron en la papelera varios siglos de especulación metafísica sobre la naturaleza del universo. Después cayeron los realistas y su afirmación de que las sentencias morales, de las que se decían que se conocían por la intuición, tenían sentido. ¿Qué observación podía verificar una proposición como «Uno debería ayudar a sus vecinos»?

En la visión de la filosofía de Ayer, lo que quedaba era una *técnica*. Los filósofos analizan proposiciones y los científicos las verifican. Adiós, pues, a la visión de la lógica moderna de Stebbing y Moore como fuente de comprensión metafísica. Adiós también a la convicción de Stebbing en el sentido de que una opinión pública educada en el análisis lingüístico estaría mejor preparada para defenderse contra la propaganda y para comprender su entorno. Freddie Ayer redirigió hacia un nuevo fin los métodos del análisis y lo hizo de manera tal que el mundo cotidiano se volvía extraño e inescrutable. La nueva lógica, con su repertorio de dispositivos, podía emplearse para construir modelos desconocidos del mundo cuya estructura se descubriría mediante el manejo y el movimiento de un *calculus*. Unos símbolos nuevos que no se encontraban entre las teclas de la máquina de escribir de Ayer empezaron a moverse según las leyes de la lógica: $\exists x\ [(Kx\ \&\ \forall y\ (Ky \rightarrow y=x))]\ \&\ Bx$.[220] Lo que no puede expresarse en el sistema se declara un «sinsentido», igual que lo que no puede verificarse mediante la observación.

Al final, solo los poetas se salvaron de la masacre de Ayer, que los perdonó aduciendo que, a diferencia de los metafísicos, no se presentan como poseedores de la verdad ni del conocimiento.[221] Los poetas dicen sinsentidos conscientemente.

El criterio de verificación de Ayer tuvo «un violento impacto en la ética», escribió Iris más tarde.[222] Combinando los métodos del Círculo de Viena con la tradición empirista británica, Ayer había creado una poción letal que Mary calificó de «herbicida en estado puro».[223] En el siglo XVIII, David Hume se había valido del método empirista de la refutación para deducir juicios de valor a partir de constataciones de hechos y así criticar la represiva moral cristiana de la Iglesia calvinista de Escocia.[224] El suyo fue un ataque calculado al dogma y a las patrañas, así como una negativa a aceptar que a partir de cómo *son* las cosas podía derivarse cómo *deberían ser*; en cambio, el de Ayer fue un ataque indiscriminado a la idea misma de filosofía moral.[225]

Aunque los idealistas y los realistas no pensaban lo mismo en lo tocante a la estructura de la realidad, nunca dudaron de que juicios morales como «La amistad es buena» o «Robar está mal» tenían sentido. Nunca dudaron tampoco de que los seres humanos están dotados de una capacidad para descubrir la verdad moral ni de que tal descubrimiento tiene una gran importancia para la vida humana. Coincidían en afirmar que en la realidad había algo más, algo que los científicos naturales no podían medir ni observar. De pronto, Ayer declaraba que hablar de bien o de mal, de lo bueno y lo malo, de justicia y verdad, no podía traducirse al lenguaje de las ciencias empíricas; ese discurso no tenía sentido. No hay nada profundo, trascendente o valioso que descubrir. No hay nada que pueda definirse como la tarea minuciosa e ininterrumpida de contemplar nuestro propósito y nuestros deberes, la tarea a la que se dedica la filosofía, y de intentar vivir conforme a lo que descubramos. Las «propiedades no naturales» de Moore y las «intuiciones» de Ross y Prichard eran tan absurdas como el Absoluto de los idealistas. La versión de Ayer del «subjetivismo moral» –la visión filosófica de que la moral no es objetiva– sostenía que los llamados «juicios» morales no son sino expresiones de preferencia personal, poco más que manifestaciones de emoción, como animar o abuchear. En consecuencia, la tarea de la filosofía moral debe circunscribirse estrictamente si los filósofos no quieren caer en la trampa de hablar por hablar o abochornar a sus lectores con estallidos emocionales. «Por tanto, un tratado de ética estrictamente filosófico –prescribió Freddie Ayer, encerrado en su habitación y aporreando el teclado solo con los índices–,[226] no debería contener pronunciamientos éticos.»[227] El mundo trascendente y misterioso que suscita la duda y la desesperación, la poesía y el arte, acababa aniquilado con una pomposa declaración mal mecanografiada.

Lenguaje, verdad y lógica, de Ayer, era una bomba de nueve chelines. «¿Y qué viene después?», preguntó un amigo. «No hay después –contestó Freddie–. La filosofía ha llegado a su fin. Punto.»[228]

A pesar de encontrar eco en la opinión pública, al principio el serio debate que se mantuvo en Oxford sobre el destructivo manifiesto de Ayer quedó limitado a un reducido grupo de contemporáneos formado en el verano de 1936, hombres todos, que se reunían en las habitaciones de Isaiah Berlin en All Souls. Se bautizaron a sí mismos *The Brethren* (Los hermanos): A. J. Ayer, J. L. Austin, Isaiah Berlin, Stuart Hampshire, Tony Woozley, Donald MacNabb y Donald MacKinnon. Los encuentros eran agitados, ruidosos y despiadados; se parecían a «cazar con una jauría de sabuesos».[229] Les encantaba tirar al cubo de la basura cualquier obra que no satisficiera sus criterios de precisión y rigor positivista. *Nonsense* (equivalente a disparate, sinsentido) era la palabra que se empleaba como arma letal. No tuvo que pasar mucho tiempo para que incluyeran nuevos temas en las listas de clases. Entre 1936 y 1939, «Fenomenalismo», «Problemas de la teoría del conocimiento», «Proposiciones y acontecimientos», «Afirmaciones e inducción» aparecieron por primera vez junto con «La idea de obligación moral» de Prichard y «Naturaleza y mente», de Collingwood.

Solo uno de «Los Hermanos», Donald MacKinnon, se sentía afligido. Joven muy alto y bien plantado, a MacKinnon le dedicaban epítetos propios de animales. Cabeza de oso, zarpas de león, ojos de búho. Su voz era un gruñido escocés. Quienes asistieron a sus clases sobre «La posibilidad de la metafísica» (invierno de 1939) –MacKinnon iba de un lado para el otro como una fiera enjaulada– supieron lo mucho que al profesor le molestaba la misión de su amigo, que se había propuesto acabar con la filosofía. Donald, hombre muy religioso, vio que el intento de Freddie Ayer de aniquilar la metafísica ponía en peligro el alma misma del animal humano. «*La eliminación de la metafísica es, antes que cualquier otra cosa, un ataque al hombre en interés de un método*»[230] y prepara al individuo para que se «subordine» al proceso de la ciencia empírica.[231] Al borde de una guerra mundial completamente mecanizada, MacKinnon temía las implicaciones éticas y religiosas de esa subordinación.

Cuando los refugiados judíos alemanes que en un primer momento llegaron a las aceras de Oxford con cuentagotas se transformaron en un torrente, el grito de batalla de Ayer empezó a oírse en las aulas y en las salas comunes júnior.[232] Cuando Mary e Iris llegaron a las puertas de Somerville se encontraron en medio de «una generación entera de estudiantes [...] emocionados al ver que lo único que tenían que hacer si querían refutar alguna doctrina inapropiada era decir en voz alta y con determinación "Eso sencillamente no lo entiendo" o "¿Y eso qué podría querer decir?"».[233] La curiosidad y la perplejidad que habían llevado a Mary, Iris y Elizabeth a la filosofía pasó a ser, como por decreto, signo de vergonzante ingenuidad. «Eso no lo entiendo» ya no era el principio de una conversación filosófica, sino el final. La misteriosa certeza de idealistas y realistas en el sentido de que muchas de las cuestiones más importantes de la vida no caen en la esfera de las ciencias empíricas se consideraba ahora un dogmatismo pasado de moda. Al parecer, los milenios dedicados a reflexionar sobre la trascendencia de la vida humana y de la ética solo eran un episodio de cháchara huera. Que esa declaración se hiciese en un momento de la historia mundial en que tan necesario era pensar seriamente acerca de la vida ética, la convertía en tanto más angustiante para los veteranos a los que Ayer había declarado extintos.

A Prichard, un realista de sesenta y ocho años, y a H. W. B. Joseph, un platonista de setenta y dos, los oyeron quejarse en una librería Blackwell's cuando vieron que el libro de Ayer había encontrado un editor.[234] H. H. Price (treinta y ocho años y seguidor de Hume), más comprensivo que la mayoría, estaba de acuerdo en que Ayer era «un joven en apuros».[235] Para Gilbert Murray (setenta años), Ayer no sabía qué era el respeto.[236] El padre Martin D'Arcy (cuarenta y ocho), sacerdote de algunas celebridades y filósofo del amor, dijo que Ayer era «el hombre más peligroso de Oxford»[237] y escribió una reseña condenatoria en la que daba las gracias al señor Ayer «por enseñarnos la manera en que los filósofos modernos pueden enredar y hacer bromas mientras el mundo arde».[238] Una vez terminada la reseña,

tiró el ejemplar a la chimenea encendida.[239] Furioso, el hegeliano
G. R. G. Mure (cuarenta y tres), declaró que en manos de Ayer la
tradición empirista británica «quedaba reducida de la ingenuidad al
absurdo».[240] Un joven Peter (P. F.) Strawson, que había llegado en
1937, leyó el libro «absorto, de una sentada» en el jardín de St.
Peter's Hall, pero cuando uno de los estudiantes de Sandie Lindsay
lo llevó a una clase particular, el viejo profesor lo tiró por la ventana.[241]

UNA ÚLTIMA PALABRA DE LOS IDEALISTAS

Mientras Mary e Iris rellenaban sobres junto con Isobel Henderson para la campaña de Lindsay –sin saber que ya empezaba a rodearlas
la marea filosófica–, el idealista Robin George Collingwood (profesor
Waynflete* de Metafísica que había dado clases particulares a Isobel),
ya bastante enfermo en esos días, se encontraba a bordo del *Alcinous* en
alguna parte del océano Índico, rumbo a Java. Poco antes había sufrido
un ictus y esperaba que el viaje en un carguero holandés lo ayudara a
recuperarse. En un estudio al aire libre que el capitán montó para él,
redactaba *An Essay on Metaphysics*.[242]

«La importancia de la obra del señor Ayer [...] reside no solo en
haber cometido el error, sino también en haberlo refutado –escribió
sonriente–. Aquí el error adquiere una forma exacerbada; se suicida
en público como el escorpión legendario dentro de un anillo de fuego.» Freddie Ayer afirmaba que «[toda] proposición que no se puede
verificar recurriendo a hechos observados es una seudoproposición» y
de ahí concluía que, como las proposiciones metafísicas son «seudo-
proposiciones», son, en consecuencia, un sinsentido.[243] No obstante,
escribe Collingwood, la metafísica no se expresa en lo que Ayer llama
«proposiciones» –afirmaciones completamente analizadas que se pueden verificar una a una–. La metafísica intenta comprender el fondo
trascendente de la vida humana, contra el cual las proposiciones individuales pueden verificarse mediante la observación y la investigación
científica.

* En Oxford, plaza creada en honor de William of Waynflete (1398-1486),
fundador del Magdalen College. (*N. del T.*)

84

La pluma de Collingwood avanza por la página. «Escribo estas palabras sentado en la cubierta de un barco. Levanto la vista y veo un trozo de cordel —un cabo debo llamarlo en el mar— colgado más o menos horizontalmente por encima de mí. Me descubro pensando: "Es una cuerda para tender la ropa"». Pero esta proposición, «Es una cuerda para tender la ropa», no puede verificarla la observación. Una observación minuciosa de esa cuerda, un estudio científico de sus partes, no pueden revelar su verdad porque «Es una cuerda para tender la ropa» significa, en parte, «La han puesto ahí para tender la ropa».[244] Y esa constatación sitúa de inmediato el objeto contra un vasto fondo, racionalmente estructurado, de vida e historia humanas, un fondo en el que hay ropa, baños, higiene y criterios de gusto, ideas de limpieza, fragancias, belleza, razones y deseos. Ese fondo trascendente, la realidad que nos rodea, es la materia de la metafísica y, sin ella, las proposiciones favoritas de Ayer quedan, como la cuerda para la ropa, suspendidas en el aire. En la «nota de suicidio» de Ayer, Collingwood vio una sentencia de muerte para el positivismo lógico y el realismo por igual.

Antes de hacerse a la mar, en vísperas de las elecciones de Oxford, Collingwood había escrito una breve nota a su viejo amigo Lindsay —los dos habían estudiado con el filósofo socialista Edgar Frederick Carritt, también de Boars Hill—. En su discurso presidencial de 1924 a la Aristotelian Society, titulado «¿Qué construye la mente?», el propio Lindsay había intentado hacer una modesta defensa en nombre de los idealistas. Nuestro mundo, dice, está repleto de *entia rationis,* objetos como los mapas, los modelos y los cuadros, símbolos dispuestos sobre el papel, sucesiones de sonidos de la lengua hablada. Somos criaturas que hacemos cosas que nos sirven para conocer, y esas creaciones «son parte del mundo físico igual que las cosas que representan».[245] No puede estar en lo cierto un realismo que insiste en que el que conoce es distinto de lo que se conoce y en que la realidad y la mente no tienen una estructura común.

«Mi querido Lindsay —escribió Collingwood—, mañana parto para Oriente, pero no puedo irme sin antes enviarle mis mejores deseos de éxito en su candidatura. Creo que el país no ha atravesado nunca en toda su historia una crisis más grave que la que sufre en este momento.»[246]

Capítulo 2
Estudiar en tiempos de guerra
(Oxford, septiembre de 1939-junio de 1942)

EMPIEZA LA GUERRA Y LOS HOMBRES JÓVENES SE MARCHAN

El 1 de septiembre de 1939, Iris Murdoch se encontraba tumbada en el prado de una granja situada en Gloucestershire. La había invitado el Brüderhof, una comunidad pacifista cristiana expulsada de la Alemania nazi. Fue la última parada de su gira de verano con los Magpie Players, una troupe de estudiantes de Oxford que viajaban por el sur de Inglaterra interpretando baladas y piezas cómicas con la intención de recaudar fondos para el Refugee Appeal Fund de la Universidad de Oxford.[1] Esa mañana, justo antes de que amaneciera, la primera bomba de la Luftwaffe había caído sobre Varsovia después de atravesar una nube baja. Para Neville Chamberlain, Checoslovaquia había sido «un país lejano cuyo nombre, en su opinión, la mayor parte del pueblo británico probablemente era incapaz de escribir», pero Mary pensaba que los británicos sí podían escribir «Polonia».[2] La declaración de guerra convirtió a setenta mil alemanes y austriacos residentes en Gran Bretaña, incluidos los miembros del Brüderhof, en «extranjeros enemigos». Los tribunales de internamiento impondrían más clasificaciones: (A) Internar; (B) Imposición de restricciones, sin internar; (C) Sin restricciones ni internamiento.[3] Los Magpie Players dejaron sus trajes y sus decorados y volvieron a Oxford. Bordear los Berkshire Downs, las hermosas colinas del sur de Inglaterra, en el asiento trasero de un deportivo amarillo, «nubes de un gris azulado y franjas de cielo verde y rosa coronaban el horizonte», fue, para Iris, una experiencia «intensa y tonificante».[4]

Llegó a Oxford bronceada, fortalecida y satisfecha por haber reacaudado unos fondos muy necesarios para el creciente número de refugiados europeos que llegaban a la ciudad. Mary, en cambio, volvió cenicienta y decaída; dudaba de haber conseguido algo útil. Voluntaria en una división olvidada del Partido Laborista, se había pasado el verano dedicada a averiguar las intenciones de los quintacolumnistas. Más que dirigir operaciones clandestinas y reunirse con los sospechosos en los pubs de Westminster (como podría haber hecho Iris), encaró el trabajo como un proyecto de historia a gran escala y pasó el verano en un rincón oscuro de la biblioteca del Museo Británico enfrascada en la lectura de una pila de ejemplares viejos del *Times*.[5]

En 1939, casi mil hombres menos residían en Oxford en el trimestre de otoño.[6] El servicio militar obligatorio se llevaba primero a los que tenían entre veinte y veintiún años. Los gemelos Anscombe y Hugh, el hermano de Mary, engrosaron las filas de los reclutas junto con los jóvenes para los que el empirismo destructivo y la agresiva incomprensión de Freddie Ayer eran un modelo de sofisticación filosófica. La oficina encargada del reclutamiento (Joint Recruiting Board, en el edificio Clarendon, sito en Broad Street) invitó a todos los demás estudiantes y posgraduados residentes menores de veinticinco años a que se alistaran voluntarios. De unos tres mil hombres considerados aptos se presentaron dos mil trescientos sesenta y dos.[7] Es posible que algunos lo hicieran por creer que así mejorarían sus perspectivas de trabajo una vez terminada la guerra; al menos eso fue lo que estimó el maestro de escuela de *Jill*, la precoz novela de Philip Larkin. Sin embargo, la mayoría tenía padres y abuelos que habían combatido en la Primera Guerra Mundial y consideraban que colgar las togas oxonianas y vestir uniforme era un deber. Sabiendo que la promesa de paz de Neville Chamberlain eran palabras vacías, muchos se habían alistado en un cuerpo de voluntarios ya el invierno anterior —entre ellos, Frank Thompson y Michael Foot—. El general de brigada Richard Foot, padre de Michael, había enviado a buscar a su hijo en medio del limbo que precedió a la guerra. No le gustaba lo que leía en los periódicos. Se avecinaba otra contienda: ¿no haría bien Michael en estar entre los que servían a la patria?[8] Antes de que los chicos se marchasen, Iris se dispuso a reunir los «pinitos literarios de todos sus amigos»; combinando humor y ambición juvenil, declaró que «cuando terminase la guerra haría mucho dinero con una delgada antología». Hubo también quien no compartió ese entusiasmo. Noel Eldridge (a quien Iris había conocido gracias a su actividad de periodista estudiantil) le dijo a su madre: «De momento me he negado a darle nada. ¡Estoy esperando un pago en efectivo!». No obstante, elogiaba la sensatez de «la Murdoch».[9] Michael Foot, en un pomposo gesto de joven bohemio, nombró a Iris su albacea literaria.[10]

A Frank Thompson, talentoso lingüista, lo destinaron al Phantom, un regimiento secreto creado para recabar información y compartirla entre fuerzas aliadas. Más que soldados, los hombres del Phantom eran ladrones que entraban por las ventanas y, como tales, los trataban ambos bandos.[11] Los aliados los miraban con suspicacia, pues operaban entre los bastidores del teatro de la guerra y fuera de las cadenas de mando habituales. Si los capturaba el enemigo, con toda seguridad acabarían ejecutados. Frank se fue de Oxford enamorado de Iris, su «Sibila de pelo verde»: «Concedo mucha importancia a ese epíteto. Siento que así he captado tu personalidad. Un verde agradable, claro, nada parecido a tu macabro tinte prerrafaelita. Una cabellera que fluye naturalmente en mechones de ensueño. Es tu ego materializado en el pelo».[12] Es posible que antes de la partida fueran juntos a Boars Hill por los senderos campestres y saltando cercas entre caballos y vacas. Él le escribió un soneto, «A Irushka antes de la guerra».[13]

Si acaso oyes mi nombre entre los que han caído,
di que has perdido un amigo, mitad hombre, mitad niño:
si los años lo hubiesen perdonado, podría
haber tenido coraje, fuerza y aplomo.
Parlanchín y un punto zafio, la cabeza hecha un lío,
a rebosar de muy luminosas ideas de la verdad.
Su ayuda fue en vano. Pero si el destino hubiese sido bueno
podría haber aprendido a ser valiente y luchar.
Él creía que te amaba. ¿Con qué derecho podía
aspirar a tan altos honores uno que solo se sentía
acribillado por el plomo ardiente sin ver
su falso orgullo detrás del fuego del cañón?
Di que has perdido a un amigo y luego olvida.
Aún tienes a tu lado a otros más valientes.[14]

Frank se marchó y para Iris siguió siendo «mitad hombre, mitad niño». Desde Oxford le escribió a su «Frank, cariño» («caballero valiente y amado, fiero y gentil») hablándole de una ciudad fantasma, como sacada de un sueño.[15] Juntos, sobre el papel, entretejieron una fantasía enmarcándose en el idealismo romántico de 1939 y erigiéndose en amantes arquetípicos de una epopeya escrita en un estilo cambiante: griega, artúrica o a la manera de una tragedia de Shakespeare.

Nick Crosbie se alistó en la Marina. «Me he ido muy lejos de Oxford y de la vida de Oxford», escribió a Mary desde el HMS *St. Vincent*, el campo de entrenamiento de la Royal Naval en la costa meridional. «Es increíble constatar cómo se adapta el organismo humano [...]. Aún más lo es el modo en que nos acostumbramos a convertir la noche en día.»[16]

A los estudiantes varones que llegaban a Oxford se les permitía responder más tarde al llamamiento a filas para completar antes cursos abreviados. Llegaron los de dieciocho y diecinueve años, deshicieron las maletas y se pusieron la toga, pero tendrían que partir al cabo de un año o dos. Iris y Mary, que seguían una carrera de cuatro años, tuvieron la impresión de haber envejecido prematuramente. «Oxford no está exactamente en la línea del frente, pero a su manera lenta y pensativa está transformándose en consonancia con un mundo cambiante. Todos los estudiantes son más jóvenes, se apresuran, si son hombres, a terminar cursos de un año, incompletos e inadecuados −escribió Iris en la revista de Badminton−; la universidad es un extraño interludio entre los estudios y la guerra.»[17] C. S. Lewis, que también había sido profesor particular de E. F. Carritt en Boars Hill, hablaba en clase de los miedos y las dudas de los estudiantes que se alistaban: «Si los hombres hubiesen pospuesto la búsqueda del conocimiento y la belleza hasta sentirse seguros, la búsqueda no habría empezado nunca. Nos equivocamos cuando comparamos la guerra con la "vida normal"», decía. Los seres humanos «prueban teoremas matemáticos en ciudades sitiadas, mantienen debates metafísicos en celdas cerradas a cal y canto y hacen bromas en el patíbulo, comentan el último poema mientras avanzan hacia las murallas de Quebec y se peinan en las Termópilas. Eso no es bizarría; es nuestra naturaleza».[18]

Si bien hubo estudiantes mujeres que se alistaron, no se las animaba a hacerlo. A Mary la conmocionó oír que una compañera de Somerville iba a «tirar la toalla, es decir, a dejar Oxford para servir a Su País». Para Iris era una «verdadera locura».[19] En cuanto empezó la guerra, les dijeron que «las mujeres podían ser mucho más útiles terminando la carrera que alistándose sin más».[20] Helen Darbishire, rectora de Somerville, quería que en ese momento sus estudiantes fueran útiles e invitó a profesoras y alumnas a una reunión en su habitación, donde tejerían unos cuadrados que luego se coserían juntos para hacer abrigados centones destinados a los soldados que estaban lejos del país. La exasperaban las piezas amorfas que salían de las agujas de su amiga Vera Farnell; como decana, Vera era excelente, pero «tejiendo era un desastre».[21] Helen no tardó mucho en confiscarle las agujas y le asignó la tarea de leer en voz alta pasajes de Henry James: quería mantener alta la moral de las tejedoras.[22]

Mientras en los colegios femeninos las chicas aburridas, las regulares y las alocadas del comedor de Somerville seguían diferenciándose por los colores y el paño de sus prendas (beis, azul marino, piel y seda), Iris se quejaba de que «con cada mes que pasa, los hombres van tiñéndose de caqui».[23] «Sigo trabajando en un Oxford descolorido que se desintegra, desbordante de ardor guerrero, incómodo, repleto de evacuados, una ciudad que no me gusta», le escribió a David Hicks, un amigo de Oxford tres años mayor que ella que en esos días servía en Egipto en el Consejo Británico. «Todos son más jóvenes y mucho más histéricos.»[24] Ni siquiera los chicos que había conocido primero parecían envejecer en la memoria: «Es aún más difícil pensarse una misma como una entidad tridimensional independiente que se desarrolla paralelamente a mí en el tiempo».[25] La existencia empezó a parecer algo fantástico. «Te imagino siempre con miles de kilómetros de cielo detrás, aquel individuo de la habitación de Merton no se parece en nada a ti», le dijo a Paddy O'Regan, un admirador suyo que se había alistado en la fuerza aérea.[26] Iris animaba a sus compañeros con un humor cargado de novedades. A veces hablaba directamente a los miedos de los demás. «Fue una carta triste, lamento mucho que te sientas tan hundido»; «es una sensación horrorosa»; «apenas se puede evitar esta especie de infelicidad en un mundo, digamos, sangriento». «Que los dioses te acompañen y te envíen días más alegres.»[27]

La llegada de la señorita Philippa Bosanquet tuvo lugar en medio de ese extraño clima. Ahora le tocó a ella detenerse, vacilante, ante las puertas de Somerville College. Con guantes y cinturón, su elegante manera de vestir y sus modales refinados le daban un aura de criatura inaccesible. De su rostro podría decirse que tenía un toque atractivo.[28] A lo largo de toda su vida, la gente la consideró una mujer distante, pero en realidad Philippa padecía una doble discapacidad: prosopagnosia (no reconocía las caras) y sordera en un oído,[29] de ahí que tendiera a colocarse de un modo que favoreciera su lado «bueno».

Casi sin que ella misma se lo creyera («Fue extraordinario, en serio»), la señorita Bosanquet iba a estudiar la carrera de Filosofía, Política y Economía (PPE, por sus siglas en inglés, o «Modern Greats», como había terminado llamándose, en la que no había griego).[30] La carrera se había introducido en 1920 y, si bien algunos sostenían que era «una opción blanda, para el hombre más débil»,[31] muchos reconocían que ese «hombre más débil» solía ser una mujer. PPE era una salida natural para una chica como Philippa, que desconocía la lengua de Homero («No me sabía el alfabeto griego, ni siquiera las primeras letras»)[32] y quería estudiar «algo teórico».[33] La carrera ofrecía «filosofía, la disciplina intelectual» combinada con la formación en historia y economía que preparaba a los estudiantes para «la empresa, el funcionariado o la vida pública».[34] En 1936, Helen Darbishire y rectoras de otros colegios femeninos habían escrito al director del *Times* para protestar por la exclusión de las mujeres de los servicios consulares y diplomáticos. Sus estudiantes estaban entre las «más capaces» de todas las matriculadas en la universidad y sus inquietudes las conducían de un modo natural hacia los asuntos internacionales. El Estado necesitaba a «los mejores cerebros de la nación», sin limitaciones basadas «en motivo alguno».[35]

Philippa había crecido en un ambiente social mucho más alto que el de Mary, Iris y Elizabeth. Era nieta de Grover Cleveland, dos veces presidente de los Estados Unidos; Esther, su madre, fue la primera (y la única hasta la fecha) hija de un presidente nacida en la Casa Blanca. En Suiza, en el verano de 1915, un año después de su puesta de largo en Nueva York y de un pequeño escándalo a causa de un rumor sobre un compromiso que luego se desmintió, conoció al

capitán Bosanquet, del regimiento de los Guardias de Coldstream.[36] La pareja se casó en la abadía de Westminster y se instaló en Kirkleatham Old Hall, una mansión de dieciséis habitaciones en un solar de unas seis hectáreas en la campiña de Yorkshire.[37] Philippa y su hermana Marion participaban en las cacerías de la Zetland Hunt.[38] A los ocho años ya salía a cabalgar sola, daba igual el tiempo que hiciese; esa costumbre la preocupó más adelante («Parece que a nadie se le ocurrió preguntar "¿Sabe montar esa niña?"», «¿En qué estaría pensando mamá todo el día?»).[39] Cuando, hacia los ocho años, contrajo tuberculosis abdominal, el tratamiento la obligó a dormir en un balcón un año entero, también durante el frío invierno de North Yorkshire.[40] Ella entonces no lo sabía, pero la tuberculosis la dejó estéril.[41] Philippa y Marion buscaron en la niñera la atención que los pequeños necesitan para crecer. («Algo de esa falta total de atención me volvió [...] temerosa de por vida.»)[42]

Philippa tenía su propia palabra para evocar la singular irracionalidad de la vida en la que se había formado: «enloquecedora».[43] Entre las prohibiciones enloquecedoras figuraban presentarse en la planta baja en camisón, ponerse perlas antes de mediodía y tomar bebidas oscuras, a excepción del jerez.[44] Oloroso, fino, manzanilla, amontillado. Sabía que «si eres "lady Mary" de Algo, vas a tener que ser terriblemente sofisticada, mucho más que si eres "lady Murray"». («Detestaba esa clase de saber, pero no puedo evitarlo, lo sé.»)[45]

Si bien Philippa dominaba las costumbres de la clase alta por instinto, era imposible encontrar a alguien menos preparado que ella para hablar de política, filosofía o economía. El discurso de las jóvenes de clase alta durante el periodo de entreguerras se prescribía y se vigilaba con sumo cuidado; era inaceptable, por ejemplo, hacerse eco de las opiniones de la Sociedad de Naciones, el Tratado de Versalles y la Divina Providencia. De las debutantes se esperaba que «siguieran la conversación» con hombres jóvenes elegibles para el matrimonio, pero sin «ganarse la reputación de inteligentes», pues podía ser desastrosa si alguna aspiraba a casarse. La duquesa de Westminster recomendaba: «Dos buenos temas, si una se atasca en la conversación, son los fantasmas y la familia real».[46] Cualquier tufillo a cultura libresca podía resultar fatal. Llevar gafas era sinónimo de desastre total. Aparte de una breve temporada en St. George's School, en Ascot, condado de Berkshire, a Philippa la habían educado institutrices que, a diferencia de los profesores con los que había estudiado la madre de Elizabeth, dejaron a la niña sin saber si primero habían sido los romanos o los griegos.[47] «No tuve educación», repetía Philippa más tarde.[48]

A medida que fue creciendo, se sentía cada vez más segura de que las normas que habían modelado sus primeros años no habían sido las de un jardinero benévolo que crea una guardería protectora, amurallada, sino algo más perjudicial y, sin duda alguna, nada idóneo para prosperar. Su educación no había dejado heridas visibles –aparte de la sordera parcial que le causó una chapuza de operación realizada en la mesa de la cocina y problemas de salud duraderos que fueron el legado de la tuberculosis–, pero le había enseñado una poco habitual seguridad en sí misma al dejarla «patológicamente discreta». Para Iris, era «dura en cuestiones de moral», aunque «sutil»: una «esfinge».[49] A lo largo de toda su vida, Philippa volvería una vez y otra sobre la idea de felicidad, un signo de interrogación en torno a sus primeros años en Kirkleatham. ¿La felicidad era una sensación o el nombre que damos a una vida bien vivida? ¿Podía alguien sentirse feliz aun cuando su vida no lo fuese? ¿Podían ocurrirle a alguien cosas que lo alejasen para siempre de la posibilidad de ser feliz? A los ochenta años seguía haciéndose las mismas preguntas.[50]

Cuando Philippa consiguió ingresar en Somerville, Esther, la niña nacida en la Casa Blanca, necesitó que la consolaran: «¡No te preocupes, querida. No *parece* inteligente!».[51] Es posible que esa manera de subestimarla, que debió de ser una especie de telón de fondo durante la infancia de Philippa, influyese en la idea que la joven tenía de sí misma. En entrevistas posteriores se repite este estribillo: «No soy extraordinariamente inteligente; intuitiva sí, pero no muy inteligente».[52] Philippa esperaba que la echasen de «Somerville por ser incompetente en filosofía».[53]

A los diecinueve años consideraba que se había rebelado plenamente contra su educación. Aunque no estaba afiliada al Partido Comunista, era «muy de izquierdas», y había elegido el colegio después de enterarse de que lady Margaret Hall (para muchachas ricas) «socialmente estaba bien y Somerville no». «Así pues, dije: "Para mí Somerville, por favor."»[54] Al finalizar un curso por correspondencia, pasó una temporada en Oxford, donde se alojó en cuchitriles y recibió clases particulares.[55] En los mismos días en que, como profesora de Clásicas, Mildred Hartley engatusaba a Iris y Mary durante el curso de Mods, también «luchaba contra viento y marea» para enseñarle a la señorita Bosanquet «el latín suficiente que le permita aprobar el Primer Examen Público de PPE».[56] Como era una chica que «no podía enfrentarse a las matemáticas» por su cuenta,[57] Philippa se apresuró a completar, al cabo de dos trimestres, los preliminares de lógica y matemáticas necesarios antes de los trabajos finales en «Métodos estadísticos» y «Principios de Economía». En Política tuvo que lidiar con «Historia política 1871-1914» e «Instituciones políticas». Para quienes cursaban PPE, la filosofía empezaba en el siglo XVII, con Descartes.[58]

Ese octubre de 1939, cuando Philippa se detuvo en Woodstock Road con la máscara antigás en la cadera, tuvo en el estómago la molesta sensación de que había sido una equivocación que le ofrecieran una plaza allí y los muchos rostros indistinguibles en la extensión de césped del colegio que la rodeaban pudieron hacerle temer que probablemente terminaría sintiéndose desesperada. Pero no. Con valentía se había decidido a estudiar para compensar una infancia de conversaciones «enloquecedoras» acerca de la familia real. Parecía atisbar, por fin, una verdadera felicidad. Mientras Somerville, como el resto de Oxford, se transformaba a su alrededor, sintió, tal vez, que había encontrado su lugar en el mundo.

Nadie podía dudar de que Oxford estaba en guerra. Los patios cerrados de los colegios ya no ofrecían a los universitarios un lugar donde refugiarse de la vida corriente. En los jardines se apiñaban hombres de uniforme; en las extensiones de césped se habían instalado hospitales de campaña y depósitos de agua; pronto se podría «Plantar para la Victoria» en arriates de flores antes cuidados con esmero. En la *Oxford Magazine* se leían noticias hasta entonces inimaginables. Las donaciones de sangre se organizaban en la Nueva Biblioteca Bodleiana, «no importa si los donantes han tenido malaria».[59] A los llamados *spotters* (observadores) los entrenaban para que advirtieran de la inminencia de un bombardeo diurno. Las sirenas no debían interrumpir el trabajo, pero las clases y otras actividades que conllevaran trasladarse de un edificio a otro no debían empezar hasta que acabase la alarma.[60] Los espacios antes reservados al estudio se reconvirtieron en instrumentos de guerra. A los universitarios vestidos con raídos trajes de tweed y encorvados sobre los tesoros y manuscritos de la biblioteca los sustituyeron elegantes funcionarios de Whitehall que se dedicaban a redactar documentos jurídicos e informes gubernamentales, y voluntarios de la Cruz Roja escogían libros para la Prisoners' Library.[61] El «departamento de inteligencia» del Foreign Office se mudó a Balliol, el colegio dirigido por las lumbreras; por su parte, el Ministerio de Transportes tomaba sopa de liebre en Merton, y el Ministerio de Alimentación regulaba el precio de los alimentos desde St. John's (el colegio más rico).[62]

Los colegios femeninos no fueron una excepción. St. Hugh's se transformó en un hospital y en el hermoso jardín de la señorita Rogers se levantaron barracones de ladrillo para que sirvieran de pabellones. Parte de Somerville se destinó a pabellones de la Radcliffe Infirmary[63] y durante un tiempo se temió que enviasen a New College a las ciento cincuenta estudiantes del colegio para formar un «*Mixed Party*», un grupo mixto. Helen Darbishire acabó encontrando una solución menos problemática para las camas de hospital: a Mary la desahuciaron, junto con otras treinta chicas del ala oeste, para hacer lugar a las enfermeras, y la realojaron en Lady Margaret Hall, mucho más imponente y bucólico.[64] Junto a Philippa, en la entrada de Somerville, desfilaban pacientes, camas y suministros médicos y salían sillones, libros de la biblioteca y estudiantes.

Los vastos jardines de Lady Margaret Hall descendían hasta la orilla oeste del Cherwell. En dos ocasiones, cuando Mary se quedaba

fuera pasado el toque de queda en lugar de volver al colegio trepando el muro, la arriesgada estudiante cruzaba el High Bridge para ir al lado este del río, se metía en el agua sucia y chapoteaba «solo para ser distinta».[65] En verano, nadaba en el río todas las mañanas antes de desayunar. Empapada, volvía por el césped a comer un huevo pasado por agua, y es posible que en el camino divisara a Elisabeth Blochmann, antaño profesora de Pedagogía social y teórica en la Academia de Educación de Halle an der Saale, Alemania, que lidiaba valerosamente con las abejas del colegio.[66] Experta en educación femenina y examante de Martin Heidegger, Blochmann (cuyo nombre figura en el «libro negro» de Hitler) había llegado a Oxford casi al mismo tiempo que Eduard Fraenkel y se ocupaba de las colmenas del colegio convencida de que así contribuía al esfuerzo bélico. («Fue un desastre; las abejas y la cuidadora se odiaban entre sí por igual, y era la señorita Deneke [la profesora particular de alemán] protegida con un velo y máscara antigás, la que tenía que ir a rescatarla cuando las picaduras eran ya insoportables.»)[67]

Mientras tanto, Iris, junto con Jean Coutts y dos chicas más, tuvieron que mudarse al número 43 de Park Town,[68] una casa con una enorme haya roja, situada en una esquina y a apenas cien metros río arriba desde Lady Margaret Hall. Al grupo le encantó poder escapar del comedor del colegio, al menos por las noches, aunque siguieron reuniéndose en Somerville a mediodía para alimentarse con lo que las apuradas cocineras podían encontrar. A medida que avanzaba la guerra, la delgadez y la inventiva aumentaron proporcionalmente al estricto racionamiento. La mantequilla, el azúcar, el tocino, el jamón, el almíbar, el té y la margarina solo se conseguían con cupones.[69] También se racionó la luz eléctrica. Cuando estalló la guerra, se decretó que toda la isla de Gran Bretaña se borrase del mapa y no pudiera verse desde el cielo por la noche. Las ventanas de los colegios se cubrían con un tejido muy opaco fabricado especialmente para impedir que se filtrara la luz. Los automóviles y los autobuses se volvían invisibles; tenían que apagar los faros. Se instituyó una velocidad máxima de treinta kilómetros por hora, pero los conductores tenían que intuir la velocidad a la que circulaban porque en la oscuridad era imposible ver el velocímetro.[70] Eran pocas las posibilidades que tenía el conductor de avistar a un peatón que, perdido, anduviese por la calzada. De vez en cuando, una flor artificial podía iluminarse en un cuello, en un abrigo o en el collarín de un perro, pero, junto con los brazaletes, bastones y tocados que brillaban en la oscuridad, se trataban de ocultar con sigilo bajo la ropa de guerra. El *Daily Telegraph* sugirió a sus lectores que llevasen un pekinés blanco. Y el oscurecimiento conllevaba otros peligros.[71] «¿Qué se podía hacer para proteger a los hombres jóvenes no solo de la amenaza de las bombas, sino también de las insinuaciones de las prostitutas que se escondían en la oscuridad?», preguntó en 1939 el *Master* de Pembroke College al Consejo de la Universidad.[72] Puede que a él la luna llena, que se ensanchaba en los cenagosos arroyuelos de Oxford, le diera cierta tranquilidad; así, la vista podía reemplazar brevemente al tacto y los sonidos que hasta poco antes guiaban hacia los colegios a los estudiantes díscolos que entraban y salían por puertas a oscuras y trepando muros invisibles.

EL PACIFISMO. ELIZABETH ESCRIBE SU PRIMER PANFLETO

Después de su breve aparición durante las elecciones como líder juvenil, la guerra había devuelto a Sandie Lindsay a un papel más natural: presidente del Oxford Joint Recruiting Board, el organismo encargado del reclutamiento. Los estudiantes, fueran rojos o rosa, que en su día habían hecho campaña por él, ahora se presentaban ante Lindsay como protosoldados.[73]

Para una minoría nada desdeñable de estudiantes y profesores de Oxford, la pregunta por si debían combatir era más peligrosa de lo que podemos imaginar, sabiendo ahora lo que sabemos del régimen de Hitler. No solo los cuáqueros veían el pacifismo como un principio fundamental del cristianismo; también en la Iglesia de Inglaterra eran muchos los que pensaban así. Antes de alistarse, Hugh, el hermano de Mary, discutió el asunto con sus amigos durante al menos un año.[74] A Richard Hare, de pie en el centro de la última fila en la fotografía, también le costó decidirse.

Richard había llegado a Oxford a estudiar Mods and Greats al mismo tiempo que Elizabeth.[75] Muchos de sus amigos, anglicanos como él, eran pacifistas. Se concedió a sí mismo veinticuatro horas para resolver el dilema, esperando que la intuición moral en la que tanto confiaban los realistas Ross y Prichard le revelase cuál era su deber, pero al final la decisión tuvo más el carácter de una conjetura: lucharía.[76]

A Peter Geach, el prometido de Elizabeth, lo habrían citado para que expusiera su opinión ante el Comité de Reclutamiento. Elizabeth y él eran miembros de Pax, un movimiento católico y laico por la paz (sin ser pacifista) creado en 1936. La pareja asistía a seminarios y charlas en Blackfriars on St. Giles', la sede de una comunidad de frailes dominicos que vestían hábitos negros y habían llegado a Oxford hacía unos siete siglos. Allí escuchaban a los teólogos que discutían los requisitos católicos para que una guerra fuese justa tal como lo establecen los escritos de santo Tomás de Aquino.[77] Elizabeth también recibía clases particulares sobre Aquino con Victor White, el impetuoso ayudante de redacción del periódico de los dominicos.

Según santo Tomás, para que una guerra fuese justa debía satisfacer siete requisitos. Cuatro de ellos tienen que ver con las circunstancias en las que es justo *librar una guerra;* tres se preguntan si es justa una guerra *determinada.* Tras declararse la guerra, Elizabeth adoptó el «aire judicial» que la había distinguido en la parodia de juicio en Sydenham. Junto con Norman Daniel (estudiante de Historia en St. John's y más tarde especialista en el islam) se puso a trabajar en un breve panfleto en el que analizaba la legitimidad de la guerra. Ella

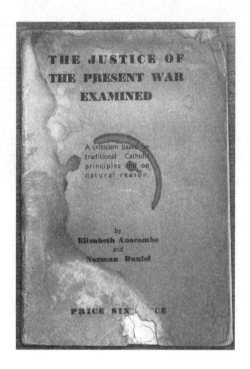

escribió la primera mitad. Los coautores mandaron el texto a imprenta y lo vendieron por seis peniques en librerías de Oxford y Londres.

Hasta a un lector casual le habrá sorprendido el tono insurreccional de la primera frase de Elizabeth: «En estos días, las autoridades reivindican el derecho a controlar no solo la política de la nación, sino también las acciones de cada individuo de esa nación, y en esa reivindicación las apoya un importante segmento de la población del país y una singular fuerza de la emoción». Elizabeth advierte a su lector que las emociones no deben «cegar a los hombres para que dejen de cumplir con su deber de reflexionar cuidadosamente, antes de actuar, sobre si lo que se proponen es justo».[78]

Siguiendo a santo Tomás, para los católicos una guerra dada solo es justa si las intenciones del gobierno lo son, si los medios que se emplearán son morales y si el probable resultado se inclinará más hacia el bien que hacia el mal. No obstante, insistía Elizabeth, la guerra que había declarado Chamberlain no reunía ninguna de esas condiciones. Las intenciones no eran justas porque eran «ilimitadas». «No han dicho: "Dejaremos de combatir cuando se haga justicia en los puntos A, B y C"; han hablado de "aniquilar todo lo que el hitlerismo representa" y de "construir un nuevo orden en Europa".»[79] En lo relativo a los recursos, la autora señaló que el Gobierno no había prometido no bombardear a los civiles alemanes, no dejarlos morir de hambre ni sometidos a represalias crueles. Antes bien, había prometido que no lo haría a menos que los alemanes lo intentasen contra la población civil británica. Sobre el resultado dijo que no confiaba en que el bien acabase pesando más que el mal. Elizabeth predijo «la muerte de hombres, el recorte de libertades, la destrucción de la propiedad, la pérdida de cultura, el ofuscamiento del juicio llevado por la pasión y el interés, el oscurecimiento de la verdad y el abandono de la caridad».[80] Mientras preparaba el panfleto, falleció su padre, Allen Wells Anscombe. Fue una muerte prematura y repentina: solo tenía cincuenta y cuatro años.[81]

El panfleto tuvo una vida corta, pero se hizo notar. En mayo de 1940, apenas unos meses después de llegar a las librerías, atrajo la atención de Thomas Leighton Williams, el arzobispo católico romano de Birmingham, que escribió al prior de Blackfriars: «No tienen derecho a llamarlo "católico" sin haber recibido antes el imprimátur». Los autores se vieron obligados a retirar todos los ejemplares que aún no se habían vendido; según ellos, una exigencia «equivocada y nada razonable»,[82] pero la autoridad del arzobispo católico no se discutía.

Es posible que, ante el Comité de Reclutamiento de Lindsay, Peter Geach diera una versión del razonamiento de Elizabeth cuando lo citaron para que justificase su negativa a alistarse, pero también pudo negarse a luchar por la patria («*for King and Country*») alegando un motivo no poco sorprendente, a saber, que no reconocía como rey a Jorge VI. En 1937, durante la crisis constitucional desencadenada por la abdicación de Eduardo VIII (para casarse con la divorciada norteamericana Wallis Simpson), Peter, «sonrojado», cometió un acto de alta traición al declarar la ascensión de un nuevo rey:[83] no el heredero reconocido, Jorge VI, hermano de Eduardo, sino Ruperto de Baviera, el anterior príncipe heredero. Para un reducido grupo de «jacobitas rebeldes» reunidos junto al monumento a los mártires, justo frente a Balliol College, Peter declaró que el príncipe alemán de sesenta y siete años era el legítimo rey de Inglaterra y descendiente directo de Carlos I, decapitado en 1649. «Deseamos que se restaure la verdadera monarquía con el mismo poder que tenían los Estuardo antes de 1688», dijo Peter a un periodista que no acabó de creerse que la protesta no fuese más que una broma muy bien preparada. Durante el vacío de poder de cinco meses transcurrido entre la abdicación de Eduardo y la coronación del nuevo monarca, Peter afirmó que estaba coordinando una rebelión armada desde su habitación en Trinity College. El *Daily Boston Globe* publicó su advertencia: «Me temo que tendrá que haber cierta violencia, aunque con propaganda se pueden conseguir muchas cosas. Si el rey solo puede ocupar el trono con un derramamiento de sangre, se derramará sangre».[84]

Dijera lo que dijese ante el Comité de Reclutamiento, Peter pasó los años de guerra trabajando de leñador en la industria maderera, una de las más afectadas por la repentina falta de mano de obra masculina. Su unidad de objetores de conciencia (*conchies*) trabajaba codo con codo con prisioneros de guerra, personas desplazadas y, más tarde, con leñadoras, las *lumberjills*. De los prisioneros Peter aprendió un poco de italiano leyendo a Dante en versión original; también aprendió polaco, la lengua de su madre, con Casimir Lewy, que más tarde fue el albacea literario de G. E. Moore.[85]

Entre los muchachos menores de edad, los hombres mayores y un número creciente de universitarios refugiados, la vida en Oxford seguía estructurada por el ritmo de los tres trimestres universitarios –Michaelmas (octubre-diciembre), Hilary (enero-marzo) y Trinity (abril-junio)– y por las cambiantes estaciones del año. El mes de enero de 1940, cuando Mary e Iris empezaron el último trimestre de Mods, fue el más frío desde 1895. El Támesis se heló a lo largo de unos trece kilómetros y tormentas de nieve azotaron el interior llevándose consigo postes y cables de telégrafo. Caían las ramas de los árboles; los pájaros no podían remontar el vuelo por el peso del hielo en las alas.[86] Port Meadow, la antigua extensión de tierras comunes a un kilómetro y medio al noroeste de Somerville, se inundó y se heló, y todo Oxford se aficionó al hielo y, en lugar de nadadores, al río Isis acudían los patinadores. Mary, más cómoda bajo el agua que sobre el hielo, se fracturó un tobillo y se hizo un grave esguince en la muñeca derecha. Aun así, pudo redactar una nota pasablemente legible destinada a Eduard Fraenkel para disculparse por no poder asistir a la clase *Agamenón*.[87] «La nieve medio derretida y la niebla de Oxford» fueron sus enemigas ese trimestre que pasó recitando declinaciones griegas en una habitación «condenadamente fría» y «andaba por ahí a trompicones con [la] pierna enyesada».[88]

El tiempo «no había mejorado ni un ápice» cuando, en marzo, Iris y ella, equipadas con botellas de agua caliente, se dirigieron en bicicleta por Parks Road hacia Divinity School para presentarse a los exámenes. En ese extraño y hermoso lugar, Mary levantó la vista y, buscando inspiración, contempló el techo abovedado; tenía la botella de agua caliente –ahora helada– en el regazo.[89]

Gracias a Mildred Hartley, las dos aprobaron con un *second*, la nota inmediatamente inferior a la más alta. Ya podían cursar Greats.

«Cuando yo cursaba filosofía –recordó Mary décadas después–, salvo unos cuantos, todos los hombres habían ido a la guerra y, en mis clases, había tantas mujeres como hombres; muchos de ellos eran, por así decir, inofensivos.» Más de una cuarta parte de los alumnos de los cursos más avanzados no estaba en Oxford al iniciarse el segundo año de guerra. En palabras de Mary, los que quedaban eran todos «objetores de conciencia, tullidos u ordenandos».[90] El joven revolucionario Freddie ya hacía compañía a su antiguo profesor particular Gilbert Ryle en el campamento de Sandown Park, Surrey. En noviembre de 1940, J. L. Austin se marchó a recibir entrenamiento en la escuela de inteligencia militar de Matlock, Derbyshire.[91] Pronto Woozley, Hampshire, Ayer y Austin solo fueron nombres en la *Oxford Magazine*. Los Brethren, junto con el «¡No entiendo!» que exclamaban para poner fin a cualquier conversación, desaparecieron de las aulas y, aunque la lógica moderna siguió figurando en el programa –la daba el refugiado Friedrich Waismann–, todos los demás vestigios del herbicida de Ayer –de «Fenomenalismo» a «Proposiciones e inducción»– desaparecieron con ellos.

Puesto que los profesores más jóvenes estaban en el frente, los más veteranos, aquellos a los que Ayer se había propuesto reducir al silencio, vieron la oportunidad de volver a hablar. En las revistas especializadas aparecieron diversos artículos que defendían el regreso a «la tradición clásica en filosofía». Según dicha tradición, «la filosofía se interesa o, al menos, debería interesarse, por toda la conducta de la vida humana», escribió el filósofo político Cyril Joad, de cincuenta y un años, antes de criticar a aquellos cuyo «interés [...] es el análisis filosófico del significado de las frases».[92] «La claridad no basta» llegó a ser el eslogan oficioso de la contienda. Dorothy Emmet, que había estudiado con Sandie Lindsay, comenzó a trabajar en un libro sobre la naturaleza del pensamiento metafísico.[93] La sociedad necesitaba una «*Weltanschauung*, una visión unificada del mundo»; no debemos «permitir que nos arrastre nuestro afán por "controlar el lenguaje"», sostenía H. H. Price, seguidor de Hume.[94] Recuperando los apuntes de años anteriores de esa década, los realistas y los idealistas volvieron a sentirse libres para especular desde el atril –entre ellos, William Adair Pickard-Cambridge, Edgar Carritt y Leslie Walker, todos mayores de sesenta–. William George de Burgh (nacido en 1866), catedrático emérito de filosofía que había estudiado en Merton College, dejó la calma de la jubilación y volvió a dar clases. Durante la guerra, el padre Martin D'Arcy, el mismo que había dicho que Ayer era «el hombre más peligroso de Oxford» y había lanzado a las llamas *Language, Truth and Logic*, siguió dando clases sobre ética aristotélica.

Que Mary hable de «clases» permite suponer que el seminario de

alemán era ahora un híbrido entre clase particular y clase propiamen-
te dicha. Poco después de que llegara Eduard Fraenkel, las aceras del
norte de Oxford se llenaron de profesores de toda Europa cuyos
nombres fueron apareciendo en las listas de clases que publicaba la
Oxford Gazette. «Por las lenguas que se hablan a nuestro alrededor»
da la impresión de estar viviendo «en un barrio de la vieja Viena o en
una ciudad universitaria centroeuropea», señaló el historiador A. L.
Rowse.[95] A veces se decía que para desenvolverse en el norte de
Oxford había que hablar alemán.[96] En realidad, la comunidad de profesores refugiados era de lo más diversa; hablaban varias lenguas y todos procedían de distintos centros cosmopolitas con convicciones
políticas y religiones diferentes. Algunos refugiados eran judíos prac-
ticantes, pero la mayoría eran laicos y varios eran cristianos conver-
sos.[97] Muchos estaban entre los más grandes nombres de la erudición
europea. Si el Oxford de antes de la guerra había sido un páramo
académico,[98] de pronto se llenó de gigantes europeos, «judíos alemanes mayores con ojos de fauno y profesores centroeuropeos de pelo
largo y frases largas», comentó Iris.[99] La señora Loisel Palm, refugiada
procedente de los Sudetes, no tardó mucho en abrir una tienda de
delikatessen en el mercado cubierto; alguien tenía que ocuparse de los
hábitos alimentarios de los refugiados: salchichas de todos los gustos
y colores y la col fermentada que ella misma preparaba.[100]

A principios del último trimestre de 1940, mientras hojeaban
sus ejemplares de la *Gazette,* Mary e Iris tal vez dieron un paseo por
las universidades alemanas tal como eran antes de la llegada de Hitler sin necesidad de salir de la explanada de ochocientos metros cuadrados que se extendía entre New College y Corpus Christi. El
sábado a las diez de la mañana, Fritz Heinemann, de Fráncfort (otro
nombre en el «libro negro» de Hitler), daba la clase «Filosofía y
ciencia».[101] ¿Asistirían el lunes a la clase del señor F. Waismann (que
había formado parte del Círculo de Viena) sobre «Filosofía de las
matemáticas» o irían a ver a Raymond Klibansky, de Heidelberg
(también en el «libro negro»), que daba una lección informal sobre
filosofía medieval? Los miércoles y los viernes a mediodía, Heinz
Cassirer ofrecía un seminario sobre «Problemas generales de la filosofía moral». Los jueves, Kurt Koffka, de Berlín, daba una clase sobre la psicología de la Gestalt que había desarrollado con Max
Wertheimer y Wolfgang Köhler. Los viernes, algo totalmente nuevo

en Oxford: Richard Walzer, otro profesor de Berlín, enseñaba «Platonismo en la ética islámica».

Mary e Iris conocieron a Elizabeth en ese trimestre de Greats (1940) durante un almuerzo en Somerville cuando el mundo ya estaba en guerra. Elizabeth comía con su amiga Jean Coutts, que compartía piso con Iris y acababa de ocupar el cargo de presidenta de la Jowett Society, el club estudiantil de filosofía de Oxford.[102] A Mary la atrajo la voz serena y hermosa de Elizabeth cuando las cuatro filósofas en ciernes discutían sobre las formas de Platón, objetos extraños, como de otro mundo, inmutables y eternos y que nada tenían que ver con el mundo de los refugiados, del racionamiento ni de las alarmas antiaéreas. Mary descubrió su afinidad con Platón. Tal vez la cautivó la elegante solución que esos objetos ofrecían a la experiencia que tanto la había intrigado en el cuarto de baño, tan propia de Protágoras. Si hay un reino de las formas, un individuo no tiene que construir el mundo material a partir de fragmentos de datos sensoriales personales. Antes bien, nuestra alma se extiende hacia algo objetivo y común a todos que explica las pautas de semejanza y diferencia; por ejemplo, la forma *blancura*. En ese caso, debe de existir la *bondad* en sí, pensaba Mary, y la forma *hombre* detrás de los muchos ejemplos particulares de bondad y hombres, vinculándolos entre sí y confiriéndoles su carácter esencial. Pero Elizabeth la presionaba: ¿qué clase de «detrás» es ese?, ¿qué significaba decir que la bondad existe y está ahí?[103] Al terminar de comer, fueron todas a la habitación de Jean, donde pasaron la tarde ahondando en el tema.[104] «Vale la pena cultivar la amistad de esta mujer», pensó Mary mientras escuchaba a Elizabeth.[105]

Una vez empezadas, las conversaciones continuaban por las tardes y las noches en sus habitaciones o en salas del colegio, a veces mientras improvisaban una cena con pan, naranjas y sardinas.[106] De vez en cuando se reunían también en una cola delante de alguno de los restaurantes británicos de la ciudad abiertos durante la guerra, en el salón de té Lyons' o en el Taj Mahal. Las colas eran largas y «a veces provocaban sensaciones muy desagradables».[107] Mejor suerte tenían quienes madrugaban e iban en bicicleta a la pastelería de Summertown; la «tarta celestial» era una elección más que apropiada para cualquier estudiante de Platón harto de sardinas. A veces, Elizabeth decidía por sí misma lo que quería hacer; un día, Mary se alarmó al verla comer dos huevos en lugar del único que permitía el racionamiento.[108]

Philippa y Mary también se hicieron amigas ese trimestre, cuando Philippa empezó a asistir a las clases de Mary junto con otras dos «personas hermosas y alegres».[109] Poco a poco, cada una de las integrantes del trío fue asomando a la superficie tal como era. Una de ellas era Daphne Vandepeer, quien, como Philippa, había ido a Oxford a estudiar PPE. La segunda fue la estudiante de Clásicas Ruth Collingwood, hija del filósofo R. G. Collingwood (había sido dama de honor en la boda de Isobel Henderson, la profesora de Historia). Tras regresar de Yakarta, Collingwood daba clases sobre «Naturaleza y mente» los martes y los jueves en Schools. Para Mary, Philippa, «la más alta y la más guapa», era «la que más valía la pena» de las tres[110] y decidió que fuera su amiga. Empezaron a verse regularmente.[111] Philippa le tenía un poco de miedo a Mary, pues temía que su amiga, la inteligente, descubriese su ignorancia y se horrorizase, pero Mary sentía adoración por ella: «Philippa me parecía un poco temible, sentía que sus criterios eran muy altos. ¿Acaso podría yo estar a su altura?».[112] Cuando Mary, durante unas vacaciones, fue de visita a casa de Philippa, el aura de Old Hall, en Kirkleatham, la dejó boquiabierta. En el mundo de Philippa, «las chicas simplemente no van a la universidad».[113] Sin embargo, en la familia de Mary las chicas sí iban. En 1894, Bessie Callender, la madrina de Mary, había formado parte del primer grupo de licenciadas por la Universidad de Durham. La tía Maud, hermana de su madre, había estudiado inglés en Lady Margaret Hall, y la tía Jane, hermana de su padre, había cursado Historia en Girton, Cambridge.[114] Y si en la infancia progresista de Mary habían abundado las amistades intergeneracionales y los vínculos afectivos que no tenían en cuenta la edad ni la jerarquía, Philippa había sido una de las muchas hijas de clase alta que, bien aseadas y repeinadas, veían a los padres a la hora del té y durante una hora como máximo. Dentro del marco de ese ritual, el sentimiento parental se expresaba en fórmulas. De niña, el primer pensamiento filosófico de Philippa fue el siguiente: «Cuando un adulto empleaba las palabras "Yo, de ser tú...", ¡yo me preguntaba cómo nos daríamos cuenta de la diferencia si ella *fuese* yo!».[115]

Como todas las grandes historias de amor, hay distintas versiones en conflicto sobre el modo en que se inició la amistad entre Iris y Philippa. En una de las versiones de Iris, se conocieron en cuanto llegó Philippa, es decir, que cuando Iris daba su examen de Mods sentada al lado de Mary en el gélido Divinity Hall, la presencia de la dura y sutil señorita Bosanquet ya reestructuraba su realidad. Iris recordaba «el estado de alegría en que la conocí, tan brillante, tan hermosa. Hablamos de filosofía, hablamos de todo».[116] Philippa (a la que cariñosamente llamaban «Pip» o «Pippa») contó unos comienzos distintos. Su primer recuerdo de Iris era el de la candidata a presidir el comité de la sala común júnior de Somerville. Ella presentó una candidata alternativa; pese a ser «muy de izquierdas», los comunistas le parecían unos pesados y temía que convocasen reuniones sin que fuese necesario. Iris no ganó; al parecer, su encanto no era tan irresistible.[117] En una tercera versión, no se conocieron hasta el final del tiempo que pasaron en Oxford y en circunstancias sobre las que oiremos hablar más adelante. La versión más probable parece una combinación de las tres. Se veían en compañía de sus comunes amigas y sentadas una a cada lado de la mesa del comedor, de la manera que solía considerarse normal, pero el encuentro realmente importante tuvo lugar después y arroja una luz que en retrospectiva infunde un significado especial a algo que ya había sucedido antes.

Los comienzos de la amistad filosófica de Philippa, Mary, Iris y Elizabeth coincidieron con el final de la llamada «guerra falsa» (*Phoney War*) y el principio de un periodo de treinta meses inquietantes y desestabilizadores durante el que, en Oxford, la angustia inmediata (la que provocaban la ausencia de los seres queridos que se batían en el frente, la carestía, los bombardeos y las evacuaciones) se vio agudizada por la siempre presente, pero inimaginable, perspectiva de la invasión alemana y la derrota. El 10 de mayo de 1940, las tropas de Hitler invadieron Bélgica y así comenzó un avance sangriento e imparable hacia el oeste y el sur. A finales del trimestre de primavera ya no se combatía en el oeste de Europa: Bélgica, los Países Bajos, Luxemburgo y Francia se habían rendido a los nazis. El *Manchester Guardian* informó sobre la evacuación de trescientos mil combatientes británicos desde Dunkerque como si fuera un milagro, pero aho-

ra, con los ejércitos alemanes a menos de cincuenta kilómetros de la costa sur de Inglaterra, se dijo a la opinión pública británica que se preparase para una invasión.

La línea de acción británica y las actitudes británicas respecto de los «extranjeros enemigos» cambiaron bruscamente. Los vecinos con acento extranjero y aquellos que no se tomaban en serio el oscurecimiento se convirtieron en sospechosos de quintacolumnismo. Al comienzo de la guerra, a Fritz Heinemann, Lorenzo Minio-Paluello, Friedrich Waismann, Heinz Cassirer y Richard Walzer los habían clasificado (C): «No se les impondrán restricciones ni se los internará». Sin embargo, de pronto los arrestaron a todos.[118] El Gobierno ordenó que dejasen de sonar las campanas de las iglesias; solo doblarían para avisar de una invasión. Los civiles miraban las nubes esperando ver paracaidistas alemanes disfrazados de lecheros o de monjas lanzándose sobre territorio británico.

En septiembre, el cielo de la costa sur de Inglaterra se llenó de aviones y empezaron los bombardeos de la Luftwaffe. A Oxford llegaron miles de evacuados de Londres y Birmingham. El platonista H. W. B. Joseph, miembro del comité de evacuación de la ciudad, registró en su diario los desafíos que representaba encontrar casa para los que llegaban de la capital; durante el primer mes del *Blitz*, la población de Oxford aumentó en hasta quince mil personas.[119] Llegaron niños y profesores de diecinueve escuelas de Londres.[120] A los evacuados «oficiales» (un número estimado en siete mil quinientos) se sumaron los «evacuados *motu proprio*».[121] Un cine abandonado se convirtió en un alojamiento temporal y los colegios se transformaron en campamentos. El segundo patio de University College (Second Quad) estaba «engalanado con pañales de bebés» y, en el vestíbulo, del siglo XVII, «resonaban los berridos de niños hambrientos».[122] El acento *cockney* se mezclaba con el inglés que farfullaban los refugiados alemanes. «La ciudad está repleta de evacuados, de funcionarios y de extranjeros amigos», contó Iris en la revista de Badminton School.[123] A su amiga Paddy O'Regan, a quien había sucedido en el cargo de tesorera del Irish Club de Oxford, le hizo una descripción menos prosaica. «El este de Londres y el este de Europa se pelean por *Lebensraum* en las aceras del High & Corn. Mil personas duermen y viven en condiciones inimaginables en el cine Majestic.» En toda la ciudad se levantaron refugios de ladrillo a la vista. «Aquí las cosas van sucediendo en medio de cierto caos.»[124]

El *Blitz* no afectó a Oxford. «Hitler se reserva Oxford para él –advirtió Helen Darbishire–. Quiere que parezca el Oxford de siempre cuando venga a buscar su título honorífico.»[125]

UN VIEJO: H. H. PRICE SOBRE HUME

Cuando fue a comer a Somerville, Mary se encontró con una Elizabeth paciente y generosa, pero para algunos la tenacidad de la señorita Anscombe resultaba ser una prueba agotadora. Otra Mary, Mary Wilson (sobre la que volveremos con detalle más adelante), estaba concentrada leyendo a Hume o a Kant en la biblioteca, pero la alegraba dejar de pensar en sus problemas cuando se reunía con sus amigas a jugar juegos de mesa, a charlar o a oír música; sin embargo, cuando intentaba socializar con Elizabeth, no había evasión posible. «¿Qué es lo que *de verdad te preocupa*?», la presionaba Elizabeth. Mary Wilson, demasiado intimidada para confesar que el problema de la causación no le quitaba el sueño, tenía que esforzarse para fingir una preocupación personal.[126] En cambio, Elizabeth vivía los problemas de la filosofía, se sentía atrapada por ellos y sondeaba a sus amigas sin piedad. Sus excursiones regulares a Blackfriars dotaban a esos problemas de una urgencia personal y religiosa.

Mientras estudiaba Mods, había empezado a asistir a las clases de H. H. Price sobre el gran filósofo escocés ilustrado David Hume. Presidente de la Society for Psychical Research (Sociedad para la Investigación Psíquica), Price era un hombre poco mundano que parecía un búho. Evitaba las ruidosas tabernas de Oxford y prefería quedarse en casa con su hermana; a menudo se retiraba pronto con una taza de cacao, una bebida que por aquel entonces se consideraba más bien femenina; él, erróneamente, pensaba que era sedante.[127] Price era la antítesis del «joven en apuros», las palabras que él mismo había usado para describir a Ayer. Había combatido en el frente en la Primera Guerra Mundial y ahora era demasiado viejo para sentirse amenazado por el reclutamiento obligatorio.

Elizabeth leyó *La teoría de Hume del mundo externo,* de Price, de la primera a la última frase,[128] y en el Hume que encontró en esas páginas apenas reconoció al protoanalista que había retratado Ayer, siempre dispuesto a atacar la metafísica y a menoscabar la filosofía.[129] Al Hume de Price le fascinaba la riqueza de nuestras ideas comparadas con lo que ofrece la experiencia; para el autor, su genio residía en el intento de salvar esa brecha con una teoría acerca de los mecanismos de la mente humana. «De entre todas las personas de las que oí hablar en Oxford, [Price] fue el único que me inspiró respeto, el único al que me pareció que valía la pena escuchar», dijo Elizabeth.[130] En el trimestre de primavera de 1940, Mary e Iris fueron a New College, con Elizabeth, a escuchar a H. H. Price hablar sobre «Algunos puntos de la teoría del conocimiento de Hume».

Price empezó con una pregunta: «¿Por qué creemos en la existencia continuada e independiente de objetos?». «Formular preguntas así de difíciles –dijo en tono solemne a los estudiantes– podría muy bien ser la tarea principal de un filósofo»[131] y, con un ejemplo de su cosecha, los preparó para la heroica, pero tortuosa, respuesta de Hume. «Veo un gato negro en una esquina de la habitación. Me vuelvo medio minuto para leer el *Times*; después, levanto otra vez la vista y veo un gato negro en la esquina opuesta. En la primera esquina no hay nada.» Mi experiencia del gato es interrumpida o fragmentaria. En un momento dado veo al gato (a); luego, más tarde, lo veo en otro lugar (d). En el ínterin, a veces (b) y (c) he estado leyendo el periódico. Sin embargo, ¿se me ocurre pensar que el gato desapareció mientras leía el periódico y que después volvía a aparecer en la otra esquina de la habitación justo en el momento en que yo levantaba la vista? ¡No! Así pues, ¿cómo se explica que yo crea que un gato que no deja de existir atraviesa una vez y otra la habitación mientras yo leo el periódico?[132] Después tranquilizaba a sus estudiantes para presentarles la asombrosa propuesta de Hume. Bueno, he visto antes gatos negros atravesar habitaciones (y calles y jardines). En esos casos, mi experiencia del gato no formó una serie interrumpida o fragmentaria (a...d), sino una serie continua (a, b, c, d). Según Hume, cuando nuestra experiencia es fragmentaria, la imaginación sustituye los elementos ausentes de la serie con recuerdos de otras series anteriores continuas y, llenando los huecos con recuerdos de experiencias pasadas, llegamos a creer en la existencia ininterrumpida de cosas que no estamos percibiendo con los sentidos.

H. H. Price pensaba que el ejemplo de Hume se podía ampliar. El mismo mecanismo que explica que creamos en el gato que no vemos podría explicar que creamos en hechos que se producen muy lejos en el espacio y el tiempo. Cuando un portero entrega una carta, no veo el tránsito de la carta ni al hombre que sube por las escaleras antes de llegar a la puerta, dijo Price (prescindiendo de sus propios ejemplos y tomándolo prestado directamente del *Tratado de la naturaleza humana* de Hume). Sin embargo, «la experiencia previa me dice que las cartas solo pueden ir de un lugar a otro cuando pasan por lugares intermedios y cuando hay "oficinas de correos y transbordadores" para enviarlas».[133]

Para concluir, Price atacó frontalmente las tesis del maestro. David Hume había estudiado la capacidad de la imaginación para construir, simplemente ensamblando impresiones fragmentarias de muy diversa índole, un edificio tan inmenso como el Mundo Exterior,[134] pero Price (que tenía una imaginación inmensa) le dio la vuelta al escepticismo de Hume. Podemos saber que hay una realidad trascendente, un mundo más allá de nuestra experiencia inmediata *debido al* carácter incompleto y fragmentado de nuestras experiencias. Sin interrupciones, sin huecos ni obstáculos –periódicos, una cabezadita,

114

puertas cerradas, ojos cerrados–, no tendríamos una idea de un mundo exterior que existe sin que lo observemos. No necesitamos (como temía Hume) rasgar (*per impossibile*) el velo de la experiencia para conocer una realidad que está más allá. Antes bien, nuestra experiencia, con sus huecos, nos muestra que hay más de lo que vemos, y el mundo mismo brinda todo lo que necesitamos para remendar el velo. El único «detrás» que entra en juego es el corriente y literal: el gato que está detrás del periódico, el cartero que está detrás de la puerta.[135]

Para Elizabeth, las clases de Price trataban «de verdad sobre lo que había que tratar», pero si Mary o Iris se hubiesen vuelto para mirarla, no habrían visto placer ni aceptación en su semblante. Elizabeth se pasaba las clases de Price tironeando de su uniforme;[136] después iba al café Cadena, donde se sentaba con su tirante pelo oscuro peinado hacia atrás, los ojos fijos en la taza de café y en el paquete de cigarrillos que tenía en la mesa. En su cabeza se repetía, como un mantra: «Pero ¿qué veo de verdad? ¿Cómo puedo decir que aquí veo algo más que una superficie amarilla?».[137] ¿Y el reverso de las cosas?[138] (El reverso de la cajetilla en la mesa, el gato detrás del sofá, el cartero detrás de la puerta, todos inobservables.) O (la cabeza en las manos y mirando por entre los dedos como si fueran una reja), ¿veo toda la cajetilla cuando solo veo la superficie? La fuerza de concentración de Elizabeth, su capacidad para abstraerse del lío, el barullo o las exigencias que la rodeaban, llegarían a ser legendarias. El mundo que estaba más allá de los confines de su mirada apenas hacía mella en su conciencia mientras pasaban las camareras y la impaciente clientela se aclaraba la garganta esperando que esa extraña chica que vestía pantalones dejase libre la mesa.

Lo que se apoderaba de la joven Elizabeth no eran las respuestas de Price (o de Hume), sino las preguntas que hacía y la curiosa manera en que las enfocaba. Price no intentaba desterrar el misterio ni la especulación; antes bien, los abordaba sin rodeos. En algún momento, a principios de la década de 1950, el profesor llevó su curiosidad al extremo y se presentó voluntario para tomar mescalina con la esperanza de ver datos sensoriales puros. El doctor John Smythies, de la Society for Psychical Research, le administró diez décimas de gramo y, al caer la noche, Price tuvo una alucinación visual.[139] Vio encima del cubrecama una pila de hojas que parecían de acebo y todas y cada una de las hojas y toda la pila eran tridimensionales y sólidas. «Si uno pensaba que el mundo lo creó un Ser Supremo bueno que lo ama todo, así es como ese mundo *debería* ser –reflexionó el profesor–. «Es posible que el mundo *sea* así» aunque en nuestro estado de conciencia cotidiano no podamos verlo de esa manera.[140]

Mary e Iris, que asistieron a la clase con Elizabeth, tendrían sus propios pensamientos. Puede que a Mary las palabras de Price le recordasen los trozos de yeso desconchado en el agua de la bañera de Downe House. Ella, igual que Price, creía en lo que nos dicen los sentidos: «Las apariciones son parte del mundo, se producen de verdad. Yo las he visto», caviló en silencio para sus adentros.[141] Mary no necesitaba mescalina. A Iris, sentada a su lado, Hume no la convencía mucho, pero la sorprendía que en el mundo fenoménico de Price hubiese tantos felinos. «Estoy conociendo (en el sentido académico) al profesor Price, de tu colegio», le escribió a Frank Thompson. «Es, como espero que sepas, un amante de los felinos, igual que tú. Sus clases y sus libros están repletos de gatos: gatos observados en una esquina de la habitación, gatos que luego atraviesan esa habitación y se van a la otra esquina sin que nadie los observe, gatos que se esconden detrás del sofá y solo asoman la cola, otros de los que se sabe con certeza que les gusta la leche y otros cuya debilidad por la leche se debe a mera inducción. Gatos en general...»[142] A Iris le habría encantado saber que Price creía que «los gatos tienen fama de ser sensibles a las influencias sobrenaturales, como los caballos».[143]

Cuando Iris le escribió a Mary en el verano de 1940, su indiferencia por Hume saltaba a la vista. No, no tiene el libro de Price sobre Hume, le dice a Mary, «pero silba y pídeme lo que necesites». Durante la guerra, el papel escaseaba, los libros también; era habitual que un estudiante esperase su turno mientras otro se daba prisa para terminar un trabajo antes de pasarle el precioso texto de consulta. Iris había leído en sótanos y refugios antiaéreos. Aquellos días vivía con sus padres en el número 9 de Waller Avenue, Blackpool, adonde los habían llevado después de que la casa familiar acabase dañada por una bomba que cayó a apenas unos metros de distancia. Iris le da las gracias, «Cielo, cariño, por enviarle el "Paton"»,[144] refiriéndose probablemente a *Kant's Metaphysic of Experience,* de H. J. Paton (1936). No obstante, le decía que no sabía si conseguiría leerlo. Estaba ocupada vendiendo el *Daily Worker* en un muelle de Blackpool.[145]

Cuando a Richard Walzer, Fritz Heinemann, Friedrich Waismann, Lorenzo Minio-Paluello y Heinz Cassirer, junto con muchos
otros brillantes intelectuales europeos, los arrestaron y enviaron a un
campo de internamiento, sus esposas e hijos quedaron asustados y
desesperados. Iris estaba preocupada: «Me pone frenética pensar en
estos hombres y mujeres que han hecho por la humanidad mucho
más de lo que yo haré jamás y ahora padecen sufrimiento psíquico.
Los de las Fuerzas Armadas como mínimo saben más o menos qué
está pasando y la mayoría cree estar defendiendo algo que aman, pero
que encarcelen, física y mentalmente, en un momento como este...,
hacerles algo así a personas que han luchado contra el fascismo toda
la vida».[146] Lady Edith Ross (esposa del filósofo realista David Ross)
formaba parte del Comité de Oxford para los Refugiados, dirigido
por mujeres, un organismo que desempeñaba un papel fundamental
a la hora de ayudar a familias refugiadas con las tasas escolares y con
cartas de recomendación para los que buscaban empleo.[147] Los Ross
alojaban a los Minio-Paluello cuando a Lorenzo (que daba clases sobre Aristóteles y Filosofía medieval) la policía lo hizo subir a un fur-
gón delante de Magda, su angustiada mujer. Cuando arrestaron a
Heinz Cassirer, Mildred Hartley, profesora de Clásicas, y otra estudiante de Somerville se turnaron para pasar la noche en casa de su familia, en el número 19 de Carlton Road, listas para llevar a Irene, la
hija de ocho años, a vivir a Somerville College en caso de que los soldados volvieran a buscar a Eva, la esposa del filósofo. Una noche,
cuando Eva encendió un instante la luz para consolar a Irene, sin com-
probar antes que las persianas estuvieran bajadas, un vecino anónimo
llamó a la policía para decirles que la mujer estaba haciendo señales al
enemigo. La visita del jefe de policía solo sirvió para acrecentar la angustia.[148]

La temporada en que Mildred hizo de perro guardián es un refle-
jo de los lazos de cariño y amistad que se habían creado entre la familia Cassirer y Somerville en los doce meses anteriores. Lotte
Labowsky, amiga de Heinz de Hamburgo y refugiada como él, era la
bibliotecaria de Somerville. Clasicista, Lotte había huido de Alemania junto con su madre y sus hermanas y habían llegado a Oxford sin
un penique antes de la guerra. Su madre acogió a otros refugiados

como inquilinos y la casa de Summertown se transformó en un centro de intercambio de cultura y lengua alemanas. Las colectas que organizaba Helen Darbishire, la rectora de Somerville, permitieron al colegio ofrecer al doctor Labowsky una beca honorífica de investigación y acogerlo como invitado en la sala común sénior de Somerville, lo que permitía a la familia disfrutar de comidas gratis.[149] Lotte se sumó a las también refugiadas Margarete Bieber, Käthe Bosse, Elise Baumgartel y Leonie Zuntz, huéspedes de Somerville.[150] Fueron esa amistad y esa acogida las que convencieron a Heinz Cassirer de que él también encontraría allí un refugio solidario.[151] Mildred Hartley llegó a ser una visita frecuente en casa de los Cassirer; se sentaba en la sala entre los austeros muebles alemanes a leer pasajes de la serie de comedias de misterio *Misleading Cases*, de A. P. Herbert, muy al estilo de Oxford.[152]

Mildred pasó cinco meses enteros durmiendo en Carlton Road. Si bien, al principio, aunque mezclado con antisemitismo y xenofobia, el apoyo a la medida gubernamental de internar a extranjeros enemigos era alto, la actitud de la opinión pública cambió después de que un barco de pasajeros con refugiados italianos y alemanes con rumbo al Canadá se hundiera atacado por un submarino alemán en julio de 1940. Murieron más de ochocientas personas.[153] En septiembre del mismo año, inicio del nuevo curso académico y del *Blitz*, muchas de las mejores mentes de Europa ya habían salido de los campos de internamiento. Solo entonces pudo Mildred volver a dormir en su cama.

Y fue el profesor refugiado Heinz Cassirer, al volver de un campo de internamiento situado en la isla de Man, quien enseñó Kant a Mary, Philippa e Iris en el trimestre de invierno de 1941.[154] «Tratamos muchos problemas importantes», recordó Mary, pero al menos se hicieron una idea de «la manera en que todo se interrelacionaba».[155] Si el Paton de Mary se quedó sin leer en el suelo de la casa de Iris y las dos seguían sin un ejemplar del libro de Price, el tour pudo desorientarlas un poco. Nosotras podemos aclararles lo que no entendieron.

La filosofía empirista de David Hume atravesó el canal de la Mancha por «correo y en transbordadores» hasta llegar a manos de

Immanuel Kant en Königsberg. Las palabras del escocés fueron como un despertador que interrumpió su sueño dogmático, dijo Immanuel.[156] El escepticismo de Hume, el mismo que H. H. Price explicaría a Elizabeth casi doscientos años después, decía que nuestra experiencia del mundo exterior está hecha de impresiones fragmentarias entrelazadas por la imaginación. Según ese punto de vista, la causalidad no es parte del mundo, sino cuestión de costumbre, de lo que previamente se ha constatado que sigue a tal o cual cosa. La afirmación mantuvo despierto al gran filósofo de Königsberg, que no podía aceptar la proposición del escocés en el sentido de que la causalidad solo es cuestión de lo que ya se ha visto que sigue a algo. La idea le resultaba intolerable; la causación no es «hija ilegítima de la imaginación», se quejó el alemán,[157] y se dispuso a devolverla al lugar que le correspondía: no es un producto de nuestra imaginación, sino, gracias al entendimiento humano, un concepto justificado y objetivo.[158]

Fue una solución elegante. La causación no es una cinta imaginaria que vincula una experiencia con otra; antes bien, la experiencia humana ya viene estructurada por la idea de causalidad. Nuestro entendimiento aplica a las sensaciones el concepto de causación para formar el mundo tal como lo conocemos. No podemos salir de nuestra experiencia para saber cómo es el mundo fuera de esa interacción entre conceptos y sensaciones; para seres como nosotros, el mundo al que accedemos gracias a la experiencia es lo único que podemos conocer. No tiene sentido preguntar cómo son las cosas más allá de la experiencia; esa es una de las lecciones de la primera *Crítica* de Kant, la *Crítica de la razón pura*.

La segunda, la *Crítica de la razón práctica*, señala una posible excepción a esa limitación: la moral. En el centro de la moral, dice Kant, hay una ley que él llama *imperativo categórico*. Y esa ley nos dice: «Actúa guiado por la máxima que a la vez te permita querer que se convierta en una ley universal».[159] Estamos ante un eco distante de la regla de oro del cristianismo: «Trata a los demás como te gustaría que te tratasen a ti». Kant piensa que el profundo misterio reside en que a veces reconocemos lo que debemos hacer con independencia de nuestros deseos. Cuando vemos que *deberíamos* hacer algo, consideramos que *podemos* hacerlo. Así se nos revela nuestra libertad, el lugar que ocupamos fuera de la pauta causa-efecto que rige nuestras sensaciones y deseos. Si reconocemos la autoridad de la ley moral superior a nosotros, piensa Kant, surgirá en nuestro interior un profundo sentimiento de respeto (*Achtung*) y, al reconocerlo, comprendemos nuestra peculiar naturaleza. Somos seres finitos, como las cartas, los gatos y las bolas de billar; pertenecemos al mundo de la causación. El movimiento de nuestro cuerpo, como los movimientos de las bolas, está determinado por las leyes de causación. Sin embargo, también formamos parte del mundo de la libertad; podemos escoger libremente, nuestra voluntad está libre de ataduras.

En cierto modo, «fue un viaje muy movido», recordó Mary.[160] Para Iris fue «un misterio total».[161] Aun así, un breve fragmento de un pensamiento perteneciente a la tercera crítica kantiana, la *Crítica del juicio,* parece haber captado su atención; Iris copió con todas las letras en una solapa de su ejemplar del *Comentario sobre la «Crítica del juicio» de Kant* (1938), de Cassirer: «Una sensación de lo Sublime en la naturaleza no puede pensarse correctamente sin combinar acto seguido una disposición mental afín a la moral». Iris entiende que, en la *Crítica del juicio*, Kant conecta el respeto con la sensación de asombro que produce la inmensidad del firmamento.

Cassirer daba sus clases particulares en el salón de la casa de Carlton Road, el mismo escenario en que Mildred Hartley leía en voz alta los *Misleading Cases*. Una vez terminada la clase y tras hacer a un lado el imponente idealismo trascendental kantiano, a veces Irene asomaba la cabeza por la puerta. Hija única, se esperaba de ella que tuviese inquietudes académicas. Irene no se relacionaba fácilmente con otros niños. Para ella, las jóvenes que iban a las clases de su padre eran amigas.[162] Heinz Cassirer estaba deslumbrado con Philippa, a la que consideraba la persona más dotada para la filosofía de entre todos los jóvenes de su generación. Philippa, que vivió un tiempo con la familia cuando una recaída de la tuberculosis de su infancia le hizo difícil la vida universitaria,[163] le regaló a Irene un ejemplar de *Rebelión en la granja* cuando el libro de Orwell se publicó en 1945. Más tarde, Iris recomendó Badminton como centro adecuado para la niña (e Irene fue a Badminton).[164] «Tomarse en serio la Crít. de la razón práct.» será uno de los puntos de la lista de cosas que hacer de Iris en 1947.[165]

Cuando Elizabeth empezó a prepararse para los exámenes de Greats (que tenía que dar en el trimestre de primavera de 1941), acudió a la señorita Glover, la profesora particular de filosofía de St. Hugh's y a otra de las antiguas alumnas particulares de Sandie Lindsay.[166] Durante la mayor parte de la década de 1930, Mary Glover figuró como «señorita» en las páginas de la *Oxford Gazette*, dominada por hombres. Profesora vehemente y brillante, Glover era una hermosa exalumna de Somerville, con un *first** en Mods and Greats. Tenía la risa fácil y el «don de la originalidad». «Nunca se sabía qué iba a decir a continuación», recordó su sobrina.[167] Además, era muy buena jardinera –marca característica de los docentes de St. Hugh's– y le encantaba el aire libre; organizaba pícnics para sus estudiantes en los Berkshire Downs, «una cura para cualquier clase de exceso de trabajo o de preocupaciones».[168]

La buena mano de la señorita Glover se reflejó en la poca o nula importancia que Elizabeth concedía a todas las partes del plan de estudios que no le interesaban. La profesora animaba a las alumnas a

* *First-class honour degree*: la nota más alta en el sistema educativo británico. (*N. del T.*)

que, más que por el currículo, se dejaran guiar por los temas que les interesaban y asistieran a las clases que, estrictamente hablando, no eran relevantes para aprobar los exámenes (una lección a la que añadía una receta para aprobar: responder a la mejor pregunta en segundo lugar).[169] Fue Mary Glover quien permitió a Elizabeth recibir clases particulares de filosofía del dominico Victor White en Blackfriars, una solución por lo demás insólita (esa misión «especial» no interferiría en el trabajo normal de Elizabeth, le aseguró White a Glover).[170] Cuando llegó a profesora, Elizabeth introdujo en sus clases lo que le había enseñado la señorita Glover, y sus estudiantes se acostumbraron a unas clases fascinantes y desafiantes sobre temas que no tenían ninguna relación con los exámenes finales que tendrían que superar. En un episodio cómico que tuvo lugar en la década de 1960, la señorita Anscombe intentó ayudar a una chica enviándola a Peter Geach, su marido, para que le diera clases de recuperación; la agobiada estudiante estaba demasiado asustada para contar que Geach también le hacía estudiar textos que no entrarían en los exámenes.[171]

Un año después de que Elizabeth llegase a St. Hugh's, apareció en la prestigiosa revista *Ethics* el artículo de Mary Glover «Obligación y valor»,[172] en el que la autora intentaba, modestamente, pero de un modo muy directo, defender esa filosofía moral que H. A. Prichard había tildado de «equivocación» y que Freddie Ayer había declarado extinta. El artículo empieza así: «Están formándose nuevos conceptos a raíz de la presión de la experiencia del mundo concreto». Glover sostiene que la moral necesita un rejuvenecimiento similar. «Ha sido habitual suponer que la categoría de obligación o la categoría de lo bueno interpretado como objeto del deseo es la noción última e irreductible en relación con la cual debemos entender la vida moral.» Sin embargo, añade que no son esos los términos correctos. Deberíamos intentar, en cambio, reconectar con el lenguaje moral de Platón y Aristóteles y hablar de carácter moral y motivo en lugar de deber y deseo.[173]

En su artículo, Mary Glover aspiraba a reinstaurar el contexto de la vida humana –que H. A. Prichard había eliminado– repensando la naturaleza y la identidad de las acciones humanas, que, según afirma, están «discriminadas por el motivo tanto como por la intención».[174]

En ese punto se inspiró en la obra del platonista H. W. B. Joseph, ocupado en ese momento en encontrar camas para los evacuados.

«Un hombre al que le gustasen las ostras podría comerse una bandeja entera puesta delante de él solo por el sabor; un hombre que las aborreciera podría hacerlo para no herir los sentimientos de su anfitrión; un hombre que las odiase o al que le fueran indiferentes podría hacerlo para impedir que su vecino, que no le cae bien y del que sabe que le gustaban las ostras, comiese dos raciones –había escrito Joseph–. Creo que estamos ante tres actos distintos, uno moralmente bueno, si no amable, uno moralmente malo o malicioso, y uno indiferente.»[175]

«Distintos actos con distintos motivos pueden resultar en los mismos movimientos de los cuerpos», dice Joseph, pero esos movimientos «no son los actos».[176] Joseph empleaba el término «trozos de vida» para designar los actos humanos. Los movimientos de los cuerpos son hechos físicos sujetos a las fuerzas que gobiernan el mundo físico y susceptibles de una explicación causal mecanicista. «Una interpretación completamente física de lo que llamamos acciones de los hombres o de otros animales sostendría que los estados de deseo conscientes [...] son irrelevantes; además, de los cambios que se verifican en cualquier proceso ejecutado por músculos de animales, podría darse una versión adecuada sin referencia alguna a ellos.» Un psicólogo psicofísico, de la escuela de Mach, podría incluso encontrar un lugar en una explicación física de los «estados conscientes de deseo, aversión, miedo, placer, dolor y todo lo que implique pensamiento e imaginación».[177] No obstante, afirma Joseph, los trocitos de vida –la ingesta inocente, amistosa o maliciosa de ostras– eludirán el escrutinio del científico. Pertenecen a una pauta distinta de explicación, una que habla de intención y propósito, de motivo y carácter. Los trocitos de vida no son eslabones independientes de una cadena causal (como lo son los movimientos de los cuerpos), pero tienen su identidad dentro de un todo. La unidad, la armonía y la belleza de ese todo constituyen la bondad de la vida humana. Lo que anima a lo ético más que a la vida física es la conciencia de una «forma de vida que todo lo abarca», y es esta idea, más que la obediencia ciega a un conjunto de reglas y principios, la que reside en el centro de nuestros juicios sobre actos particulares.[178]

Es posible que Elizabeth repitiera las palabras de la señorita Glover a Iris, Mary y Philippa en el comedor de Somerville: «La moral tiene una referencia trascendente». «Implica [algo] más que nuestros propósitos, por muy elevados que sean»; en concreto, «un criterio objetivo que podemos ir descubriendo gradualmente, pero que no es creación nuestra».[179] El nombre para designar el espíritu o la actitud que posibilitarán dicho progreso es «reverencia» o «amor». El amor puede motivarnos de una manera que implique deseo, pero no interés personal. «En un sentido muy difícil de expresar, y especialmente difícil de expresar sin una metáfora, somos conscientes de los valores trascendentes, la verdad, la belleza y la bondad; somos conscientes de que nuestra vida puede en cierto modo encarnar algo de esos valores y que en ello reside la mayor gloria.» Cuán cerca se encuentra ese lejano bien trascendente de la bondad de Platón. «La metafísica de todo esto es muy difícil —advirtió la señorita Glover— y la importancia suprema de Platón se halla en haber tomado conciencia de que debe de existir una metafísica así.»[180] A Iris no le impresionaría. Aún no había aprendido a amar a Platón, pero más tarde, cuando un periodista le preguntó por lo que les había interesado a ella y sus amigas durante la guerra, contestó que a todas les había interesado «la realidad que rodea al hombre, sea transcendente o de otra clase».[181]

Durante el tiempo que Elizabeth pasó en St. Hugh's, Mary Glover había vigilado de cerca a la menos convencional de las estudiantes mientras Elizabeth recorría Oxford en busca de las ideas que pudieran interesarle. Los profesores particulares enviaban a Mary Glover informes que iban de «bastante vaga»[182] a «auténtico poder mental»;[183] Glover los archivaba en una delgada carpeta de cartón a medida que iba recibiéndolos. «El principal obstáculo de [la señorita Anscombe] es que no quiere prestar la atención necesaria a los filósofos que le repelen», se quejó William George de Burgh, de setenta y tres años y ya jubilado.[184] Donald MacKinnon, que daba clases particulares de Platón, advirtió que la joven tenía una «inteligencia muy rápida y segura» y predijo «un trabajo de primera».[185] Isobel Henderson, que le daba clases de Historia Antigua, no pensaba igual. «La verdad es que sabe muy poco y es incapaz siquiera de manejar con libertad las lecturas obligatorias —dijo, algo desesperada—. Disfruto dándole clases, pero no puedo decir que haya obtenido grandes resultados.»[186] Por su parte, Mary Glover pensaba que los trabajos de Elizabeth sobre Aristóteles eran «algo superficiales», pero se mostraba comprensiva: «A la señorita Anscombe le encanta el sistema –comentó– y la *E. N.* no está escrita sistemáticamente».[187]

En vísperas del examen, Elizabeth se esforzó por hacer las cosas bien. «Ha empezado demasiado tarde», se lamentó Isobel Henderson. La tarde anterior al día del examen final de Teoría política, Elizabeth fue a las habitaciones de Mary Scrutton y dijo «pensativa, con su voz hermosa y serena», que acababa de empezar a mirarse los libros de la asignatura. «La verdad es que hay algunos temas muy interesantes –confesó–, pero hay una cosa que no entiendo. Por lo que puedo ver, este hombre –dijo, enseñando el *Leviatán* de Hobbes– solo dice que uno no debe rebelarse a menos que pueda. ¿Puede ser eso lo que quiere decir?» Mary la tranquilizó diciéndole que su apreciación constituía una de las objeciones que se solían hacer a ese texto, pero la sorprendió bastante lo poco preparada que estaba su amiga.[188]

Como Elizabeth se negaba a asistir a clases que no le interesaban, los examinadores no tuvieron más remedio que decidirse por un examen oral (o *viva*). A pesar de suspender estrepitosamente el trabajo sobre Historia de Roma, sacó un *first* gracias a la insistencia de los examinadores de filosofía. Cuando en el examen oral le preguntaron: «Señorita Anscombe, ¿hay *algún hecho* de la historia de Roma que le gustaría comentar?», la distinguida muchacha católica repuso que no «sacudiendo abrumada la cabeza».[189]

Para muchos de los hombres de la historia que aquí narramos, un *first* era la puerta para una plaza universitaria; en el caso de Ayer, a pesar de la objeción de Michael Foster en el sentido de que no era la persona idónea para dar clases a los jóvenes, le ofrecieron una plaza antes incluso de que terminase la carrera. Sin embargo, los colegios femeninos, al ser menos, más pequeños y más pobres, no podían encontrar fácilmente un hueco para sus mejores estudiantes. Así pues, Elizabeth se puso a trabajar en Aristóteles y santo Tomás, el tema de sus estudios «especiales» en Blackfriars, esta vez bajo la supervisión de Friedrich Waismann, el sumo sacerdote de Wittgenstein. Su tesis se tituló, con carácter provisional, «Estudio de ciertos problemas de identidad y diferencia numéricas y, subordinados a ellos, de extensión y espacio, con un examen de las soluciones propuestas por la tradición filosófica aristotélica a la luz del método lógico y epistemológico».[190] Le concedieron una beca Gilchrist, destinada a quienes «han hecho una provisión de fondos adecuada para costearse una carrera o una educación superior, pero se enfrentan a dificultades económicas inesperadas que pueden impedir que terminen los estudios». Es probable que con la muerte súbita y prematura de su padre en 1939 las dificultades económicas se agrandasen y parecieran más bien una consecuencia de la guerra.

El 26 de diciembre de 1941 (*Boxing Day*), un viernes gris y deprimente, Elizabeth se casó con Peter Geach en el neoclásico Brompton Oratory, en el oeste de Londres.[191] Sus hermanos le habían recomendado que rompiese el compromiso; decían que Peter era un individuo «absurdo», pero ella hizo caso omiso de la advertencia.[192] Aunque a partir de ese día fue la señora Geach, siempre se la conocería como la señorita Anscombe, y ella insistía en que así fuera. El certificado de matrimonio la protegía contra una nueva ley de servicio militar aprobada ese mes. La «National Service Act (N.º 2)» se aplicaba a mujeres solteras de entre veinte y treinta años de edad. El reclutamiento voluntario de mujeres no había bastado para satisfacer las insaciables necesidades del Ministerio de Guerra y el Gobierno se vio obligado a apelar a la inevitable «movilización de la opinión pública» y al reclutamiento obligatorio. Agnes Hardie, diputada laborista por el distrito electoral Glasgow-Springburn, no era la única que pensaba que la guerra era «tarea de hombres»: «Soy tan buena feminista como cualquiera –sostenía–, pero digo que no tienen derecho a reclutar mujeres».[193] La necesidad pudo más que los reparos.

No obstante, ser la esposa de Peter Geach no era una posición que garantizase por sí sola la seguridad. Si bien Peter se negó a alistarse en el ejército británico, estaba dispuesto a luchar por Polonia. Sus primeros esfuerzos por sumarse a las filas polacas habían fracasado y, después de casarse con Elizabeth, intentó conseguir la ciudadanía polaca.[194] Isobel Henderson advirtió a Elizabeth que, si Peter obtenía esa nacionalidad, «después de la guerra, acabaría siendo rusa». Una advertencia que «la asustó un poco, aunque ha mostrado ser totalmente indiferente a la nacionalidad», le contó Isobel a Mary.[195]

UN OBJETOR DE CONCIENCIA:
DONALD MACKINNON Y EL ANIMAL METAFÍSICO

Cuando Mary, Iris y Philippa empezaron sus dos últimos trimestres, los Estados Unidos, ahora bajo la presidencia de Franklin D. Roosevelt, ya habían entrado en la guerra a raíz del ataque japonés a Pearl Harbor. Se instauró el racionamiento de ropa, y la transición al caqui o, al menos, a los colores cenicientos, se había impuesto en las tres mesas del comedor de Somerville. En Boots, los estantes de maquillaje estaban vacíos y era casi imposible encontrar lápiz de labios y colorete. Los profesores y estudiantes de los últimos cursos se habían vuelto «raros como mariposas en marzo»;[196] también escaseaban las invitaciones a tostadas con canela. Así y todo, cuando Mary encontró por casualidad un cepillo de uñas en la droguería (un robo: *nueve* chelines), se permitió comprarse el último «llevada por lo maravilloso de la ocasión».[197]

Mary, Iris y Philippa se turnaban cada semana para cruzar las calles Woodstock y Banbury de camino a los arcos neogóticos de Keble College (refugio ahora de las secretarias del MI5).[198] Tal como había ocurrido antes con Elizabeth, las enviaron a tomar clases particulares con el objetor de conciencia Donald MacKinnon, uno de los pocos jóvenes que aún quedaban allí.

Devoto de la Iglesia alta anglicana, MacKinnon se había adherido al pacifismo durante la guerra civil española y se reafirmó en esa posición en el verano de 1938, en parte en debates con miembros de Pax, el grupo al que pertenecía Elizabeth, pero, a medida que fue intensificándose el conflicto con Hitler, empezó a dudar de su postura. ¿Dar testimonio de la vida de Cristo era realmente compatible con la objeción de conciencia a la vista de la agresión y las intenciones de Hitler? Lo agobiaba la culpa cuando pensaba que no estaba sufriendo con los demás. «Me veo atraído [...] al lugar donde mis semejantes sufren y a veces pienso que no podré aguantar mucho más», había escrito a un amigo en julio de 1940.[199] Cuando finalmente intentó alistarse, lo rechazaron por motivos médicos (asma).[200] Lois Dryer, su esposa, con la que se había casado en 1939, vivía angustiada por el titubeante pacifismo de su marido; el suyo era un pacifismo absoluto o «simple» que excluía toda guerra.[201] Había sido la mejor estudiante en Edimburgo en 1936-1937, cuando Donald daba clase, pero en Oxford se sintió rechazada y excluida por culpa del apelativo que los estudiantes de Donald empleaban para referirse a ella: «la esposa».[202] Mientras intentaba hacerse un lugar, enseñaba inglés escrito a Heinz Cassirer y a Friedrich Waismann. «En esencia, ella piensa que me he ablandado»,* dijo MacKinnon a su amigo,[203] que dormía en las habitaciones del colegio.[204]

Apenas unos años mayor que sus estudiantes, Donald MacKinnon le había ganado la plaza en Keble a (Herbert) Paul Grice, un prometedor joven filósofo que más tarde escribió obras fundacionales de filosofía del lenguaje. H. H. Price redactó una recomendación conjunta para ambos candidatos. «A su manera [Grice era] indiscutiblemente el mejor.» MacKinnon poseía «menos constancia y sentido común» y era probable que a «algunos de sus estudiantes les pareciese un personaje más bien raro». No obstante, era posible también que «a la larga llegase más lejos». Además, sus intereses eran «sumamente inusuales» y de por sí bastaban para hacer del joven un personaje «extraordinario», leal a los ideales y métodos del análisis lógico, tan versado en lógica simbólica como puede serlo cualquiera que no sea

* Sabido es que cuesta mucho interpretar la caligrafía de MacKinnon, y también se ha discutido en torno al significado que tienen aquí *«raked»*. Para nosotras equivale a «desviado de lo honrado y moralmente aceptable».

matemático, pero vivamente interesado también en problemas religiosos. «No se me ocurre ningún otro filósofo de este país –ni, a decir verdad, del extranjero– que en este momento posea esa combinación de competencia e intereses», concluía Price.[205] (Price había leído un trabajo de Elizabeth sobre la causalidad escrito durante las vacaciones de 1939 y le «pareció bueno»,[206] pero no podía saber que ella ya compartía los «sumamente inusuales» intereses de MacKinnon.) No se podía esperar un cóctel sencillo. «[Él] está eternamente al borde de un ataque de nervios», comentó Iris.[207]

Que la enviasen a las clases de MacKinnon era «un increíble golpe de suerte», reflexionó Mary: «sin él podría muy bien haberme alejado totalmente de la filosofía académica».[208] Si Sandie Lindsay había tirado el libro de Ayer por la ventana, Donald MacKinnon, que había sido miembro de los Brethren, lo arrojaba con urgencia a las manos de sus estudiantes. Aunque rechazaba la «muy insustancial» convicción de Freddie Ayer en el sentido de que «no hay que preocuparse porque nada de ese libro significa nada», quería que sus alumnas descubrieran la mentira por sí mismas.[209] Por temperamento, MacKinnon era el polo opuesto de Ayer (que aquellos días recibía la instrucción con los Welsh Guards y dormía en barracones).[210] A él le preocupaba todo y veía «mucho sentido en todo». Siempre estaba buscando el ángulo desde el que se podía ver el sentido de las cosas. «Trataba muy bien a Kant, y también a idealistas como Bradley, al que otros no leían, y a Wittgenstein; por entonces ya le interesaba Wittgenstein, a otros no –recordó Mary–. Así pues, seguimos adelante con nuestra filosofía y disfrutamos.»[211] Iris lo adoraba; de ahí que hiciera sufrir cada vez más a Lois. En enero de 1942 le escribió al «valiente y querido» Frank Thompson: «Inspira pura devoción».[212] «[MacKinnon] es una joya». Philippa fue, quizá, la que llegó más lejos de las tres. «Nadie me ha influido más [...] Él me *creó*.»[213] Para ver cómo lo hizo, sigámosla mientras cruza el patio bajo la mirada de las secretarias del MI5.

A la habitación de la que disponía Donald MacKinnon en Keble College se llegaba por un oscuro pasillo. Paredes encaladas y un espacio totalmente desnudo salvo por dos sillones y, en el centro, una mesa atestada de papeles y libros de Kant.[214] Notas de clase garabateadas en sobres, al dorso.[215] Philippa se sienta en el menos destartalado de los sillones.[216] Vestido con un mono (estaba orgulloso de ser el encargado de vigilar los incendios provocados por los bombardeos), MacKinnon está tumbado en el suelo. (Una década más tarde, cuando ejerció de profesora particular en St. Anne's, Iris imitaría esas clases «decúbito supino».)[217] Cuando Philippa (igual que Elizabeth, Mary e Iris) saca de su maletín los primeros trabajos de filosofía mecanografiados, MacKinnon despliega un fondo contra el que la estudiante puede ver y entender *Language, Truth and Logic.*

MacKinnon empieza diciendo que el positivismo lógico se presenta a sí mismo como una tesis sobre lógica y significado, pero que contiene una implícita y peligrosa «doctrina del hombre».[218] Si el cuidadoso empirismo lógico del Círculo de Viena aspiraba a ser democrático y colocar el conocimiento más allá de las garras del mito autoritario o la superstición prejuiciosa, el manifiesto de Ayer extrae de esa fuente una visión de los seres humanos «como eficientes máquinas calculadoras»[219] y convierte la racionalidad humana en objeto de la manipulación de símbolos más que en el ejercicio de capacidades que, cuando se emplean sabiamente, conducen a una auténtica comprensión. Según MacKinnon, bajo la amenaza de la nueva arma —«No entiendo»—, el animal humano está «subordinado a la ciencia» y forzado a renunciar no solo a su moral, sino también a su curiosidad connatural, su verdadera esencia. «No voy a negar que me he visto cada vez más obligado a adoptar esa concepción de la norma de madurez como base del juicio ético», había dicho a un público de teólogos en enero de 1941. Esa tarea, reconoció, conllevaba una «dificultad tremenda».[220]

Luego, de pie ahora, esboza para Philippa su visión de la filosofía. El filósofo debe aprender a pensar históricamente, le dice, y en su cabeza resuena el primer encuentro, siendo todavía un estudiante, con la Filosofía de la historia de R. G. Collingwood.[221] Nuestras indagaciones no están aisladas de la historia ni de nosotros. Las causas históricas indican a la atención intelectual una dirección particular;[222] cada filósofa debe preguntarse por la medida en que su situación y su condición históricas determinan su trabajo y los principios que informan su manera de proceder.[223] La filosofía, prosigue el profesor, es una expresión y una señal de la dignidad humana. Un ser humano es un animal, y su naturaleza —su esencia— se expresa en su curiosidad y su imaginación. Los animales humanos hablan y formulan preguntas acerca de la bondad y la belleza, el significado y la verdad; incluso las crías de la especie lo hacen. Los niños son por naturaleza inquisitivos: «¿Cómo sabríamos que tú eres yo?», había pensado Philippa. «¿Los baños y los techos no son más que constelaciones de apariencias?», se preguntaba Mary. «¿Por qué?», cuestionaba Elizabeth. MacKinnon insiste: ¿qué queda si dejamos a los animales humanos, como hace el totalitarismo, sin la capacidad y la oportunidad de formular preguntas metafísicas? Cinismo, escepticismo, miedo. Mera animalidad. (Su cabeza de oso se vuelve hacia Philippa cuando hace una pausa para que la idea germine.)

Los seres humanos son *animales metafísicos*, propone, todavía sin estar seguro de lo que eso significa.[224] Los animales metafísicos necesitan hablar de lo trascendente, del espíritu humano y el infinito, pero Ayer había declarado que ese discurso era un sinsentido. ¿Cómo liberarse? Tal vez empleando los conceptos analógicamente, sugiere, y nutriéndose del trabajo de los teólogos católicos. Según santo Tomás de Aquino, es posible que, por medio de la analogía, los seres humanos hablen de los atributos de Dios y los comprendan. Sabemos qué significa para un humano ser bueno, crear o ser prudente. Hablamos de la bondad de Dios, de Su creación, por analogía, trasponiendo al infinito conceptos que se emplean en el ámbito de lo finito.[225] «¿Podemos adoptar esa estructura?», pregunta el profesor, y se deja caer en el otro sillón.

Sin embargo, de pronto el kantiano que lleva dentro hace una pausa. Cuando los seres humanos se aventuran a hablar de Dios, de la libertad y la inmortalidad, tratan de salvar, con palabras humanas, un abismo insuperable. Lo máximo que podemos esperar es que nuestras palabras consigan de algún modo captar el sentido de nuestro mundo.[226] Sabemos que cuando decimos «libertad», aludimos a algo más que a «la diferencia entre la acción espontánea y la forzosa»; no obstante, nuestras palabras no pueden «captar» por completo lo que sabemos.[227] Así y todo, no debemos rendirnos. El uso analógico de una palabra es un acto creativo, un llamamiento para que otra persona vea una conexión oculta, para que capte una indirecta, para que acepte un nuevo uso del lenguaje. Por compasión, Freddie Ayer había salvado de su hoguera a los poetas, aduciendo que no aspiran a poseer la verdad, pero MacKinnon quería convertir al metafísico en poeta: el lenguaje de la paradoja, de la parábola y de la metáfora propio del poeta nos permite «captar el sentido de un mundo» que no puede entenderse directamente.[228] (Y en ese momento seguramente la señorita Bosanquet –aferrándose al sillón, a punto de perder el equilibrio– se siente en manos del profesor.) «Es imposible destilar la esencia de la filosofía moral[229] –dice MacKinnon cuando la hora de clase toca a su fin–. Hay un delicado solapamiento entre contribuir al debate de lo que está implicado de una manera práctica y establecer el orden lógico de las categorías del universo moral.»[230]

Ligeramente mareada, la señorita Bosanquet se pone de pie, ella y su profesor exhaustos y perplejos, pero exultantes. Ella se marcha atravesando la explanada y vuelve a pasar por delante de la secretaría del MI5. Entre tanto, Donald entra en el Lamb and Flag por el pasaje que conecta el pub con Keble College. El cordero (*lamb*) es el *Agnus Dei* del Apocalipsis. El camarero ya lo conoce: un whisky doble para MacKinnon.[231]

NUESTRAS CUATRO ANTICUADAS FILÓSOFAS APRUEBAN CON SENDOS *FIRSTS*

El curso de PPE que seguía Philippa duraba tres años; por su parte, Iris y Mary debían cursar cuatro, es decir, que en la primavera de 1942 las tres se acercaban juntas a los exámenes finales después de casi completar una singular educación que impartían hombres mayores, refugiados, mujeres y objetores de conciencia. En ese último trimestre, Philippa y Mary enfermaron de gravedad. Más tarde a Mary le diagnosticaron síndrome del intestino irritable, una dolencia que la afectó toda la vida cada vez que padecía estrés.[232] En el casillero del colegio encontraron cartas tranquilizadoras de Donald MacKinnon e Isobel Henderson («lamento saber que has estado pachucha»; «te dedicaré todo el tiempo que sientas que puedes aguantar»; «las ideas son más importantes que el conocimiento ¡y tú siempre has tenido ideas!»).[233] También Philippa guardaba cama. La tuberculosis abdominal de su infancia, que le había impedido vivir en un colegio, regresó con especial virulencia. Encorsetada en yeso de París, se alojaba en el número 2 de Bradmore Road, con su amiga y compañera de Somerville Anne Cobbe.[234] La madre de Anne se ocupó de que MacKinnon y Thomas Balogh, el profesor particular de economía, le dieran clases junto a su lecho de enferma.

Donald MacKinnon sugirió a Iris que a Philippa le encantaría recibir la visita de una amiga.[235] La enferma tuvo que vérselas cara a cara con la «pesada comunista»: Iris, de pie ante la cama de Philippa y con un ramo de trémulas flores silvestres. «De Iris, más que cualquier otra cosa, emanaba magia», recordó Philippa.[236] Iris recuerda lo alegre que encontró a su amiga de toda la vida –esta es la tercera versión de los comienzos de su relación–. Veremos a Iris reaparecer con flores a lo largo de este libro. Cuando tenía seis años, su primera pregunta filosófica fue esta: «*A la campanilla de invierno le cuelga la cabeza. ¿Por qué?*» «¡Eso! ¿Por qué? –reflexionó de adulta–. Una pregunta que incitaba a pensar, una buena introducción a un mundo repleto de misterios.»[237]

Los resultados del examen de las mujeres se publicaron en una lista aparte hasta 1952.[238] «Con suerte sacaré un *second* (mi profesor particular de filosofía [MacKinnon] espera que saque un *first*, pero ya sé que tiene ideas delirantes). ¿Y después? Solo Dios sabe», había escrito Iris a una amiga.[239] Pero los nombres de Iris y Mary aparecieron en el mismo apartado: «*Class I*». Philippa también sacó la nota más alta. El buen tiempo de junio había ayudado: nada de botellas de agua caliente. No obstante, a diferencia de Iris, Mary, antes de poder confirmar la nota, había tenido que soportar un angustioso examen oral de tres horas en el Ashmolean Museum. Le echó la culpa a Elizabeth: «Estos examinadores de Greats han tenido últimamente muchos problemas a la hora de calificar a otras estudiantes cuyo trabajo fue bueno una parte del curso y decididamente espantoso otra». Después del «caso especialmente malo» de Elizabeth el año anterior, Mary sospechaba que las autoridades ahora aplicaban normas más estrictas.[240] Su trabajo sobre Historia de Roma demostró ser un escollo. Al final, el examen oral le salió lo bastante bien para convencer a los examinadores de que merecía un *first* –«alfa más benzedrina», comentó muy alegre Isobel Henderson–.[241] Mary había conseguido un resultado «magnífico», dijo Donald MacKinnon, sobre todo teniendo en cuenta su enfermedad.[242] A casa de los Scrutton las notas llegaron en una postal.[243] Para agradecerles todo lo que la habían ayudado, Mary regaló a Donald un bono regalo para un libro[244] y a Isobel un ejemplar bellamente encuadernado del poema satírico *La dunciada*, de Alexander Pope, un regalo perfecto para una mujer cuyo gusto por las alusiones ingeniosas y el eufemismo sintonizaba con el suyo.[245] «Tú y Mary me habéis brindado ejemplos realmente maravillosos de la Mente que triunfa sobre la Materia –escribió Iris a Philippa–. Ahora ya no tienes que preocuparte por <u>nada</u> y puedes dormir sumida en un coma somnoliento y descansar la espalda. Y <u>no</u> leas a Virginia Woolf.»[246]

Para Isobel, Iris y Mary eran chicas «llenas de vida» y «dos de las personas menos aburridas» que conocía.[247] Quería celebrar las excelentes notas por todo lo alto, con una cena. «Propongo llevaros con Iris, J. B. Trend y A. L. Rowse a Bablock Hythe» (una aldea a orillas del Támesis y a unos ocho kilómetros al oeste de Oxford).[248]

> En el ferry de Oxford te conocieron los alegres
> viajeros que volvían a casa en noches estivales
> cruzando el joven Támesis en Bab-lock-hithe.
> Y tú arrastrando los dedos por las frías aguas
> mientras golpea en el río el cabo de la batea.[249]

La noche iba pasando y los distinguidos eruditos exponían sus opiniones sobre la actualidad. Las nuevas graduadas escuchaban con atención. Las pulseras vibraban en los guantes largos de Isobel. Mary tuvo que contener las ganas de bostezar.[250]

Al final de la velada, al regresar a Somerville por un frío St. Giles' iluminado por la luna, Mary se volvió hacia Iris. «Bueno, ¿qué te ha parecido? ¿Hemos aprendido algo nuevo esta noche?» «Oh, sí, creo que sí –dijo Iris, contemplando la enorme luna–. Yo diría que sí [...]. *Trend es un buen hombre y Rowse es un hombre malo.*» Y esa opinión, exacta pero «grotesca por lo anticuada», las hizo estallar en carcajadas. ¿Acaso no habían leído *Language, Truth and Logic*, donde se dice que esa clase de sentencias no tienen sentido? «¡Hurra por Trend, abajo Rowse!», debería haber exclamado Iris. Los pocos transeúntes que pasaban por St. Giles' miraron a su alrededor alarmados y los gatos huyeron cuando las rebeldes hicieron su primera parada académica. «Sin embargo, a Iris nunca le importó ser anticuada», recordó Mary,[251] y, teniendo muy presente el imperativo del reverendo Tom Scrutton («NO ACEPTES PROPOSICIONES TRILLADAS»), a ella tampoco.

Capítulo 3

Desórdenes y penuria

(Cambridge y Londres, junio de 1942-agosto de 1945)

MARY E IRIS SE MUDAN A LONDRES

Iris se puso a hacer el equipaje apenas diez días después de los exámenes finales. Es posible que Mary estuviese presente, cruzada de piernas, mientras Iris metía a toda prisa en la maleta su parafernalia juvenil y recuerdos de los años que habían pasado juntas: el panfleto de la campaña de Lindsay, un costurero, el libro de Heinz Cassirer sobre Kant. Se preparaban para contribuir al esfuerzo bélico. Mary, escéptica, había enarcado una ceja cuando Iris, con un toque dramático, declaró que la administración pública no la querría, no «con unos antecedentes políticos como los míos». Se equivocaba. Las amigas recibieron la carta en días consecutivos: Iris trabajaría en el Treasury, la Hacienda británica, y Mary en el Ministerio de Producción. La carta de Mary provocó cierta confusión («¿Ministerio de qué?»),[1] pero ya todo estaba dispuesto para que se estrenasen en la vida adulta. Iris, dispuesta a interpretar un papel nuevo y más complejo, se subió al tren que la llevaba a Londres sin mirar atrás. No tenía intención alguna de ser profesora de filosofía. «Siempre quise ser novelista —dijo más tarde—, aunque pensaba que quería ser arqueóloga e historiadora del arte.»[2] En esos días ya trabajaba en su primera novela. Mary, más indecisa, esperó que la ciudad desapareciera de su vista antes de concentrarse en su libro. Tenía la esperanza de volver para empezar estudios de posgrado después de hacer «algo útil para la gente».[3]

El Londres al que Iris y Mary llegaron ya no era el de su infancia, sino un lugar extraño e inquietante en el que no resultaba fácil orientarse. Al salir de Marylebone Station a Harewood Avenue por la puerta de la estación dañada por los bombardeos, las recibió una nube de mariposas. Eran tantos los pájaros de la ciudad que habían huido espantados por el *Blitz* sumándose así al millón de niños evacuados a la campiña de los alrededores, que ahora la capital tenía que soportar plagas de orugas en las silenciosas primaveras y veranos en que abundaban las mariposas.[4] La ciudad intentaba reorganizarse al cabo de ocho meses en que los ataques aéreos nocturnos destruyeron más de un millón de edificios, mataron a cuarenta y tres mil personas y trastornaron por completo la vida animal.

El Gobierno intentó que los londinenses no entrasen en el metro durante los bombardeos –se alegaba alteración del transporte y de la seguridad ciudadana–, pero también albergaba temores más profundos: ¿qué pasaría si se permitía a la población dar rienda suelta al instinto primitivo y animal de buscar un refugio subterráneo cada vez que le asaltaba el miedo? En Dover, vecinos asustados cavaron una red de túneles en los acantilados. Como si fuesen conejos. ¿Había que permitir a los londinenses –y animarlos incluso– a comportarse como si fueran topos o avestruces? En Whitehall se hablaba por lo bajo de «mentalidad de refugio», una neurosis que reduciría a las amas de casa, a los tenderos y a los obreros de las fábricas a una hueste de «trogloditas timoratos» que vivirían alumbrándose con velas en los túneles que atravesaban la ciudad. Era tan grande el miedo que muchos de los refugios antiaéreos que construyó el Gobierno se levantaron en la superficie a pesar de ofrecer menos protección que los subterráneos.[5] Cuando Iris y Mary llegaron, en la ciudad vivía medio millón de personas sin techo.

La guerra había cambiado también la vida de otros animales. Según informaba un folleto oficial –«Precauciones para los animales durante los bombardeos»–, al menos cuatrocientos mil perros y gatos habían muerto durante las dos primeras semanas de guerra.[6] En los periódicos se publicaban esquelas *in memoriam* de mascotas queridas: «Recordamos felices a Iola, dulce y fiel amiga.»[7] Del Zoo de Londres evacuaron las pitones, los dragones de Komodo y los elefantes junto con los predadores más peligrosos (tigres, leones y cocodrilos) y los llevaron a Whipsnade, una reserva animal a unos cincuenta kilóme-

NEWS from the ZOOS

tros al noroeste de la capital. Los siguieron varios cuidadores con sus respectivas familias, y el pueblo de Whipsnade se llenó de niñas en número suficiente para formar una sección de «castoras», *girl scouts* de seis a ocho años.[8] Para los elefantes se fabricaron arneses especiales; ahora se los podía ver pisoteando los campos y ayudando a «cavar para la victoria».[9]

Al final, el zoo solo sufrió un ataque directo, aunque no fatal. Un mono y una grulla pasaron unas cortas vacaciones en Regent's Park, pero volvieron a la cautividad cuando empezaron a tener hambre. Las cebras protagonizaron una fuga espectacular; a una pareja la atraparon cuando enfilaba hacia el norte por Kentish Town Road.[10]

En cambio, Mary e Iris se dirigieron al sur; eran un par de animales metafísicos camino de Westminster.

ELIZABETH REGRESA A ARISTÓTELES Y A LA NATURALEZA HUMANA

Ni siquiera sumándole lo poco que ganaba dando clases, le alcanzaba a Elizabeth la exigua cantidad que recibió para sus estudios de posgrado en Oxford (la beca Gilchrist), pero cuando Mary, Iris y Phi-

139

lippa aprobaron los exámenes, llegaron buenas noticias sobre su solicitud de una beca Sarah Smithson en Cambridge. Myra Curtis, rectora de Newnham College, escribió a Barbara Gwyer, de St. Hugh's:

24 de junio de 1942

Querida señorita Gwyer:

Es una alegría para mí escribirle para decirle que mi comité ha decidido conceder la beca Sarah Smithson a la señorita Anscombe. El comité también acordó permitirle que continúe su trabajo docente en Oxford y en la tesis de doctorado en Filosofía por dicha universidad. No tengo totalmente clara su situación en lo que respecta al Servicio Nacional y me alegraría muchísimo saber si le han concedido un aplazamiento o si tendré que presentar una solicitud en su nombre para que se le permita seguir con su trabajo de estudiante universitaria.[11]

Barbara Gwyer contestó. A la señorita Anscombe «nunca la han amenazado con nada que pueda considerarse un reclutamiento»:

Si hubiera ocurrido algo así, durante el curso 1941-1942 yo debería haberla presentado como estudiante de penúltimo año de un curso universitario iniciado en octubre de 1941 o, si eso no hubiera sido suficiente, como merecedora de un aplazamiento debido a sus excelentes dotes y la intención de conseguir, en lo posible, una plaza en la universidad en el futuro.[12]

Barbara Gwyer (que se consideraba a sí misma la última de las rectoras *amateur*)[13] recomendó a la señorita Curtis la línea de acción que ella había adoptado: «Mejor no despertar al perro que duerme».[14]

Elizabeth Anscombe llegó a Cambridge embarazada de su primer hijo y justo a tiempo para asistir a la «parodia de *Blitz*»: estudiantes que interpretaban el papel de caídos durante el bombardeo, sacos de paja con la etiqueta «CADÁVER», ambulancias y hasta una bomba falsas.[15]

Igual que ocurría en Oxford, en Cambridge, teñido de un monótono caqui, no quedaban hombres jóvenes, pero, a diferencia de la ciudad junto al río Cherwell, había sufrido bombardeos. El grueso de

las bombas había caído en 1941, pero en el verano de 1942 un solo avión que volaba bajo dejó caer explosivos a unos cien metros a ambos lados de Trinity College en una noche de luna llena.

Con vistas a seguir trabajando en su doctorado en Filosofía, Elizabeth continuó estudiando en la Universidad de Oxford y dando clases particulares en Somerville. La intención era aprovechar su formación en Clásicas, en la que predominaba el griego –Platón y Aristóteles, las bases de su pensamiento–, y sumarle los métodos de análisis más modernos y ahistóricos propios de Cambridge. Así, mientras Peter seguía combatiendo en los bosques, ella empezó a vivir, por así decir, a caballo, yendo y viniendo de las bibliotecas y las clases particulares de Oxford a Cambridge. La antigua Varsity Line (la línea ferroviaria que unía las dos ciudades y cuya mayor parte se cerró en 1968 en el marco del Plan Beeching para la reducción y reestructuración de la red) conectaba ambas universidades en menos de dos horas. Durante la guerra se había convertido en una ruta estratégica para el transporte, pues permitía que los trenes de carga circulasen por el sur de Inglaterra sin pasar por Londres. Ello suponía una reducción del número de trenes de pasajeros en circulación.[16] El tren tenía parada en Bletchley y Elizabeth debió de viajar apretujada en compartimentos repletos de hombres y mujeres uniformados. «¿Es este viaje realmente necesario?», preguntaban carteles colgados en todas las estaciones. Las ventanas de los vagones no se salvaban del oscurecimiento y, a diferencia de las cortinas opacas que se colgaban en las casas, el adhesivo pegado a los cristales no se podía quitar durante el día. Nuestra pasajera no habría visto los nombres de las estaciones por las que pasaba ni siquiera mirando por la rendija en forma de diamante: Bicester – Verney Junction – Bletchley – Bedford – Sandy. La directiva posterior a Dunkerque, en virtud de la cual se habían silenciado las campanas de las iglesias y enviado a campos de internamiento a Richard Walzer, Fritz Heinemann, Friedrich Waismann, Lorenzo Minio-Paluello y Heinz Cassirer, también decretaba: «Nadie podrá exhibir, ni provocar, ni permitir que se ponga a la vista nada que pueda ser un indicio del nombre, la ubicación, la dirección o la distancia a lugar alguno». Así pues, se quitaron de los andenes los tablones informativos y cesaron los avisos sobre la circulación de los trenes. Se podía arrestar a cualquiera incluso por dar información a un compañero de viaje.[17]

Cuando Elizabeth llegó a Cambridge, el profesor Ludwig Wittgenstein se encontraba en Londres, no lejos del lugar donde Mary e Iris pasarían gran parte del año siguiente. El filósofo austriaco solo residió en Cambridge una breve temporada antes de que el ambiente se le volviese insoportable y declarase que trabajar ahí era imposible. Gilbert Ryle (que había sido profesor particular de Freddie Ayer) presentó a Wittgenstein a su hermano John, médico del Guy's Hospital. «Siento que, si me quedo en Cambridge, me iré muriendo poco a poco –dijo Wittgenstein a John en tono dramático–. Preferiría arriesgarme a morir rápido.»[18] Por ese motivo Wittgenstein pasó el *Blitz* trabajando de ayudante en el dispensario del hospital; luego, una vez que se conoció su identidad –al fin y al cabo, era de uno de los filósofos vivos más importantes–, pasó a formar parte de un equipo de investigación dedicado a estudiar el llamado *wound shock*, los traumas que provocaban las heridas.[19]

Las ausencias de Wittgenstein dieron un respiro muy bienvenido a los miembros del departamento de Filosofía de Cambridge, profesores, cónyuges y estudiantes por igual; las aulas, los clubes, las salas de estar y las residencias eran un caos cuando el austriaco rondaba por ahí. Wittgenstein llegó a dominar tanto el Club de Ciencias Morales de Cambridge, el coloquio regular del departamento de Filosofía, que se acordó lo siguiente: ciertas reuniones se marcarían con un asterisco y como tales aparecerían en el programa, y a Wittgenstein no se le permitiría asistir a esos debates.[20] El profesor también visitaba a un exhausto Bertrand Russell a medianoche y se quedaba horas enteras en su habitación dando vueltas como un tigre enjaulado.[21] Dorothy Ely le había prohibido que pasara con G. E. Moore, su marido, más de sesenta minutos, pues temía que Moore acabase muriendo de agotamiento.[22]

En Cambridge, Elizabeth cambió varias veces de alojamiento. Uno de los primeros estaba en el número 58 de Bateman Street, una casa victoriana de cuatro pisos donde vivían Margaret Masterman y su familia: el marido (y también filósofo) Richard Braithwaite y los dos pequeños, Lewis y Catherine.[23] Filósofa, lingüista, novelista y religiosa contemplativa, Masterman era amiga de Dorothy Emmet (la filósofa que en su Baby Austin había ido a buscar a la estación de Oxford a Gandhi). Más tarde, Margaret y Dorothy conocieron a los Epiphany Philosophers, un grupo de intelectuales anglicanos interesados en encontrar un lugar para las creencias religiosas dentro de una visión científica del mundo.[24] Friedrich Waismann (ahora director de tesis de Elizabeth) había vivido en esa casa con su esposa Hermine y su bebé Thomas cuando llegaron a Inglatera como refugiados en 1937, sin un penique y atormentados por la culpa de haber dejado en Viena a padres, hermanos y otros familiares.[25] En la maleta, Friedrich llevaba el manuscrito de su *opus magnum*: *Logik, Sprache, Philosophie*, una introducción al *Tractatus* de Wittgenstein –y una defensa del mismo– que había escrito siendo miembro del Círculo de Viena. Cuando el filósofo y su manuscrito llegaron a Cambridge, Wittgenstein rechazó el trabajo en torno al cual Friedrich había desarrollado su vida intelectual y se ensañó con el hombre que había sido su «sumo sacerdote». En el trimestre de primavera de 1938, coincidente con la Cuaresma, Wittgenstein había advertido a sus estudiantes que no asistieran a las clases de Waismann[26] y, cuando este publicó un breve artículo basado en las conversaciones que Moritz Schlick y él habían mantenido en Viena con Wittgenstein antes del ascenso de Hitler, Wittgenstein lo acusó de plagio.[27] En el trimestre de otoño de 1939, Friedrich, destrozado, huyó a Oxford junto con Hermine y Thomas justo a tiempo para aparecer fugazmente en las listas de clases de la *Oxford Gazette* («Filosofía de las matemáticas») antes de que lo arrestasen y lo internasen tras calificarlo de extranjero enemigo.[28]

A principios de la década de 1930, en el número 58 de Bateman Street había vivido Alice Ambrose, una brillante matemática y filósofa norteamericana y la primera y última estudiante de doctorado con Wittgenstein.[29] Bajita, de pelo oscuro y unas gafas redondas de montura negra, encajaba en la imagen pesadillesca que Esther Bosanquet tenía de las mujeres universitarias. La relación de Alice con su director de tesis acabó dañada de manera irreparable cuando Wittgenstein trató de impedir que publicase en la revista *Mind* su artículo «El finitismo en las matemáticas». Al ver que no lograba convencerla para que lo retirase, intentó que G. E. Moore, director de la revista, lo rechazase. Alice tuvo el valor que hacía falta para decirle a Wittgenstein que se fuera a tomar vientos. «Dudo que nada de lo que yo escriba acerca de las conversaciones que usted y yo mantengamos le resulte satisfactorio –le escribió–, a menos que usted dicte el material. Me niego a seguirlo en esa tesitura. Si quiere escribir un artículo, es asunto suyo, pero no tiene sentido que publique con mi nombre una cita suya.»[30] Alice también le dijo que era un «egoísta» y que no debería valerse del «poder que ejercía sobre los demás para que lo idolatrasen».[31]

Con Wittgenstein lejos, la primera exposición de Elizabeth a la filosofía posterior al *Tractatus* pudo muy bien proceder de Margaret Masterman. Junto con Alice Ambrose, Margaret había formado parte de un reducido grupo de seis estudiantes que, entre 1933 y 1935, presentaron una versión «oficial» del nuevo pensamiento de Wittgenstein. Empezaban a trabajar a las nueve y media de la mañana en la torre de Whewell's Court (Trinity College) y solo hacían una pausa para tomar un café. En «días alternos, cuando la nata estaba espesa y recién montada, tomábamos *Kaffee mit Schlag* al estilo vienés». El dictado los ocupaba hasta cuatro horas por día, cuatro días a la semana. Los días en que Wittgenstein también daba clase, el grupo pasaba con él hasta siete horas. Acababan exhaustas. Alice y Margaret hacían una pausa para comer a las cuatro de la tarde, a menudo en los salones de Lyons', en Petty Cury, la peatonal comercial del centro de Cambridge, a tiro de piedra de Trinity. Si necesitaban poner más dis-

144

tancia entre ellas y Whewell's Court, iban a Bateman Street, a treinta minutos a pie desde la torre. Allí podían intentar disfrutar de un breve descanso, algo imposible en compañía de Wittgenstein, pero también comparar sus apuntes. Margaret tomaba los suyos en un cuaderno amarillo grande. Al cabo de dos años agotadores, Wittgenstein declaró que el trabajo había terminado.[32] Eran tres los cuadernos –amarillo, marrón, azul–, pero el filósofo se negó una vez más a que se publicaran; de ahí que empezaran a pasar de mano en mano, a veces con su permiso y otras no, y corrieran tantos rumores.

A esas alturas, la tesis de Elizabeth tenía un título más fácil de digerir –«La identidad de los cuerpos»–, un tema que hundía sus raíces en la filosofía clásica que había estudiado a fondo en Oxford y en Blackfriars. Había empezado a centrarse en la identidad de las cosas vivientes o, como ella decía, en los «cuerpos organizados». En el esbozo de la tesis empezó a «colocar a los "hombres" junto a objetos tales como "gatos" y "nabos"».[33] (Elizabeth era felinista, como Price y el Frank de Iris.) «Quiero examinar la definición tradicional del hombre como animal racional», dirá al final de ese año cuando solicitó una prórroga de la beca Sarah Smithson.[34] La pregunta central sería «¿Qué es un hombre?»,[35] pregunta que, por supuesto, no se limitaba a los individuos de sexo masculino. René Descartes había sostenido que un individuo humano está hecho de dos sustancias distintas, mente y cuerpo. Un invierno –hacia 1629–, en Leiden, mientras meditaba junto al fuego abrigado con su batín, había afirmado: «No soy en absoluto ese ensamblaje de miembros que llamamos cuerpo humano».[36] Ese ensamblaje cambia con el tiempo. Nada de la materia física surgida del parto de su madre, Jeanne Brochard, en 1596, formaba parte del cuerpo humano que ahora Descartes atisbaba debajo del batín. Como diría más tarde Elizabeth Anscombe, todo ser humano particular se encuentra «materialmente, en estado de flujo».[37] En consecuencia, razonaba Descartes, *Yo no soy este cuerpo.* Entonces, si no es su cuerpo, ¿qué es?

Descartes concluyó: «[Esta proposición], "soy", "existo", es necesariamente cierta cada vez que la pronuncie o que la conciba en mi mente».[38] Descartes solo podía estar seguro de una cosa, a saber, de que era un ser consciente; de todo lo demás podía dudarse. Soy una cosa que piensa; esa es mi naturaleza, mi esencia. No un animal, no un hombre. «Así pues, ¿qué soy? Una cosa que piensa. ¿Y qué es una cosa que piensa? Una cosa que duda, que concibe, afirma, niega, quiere, no quiere, una cosa que también imagina y siente.»[39] Descartes llama *cogitatio* a cada uno de esos distintos hechos, estados y procesos. Incluso un dolor de muelas es una *cogitatio* en la medida en que «dolor de muelas» se entienda como algo que se puede padecer aun sin tener dientes, señaló Elizabeth más adelante.[40]

El plan de Elizabeth no consistía en empezar con Descartes, sino mucho más atrás en el tiempo, con Aristóteles, que había afirmado que un individuo humano es algo parecido a un cuerpo organizado.[41] No espíritu más materia, sino materia organizada según una forma. Los humanos no son la única clase de cuerpo organizado; los gatos y los nabos también lo son. De hecho, cada especie viviente es materia que se adapta a un principio organizador, un organismo. Para Aristóteles, ese principio es el alma; por tanto, según su filosofía, los nabos tienen alma exactamente igual que los gatos y los seres humanos. Las funciones básicas de la vida vegetativa –por ejemplo, la vida de los nabos– incluyen la nutrición y la reproducción, y esas funciones son la pauta, el principio organizador de la vida de una planta. En conjunto, cada nabo se adapta a una pauta característica de lo que podríamos llamar la «nabidad». El nabo empieza siendo una semilla, echa raíces y crece, da flores. A diferencia de los montículos de arena, de los pedruscos y los océanos, la identidad de los cuerpos organizados, como los nabos, se conecta al principio organizador de los individuos de esa clase.

En la concepción de Aristóteles, el concepto *vida* se aplica de dos maneras a una cosa individual viva.[42] De un nabo, un gato y un ser humano puede decirse que *están vivos* en un momento dado y que luego, más adelante, están muertos. Sin embargo, un nabo también vive del modo que le corresponde a un nabo, el gato vive como un gato y un humano como corresponde a un humano. Este segundo uso del concepto *vida* no escoge el estado de un gato en concreto (vivo como opuesto a muerto), sino una pauta (forma) que caracteriza el hecho de ser gato y de la que participa cualquier gato tomado por separado. A esa pauta podemos llamarla la *esencia* del gato.[43] Por supuesto, la pauta vital de un humano es mucho más compleja y variada que la de un nabo o un gato –si un nabo individual difiere de sus hermanos no será por sus gustos o preferencias particulares, y mucho menos por su libre albedrío o su personalidad–. No obstante, en la vida humana hay una pauta constituida por el nacimiento, la infancia, la adolescencia, la edad adulta y la vejez, así como maneras características de funcionar.

Mientras iba y venía en los trenes de la Varsity Line, embarazada de su primer hijo, Elizabeth gestó esta idea pasada de moda y, de hecho, sumamente personal. «¿Son la introspección y la extrospección actividades cualitativamente diferentes?», se preguntaba, buscando en el vagón abarrotado un asiento en el que apretujarse (envuelta en un ancho abrigo, nadie notaba su embarazo). Descartes miró hacia dentro y encontró dolores de muelas allí donde no había muelas. Ahora, en la oscuridad del compartimento, Elizabeth intentó mirar hacia fuera. Se decantó por un «enfoque objetivo», pero no «meramente "externo"»: «Existe un enfoque objetivo a uno mismo en cuanto objeto percibido». Y preguntará: «¿Qué clase de objetos percibo cuando percibo seres humanos?». El centro de su interés había empezado a desplazarse de las cajetillas de cigarrillos Gold Flake y su superficie a los seres vivos, los «objetos inteligentes» que los fuman. Apoyada contra los bordes de caucho de la puerta del vagón, ve hombres vestidos con mono de trabajo, hombres que fuman, el cigarrillo entre el pulgar y el índice, y toma una nota mental: «Reconocemos la vida cuando vemos las funciones vitales que se llevan a cabo». De repente, el tren cambia a una vía muerta para ceder el paso a un convoy que tiene preferencia, pues transporta bienes o tropas. Las mujeres que tienen una criatura en el regazo la sujetan con más fuerza, le susurran palabras para tranquilizarlas. «Percibo, sin duda alguna, cuerpos organizados capaces de usar el lenguaje.» En Bletchley, el revisor le pide el billete –«reconocemos la vida racional cuando vemos que se llevan a cabo acciones propias de la razón; por ejemplo, cuando oímos hablar»–. Siguen subiendo pasajeros. «Aunque los que hablan digan tonterías, inconsecuencias, *decir* algo es una operación racional.»[44]

Elizabeth dio a luz una niña en junio de 1943. El matrimonio la llamó Barbara por el silogismo aristotélico y la santa patrona de los artilleros, los ingenieros militares y demás personas que trabajan con explosivos, como los mineros.

Mientras duró la guerra, Mary trabajó en la Sección de Materias Primas del nuevo Ministerio de Producción, un nombre que poco ayudaba a responder a la pregunta que seguía sin respuesta desde que había recibido la carta de llamada: «¿Ministerio de qué?». (De hecho, cuando se escribió esa carta, el departamento aún no existía.) Su lugar de trabajo compartía el edificio de Whitehall con el Cabinet Office, el departamento gubernamental encargado de dar apoyo al primer ministro y al gabinete, y su escritorio debía de permitirle unas vistas agradables de los patos y las ardillas de St. James's Park, pero el parapeto decorativo («un raro capricho estético») bloqueaba la ventana y la vista, forzándola a ella y sus compañeros a vivir con luz eléctrica y renunciar a la luz natural.[45] Su jefa, Betty Ackroyd (más tarde *Dame* Elizabeth Ackroyd), había estudiado PPE en St. Hugh's. Mujer brillante, rápida y dura, asustaba a los «hombres acostumbrados a hablar sin decir nada en los comités»,[46] pero no se le daba nada bien delegar. Después de terminar un primer informe sobre «la Historia de la Junta de Recursos Combinados» («Me pusieron delante de pilas de papel y me pasé casi un mes trabajando como una hormiguita»), Mary vio que no tenía nada más que hacer.[47] En el trabajo, su jefa «era un torbellino –llegaba temprano, siempre estaba al teléfono marcando números al doble de la velocidad habitual, a menudo con un lápiz, y luego se iba escopeteada a alguna reunión»–, pero Mary seguía sin saber cómo asignar las materias primas «zinc, caucho, acero, etcétera». Le resultaba imposible conseguir que Betty le prestase atención el tiempo necesario para averiguar lo que tenía que hacer. Tampoco nadie la echaba de menos cuando se tomaba un largo rato para almorzar, para ir a ensayar con el coro y visitar iglesias destruidas por las bombas:[48] St. Anne's, All Souls, Christ Church, St. James's, la abadía de Westminster, St. Clement Danes. Había dejado de asistir a los servicios religiosos cuando llegó a Oxford, y la respuesta que le dio a su padre, el reverendo Scrutton, cuando le preguntó «¿Por qué?» fue poco sólida. Y, aunque de vez en cuando intentara rezar, Mary siempre había sentido que en las cosas de la religión era, en cierto modo, un fracaso: «Tenía, no sé, algo parecido a la sensación de ser una habitación vacía y de vez en cuando lo intenté de verdad, pero no llegué muy lejos». Así y todo, creía en «algo más grande»[49] y se sentaba a gusto en un reclinatorio de la abadía de Westminster a comer sus emparedados de pasta de pescado mientras miraba los escombros y el cielo a través de lo que quedaba de los muros.

El trabajo de Iris en el Treasury consistía en leer, redactar, clasificar, archivar y estudiar documentos jurídicos. Le escribió a Philippa:

> Toda la vida aquí es como un sueño: vivo en un mundo fantástico donde resuenan voces por teléfono, un mundo poblado de extrañas personalidades de ficción como los lores comisionados del Tesoro de Su Majestad... (Según la tradición, Oxford no tiene nada en el Tesoro.) No puedo creer que sea yo la que escribe esas cartas urgentes y le diga a la gente por teléfono dónde tiene que bajar.[50]

Iris se dispuso a interpretar el papel con todas sus fuerzas, aunque ante Philippa reconoció que «todo lo que hago ahora se parece a actuar».[51] En el trabajo conoció a Peggy Stebbing, ayudante principal, y le encantó descubrir que era nieta de la filósofa Susan Stebbing.[52] Durante la semana comía y cenaba (lo mejor que permitía el racionamiento) cada día con una persona distinta[53] y, después del trabajo, se quedaba hasta tarde en la ciudad, dando vueltas por el Soho a oscuras en busca de amigos, aventuras y emociones.[54] Para Iris, «entrar en un pub era una aventura deliciosa». Aunque por aquel entonces los parroquianos ya estaban algo acostumbrados a ver en esos establecimientos a mujeres jóvenes no acompañadas por una carabina, Iris «seguía sintiendo intensamente que una mujer en un pub era un bicho raro».[55]

Mary e Iris se veían también con amigos de Oxford; muchos de ellos habían encontrado un empleo en Londres durante la guerra. Iris se mantenía cerca de dos hombres que la querían, sin abandonar, sobre el papel, su épico romance con el «valiente y querido» Frank Thompson. El primero, Michael Foot, trabajaba en Londres para los servicios de inteligencia. Léonie Marsh (la comunista de labios pintados de Somerville), de la que Michael había estado enamorado, se había casado dejándolo hundido en la desesperación. Iris «lo lamentaba muchísimo» por él, «un alma perdida», pero también pensaba que era «rematadamente tonto». Ella no podía hacer «nada más que parecer comprensiva y decirle, en un tono no muy decidido, que no fuera tan bobo».[56] Agradecido por la atención que Iris le prestaba, Michael le enviaba poemas juveniles, le compró un paquete de caros cigarrillos turcos y en su testamento la nombró heredera universal.[57] También empezaron –y esto Iris no lo puso por escrito en una carta a Frank– algo parecido a un noviazgo que Michael se tomaba más en serio que ella y pasaban las noches en el apartamento que él tenía en Rochester Row (amueblado por sus tías solteras y situado encima de una café italiano; el olor de la comida se filtraba a través de las tablas del suelo).[58] También aprovechaban al máximo todos los entretenimientos y las actividades culturales que seguían celebrándose.[59]

Al inicio de la guerra, las valiosas obras de la National Gallery se habían llevado en secreto a Snowdonia, Gales, donde las escondieron en una cueva llamada «la Catedral» a la que se accedía por un laberinto de minas de pizarra abandonadas.[60] El público lamentaba, y mucho, la falta de cuadros en las paredes de la pinacoteca; en una carta enviada al *Times* en enero de 1942, el remitente suplicaba: «Dado que en estos días el rostro de Londres está magullado y con cicatrices, necesitamos más que nunca ver cosas hermosas [...]. A los amantes de la pintura se les niegan los Rembrandts justo en el momento en que más bien puede hacer esa belleza».[61] A manera de respuesta, la National Gallery llevaba a Londres cada mes, en tren y escoltada por guardias armados a lo largo de cuatrocientos kilómetros, una de las obras guardadas en la mina. Los dos primeros cuadros rescatados fueron el *Retrato de Margaretha de Geer*, de Rembrandt, y *Noli me tangere*, de Tiziano.[62]

Michael e Iris solían ir a ver el cuadro del mes. Michael recordó haber visto la *Duquesa de Milán*, de Holbein («tuvo la suerte de que no la casaran con Enrique VIII»), que se expuso en noviembre de 1943.[63] Fue uno de los 23.845 visitantes que la vieron.[64] Los guardias vigilaban, listos para devolver el cuadro a la catedral subterránea si empezaba un bombardeo.[65]

El segundo de los dos amores de Iris era su profesor particular Donald MacKinnon, el cabeza de oso, por quien (según le dijo a Frank) «caminaría sobre las brasas». Para mayor vejación de Lois, la esposa de Donald, Iris y él estaban mutuamente enamorados cuando ella se presentó a los exámenes finales: «Creo que siempre estaré un poco enamorada de Donald, digamos que al estilo María Magdalena-Jesucristo», le dijo a su amigo David Hicks.[66] En otoño de 1943, Lois le pidió a Donald que dejase de ver a Iris; él, reconociendo el peligro que esa relación representaba para su matrimonio y, en consecuencia, para su fe, lo hizo, pero no antes de sentarse a su escritorio de Keble College para escribir a Philippa pidiéndole que cuidase de Iris.[67] Philippa y Donald siguieron escribiéndose durante muchos años, pero un buen día ella quemó una maleta repleta de esas cartas.[68]

Tras marcharse de Oxford, Mary se había instalado en casa de sus padres en Kingston. Viajaba todos los días a Waterloo en trenes de cercanías. Apretujada y de pie en esos trayectos de media hora, leyó *Clarissa*, la monumental novela de Samuel Richardson.[69] Al principio, Iris vivió con amigos de la familia en Barrowgate Road, Chiswick; viajaba en la District Line leyendo a Homero en voz alta y adaptando el ritmo del verso al del tren.[70] No obstante, como quería estar en el centro de la acción, no tardó nada en ponerse a buscar un apartamento donde vivir sola. Contempló la idea de alquilar «un apartamento de una sola estancia en Gerrard Place con vistas maravillosas del Blitz y casi sin cañerías».[71] Sin embargo, aunque un apartamento en el centro de la vida bohemia y de la zona de pubs de Londres habría sido lo más conveniente para las aspiraciones literarias de Iris –poetas que se esforzaban por hacerse un nombre, autores e intelectuales refugiados que frecuentaban los bares junto con prostitutas, prófugos y traficantes del mercado negro–, de improviso se le presentó una oportunidad mejor. Descubrió un apartamento tan perfecto que debió de preguntarse si no lo había creado ella con la mera fuerza de su imaginación.

Seaforth Place, 5, Buckingham Gate, SW1, es un desván situado encima de unos establos en desuso que antes se habían empleado para los caballos de los fabricantes de cerveza. Está en un callejón oscuro, no lejos de Victoria Street y a unos trescientos metros de Whitehall. Aun así, en la breve distancia que recorría para ir al trabajo, Iris pasaba por once sitios bombardeados. Hoy, Seaforth Place está rodeado de altos edificios de oficinas. Cristal, hormigón y cromo. En 1942 se encontraba entre edificios en ruinas y almacenes. En ninguna época tuvo ahí sentido un espacio doméstico. La entrada no está a la vista y a nadie se le pasaría jamás por la cabeza vivir en ese callejón estrecho y oscuro. Al subir las escaleras descubiertas se pasa por una especie de armario sin ventanas: el cuarto de baño. Hay una bañera, pero el techo es tan bajo que, para meterse, más que levantar un pie hay que arrastrarse.[72] Por el pasillo se sale al centro de un amplio techo abierto de tres metros de largo. Solo los sesenta centímetros más bajos de las paredes son verticales; después se comban con fuerza hacia dentro a lo largo de varios planos que no pueden sino sorprender. El suelo es de madera, sin alfombrar, y a través de las tablas se ven los viejos establos. En lugar de paredes exteriores, y extendiéndose por parte del techo, vidrio («unas seis millas cuadradas de ventana que proteger durante el *Blitz* y el oscurecimiento», comentó Iris).[73] En lugar de paredes interiores, un espacio diáfano que hace las veces de dormitorio, sala de estar y cocina y, en lugar de vecinos, el metro de la District Line. Por las mañanas, en el trayecto desde Chiswick, Iris habría estado viajando de pie con su Homero, lista para apearse mientras pasaba por debajo de la que pronto sería su casa.

Cuando lo alquiló, el apartamento estaba vacío. Pasó las primeras semanas fregando el suelo o de puntillas pintando todo de blanco, o sentada, cosiendo «millas cuadradas» de cortinas para el oscurecimiento.[74] Asimismo, instaló una «cocina» añadiendo una vieja estufa de gas junto a la jarra y el lavabo improvisado que hacía las veces de fregadero. El lujo del baño contrastaba con la molestia de no tener agua –ni caliente ni fría– en la «cocina». Puso cortinas azules para dividir el espacio y crear una sala de estar, así como estanterías para libros a ambos lados del hueco de la chimenea, ahora equipada con una estufa en la que tostaba el pan. Unas cajas de frutas hacían las veces de sillas. Iris llenó las estanterías con volúmenes de poesía («varios modernos, Wilfred Owen [un poeta magnífico] y Píndaro») y de literatura rusa.[75] De día, con luz natural, Seaforth parecía el estudio de un artista; cuando se hacía de noche y se corrían las cortinas, se asemejaba más a una buhardilla victoriana. Para Iris, Seaforth tenía «una personalidad absolutamente irresistible» y un «encanto indescriptible».[76] A Mary, que a veces visitaba a su amiga para comer un sándwich, le parecía un decorado idóneo para un montaje escolar de alguna obra de Dostoievski;[77] no podía quitarse de encima la sensación de que el hombre del metro podía aparecer por entre las tablas del suelo cuando la District Line hacía temblar las ventanas. Siempre tan práctica, Mary le prestó a Iris un sillón Scrutton, que subieron con muchas dificultades por la sinuosa escalera. Iris encontró otro sillón y lo coronó con su cojín color aguamarina. A imitación del estilo eduardiano, colocó los dos a ambos lados de la «chimenea» de gas.

Iris compartía Seaforth con una rata ruidosa y unos ratones que, como se quejó a Frank, se le comían las cartas. «Eso es algo que me enfada mucho, sobre todo porque tus cartas son documentos preciosos, pero también porque no me llevo muy bien con los ratones, y el hecho de haber sido tan descuidada para dejar objetos tan valiosos por ahí, donde podían comérselos, puede apuntarse como un tanto a favor de ellos.» Aun así, los perdonaba porque tenían unas «bonitas colas largas».[78] El banquete de los ratones llegaba regularmente desde el asfixiante calor seco de El Cairo, luego desde Trípoli y otros muchos lugares intermedios mientras el frente de la campaña del norte de África atravesaba dos mil kilómetros hacia el este y el oeste por el desierto. Frank tuvo palabras elogiosas para *My Apprenticeship*, las memorias de Beatrice Webb: «Para mí fue una verdadera delicia seguir los pensamientos, las perplejidades y las penas de una mujer tan inteligente».

También le dijo a Iris que en el desierto «lo más deprimente –más que las moscas, el calor o las tormentas de arena– es que predomina la masculinidad de sus habitantes».[79] Con todo, restaba importancia a las condiciones climáticas; cuando llegaban las tormentas de arena, a los hombres los aliviaba saber que esos días nadie moriría, pero, al cabo de tres días, rezaban para que volvieran los combates y amainase la tormenta. Hacía tanto calor que se podía freír un huevo encima de un carro de combate. Y las moscas los atacaban en cantidades bíblicas, tan hinchadas con la sangre de los cadáveres que apestaban a carne podrida.[80] No había agua suficiente para lavarse, y mucho menos para tomar un baño; una taza al día por hombre.[81]

Así y todo, las cartas llegaban. A pesar de la escasez de papel, cada semana pasaban por los servicios postales del ejército y un sinnúmero de lugares intermedios no vigilados tres millones de cartas enviadas por avión, cuatro millones y medio por correo de superficie y medio millón de *airgraphs*.[82]* En un momento en que los recursos, la mano de obra y la economía se orientaban casi exclusivamente hacia objetivos de guerra, un servicio postal, con sus hombres, mujeres, máquinas, vehículos, convenciones y legislación, permitía que en medio del bombardeado Londres una muchacha compartiera sus pensamientos con un soldado solo afectado de mal de amores en el desierto occidental; le bastaba con introducir un pequeño trozo cuadrado de papel en un buzón rojo de la esquina de Tothill Street y Storey's Gate.

Frank recibía informes de la vida diurna y nocturna de Iris. De día, ella redactaba, archivaba, copiaba y destruía documentos «áridos como el polvo»; era, por así decir, un engranaje más en la gigantesca maquinaria del Gobierno. Llegó a gustarle tener «la eficiencia propia de una máquina, un deseo de reducir la humanidad a categorías férreas».[83] Sus compañeros de trabajo eran «hombres y mujeres agradables», inteligentes «(y algunos muy hermosos)», risueños y discretos,[84] a menudo graduados de Oxford o Cambridge. Después del trabajo se iban a tomar unas cervezas o un whisky en los pubs de Westminster antes de volver a desaparecer en sus casas de las afueras o en habitaciones vigiladas por la infaltable casera. Después, Iris se zambullía en la vida nocturna. Enfilaba hacia el norte, lejos del río, por St. James's Park y Leicester Square hasta llegar a Soho.

* Sistema ideado en la Segunda Guerra Mundial para fotografiar en miniatura las cartas y enviarlas por correo aéreo. (*N. del T.*)

Iris buscaba «Seres Humanos Únicos» y «conocimientos, experiencia, libertad» mientras experimentaba con un personaje literario llamado *Iris Murdoch, escritora*. La libertad que encontraba en esas noches era la de «una ausencia total de cualquier sentido de la responsabilidad» en «una sociedad extraña formada por personas inquietas, imperfectas y ambiciosas que viven de manera caótica, al azar, que nunca se preocupan por los cinco minutos siguientes, borrachas todas las noches sin excepción a partir de las seis, sin domicilio fijo y sin familia, gente que vive en los pubs y copula en el suelo de apartamentos ajenos».[85] No eran personas de fiar, sino barcas sin timón, y vivían fuera del habitual marco en que las preocupaciones por el futuro y el pasado se imponen sobre el presente. No se las podía «reducir» a ninguna categoría. Libres para hacer lo que se les antojase, vivían en fragmentos, guiándose por todos los pensamientos o deseos pasajeros posibles; nada tenía importancia. En ese mundo, lo único serio era la poesía y todos veneraban a una deidad llamada T. S. Eliot.[86]

Entre los amigos nocturnos de Iris había muchos refugiados y migrantes que, como ella, tenían una doble vida: de día trabajaban para la maquinaria bélica del Gobierno británico y de noche dejaban suelto a su alter ego. Bebía con Mulk Raj Anand, novelista en ciernes, intelectual y propagandista de Bloomsbury para el movimiento independentista indio y, de día, guionista de la BBC. Iris escapó de los indeseados lances sexuales del escritor y refugiado húngaro Arthur Koestler, de día propagandista del Ministerio de Información. Se enamoró de Tambi (Meary James Thurairajah Tambimuttu), el poeta tamil de hermosa melena.[87] Bailó con Dylan Thomas en el Gargoyle, un club privado en Dean Street, con una fuente en la pista de baile que habían diseñado Augustus John, Edwin Lutyens y Henri Matisse.[88]

Seaforth también significaba llevar una doble vida. A pesar de las poéticas quejas de Mary, la fe de Iris en el comunismo seguía intacta. Una célula del partido usaba su desván para celebrar reuniones. Se sentaban en el suelo y garabateaban notas codificadas en la parte baja de las paredes recién pintadas de blanco. En el trabajo, Iris copiaba documentos del Treasury y los escondía en un árbol de los jardines de Kensington.[89]

Las cartas también iban y venían entre Londres y Oxford, Pip e Iris. Philippa las contestaba desde la cama, debajo de su colcha rojo oscuro, «la mesita en la rodilla y la tetera a mano».[90] Se había quedado en Oxford después de recibir su *first* en PPE. Su afirmación de no haber estado muy brillante sonaba inverosímil vista la nota que sacaba una chica que había llegado a Oxford casi sin formación y que se había presentado a los exámenes finales después de meses postrada en cama, enyesada y dolorida. Gracias a sus estudios de economía (a esas alturas ya podía hacer matemáticas), formaba parte del equipo de dieciséis empleados de Nuffield Social Reconstruction Survey, un grupo de investigación encargado de recabar datos y facilitar estudios sobre la población y la distribución industrial durante y después de la guerra. Mary se especializó en la industria del mueble.[91] En Nuffield volvemos a encontrar a Sandie Lindsay, esta vez no como candidato político, idealista de Boars Hill, *Master* de Balliol y examinador de conciencias, sino como el motor de unas investigaciones que él mismo ayudó a idear a principios de 1941.

El despacho de Philippa estaba en el número 17 de Banbury Road, a solo tres minutos a pie de Somerville. Vivía en una habitación alquilada bastante cerca de allí, en casa del economista David Worswick, y disfrutó amueblándola. Hizo cojines de seda rosa que iban bien con el cubrecama, recreando así los colores de los guisantes que su madre y ella habían cultivado juntas en el Old Hall de Kirkleatham y que le encantaban. En una tienda de segunda mano encontró unos cacharros «toscos y divinos» de cerámica italiana «que venían de un barco con exportaciones que acababan de capturar de camino a Noruega». Completó la decoración con una «tulipa gris con un toque de rojo». Combinaba su trabajo con clases para la Workers' Educational Association, tardes con Donald MacKinnon y visitas regulares a casa de los Cassirer para «atender a Eva» y escuchar a Heinz. «En este momento, los Cassirer me aburren —le confesó a su madre en una carta—. Se quejan de que los ignoran. Él ha escrito un libro sobre Kant y de verdad no deja de rezongar por eso.» También salía a cabalgar con su proveedor de carne: «Por su aspecto se diría que debe de tener caballos buenos y fuertes».[92]

Por el lugar que ocupaba en Nuffield, trabajaba codo con codo con Thomas Balogh y Nicky Kaldor, dos economistas húngaros emigrados y empleados del National Institute of Economic and Social Research, también de reciente creación. Tommy, quince años mayor que ella y colega y amigo de Sandie Lindsay en Balliol (en la repisa de la chimenea tenía una foto enmarcada de Sandie),[93] había preparado a Philippa para los exámenes finales y, como Donald MacKinnon, la había visitado cuando estuvo enferma. Luego, en algún momento de 1942, se volvieron carne y uña. «Balogh hechizaba a las mujeres», recordó David Worswick, a quien Tommy le prestó algunos muebles, gesto que utilizó como excusa para visitarlo a discreción en su casa, y también a Philippa.[94] La relación permitió a Philippa ingresar en el grupo de amigos de Tommy y en un mundo de fiestas «locas». Una mañana, después de una noche especialmente alocada, y tal vez hecha polvo, escribió a máquina una carta a su madre. «Empezamos en Balliol y, después, como una nube de langostas, nos fuimos al George, donde nos esperaba una cena enorme que comimos casi entera, sobre todo Nicky, que come por seis y da la impresión de haber comido así siempre.» Después, vuelta a la habitación de Philippa, a tomar café y «coserle otra vez el chaleco a Nicky [...], los botones no aguantaron tanta comida», antes de volver a salir.[95]

En el verano de 1943 acabaron la investigación y así acabó el tiempo de las andanzas de Philippa en Oxford. Entonces recibió una nueva oferta de trabajo: en Londres, en el Royal Institute for International Affairs, también conocido como Chatham House.

En agosto de 1943, cuando Philippa bajó del tren, habrá salido de la estación de Marylebone a Melcombe Place –las bombas caídas en la entrada de Harewood Avenue, la que usaban Mary e Iris, habían sido fatales–. A esas alturas, la relación con Tommy estaba oficialmente terminada, pero oficiosamente no. Habían roto una noche después de una discusión que puso fin a una velada etílica, «exactamente a las 12:56, horario británico de verano».[96] Sin embargo, Tommy se quedaba algunos días en Londres todas las semanas y la pareja siguió viéndose de modo intermitente.[97]

Al principio, Philippa volvió a vivir con Anne Cobbe, compañera de Somerville, en un lujoso apartamento situado en la cercana Weymouth Street. Anne, que había sacado un *first* en matemáticas, ahora trabajaba en el Almirantazgo.[98] En el apartamento contaban con la ayuda de un matrimonio mayor que preparaba las comidas a aquellas dos jóvenes señoras y se ocupaba de la casa. El matrimonio también les proporcionaba una rutina no demasiado estricta de horas de comida fijas y otros hábitos para respetar el toque de queda. Desde el principio (y en gran parte con la desaprobación de lady Cobbe, la madre de Anne),[99] Philippa pasaba mucho tiempo con Iris, tostando *crumpets* en la cocina de Seaforth y acurrucada en el sillón Scrutton, donde improvisaban una cena según les dictaba el estado de ánimo. De vez en cuando, Tommy y Nicky las llevaban a cenar a L'Étoile, en Charlotte Street.[100]

Para Philippa, el nuevo trabajo de ayudante de investigación era[101] una «gozada»: «Ni yo misma podría haber inventado nada mejor para mí».[102] También asistiría a las charlas que se ofrecían regularmente en Chatham House, concebidas para que los empleados conocieran los últimos estudios sociales y económicos sobre la reconstrucción posterior a la guerra. Ese año, Margaret Mead, la antropóloga norteamericana, habló sobre hábitos alimenticios. Mead dirigía ahora su mirada etnográfica a la vida de soldados y civiles aliados. Philippa debió de oír la detallada descripción de los «modelos nutricionales» que Mead había descubierto en las poblaciones que había estudiado. Explicaba, por ejemplo, el modo en que los cambios medioambientales, el conocimiento científico y el simbolismo podían alterar las maneras de comer y de vivir e incluso acabar con ellas.[103]

Bertha Bracey, jefa del Friends Committee for Refugees and Aliens y del Central Department for Interned Refugees, también habló en Chatham sobre modelos, trastornos y privaciones. Bracey había sido una de las impulsoras del *Kindertransport*, que sacó de Alemania a más de diez mil niños judíos; su trabajo continuó durante todo el conflicto.[104] Philippa debió de oír su advertencia: en cuanto cesaran las hostilidades, treinta millones de desplazados empezarían a atravesar el planeta. En la confusión de esos viajes a través de paisajes destrozados por la guerra, los desplazamientos serían caóticos, desorganizados y carentes de principios, pero cada uno de ellos era la senda de un individuo que actuaba movido por un instinto irresistible que lo llevaba a buscar un hogar. Había que reconocer y planificar lo inevitable de esos desplazamientos, insistía Bracey, pero, aun así, la tarea sería enormemente difícil. «El panorama es un vasto caleidoscopio cuyos movimientos aún están en curso, de modo tal que la pauta que se forme en un momento dado es totalmente distinta de la que pueda darse en cualquier otro.»[105] Algunas cosas ya se sabían. Dos millones de republicanos españoles habían huido a Francia al finalizar la Guerra Civil; decenas de miles habían buscado refugio en el norte de África y en México, pero cientos de miles seguían en Francia cuando Alemania ocupó este país. Desde la isla Mauricio, mil quinientos refugiados detenidos se moverían hacia el noroeste, hacia Europa, antes de dispersarse por Austria, Checoslovaquia y Polonia. En Suecia ya vivían cuatro millones de refugiados procedentes de la Europa Central y, en Suiza, más de sesenta y dos mil. En cuanto al incontable número de judíos deportados de Alemania, Austria, Checoslovaquia, Polonia, Rusia, Ucrania, Bélgica, Bulgaria, los Países Bajos, Francia, Noruega, Rumania y los países bálticos, Bertha no sabía cuántos sobrevivían. También habló de la «política de exterminio nazi», pero aún no se entendía en todo su alcance el significado del Holocausto.[106] En junio de 1942, el *Daily Telegraph* había informado de que en la Europa ocupada los nazis estaban matando a mil polacos por día en las cámaras de gas. Lo asombroso fue que la noticia solo ocupase la página seis y no la recogiera ningún otro periódico.[107]

Además de trabajar y de sus visitas a Seaforth, Philippa seguía yendo regularmente a Oxford los fines de semana: tomaba el tren («¿Es este viaje *realmente* necesario?») y se quedaba en casa de los Cassirer, en el número 19 de Carlton Road; las tardes las pasaba con Donald MacKinnon. Un domingo se quedó con él demasiado tiempo, llegó a Londres justo antes de la una de la madrugada y perdió el último metro. «Aun así –le dijo a su madre para tranquilizarla–, en la larga caminata a través de Londres, encontré un taxi que solo llevaba a siete soldados norteamericanos y viajé sentada en sus rodillas hasta St. James. (Gracias a Dios.).»[108] Poco sabían los soldados que la pasajera de atractiva carita era la nieta de un presidente... con los faros del taxi apagados, atravesando la ciudad a oscuras.

Si, según todo parecía indicar, Philippa era feliz, Anne, su compañera de piso, luchaba para salir adelante. En 1940, a su querido hermano Bill (Alexander William Locke), compañero de estudios de Michael y Frank, lo habían calificado de «desaparecido y considerado muerto». Cuando Anne superó los exámenes finales, ya no tenía esperanzas, por débiles que fuesen, de que lo hubiesen hecho prisionero. Su trabajo durante la guerra, para el que utilizaba análisis estadísticos de batallas navales del pasado con vistas a planear futuras tácticas, la dejaba agotada y afligida.[109] Poco después de que llegase

Philippa, tuvo una crisis nerviosa y volvió a la casa familiar. Y Philippa se quedó sin un lugar en que vivir.

Al principio, buscó un apartamento donde vivir sola y alquiló uno de dos habitaciones en Charlotte Street, Bloomsbury, pero como Chatham House, la sede del instituto, quedaba a solo un kilómetro y medio de Seaforth si atravesaba St. James's Park, Iris propuso que se fuese a vivir con ella. De otro modo, razonaba Iris, pasarían la mitad del tiempo en Charlotte Street y la otra mitad en Seaforth, derrochando mucho dinero en alquileres. Así pues, los cojines de seda rosa de Philippa fueron a hacerle compañía al cojín aguamarina de Iris, ahora en el sillón de Mary, y la tulipa gris y rosa empezó a balancearse sobre la bombilla. También empezaron a servir los *crumpets* en platos italianos. En los cincuenta años siguientes siempre hubo un Bosanquet en Seaforth: Marion, hermana de Philippa, lo alquiló cuando Iris y Philippa lo dejaron al final de la guerra.

Ya en Seaforth, Philippa pudo cubrirse con su colcha rojo oscuro en cuanto empezó el invierno; después de apagar las luces, quitaban de las ventanas las gruesas cortinas para usarlas como mantas. Los abrigos se convertían en pijamas y las botellas de agua caliente eran imprescindibles. Por las mañanas se calentaban con té y bollos de miel en los salones de Lyons', que quedaba enfrente.[110] Lyons' también era sinónimo de doble vida; si en los salones servían tentadores dulces, los obradores pasaron a ser fábricas de bombas. Una de cada siete bombas lanzadas sobre la población civil alemana la producía el panadero y pastelero del salón.[111]

Hasta entonces, Philippa nunca había tenido que cuidarse a sí misma y tendía a dejar las cosas en cualquier lugar como si un criado invisible fuese a hacerlas desaparecer. Iris era ordenada y, para Philippa, la seriedad con la que se tomaba los estudios fue una sorpresa y un placer a la vez. Ella seguía sintiéndose en desventaja por su falta de formación previa. Iris, en cuanto volvía del trabajo, lo primero que hacía era ponerse a leer.[112] Le sugirió a Philippa que leyese a Beckett, Dickens y Proust. Una visita a Kirkleatham en un día festivo no intimidó a Iris, que sorprendió a Esther Bosanquet cuando esta vio que se preparaba sus propios bocadillos.[113] Más tarde, Philippa recordó (al parecer con cierto placer) la impresión que se llevó su madre cuando Iris «cometió el atroz pecado de apartar de un empujón su plato vacío y apoyó la cabeza en la mesa. ¡Eso no se hace!»[114]

Muy a gusto en el oscuro desván, Iris y Philippa compartían tres pares de zapatos que al final se redujeron a dos. En una repetición de la conversación que habían mantenido Mary e Iris en el Cherwell, compararon listas de hombres que les habían propuesto matrimonio. La lista de Philippa era respetable, pero corta; la de Iris, una vez empezada, parecía que no iba a terminar nunca. «Sería más rápido –dijo Philippa, molesta– enumerar a los que no le habían pedido matrimonio en lugar de a todos los que se lo habían pedido.»[115] Dieron una fiesta –la consigna era «trae tu botella»–, tal vez porque en octubre Philippa cumplía veintitrés años. Una mezcla de sus tres personajes: la estudiante seria y aburrida, la joven bohemia y la señorita Murdoch y la señorita Bosanquet del Tesoro y de Chatham House. Los cigarrillos turcos pasaban de mano en mano mientras Balogh y Kaldor bailaban con Vera Hoar (PPE de Somerville y otra de las alumnas particulares de Donald MacKinnon).[116] Jane Degras, Mark Benny, Stevie Smith y Tambimuttu llegaron con botellas de cerveza y otras bebidas alcohólicas después de atravesar un Soho totalmente a oscuras.[117]

EL PLAN DE ELIZABETH SE ATASCA

En Cambridge, Elizabeth sacó la máquina de escribir y redactó un esbozo muy general del trabajo que la había tenido ocupada y que se proponía presentar con la esperanza de que le prorrogasen un año más la beca Sarah Smithson. Barbara, que ya gateaba y enseñaba los primeros dientes de leche, pasaba por entre las piernas de la futura filósofa. En abril de 1944, el matrimonio vivía en el número 19 de Fitzwilliam Street, frente a la casa en que Charles Darwin había vivido cien años antes al volver de su viaje en el *Beagle*.[118] Elizabeth se preparaba para asumir la tarea (de una «tremenda dificultad») que la había intimidado y que había fascinado a Donald MacKinnon, su profesor particular.[119] «Examinar la definición de "animal racionales" [sic]», escribió (y puede que, cuando puso «racionales» en plural, Barbara estuviera reclamando su atención).[120]

Elizabeth había ido puliendo la idea a lo largo de un año de duro trabajo. Proponía seguir a Aristóteles y aprender acerca de los seres humanos empleando la misma clase de métodos que tenemos para estudiar los nabos y los gatos. «Decimos que un hombre tiene una parte racional porque emplea el lenguaje.» Asimismo, pensaba analizar el carácter lógico de las proposiciones que expresan la operación de facultades sensoriales; por ejemplo: «Veo rojo» o «Veo un buzón rojo». «Seguir en esta línea», tecleó, muy resuelta.[121]

El centro de su investigación no sería el «¿*Qué soy yo?*» de Descartes, sino una pregunta más orientada hacia el exterior: «¿Qué es *eso?*», «¿Qué clase de objetos percibo cuando percibo seres humanos?»[122] La mirada introspectiva de Descartes alejó al filósofo francés de su cuerpo y lo llevó hacia su conciencia... Imaginaciones, miedos, pensamientos, escozores, dolores de muelas, cosas todas que él suponía que podían darse sin el cuerpo (dolores de cabeza sin cabeza; picazón sin piel que rascar; dolores de muelas sin muelas). En cambio, Elizabeth miró hacia fuera y hacerlo la llevó en una dirección diferente, hacia observaciones sobre la naturaleza del animal humano.

«*El hombre tiene treinta y dos dientes.*»[123] Esta frase es menos habitual de lo que podría parecer al principio. No es una afirmación empírica que puede verificarse contando los dientes de la boca de los humanos (en la oscuridad y el traqueteo del vagón, una sonrisa con huecos revela lo inútil de emplear un método así). Gracias al trabajo de los dentistas y a unos dulces muy tentadores, los animales humanos tienen de media muchos menos dientes. Con todo, son treinta y dos los que forman una dentadura completa y cualquiera que tenga menos es porque ha perdido algunos, y eso se debe a que cuando decimos «El hombre tiene treinta y dos dientes», nos referimos a la especie *animal humano*. Estamos diciendo cuántos dientes un humano *debería* tener. En ese sentido, que el hombre tiene treinta y dos dientes sería cierto incluso si todos y cada uno de nosotros hubiese perdido los molares.

Más tarde, Elizabeth sostendría que así como la norma o el ideal del hombre sería tener una dentadura completa, una «serie completa de virtudes» es una norma para el hombre observado «desde el punto de vista de la actividad del pensamiento y la elección respecto de los varios aspectos de la vida: poderes, facultades y empleo de las cosas necesarias».[124] No obstante, así como muchos de nosotros carecemos de una dentadura completa, son pocos los que tienen todas las virtudes –podemos ser pacientes, pero no valerosos; diligentes, pero nada amables–. Tener carencias en ese sentido significa que nos falta algo, aun cuando sean muchos los que tengan deficiencias. De momento, Elizabeth registró una preocupación en relación con su nuevo método «extrospectivo» y no tardó nada en ponerla por escrito: «¿Hay trabajo aquí para un filósofo o solo para un psicólogo experimental?».[125]

En abril, mientras preparaba su «esquema general», Elizabeth se enteró de que su hermano John había caído en la defensa de Jessami, en la India, durante la primera de seis sangrientas batallas por las que más adelante su regimiento fue condecorado.[126] Gertrude, su madre, que había enviudado poco antes, se derrumbó. Acogida al principio por Tom, el hermano gemelo de John, acabó ingresada en el hospital psiquiátrico St. Andrew's (Northampton).

St. Andrew's era un hospital muy conocido por sus tratamientos experimentales, entre otros la lobotomía prefrontal, una intervención cuyo efecto en la inteligencia y la personalidad de un paciente ofrece ejemplos suficientes de las profundas conexiones existentes entre la materia y la mente. El año en que ingresó Gertrude se realizaron treinta y cinco.[127] La madre de Elizabeth pasó el resto de su vida ingresada en ese centro. Una historia de la parroquia de Beguildy escrita en 1961 cuenta que «aunque vivió más de diez años en una residencia, solo pasó en el vicariato de Beguildy los años de la infancia, cuando su padre aún vivía allí».[128] A los veintiséis años, Elizabeth, igual que Peter, su marido, pasó a ser una huérfana de facto tras enterrar a su padre y perder a su madre.

Correspondió al filósofo analítico John Wisdom, de Trinity College, revisar y rechazar la solicitud de Elizabeth, que llevaba adjuntos el «esquema» y un borrador de la tesis. «En mi opinión, la tesis de la señora Geach difícilmente cumplirá con los requisitos debidos y con ello quiero decir que no será lo bastante buena para obtener una beca aun si no hubiera más candidatos», empezaba diciendo. A Wisdom le impresionó el análisis del papel singular de la cita; la insistencia de Elizabeth en que, cuando decimos «"Hierba" es el sujeto de la frase "La hierba es verde"» no estamos hablando de la hierba ni acerca de la palabra «hierba», le recordaba algunos de los comentarios del profesor Wittgenstein en su clase de gramática. Con todo, el interés se perdía debido al «excéntrico empleo [que hace la señorita Anscombe] de la palabra "palabra"». No se trata «meramente de que la exposición sea confusa; la autora está confundida». Y cuando Elizabeth llegaba al tema de la identidad, en lugar de remitirse a los empiristas británicos, con los que Wisdom estaba familiarizado, se volvía hacia Aristóteles y Tomás de Aquino, de los que Wisdom reconocía «no saber nada». El profesor tuvo que pedir ayuda a G. E. Moore a la hora de leer los extensos pasajes en griego y en latín que Elizabeth no se había tomado la molestia de traducir. Su «verdadero esfuerzo» y lo mucho que «sabe sobre Aristóteles y Aquino» no logran compensar «la oscuridad, las incoherencias, el dogmatismo, el conocimiento inadecuado de opiniones contrarias y las clarísimas confusiones».[129]

Una recomendación elogiosa de Waismann tampoco bastó para reparar los daños. Friedrich alababa «la gran concentración y el tesón» de Elizabeth, su «considerable capacidad de comprensión de la estructura del pensamiento tal como este se manifiesta en el lenguaje» y su «vivaz imaginación filosófica».[130] Cabe recordar que, por aquel entonces, un hondo pesar afectaba al profesor. En abril de 1943 se había suicidado su esposa, Hermine, y él tuvo que cuidar del hijo, Thomas, que entonces apenas tenía siete años. Aunque a salvo en Gran Bretaña, Hermine no había logrado superar la culpa de haber dejado a su familia; su hermana fue una de las víctimas del Holocausto. Donald MacKinnon, que en Oxford había trabado amistad con Waismann, recordó el funeral de Hermine «una mañana de abril en que hacía un frío glacial»; para él fue, sin duda alguna, «el más desgarrador al que he asistido jamás».[131] Nueve años después, Thomas siguió el camino de su madre y se quitó la vida con solo dieciséis años.

Elizabeth no consiguió la prórroga de la beca Sarah Smithson y se sumió en un estado de pobreza que duró seis años. Como Peter seguía en el bosque y el racionamiento hacía que todo el mundo pasara hambre, es difícil saber cómo alimentaba a Barbara y cómo se compraba los cigarrillos a medida que el conflicto se prolongaba. Por su parte, Ludwig Wittgenstein volvió a Cambridge en octubre de 1944.

Cuando la guerra entró en la fase final, Seaforth vivía un gran amor que resonaría en la amistad entre Iris y Philippa a lo largo de muchos años y que proporcionó a Iris, para sus novelas, el arquetipo de un enredo erótico. (Ya había dejado una novela inacabada y había terminado la segunda, un texto que T. S. Eliot, de Faber & Faber, rechazó sin animarla a que volviese a enviarla.)[132] Tommy «se aburre mucho conmigo y él y sus amigos me han dejado», había dicho Philippa a su madre poco después de llegar a Londres. Echaba de menos al grupo, pero pensaba que «era algo bueno».[133] Sin embargo, cuando Tommy dejó de ver a Philippa (o quizá un poco antes), empezó a salir con Iris, que se enamoró de él obsesivamente, aunque tal vez solo fuera deseo sexual, de una manera muy parecida a la de los personajes de sus novelas. Durante una breve temporada, Iris se las arregló para repartir su atención entre Tommy y Michael Foot, pero el mayor de los dos no estaba dispuesto a tolerar a un rival y ella puso fin a la relación con Michael en enero de 1944, después de tenerlo embobado varios meses. En noviembre de 1945, cuando le describió su propio comportamiento a David Hicks, la palabra que empleó fue «nauseabundo». «Es una historia de cuatro lados que serviría para una novela psicológica bastante buena», añadió.[134]

Michael se hundió en una desesperación solo comparable con lo que había vivido tres años antes con Léonie.[135] Más tarde se consoló pensando que la culpa de no haber logrado atrapar el corazón de Iris la tenía la Ley de Secretos Oficiales.

El comportamiento de Iris y Tommy hizo sufrir a Philippa, que ahora se sentía abandonada mientras Iris iba y venía por la ciudad con su examante y su antiguo grupo de amigos. Una noche de abril, sola en Seaforth, oyó golpes en la puerta de abajo.[136] Fue a abrir y vio a un joven desesperado –y desesperadamente atractivo– que se paseaba yendo de un lado a otro del callejón. Era Michael. No se conocían (Iris tenía la costumbre de mantener separados a sus amigos), pero cuando Philippa le dijo que Iris no estaba en casa, él aceptó su invitación a subir a tomar una copa y a contarle sus penas. Tal como había reconocido Donald MacKinnon, Philippa, por naturaleza, era protectora. A Michael, el desván de Seaforth le pareció «adusto»[137] y Philippa, con su presencia regia y su vestido elegante, debió de parecerle especialmente hermosa en ese entorno mientras hablaban de caza, de caballos y de las cosas propias de una infancia de los hijos de clase alta. Michael había conocido a Bill, el hermano de Anne Cobbe. El sufrimiento que a Iris le parecía un poco tonto era, para Philippa, encantador; se encariñaron esa misma noche. Michael no tardó en advertirle que podía desaparecer en cualquier momento para lanzarse en paracaídas detrás de las líneas enemigas.[138] ¿Qué chica podía resistirse a un oficial de inteligencia heroico, apuesto y con el corazón roto, dispuesto a arriesgarlo todo por la llamada del deber? Una vez más, Michael transfirió su afecto a una mujer que deseaba cuidarlo.

Igual que el comportamiento de la futura novelista, cada vez más egoísta, el prometedor romance de Philippa con Michael tensionó aún más la ya dañada amistad con Iris. Es posible que en ese momento a Philippa, testigo ahora de lo mucho que sufría Michael, aquella épica lista de propuestas de matrimonio le pareciera menos inocente. Entre tanto, Seaforth planteaba sus propios desafíos. La cortina azul de Iris era la única pared interior del desván y las amigas tenían que negociar un día sí y otro también qué amante pasaría la noche allí. Cuando Iris estaba en casa de Tommy en Chelsea, Philippa llamaba a Michael. Cuando Philippa se quedaba en casa de Michael, Tommy podía pasar la noche con Iris.[139] Las dos amigas no paraban de llorar cuando se veían a solas en el apartamento. Iris comprendió que, en lo moral, Philippa era dura; tenía algo de kantiana. (Los principios de Iris no eran exactamente los que uno desearía o podría desear que se convirtiesen en ley universal.) «Michael me odiaba porque lo decepcioné y, después, por parecer indiferente. Pip me odiaba por hacer sufrir a Michael. Yo odiaba a Michael porque arruinó mi divina relación con Thomas», recordó Iris. Y más tarde se odió a sí misma, pero aquellos días estaba tan «locamente enamorada y sin la más mínima fuerza de voluntad» que no podía sentir remordimientos sinceros ni lástima, una actitud que, a ojos de Philippa, podría haberla salvado. «Vi que mi relación con ella iba destruyéndose poco a poco, por mi culpa, pero no hice nada por salvarla. Se comportaba siempre de una manera maravillosa.» Lo único que se podía hacer era llorar, escribir cartas y hablar con los ratones.[140]

Mientras Iris y Philippa interpretaban su tragedia semiadulta en Londres, Mary había regresado a Downe House, la escuela de su infancia, en Berkshire. Cada vez la angustiaba más su trabajo en el Ministerio de Producción, donde no tenía nada que hacer mientras los demás no paraban. En su situación, Iris podría haber pedido algo que hacer o habérselo inventado, pero Mary esperaba y observaba. «Debería haber visto –reflexionó más tarde– que las cosas estaban mal de verdad y haber tomado medidas enérgicas para que cambiasen.» No obstante, «en todo momento, el mundo se divide entre quienes pueden ver que es posible hacerlo y quienes no. En ese momento, yo era una de quienes no podían».[141] El estrés provocó una recaída de la enfermedad que había estado a punto de echar por tierra su *first*. A medida que fue creciendo, desarrolló el hábito de apartarse al instante de cualquier situación que pudiera angustiarla, junto con una aversión pragmática a las emociones, los comportamientos o los temperamentos extremos. Adoptó el adjetivo «neurótico» como su peor peyorativo y recurría a él con demasiada prisa cuando una visión más ajustada a la realidad podría haber recomendado decir «irritado», «desorganizado» o incluso «apasionado». Olive Willis, la directora de Downe, no era «una neurótica; [...] era [...] a todas luces una mujer cuerda, vivaz, eficiente». Los elogios más elevados.[142]

Mary enseñaría Clásicas a futuras Marys; por fin, algo «útil».[143] Había cosas en Downe que poco habían cambiado desde sus días de colegiala. Mirando la extensión de césped, los campos y los bosquecillos por la ventana del aula, en lo alto de la colina, tal vez se vio a sí misma como una niña demasiado grande, pero no pudieron habérsele escapado ciertos recordatorios constantes; aunque su vida hubiese vuelto atrás, el mundo que la rodeaba había evolucionado. En el cercano Newbury, la Elliott's Joinery Company, justo al lado de Woolworths, fabricaba, más que muebles, partes de aviones. Los establos del circuito de carreras, requisados los primeros días del conflicto, ahora, más que caballos, alojaban a prisioneros de guerra. La singular y mágica Maria Nickel –de la que en la infancia de Mary se rumoreaba que era una princesa polaca–[144] no solo había cavado un largo túnel bajo el edificio principal (para que sirviera de refugio antiaéreo), sino que también había pintado de verde todos los demás edificios (con la intención de camuflar el colegio en su bucólico entorno). Trescientos pinos del recinto habían ido al Almirantazgo, un hecho cuya causa bien puede remontarse a un informe preparado en la Sección de Materias Primas de Betty Ackroyd. Y había otra ausencia, más triste esta. En las semanas que precedieron a la llegada de Mary, Lillian Heather, compañera de Olive Willis durante treinta y seis años, murió a causa de una pronlongada enfermedad durante la que Olive la había cuidado. La enterraron en el parque del colegio, en una parcela que más tarde compartiría con Olive.[145]

En Downe, Mary recuperó la salud y el equilibrio. Enseñaba Platón. Las charlas en la sala de profesores eran agradables e informales, aun cuando en tiempos de guerra el café no fuese lo que se dice bueno. No obstante, si de pequeña Mary no ambicionaba vivir más allá de los confines de Downe, ahora conocía algo del ancho mundo y no tardó en tomar conciencia de lo aislado de aquel lugar. Durante la guerra, los viajes de fin de semana dependían del racionamiento de combustible y, mientras Michael cortejaba a Philippa en Londres, Mary se preguntaba cómo salir de Downe.

Más tarde contó que durante su cuarto trimestre, «por alguna vía que ahora no recuerdo», algo ocurrió de repente. Pasó a enseñar Clásicas en Bedford School –«un cambio bienvenido»–.[146] Ella y una chica más joven, Peggy Torrance (graduada en Historia por St. Hilda's que había llegado directamente de Oxford),[147] eran las dos únicas mujeres en Bedford, donde estudiaban principalmente los hijos varones de capitanes y comandantes ambiciosos, hombres que esperaban que sometiesen a sus hijos a la disciplina del azote, que los chicos fuesen objeto de acoso escolar y que los metieran en vereda a palos. Si Mary esperaba encontrar pareja en su nuevo destino, sus esperanzas no tardaron en esfumarse. Durante la pausa de media mañana, Peggy y Mary siempre iban juntas a la sala común sénior, donde, ansiosas, observaban a sus colegas. En lugar de las conversaciones relajadas y el mal café de la sala de profesores de Downe, se vieron en una sala «donde no había refrigerio alguno y en la que se conversaba poco. Algunos profesores se limitaban a quedarse ahí de pie, mirando el vacío», y «cualquiera que hablase lo hacía en voz baja, como pidiendo disculpas, más bien como si estuvieran en un funeral».[148] Años después, cuando le preguntaron por qué tantas mujeres dejaban de estudiar filosofía, Mary contestó: «No pregunten qué les pasa a las mujeres; hay que observar qué les pasa a los hombres».[149] Podemos imaginar que fue entonces cuando adoptó esa política; entre tanto, Peggy y ella intercambiaban un pensamiento en silencio: «Esta gente debe de estar loca». Mary observaba a esa extraña «tribu» con actitud de etóloga, haciendo hipótesis sobre los motivos que subyacían a ese silencio, desde la timidez hasta el miedo o el sexismo. Comparaba sus notas de campo con Peggy. La pausa de quince minutos apenas bastaba para bajar corriendo por el largo camino que llevaba de la escuela a la modesta cafetería, situada al otro lado de la carretera, devorar una tartaleta de mermelada y compartir una broma sobre las «costumbres de la tribu» con la que tenían que convivir.[150]

ELIZABETH ANSCOMBE CONOCE A LUDWIG WITTGENSTEIN

Elizabeth tenía veinticinco años cuando conoció a Wittgenstein. Él tenía cincuenta y cinco y solo vivió siete años más. Visto el caos que sembró entre quienes lo rodeaban, combinado con el aislamiento y la pobreza de Elizabeth, un observador externo podría haber temido por ella, pero Elizabeth estaba lista para Wittgenstein y viceversa. Ella podía ofrecer dos cosas que él necesitaba en una interlocutora y una amiga filosófica. En primer lugar, era una joven profundamente desconcertada. Parte del disgusto cíclico que a Wittgenstein le producían la enseñanza y los estudiantes provenía de la sensación de que quienes estudiaban filosofía en la Universidad de Cambridge no estaban verdaderamente intrigados.[151] Elizabeth sí lo estaba. Había pasado la adolescencia preocupada por la presciencia divina y por una prueba no convincente de que cada hecho debe tener una causa. La habían censurado por sus opiniones sobre las condiciones de una guerra justa. Se había quedado sentada mientras MacKinnon gruñía y daba vueltas por su habitación. Se había pasado horas mirando fijamente cajetillas de cigarrillos en los cafés de Oxford. Se había quedado despierta hasta muy tarde con Mary tratando de entender qué había querido decir Platón con el concepto de «detrás». Y, mientras veía a los soldados uniformados en el tren, había pensado en gatos y nabos.

En segundo lugar, su fe religiosa hacía de ella una muchacha seria. Para Elizabeth, el problema de la identidad de los cuerpos no era un rompecabezas técnico ni científico; antes bien, giraba en torno a su alma inmortal. El problema del conocimiento del mundo externo era un problema de fe y esperanza, y el de los condicionales contrafácticos era el problema de la teodicea. El problema de la causación era el problema de Dios como causa primera. Una vez, cuando el analítico Bertrand Russell preguntó a Wittgenstein «¿En qué está pensando, en la lógica o en sus pecados?», el austriaco contestó: «En las dos cosas». Lo mismo podía decirse de Elizabeth. Esos dos aspectos —su genuina perplejidad filosófica y su fe— pueden explicar también por qué era capaz de preservar su independencia filosófica y conservar la cordura mientras tantos otros, los que se veían arrastrados a la órbita de Wittgenstein, no lo conseguían.

Peter fue a visitarla en Navidad; a principios de 1945 estaba otra vez embarazada. Ese sería el año en que, igual que Margaret Masterman y Alice Ambrose antes que ella, subió las escaleras de Whewell's Court para asistir a las turbadoras, difíciles y electrizantes clases de Wittgenstein. Ese invierno, a las cinco de la tarde ya debía de estar oscuro mientras se dirigía a Whewell's por All Saints Passage. Al profesor no le importaría la falta de luz; pensaba mejor en la oscuridad.

Desde el Aula K5, en lo más alto de la torre neogótica, de día se ve Trinity College. Wittgenstein, que prefería la arquitectura modernista, empleaba tiras de cartón negro para ajustar a su gusto el tamaño y la forma de las ventanas. En el centro de la sala, una pequeña estufa. Además, en el aula había una tumbona, un caballete y prácticamente nada más. «No había cuadros ni cortinas y casi no había libros», recordó un estudiante.[152] Los asistentes cogían una tumbona de lona verde claro de entre las que se amontonaban fuera del aula y, cuando entraban, Wittgenstein ya los esperaba también en una tumbona, «inclinado hacia delante, los codos apoyados en las rodillas y las manos apretadas una contra la otra, con los dedos hacia fuera, como si estuviera rezando».[153] Exactamente a las cinco de la tarde, el cuerpo de Wittgenstein se desplegaba y empezaba la clase. Hablaba sin ayuda de notas. Aunque, según el horario, la clase terminaba a las siete, no había manera de saber cuánto podía durar. Como las clases de Fraenkel sobre el *Agamenón* de Esquilo, la experiencia inspiró a un estudiante, Ivor (I. A.) Richards, una poesía:

Pocos soportaban mucho tiempo tu belleza demacrada,
tus labios desdeñosos, los grandes ojos que irradiaban desprecio,
el ceño fruncido, la sonrisa recta, hija de la pena,
devoción que, llamada por el deber, prescinde del mundo.

Ese tormento sentían los hechizados oyentes,
observaban esperando las palabras que vendrían,
contenían el aliento y tú, ahí, mudo, angustiado,
sin poder hacer nada por los ocultos prisioneros.[154]

Unos años antes, Elizabeth había rasgado su uniforme por la frustración al escuchar la conferencia de H. H. Price en el café Cadena: «¿Qué veo de verdad?». Sentada en la torre de Wittgenstein, veía al profesor parodiar esa angustia suya. Sin embargo, la parodia no era una burla. «Estoy sentado en el jardín con un filósofo», empieza diciendo Wittgenstein. El filósofo «dice una vez y otra: "Sé que eso es un árbol" y señala un árbol que está cerca de nosotros. Alguien llega y lo oye y yo le digo: "Este hombre no está loco. Solo estamos haciendo filosofía"».[155] Para Wittgenstein, la lucha del filósofo, que a un observador puede parecerle locura, empieza cuando las cosas que damos por sentadas, las que forman el fondo de nuestra vida cotidiana, de pronto se vuelven extrañas o misteriosas (un paquete de cigarrillos que se evanesce, gatos que desaparecen: «Sé que eso es un gato», dice y repite alguien). Wittgenstein había llegado a darse cuenta de que esos eran momentos de profunda importancia para los filósofos. La tentación lleva siempre a apartarse de esa aparente pérdida de cordura, a sustituir la falta de certeza con razonamientos y teorías. En cambio, insistía Wittgenstein, el filósofo, en lugar de tratar de explicar el origen de esa misteriosa e inequívoca pérdida de equilibrio, debe intentar comprenderla. Sin alejarse de esos momentos de perplejidad, observándolos y dándoles la vuelta, puede empezar a reconocer que lo extraño surge cuando separamos fragmentos de lenguaje de la vida cotidiana. Por tanto, la tarea consiste en reconocer esa extrañeza, buscar las pautas de vida en las que encajan esos fragmentos, los hechos extraños de los que se han tomado y volver a plantarlos en terreno adecuado.

Las clases de Wittgenstein continuaron todo el invierno hasta bien entrada la primavera; Elizabeth asistiría todas las semanas. Wittgenstein (como Fraenkel) despreciaba a los «turistas».[156] Si la presencia del filósofo agotaba a los demás y los dejaba necesitados de vitaminas,[157] Elizabeth empezó a ver en su método una manera de sortear las dificultades con las que lidiaba en su tesis. Lo miraba con audacia, con una expresión de sincera perplejidad y seriedad en el semblante. Además de su talento para manejar esta nueva manera de pensar, trabajaba duro como pocos, mucho más que sus pares. Un aula repleta de estudiantes concentrados en sus propias angustias (el miedo a ser pillado) más que en el problema filosófico enfurecía y asqueaba a Wittgenstein. Si no vomitaba, era porque podía levantar la vista y ver a Elizabeth, que pensaba con la misma intensidad y furia que él. En cuanto a ella, la aproximación de Wittgenstein a la filosofía y a las preguntas filosóficas le abría nuevos caminos para abordar los viejos problemas metafísicos de su tesis. Una nueva manera de emplear una mirada extrospectiva. Como dijo más tarde, «lo reverenciaba, [Wittgenstein] la tenía embobada».[158]

Wittgenstein:	Supongamos que algunas personas aprenden a contar como si aprendiesen una especie de poesía y más tarde utilizan ese conocimiento como una manera de medir campos. Vemos a alguien que anda por un campo. ¿Qué nos lleva a decir que está midiendo y no haciendo poesía?
Estudiante 1:	¿Descubrimos que está contando?
Wittgenstein:	No conocemos su lenguaje.
Estudiante 2:	¿Vemos que sus pasos son una unidad constante?
Wittgenstein:	Eso podría ser una danza.
Wasif Hijab:	Estudiamos su vida.
Wittgenstein:	Sí, se necesita contexto, las muchas otras cosas que esa persona hace. Tomemos, por ejemplo, fenómenos como comparar colores, medir el tiempo, comparar longitudes, jugar a tal o cual juego. Son actividades específicas. «Os mostraré cosas que hacemos los humanos.»[159]

Cada semana, Wittgenstein exponía escenas fragmentarias de la vida humana y de vidas que se parecen a la nuestra, pero misteriosas, inquietantes o modificadas. Cosas que hacemos los humanos: dar órdenes, informar de un acontecimiento, especular, formular hipótesis, inventar historias, ocultar sentimientos, cantar, adivinar acertijos, contar chistes, traducir, preguntar, dar gracias, maldecir, saludar, rezar.[160] Cada actividad tiene su lugar entre los patrones superpuestos que componen la forma humana de vivir. Elizabeth comenzó a ver una nueva manera de describir el alma de un ser humano. No una máquina calculadora eficaz, sino un animal social, creativo, curioso, espiritual.

PHILIPPA E IRIS ESPERAN NOTICIAS

En Londres, a unos ochenta kilómetros al sur, la niebla envolvía Seaforth. «Incluso en esta habitación, la niebla es tan espesa que solo distingo vagamente a Iris, que está al otro lado», escribió Philippa a su madre mientras las dos amigas continuaban viviendo en difícil cohabitación.[161] El verano de 1944 fue la estación en que la guerra llegó a

Seaforth. El 6 de junio, el Día D, las fuerzas aliadas desembarcaron en las playas de Normandía y se dispusieron a hacer retroceder a los alemanes hacia el sur y el este. Como represalia, los alemanes lanzaron la campaña de las «bombas voladoras». Las *Vergeltungswaffen* (armas de venganza o de represalia) se lanzaron desde Francia y cada una de ellas llevaba justo el combustible necesario para sobrevolar el agua y elevarse hacia el cielo de Londres antes de que el motor se apagase. Después, catorce segundos de silencio mientras la bomba caía a tierra. Una vez más, los londinenses se vieron obligados a volver a sus guaridas subterráneas.

Como medida de precaución, Iris envió a un amigo de Oxford la novela que estaba escribiendo para que la pusiera a buen resguardo,[162] pero Pip y ella se quedaron en casa. Cuando sonaba la sirena se «refugiaban» en la bañera de Seaforth. Una mañana, «las ventanas y los marcos de las ventanas estallaron» y el estruendo las despertó a las siete de la mañana, unos minutos antes de que sonara el despertador.[163] Iris llevaba meses sin noticias de Frank; su angustia fue aumentando a medida que transcurría el verano. En julio, Philippa pasó muchas horas en la National Gallery familiarizándose con *Don Andrés del Peral*, de Goya, expuesto como «cuadro del mes».[164] Pocos días después de que *Don Andrés* regresara a la «Catedral» (lo sustituyó *La virgen y el niño,* de Bellini), Michael, simplemente, desapareció. Ahora eran las dos, Philippa e Iris, las que esperaban noticias.

Tras la desaparición de Michael, Donald empezó a escribirle a Philippa todos los días. El 27 de septiembre la llamó por teléfono al trabajo para darle noticias, pero no de Michael, sino de Frank. Esa mañana, el *Times* había publicado el aviso de «desaparecido, se da por muerto».

A Frank Thompson, el «valiente y querido» Frank de Iris, lo habían capturado, torturado y asesinado cuatro días después del Día D y tres días antes de que las primeras *Vergeltungswaffen* obligasen a Iris y Philippa a buscar refugio en la bañera.[165] Se había presentado voluntario para lanzarse en paracaídas en la Serbia ocupada, desde donde, con su unidad, entró en Bulgaria, país aliado de Alemania, para conectar con miembros de la resistencia búlgara. Era una misión suicida. Cuando lo mataron, Frank llevaba en Bulgaria menos de cuatro semanas.[166] Lo inquietante fue que sobre el papel siguió vivo durante ciento tres días después de morir. Para descargar a los oficiales de la presión de escribir a la familia y los seres queridos, la política de las Fuerzas Armadas consistía en enviar cada quince días telegramas generados de oficio. Los mensajes se redactaban según una fórmula que alternaba entre una declaración del estado de salud, el acuse de recibo de cartas y un saludo. Los padres de Frank recibieron telegramas durante el verano y ya entrado el otoño y, aunque los mensajes no tenían nada del estilo de Frank, ellos contestaron. Luego empezaron a preocuparse. No obstante, la ficción acabó reforzada por los envíos a Scar Top de cajas de comida compradas en los exclusivos almacenes Stuttafords tal como había dispuesto Frank antes de partir. El 16 de septiembre, Theo, su madre, escribió para agradecerle la fruta confitada y la lengua envasada. Como quería tenerlo todo preparado para el regreso de su hijo, limpió la habitación de Frank e hizo afinar el piano. Recibió el telegrama de Desaparecido Considerado Muerto cinco días después de la lata de lengua.[167]

Al salir del trabajo, Philippa se dirigió a Seaforth a darle la noticia a su amiga. Encontró a Iris en la cocina.[168]

Empezó a oscurecer pronto. A finales de agosto, tras la liberación de París, la literatura francesa atravesó el canal de la Mancha y desembarcó en Seaforth.[169] *Mi amigo Pierrot*, de Raymond Queneau, fue uno de los primeros libros en llegar.[170] Por último, en octubre, también se recibieron las noticias que Philippa había estado esperando. «Ha llegado una carta de Michael a través de la Cruz Roja de Nantes», le escribió a su madre. «Parece increíble conectar así los dos mundos, y una carta maravillosa dice que todo le ha ido bien.» Ahora sabía que Michael era prisionero de guerra en Bretaña: «No dice nada de la situación en el campamento, salvo que tenía dos libros –un Nuevo Testamento y *Antonio y Cleopatra*– y que acababa de empezar diez días de aislamiento, vaya uno a saber por qué».[171]

Recibida la carta, Philippa decidió que debía localizar al padre de Michael, al que todavía no le habían presentado. Lo hizo, no sin cierto resquemor, «sabiendo de antemano que no habrá oído nunca de mi existencia». Necesitó «veintiuna llamadas por teléfono» para averiguar dónde vivía. Envió una carta y, la mañana siguiente, cuando llegó al trabajo, se asombró al ver que el general de brigada Richard Foot la esperaba en la sala común de Chatham House: «Nos lanzamos a abrazarnos con lágrimas de alegría; él no dejaba de repetir: "Oh, pero me alegra mucho saber que [Michael] tenía alguien a quien quería escribirle"».[172]

Los padres de Michael habían recibido noticias de su hijo dos semanas antes de que la carta llegase a Philippa; se las había dado otro prisionero que había conseguido escapar. Entre todos tenían ahora fragmentos suficientes como para componer un relato («Resolvimos el rompecabezas juntos y poco a poco»). Michael se había lanzado en paracaídas sobre la Europa ocupada y, como a Frank, lo habían tomado prisionero casi de inmediato. Dos veces había intentado en vano escapar y, por culpa del segundo intento, lo castigaron aislándolo. El camarada que escapó se las había ingeniado para que no lo capturasen. Fue él quien llevó la noticia al general y pudo dar «una versión muy detallada [...] sobre el modo en que vivían, lo que comían y la manera en que los trataban los guardias». Philippa se tranquilizó al enterarse de que el padre de Michael estaba «moviendo cielo y tierra para conseguir más noticias y también para intentar un intercambio».[173]

Entre bastidores, Foot padre había conseguido una entrevista con Andrew Hodges, de la Cruz Roja estadounidense, que recientemente había mediado con éxito en un intercambio de prisioneros. Richard Foot le rogó que hiciera lo mismo para traer de vuelta a su hijo. Finalmente, Hodges aceptó hacer todo lo que estuviera en su mano para ayudar a un padre desesperado; el encuentro, que había empezado como una entrevista formal, adquirió tintes personales y sentimentales. El brigadier compartió una receta que había sido de su madre, un pastel de calabaza; Hodges le habló de su infancia en la Alabama rural.[174] Al cabo de exhaustivas negociaciones, Hodges consiguió un intercambio de prisioneros alemanes y aliados, uno por uno y según el empleo. Con esperanzas renovadas, ahora lo único que se podía hacer era tener paciencia. «Esto hace que las cosas parezcan muy distintas.»[175]

Michael, que no sabía nada de los desvelos de su padre, hizo un último y casi fatal intento de escapar. Trepó por la cerca del perímetro, estuvo a punto de ahogarse en una ciénaga y al final huyó en plena noche siguiendo la Estrella del Norte. Todo fue saliendo según lo planeado hasta que un granjero francés que lo tomó por un intruso casi lo mata. El granjero le clavó una horquilla en la frente, le dio una patada en la cabeza y le rompió el cuello antes de que volvieran a capturarlo. Cuando se llevó a cabo el intercambio de prisioneros, Michael estaba en coma, pesaba treinta y ocho kilos y se temía por su vida. Hay metraje de la Cruz Roja en que se ve cómo lo trasladan en ambulancia, casi exangüe. Por suerte, recobró la conciencia en un hospital francés.[176]

Así pues, en febrero de 1945, después de tres meses en un hospital militar, Michael Foot reapareció en Londres. Philippa cogió sus cacharros, sus cojines y la tulipa y, aliviada por poder dejar Seaforth, se fue a vivir a Rochester Row, donde podría cuidarlo.[177]

EL NUEVO PLAN DE ELIZABETH

En abril de 1945, Elizabeth volvió a sacar la máquina de escribir para redactar la tercera solicitud de una beca en Newnham: «Me gus-

<u>Starting-points for a discussion of the concept of the soul</u>

1.   Someone might answer an enquiry by saying: "the soul is the thinking part; the seat of the intelligence and the will" - and perhaps "of the passions." Such a statement raises many problems - part? seat? the performer of certain operations? - but what operations and how are these observed? - the subject of certain properties? - but we ask the same about them.

2.   Plato's thought of the soul and the forms, the intelligence and the intelligible, as the same kind of entity. Try to discover the drive behind this: what would make one wish to say it? The concept of the immaterial - how is this arrived at? Immaterial <u>substance</u> (thing, object, entity, what you will) - our notion of substances is a notion of bodes: is there any sense in an idea of immaterial objects - <u>or</u> what is the mistake, what the temptation to make it?

3.   In Aristotle, the empirical and the Platonic lines of thought are in conflict. Aristotle's soul vegetable, animal, rational - "soul" = "life". The idea of life that of a pattern of behaviour? - is there any significance in the dispute between e.g. " vitalists" and "mechanists"? Examine Aristotle's "the soul is the form of the body."

4.   Examine the post Carterian <u>introspective</u> method of examining the problems - ideas of "self", "consciousness", observable "mental events" and so on.

5.   Think about Wittgenstein's psychology:- the destructive commentary both on the "introspective" line of thought, <u>and</u> - if I have understood rightly - the "substantial" concept, as "pneumatic". Psychological statements - e.g. "He is thinking", "he is full of joy", "he knows botany" - though there are radical differences between these samples, - yet none of them asserts a bodily movement, or bodily state. But they hang together with statements about bodily movements and states - the latter being evidence: but is this as smoke is evidence of fire? We can find fire itself.

    As for conclusions, I do not know <u>at all</u>.

178

taría presentarme como candidata a una beca de investigación en Newnham College, en caso de que exista alguna cuyos requisitos yo cumpla».[178] En una nota adjunta, expuso el motivo por el cual no había enviado su título de doctora: «En los últimos siete meses me he visto obligada a someter todo mi pensamiento y mis maneras de pensar a una revisión mucho más radical de la que había esperado (y todavía no he terminado); por ese motivo, no he solicitado el título».[179] Habían pasado siete meses desde que empezara a asistir a las clases de Wittgenstein. «Estaba demasiado insatisfecha con mi tesis para presentarla en Oxford y ponerme a reescribirla», continúa diciendo en la nota. La opinión de Wittgenstein al leer el resultado del trabajo de Elizabeth: «No vale nada».[180]

Elizabeth propuso seguir trabajando en «El concepto de alma» y, aunque la sinopsis de una página es menos sólida que el «esquema» de tres páginas que había enviado con la solicitud anterior, demuestra que no había abandonado a Aristóteles ni se había alejado de los problemas metafísicos que le interesaban.

De los cinco puntos previstos para la investigación, solo en el quinto se menciona explícitamente a Wittgenstein. En los primeros cuatro se estudian las concepciones platónica, aristotélica y cartesiana, y la huella de Wittgenstein solo se detecta en uno o dos lugares: Elizabeth se propone estudiar la descripción que hace Platón del «alma y las formas, de la inteligencia y lo inteligible, como la misma clase de entidad», pero también tratando de comprender qué había querido decir Platón. Dice que «intentará descubrir qué mueve todo ello» y preguntar: «¿Tiene algún sentido la idea de objetos inmateriales o cuál es el error, cuál la tentación de dárselo?». Que haga hincapié en el diagnóstico y en ubicar la causa de una tentación es algo que tal vez procede de Wittgenstein. En (1) enarca una ceja ante Descartes, a la manera wittgensteiniana. El intelecto es la «sede» de la inteligencia. ¿La sede? Luego, una vez más, como le había venido preguntando a Mary durante años: «¿Detrás?».

Sin embargo, en lo que atañe al resto, su trabajo sigue siendo claramente metafísico e histórico. Antes de conocer a Wittgenstein, ya había dejado de prestar atención a la superficie de los objetos para centrarse en «el carácter lógico de las proposiciones que expresan la operación de facultades sensoriales».[181] Ahora se proponía reemplazar «carácter lógico» con la noción wittgensteiniana de «gramática». De ese modo, abriría el cuadro aristotélico que ya había formado la parte central de su metafísica.

Es una característica de la mudanza de Elizabeth, de Oxford a Cambridge, un cambio geográfico pero también intelectual, el hecho de que esta vez contara con recomendaciones de Wittgenstein y de Bertrand Russell, quien escribe: «Los conocimientos de filosofía escolástica de la señora Geach [...] son excepcionales entre quienes han aprendido lógica moderna» (un eco de lo que H. H. Price había escrito sobre su profesor particular Donald MacKinnon). No obstante, a Russell le preocupa que Elizabeth no «preste suficiente atención a la física» ni «tenga en cuenta en su problema el peso de la teoría cuántica». Así y todo, al filósofo inglés «le alegraría que se le concediese una beca de investigación» y piensa «que su trabajo lo justificará».[182] Wittgenstein escribe que «ha podido formarse una idea muy clara de las capacidades de la señora Geach para la filosofía» y que Elizabeth «es, sin duda alguna, la estudiante femenina más talentosa que he tenido desde 1930, cuando empecé a dar clases; entre mis estudiantes de sexo masculino, solo ocho o diez la han igualado o superado». Sus trabajos, prosigue, «son la muestra de una buena base para cultivar pensamientos filosóficos», si bien «todavía son muy poco maduros». Y subraya que ese detalle no debería pesar en contra. «Es la consecuencia inevitable de haber estado en Cambridge, o de llegar a Cambridge, sometida a nuevas influencias filosóficas que aún no ha tenido tiempo de digerir.»[183] En persona, Wittgenstein le dijo a Elizabeth que sus escritos no estaban «adiestrados», una opinión que ella glosó así: «Mierda en el suelo».[184] Así y todo, a pesar de considerar que todavía no estaba domesticada, la consideraba digna de que la adiestrasen y la recomendaba «encarecidamente» para la beca. A pesar de ello, denegaron la solicitud de Elizabeth una vez más. Es posible que la última línea de su propuesta irritase al comité: «En cuanto a las conclusiones, no sé <u>nada</u>».

Pocos días después de que Elizabeth recibiera la carta de rechazo, llamaron a la puerta de Myra Curtis, la rectora de Newnham College. Era el profesor Wittgenstein, vestido con traje y corbata, algo muy raro en él.[185] El filósofo defendió la solicitud de Elizabeth, pero a la señorita Curtis no la intimidaban los hombres de la universidad, por muy egotistas que fuesen o lo acostumbrados que estuviesen a que los adorasen. Antes de ocupar su sillón de rectora, Curtis había hecho una carrera brillante en el Ministerio de Alimentación, el Ministerio de Pensiones y también en Correos, donde fue ascendiendo en cargos de técnica administrativa.[186] Había que respetar el procedimiento. No obstante, Newnham aceptó conceder a Elizabeth una beca de investigación de cincuenta libras, [187] es decir, que la penuria no había acabado para ella. En octubre, cuando dio a luz a John, su segundo hijo, Wittgenstein le pagó la estancia en una maternidad.[188]

TERMINA LA GUERRA Y DOS AMIGAS VUELVEN A OXFORD

El 8 de mayo de 1945 pudo por fin declararse la victoria en Europa. Después de seis años de oscuridad, el final de las hostilidades supuso también el fin del oscurecimiento y la gente lo celebró por todo el país encendiendo todas las luces posibles. Las calles se iluminaron con antorchas; el palacio de Buckingham y la sede de la BBC se inundaron de luz; se encendieron hogueras allí donde hubiese algo que quemar; la esfera del Big Ben volvió a brillar y hubo luz en las ventanas de los pubs y de las casas.[189] Philippa y Michael salieron a pasear, deslumbrados, entre la multitud congregada alrededor de Pall Mall y St. James's. Había llamas por todas partes.[190] Mary también estaba en Londres, en Trafalgar Square. Siempre la habían maravillado las noticias sobre gente «que bailaba en las calles». ¿Cómo podía hacer una cosa así alguien sensato? «Pues parece que es muy sencillo. Sonaba música de baile cuando llegué a Trafalgar Square con unos amigos y todo el mundo empezó a formar círculos concéntricos que giraban primero en una dirección, luego en la otra.»[191] A las dos de la mañana, mientras Mary daba vueltas y más vueltas alrededor de los leones de la Columna de Nelson, Iris (que había hecho una parada para dar gracias a Dios en la catedral de Westminster) estaba bailando en el cercano Piccadilly Circus.[192]

Mary fue la primera de las cuatro en regresar a Oxford. Necesitó un empujoncito de Jean Rowntree, la profesora que, sin saber la que se avecinaba, le había sugerido que fuese a Viena en el verano de 1938. Tras pasar el primer año de guerra organizando casas para niños evacuados de Londres, durante la contienda trabajó de productora en la sección de entrevistas de la BBC[193] e invitó a Mary a hablar en la radio. La serie educativa de Jean, *What's the Point of...?*, empezó a emitirse por las ondas de la emisora regional y nacional Home Service en abril de 1945 todos los lunes a las ocho menos veinte de la noche. Primera pregunta: «¿Para qué sirve la astronomía?». Después les tocó el turno de defenderse a la filosofía, la poesía, el ceremonial, la historia y la música. En cada episodio, un experto explicaba a los oyentes británicos la importancia de su disciplina para la vida humana y la sociedad de posguerra. Séptimo episodio: «¿Para qué sirven las "lenguas muertas"?».

El formato se diferenció de los seis anteriores por tener dos invitados, Mary Scrutton y Gilbert Murray, el clasicista de Boars Hill. Es posible que a los productores los preocupase que la defensa de las lenguas muertas a cargo de un hombre de casi ochenta años pareciera un poco absurda. Mary era la representante de la juventud. El *Agamenón* de Fraenkel habrá ocupado sus pensamientos cuando se dispuso a escribir su intervención. Fue en esas clases donde por primera vez se sintió «parte de una secuencia intemporal de estudiosos» y comprendió la ingente tarea de salvar la brecha entre el presente y el pasado con la única guía de la palabra escrita. Había empezado a entender la manera en que la incómoda silla de un monje o los dedos manchados de tinta de un escriba podían introducir errores en un texto y por qué, si las palabras tenían que llegar cargadas de sentido, quienes las habían escrito tenían que dejar de ser meros nombres –Stephanus, Bentley, Porson, Housman– para convertirse en individuos históricos vivos.[194] Sin duda habló en estos términos durante la emisión del programa. A Gilbert Murray lo impresionó bastante que cuando Isobel Henderson, de Somerville, su antigua alumna particular, le sugirió que contratase a Mary como secretaria, pudiera ofrecerle el puesto en cuanto se produjo una vacante.[195] Y Mary se despidió de su extraña tribu de Bedford y volvió a Oxford.

La siguiente en volver fue Philippa. Poco después del Día de la Victoria dejó de trabajar en Chatham House. Michael y ella se casaron y se instalaron en el número 8 de New College Lane, en el centro de Oxford.[196] Él aún tenía que terminar la carrera; Philippa, además de ocupar su plaza de profesora en Somerville, se disponía a empezar los estudios de posgrado. Iris, aunque había esperado ocupar esa plaza, fue generosa en la derrota: «De todos modos, se lo merece, es mucho mejor que yo en filosofía y será una auténtica Susan Stebbing».[197] A Philippa la habían recomendado Sandie Lindsay, Donald MacKinnon y Heinz Cassirer. Su trabajo da muestras de «una capacidad muy poco habitual», escribió Lindsay;[198] «no dudo en considerar a la señorita Bosanquet una de las alumnas más capaces que he tenido», escribió el segundo.[199] «Nunca he conocido a una persona joven con una capacidad que difícilmente tiene parangón», escribió el tercero.[200] La nueva casa de los Foot había estado vacía desde 1943, cuando murió H. W. B. Joseph, su anterior ocupante, cuya última clase en el jardín de New College había sido un cruento ataque contra A. J. Ayer y la nueva filosofía «analítica». Se decía que había muerto en un estado de desesperación intelectual.[201]

Iris fue la última en irse de Londres. El romance con Tommy terminó mal y una desganada propuesta de matrimonio durante una falsa alarma de embarazo agudizó el daño y el dolor.[202] En enero de 1944 había escrito a David Hicks manifestándole su deseo de huir a «Europa y tener algún trabajo no especializado y absorbente [...] después regresar a Inglaterra con veintinueve años o así [...] para interpretar, en lo que quede de Bloomsbury, el papel de mujer con experiencia».[203] Pero a principios de junio de 1945, cuando regresaron a la National Gallery cincuenta cuadros, seguía en Londres:

> El del hombre con mujer embarazada, de Van Eyck. Las *Agonías* de Bellini y Mantegna. El *Noli me tangere*, de Tiziano. *Baco y Ariadna,* de Rubens. La *Agonía* de El Greco, el *Autorretrato* y el *Retrato de una anciana* de Rembrandt y su pequeño *Baño de una mujer* (¡precioso!). Un Claude delicioso que se funde en azul azul azul, el lago, las montañas, el cielo, todo azul. Distancias increíbles para respirar. Dos Vermeers, mucho azul y limón, tonos miel, muchachas tocando el virginal. Y después, oh, más Bellinis y más Rubens, y los Ruisdaels, los Hobbemas y tipos como Cuyp, ya olvidado. Sigo sintiendo el delirio de la primera impresión. <u>De verdad,</u> fue algo parecido a la paz. Y toda esa gente deslumbrada paseándose por el museo.[204]

Ese mes presentó la solicitud para la Administración de las Naciones Unidas para el Auxilio y la Rehabilitación (UNRRA) con la esperanza de que la enviaran a Francia, pero le asignaron un trabajo de oficina en Londres.[205] Solo la consoló la literatura francesa que ahora se acumulaba en las estanterías de Seaforth.[206] A principios de agosto, sentada en la catedral de Westminster con un ejemplar de *La sed* en el regazo, una pieza teatral del filósoso cristiano francés Gabriel Marcel de la que tomaba notas para su diario, pensó –y apuntó– que el escritor no debía «degradar los misterios convirtiéndolos en problemas».[207] Un «problema», le decía Marcel, puede formularse públicamente empleando conceptos «objetivos», y cualquiera puede averiguar la solución,[208] pero un «misterio» pertenece al reino de la experiencia humana que no se puede formular públicamente empleando categorías objetivas; la solución ha de ser personal e individual. Entre los misterios del ser están la experiencia de nuestro propio cuerpo, la naturaleza de la sensación y el amor, la esperanza y la fe.

Mientras Iris reflexionaba sobre el misterio, faltaba poco para que se resolviera el «problema» de la guerra, que en el sudeste asiático no cesaba. A pesar de su fragilidad física, Michael no tardó mucho en volver a trabajar después de regresar a Londres y, antes de que volviera a Oxford con Philippa, completó el cálculo de la tasa de víctimas civiles que podía esperarse en caso de una invasión terrestre convencional en tierra firme japonesa; según sus cálculos, cabía hablar de «una carnicería de cerca de un millón y medio».[209]

El 6 y el 9 de agosto, los aliados lanzaron sendas bombas atómicas en las ciudades de Hiroshima y Nagasaki. En dos estallidos de luz cegadora, tan intensos que convirtieron a los seres humanos en sombras, la factura de un millón y medio de soldados la pagaron doscientos mil civiles. El intercambio no fue equitativo, pero puso fin a la guerra. Japón se rindió seis días después.

Capítulo 4
Park Town
(Oxford, Bruselas, Graz, Cambridge y Chiswick, septiembre de 1945-agosto de 1947)

LOS HOMBRES VUELVEN A OXFORD Y MARY VISITA BOARS HILL

Mary bajaba todas las mañanas de su estudio en el último piso del edificio sito en el número 55 de Park Town y montaba en su bicicleta. Después, pasaba por delante de la casa en que se había alojado Iris durante su segundo año, el número 43, con la cabeza repleta de recuerdos de sardinas en lata y fotografías granuladas de periódicos con las tropas en las playas de Dunkerque.

Tenía que estar muy alerta cuando se incorporaba al enjambre de ciclistas que circulaban por las calles y las aceras de Oxford. Como estudiantes, Iris y ella se habían sentido envejecer con la llegada de hombres más jóvenes; la ilusión que había creado el reclutamiento obligatorio ahora cambiaba de sentido: los estudiantes que se apeaban de los trenes después de quitarse las botas militares y cambiarlas por zapatos Oxford con cordones eran hombres maduros. Muchos de ellos, como Michael Foot, se habían ido de la ciudad siendo todavía unos muchachos recién salidos del colegio. Y, tras una interrupción de seis años en cuyo transcurso habían llegado a oficiales, héroes de guerra, prisioneros, inválidos y estrategas militares, recogieron los libros allí donde los habían dejado. Esos estudiantes barbudos tenían algo de absurdo; muchos eran ahora maridos y padres que se apretujaban en aulas en las que ya no cabía un alfiler junto a aquellos para quienes la universidad era, como había sido para ellos hacía mucho tiempo, la primera experiencia de libertad. Los estudiantes veteranos eran exóticos. Habían combatido en una guerra de verdad.

Los *colleges* de Oxford estaban «tan llenos que no se podía respirar»: casi dos mil quinientos estudiantes más que antes de la guerra, un aumento del cuarenta por ciento formado casi enteramente por hombres.[1] En el Cherwell no cabían ya más remeros, pero ahora, entre el griterío, podían oírse acentos norteamericanos. A los soldados que esperaban la repatriación les permitían matricularse durante uno o dos trimestres.[2] Una vez más, las mujeres estaban en clara inferioridad numérica en las salas comunes sénior de los colegios masculinos, y la angustia que provocaba la posibilidad de que las profesoras, en femenino, junto con los refugiados, hubiesen «invadido el campo»[3] desaparecía al ver los depósitos de agua y los refugios antiaéreos. Los funcionarios recogieron sus expedientes de Whitehall. Se recuperaron los tesoros y manuscritos de los colegios. Volvieron a plantarse flores en los arriates. Los hospitales de campaña y los pabellones en que se donaba sangre volvieron a transformarse en las conocidas residencias de estudiantes y bibliotecas de antaño. Se instalaron otra vez postes indicadores y rótulos con los topónimos. En los colegios femeninos, las cortinas usadas para el oscurecimiento se convirtieron en togas para las profesoras.[4] Y volvieron a funcionar los edificios en los que podía reanudarse la vida civil.

La llegada de un gran número de especialistas ayudó a disimular las ausencias causadas por la guerra. En 1945, el cuadro de honor era más corto que el de 1918, pero detrás del ruido de las bicicletas, los puestos vacíos estaban ahí y eran muchos, como mínimo mil ochocientos. Nick Crosbie, amigo de Mary, no volvió: había caído en combate en el primer encuentro con el enemigo. El 17 de enero de 1941 viajaba a bordo del HMS *Goshawk*, que se hundió tras recibir el impacto de un torpedo. Noel Eldridge, amigo de Iris, murió en combate en Italia en septiembre de 1944. Richard Hare volvió para terminar la carrera, pero Frank Thompson, Bill Cobbe y John Anscombe no regresaron. Y no sobrevivió ninguno de los cinco que habían compartido un rellano de la escalera de New College con Michael Foot.[5] No obstante, pese a tantas y tan terrribles pérdidas y a la penuria de la posguerra, los británicos miraban el futuro con optimismo.

En las elecciones generales de julio de 1945 se olvidaron del conservador Winston Churchill y votaron a favor del laborista Clement Attlee basándose en un manifiesto que proponía un cambio social radical. Los ansiosos por ponerse en marcha esperaban una nueva era de obras públicas; el Informe Beveridge, la Ley de Educación Butler y el Servicio Nacional de Salud (NHS por sus siglas en inglés) estaban convirtiéndose en una realidad y se necesitarían hombres jóvenes inteligentes –y mujeres también– que se dedicaran a la investigación y pusieran en funcionamiento y dirigiesen la nueva maquinaria estatal. El racionamiento continuó, pero ahora las colas para comprar cigarrillos, tartas y jerez vibraban con conversaciones sobre las apasionantes clases de los profesores que habían regresado.[6] Quienes esperaban delante de las bibliotecas, fueran estudiantes o profesores, competían por conseguir libros o una silla.[7]

«Es psicológicamente imposible tener que volver a empezar en el mismo punto en que estábamos cuando nos fuimos hace seis años –empezó su discurso H. H. Price, seguidor de Hume, ante la Aristotelian Society–. E incluso si pudiéramos, no creo que debiéramos desearlo.»[8] Sin embargo, empezar en el mismo punto era exactamente lo que querían muchos de los hombres compañeros de Elizabeth, Iris, Mary y Philippa. Al regresar a Oxford, los jóvenes desempolvaron sus ejemplares de *Lenguaje, verdad y lógica,* de 1936.

Freddie Ayer había pasado la guerra en continuo movimiento, de Sandown a Londres, Nueva York, Ghana, Argel y vuelta a Oxford desde París, donde había sido testigo de la liberación de un café que también era un burdel. «Intelectualmente brillante, pero creemos que tal vez más apto para el trabajo de oficina que para liderar a los hombres en el campo de batalla», puede leerse en su expediente militar.[9] Ahora tenía que dar clases sobre percepción en el trimestre de invierno. Mientras paseaba en bicicleta por Parks Road, es posible que Mary lo viera entrar en Wadham College al lado de Maurice Bowra, de Wadham, que le había encontrado a Freddie una plaza de profesor particular; su protegido de antaño animaría la sala común sénior y aseguraría la reputación de su club gastronómico. Tras pasar un tiempo en Francia, Ayer se había convertido en una autoridad en filosofía existencial, y Bowra debió de aprobar el giro que Ayer había impreso a su nihilismo. Sartre tenía razón: la vida no tiene un propósito trascendente, pero se equivocaba al desesperar, explicaba Ayer. No hay tragedia. Existe el utilitarismo hedonista, la vida por el mero placer de vivir.[10] Él vivía por su filosofía. Sus actividades durante la guerra le habían ofrecido muchas oportunidades de aventura[11] y no tardó en dedicarse a tener amoríos con mujeres hermosas, muchas de ellas casadas. Se lo podía encontrar tanto en la pista de baile del Gargoyle, en Soho, como en una de las mesas de honor del comedor del colegio.[12]

Otra mañana, también montada en bicicleta, Mary reconoció a Gilbert Ryle, amigo y mentor de Susan Stebbing (y también profesor particular de Ayer). Ryle se había liberado de su uniforme militar (una vez más, servicios de inteligencia) y acababa de llegar a St. John's College para reunirse con el filósofo John Mabbott (que ya no era un estudiante, sino un hombre bien casado). Entre ambos se disponían a lanzar una campaña expansionista no militar cuyo instrumento sería un nuevo título universitario, el *B. Phil.* (licenciado en filosofía). Cuando el filósofo idealista R. G. Collingwood murió en 1943, a Gilbert Ryle lo nombraron profesor Waynflete de Metafísica. Para muchos, este nombramiento, que tuvo lugar muy poco después de la muerte de H. W. B. Joseph, marcó la victoria final de la «revolución de la filosofía» en Oxford, el triunfo del empirismo analítico y del método lingüístico sobre los excesos metafísicos del idealismo y el realismo anteriores a la guerra. Empezó a formarse un consenso tácito, apoyado en la revista *Mind* (que ahora dirigía Ryle), respecto de «quién era y quién no era un "despreciable número atrasado"».[13] Llenaban las páginas de la revista artículos sobre Urmson, Woozley, Austin, Ayer, Ryle, Ewing, Carnap y Strawson, pero a nadie «le habría parecido que valiera la pena estar *en desacuerdo* con, digamos, Joseph o Collingwood».[14] En algún momento, hacia finales de la década de 1940, J. L. Austin fingiría que recordaba vagamente al que había sido profesor Waynflete de Metafísica: «Era algo así como historiador, ¿no?».[15]

En el trimestre de primavera, J. L. Austin, al volver de los Servicios de Inteligencia, dio clases sobre «Problemas de la filosofía». Jean Coutts, de Somerville, ahora casada con él, había sacado un *first* a pesar de haber sido herida durante el *Blitz* pocos meses antes de los exámenes finales. Elizabeth había insistido en que Jean no se casara con su profesor particular. «He oído que vas a casarte con ese hombre espantoso», había dicho cuando vio el anillo de compromiso.[16] Mary también dudaba: «¿Estás segura de que quieres hacerlo?».[17] Austin se oponía a que Jean trabajase,[18] y ella y dos críos pequeños tuvieron que quedarse aislados en una casa de Frilford Heath, a unos trece kilómetros al sur de Oxford, junto con una aspiradora Goblin que

Austin había comprado.[19] (Jean volvió a dejarse ver, esta vez como profesora en St. Hilda's, pero solo después de la muerte de Austin y, para entonces, ya había perdido la confianza en sí misma. Un breve y claro artículo sobre «Placer y felicidad» empieza así: «Al tratar de ordenar un poco el tema [...] me temo haber generado cierta confusión en lugar de disminuirla».[20]

En 1945 se había declarado la muerte de la metafísica, pero aún nadie había escrito la crónica de esa extinción; faltaba escribir la proclamación de la derrota. A lo largo de las dos décadas siguientes, la historia de un movimiento austriaco insertado en una tradición de Cambridge por profesores refugiados y mujeres especializadas en lógica, cuyo objetivo era la propaganda y la confusión, se convirtió en una revolución oxoniana contra la metafísica. El cerebro era Ryle, animado por Ayer, coordinado por Austin (elenco de apoyo: Paul Grice, H. L. A. Hart, Stuart Hampshire, Isaiah Berlin) y llevado con éxito hacia el futuro por sus hijos intelectuales y sus descendientes.[21] Susan Stebbing, que había fallecido en 1943, no tardó en ser eliminada de la historia, junto con Margaret MacDonald (directora de *Analysis*, la revista de Stebbing, en la posguerra), que falleció justo cuando se enviaba a imprenta la primera historia oficial, *The Revolution in Philosophy* (1956), en edición de Gilbert Ryle. En el libro no se menciona a ninguna de esas mujeres, una omisión imperdonable de Ryle, que había conocido bien a Stebbing y MacDonald, así como el trabajo de ambas. La «revolución de la filosofía» se había ganado sin derramar sangre con una combinación de mortalidad y olvido premeditado.

No obstante, a pesar de los gritos de victoria, los metafísicos idealistas y realistas no se habían extinguido por completo y algunos hacían planes. Virando bruscamente de dirección para evitar a un grupo de antiguos estudiantes, Mary había visto fugazmente en el exterior de Balliol a Sandie Lindsay, que conversaba con su exalumna Mary Glover. En 1942, cuando Elizabeth viajaba en la Varsity Line, Mary Glover ya era demasiado mayor para que la reclutasen, pero se alistó como voluntaria. Después de cambiar la toga por el mono de obrera industrial, se fue a Birmingham a trabajar en una fábrica. La experiencia la había transformado. Tras renunciar a su plaza de profesora en mayo de 1945, ahora escribía un libro sobre los efectos del trabajo mecáni-

191

co en la mente y el espíritu. John Winnington, el coautor, era un operario de máquinas que «se había abierto camino en varias empresas, desde los trabajos peor remunerados hasta ocupar puestos directivos».[22] «La fantasía es la compensación constante de los rechazos y fracasos tan habituales de la vida en las fábricas», señalaron. «Pero si [un hombre] se refugia en la fantasía», aunque pueda «eludir la derrota y el desafío», también «perderá el sentido de la realidad».[23] No obstante, si esa huida hacia la fantasía puede controlarse, las máquinas ofrecen «la posibilidad de que el trabajador tenga una buena vida», que llegará si los «trozos de vida» que componen el trabajo mecánico no dominan la existencia, sino que, antes bien, forman una parte de ella. El trabajador necesitará «un buen tiempo libre», un tiempo que no sirva únicamente para recuperarse del cansancio; ha de tener también una finalidad y servir al enriquecimiento de la vida humana: «Se puede ir a una escuela de arte, explorar los Cotswolds en bicicleta, disfrutar con un círculo de amigos», sugería Glover.[24] Si uno podía resistirse a la fantasía, los valores trascendentes que le había descrito a Elizabeth, «verdad, belleza y bondad», podrían encontrar un lugar.

Sandie Lindsay se sentía «eufórico y feliz [...] como un niño» con el triunfo de Clement Attlee; era «el amanecer de una nueva época. [...] ¡Sabía que esto iba a ocurrir!».[25] Lindsay se preparaba para interpretar otro papel y puede que compartiese su plan, todavía incompleto, con Mary Glover: ¿lo acompañaría si fundase una nueva universidad experimental en Staffordshire, concebida para educar y cultivar a hombres y mujeres de clase trabajadora?[26] Mary estaba entusiasmada. Pensaba que no había señal más clara de que los educadores se equivocaban cuando afirmaban que la gente corriente pensaba que la educación estaba muy lejos de la vida real. Mary había empezado a poner por escrito esas ideas en una serie de artículos periodísticos que aparecieron en la revista *Spectator*. «Estas preguntas dependen una de la otra. [...] ¿A qué clase de ser estamos tratando de formar? ¿De qué es capaz esa persona? El hombre es, al menos, un animal espiritual.» En la vida humana, comer y beber se transforman en camaradería; el sexo se transforma en amor; el rebaño, en sociedad. Y la curiosidad «¡ha conducido a la mente humana hasta el corazón del átomo y, por las murallas en llamas del universo, hasta más allá de la Vía Láctea!».[27]

Si la bicicleta de Mary Scrutton hubiese pasado por delante de

Balliol College solo cinco minutos antes, ella tal vez habría visto una escena agradable y familiar: su profesor particular, Donald MacKinnon, ahora miembro del cuerpo docente en el Balliol de Lindsay, se dirigía al oeste bajando por Broad Street hacia las oficinas de Clarendon Press. En el maletín llevaba un ejemplar de las clases que H. W. B. Joseph había dado en 1932 sobre «Relaciones internas y externas y la filosofía del análisis». MacKinnon utilizaba las clases de Joseph para preparar las suyas y no dudaba en absoluto de que su valor desafiaba el paso del tiempo; su misión consistía en conseguir que se publicaran, pero se había enterado del «trajín» que llevaban las editoriales en sus decisiones sobre qué –y a quién– valía la pena publicar.[28] Los años de guerra habían detenido en todas partes la producción de «libros serios»;[29] de pronto, el aumento imparable de nuevos estudiantes significaba que se necesitaban más libros que nunca y en un momento en que el papel seguía escaseando. «Publicar lo que queda de personas ancianas y fallecidas hace tiempo, como Joseph», no era una prioridad.[30] Además, Joseph era, al fin y al cabo, un metafísico.

En Abingdon Road, la bicicleta de Mary giraba a la derecha y, tras cruzar el Hinksey Stream, empezaba la marcada cuesta que llevaba a Boars Hill y el paisaje iba volviéndose más bucólico cada vez que pedaleaba. En Yatscombe, ya sin aliento, Mary bajaba de la biclicleta y subía por unas escaleras que la llevaban a otro mundo.

En el estudio de Gilbert Murray, con vistas a los lejanos chapiteles de Oxford por encima de las copas de los árboles, Mary pudo por fin zambullirse en sus libros, sus artículos y la deslumbrante inteligencia de Murray. De pequeña, en Downe House, había estudiado y dramatizado las traducciones de obras de teatro griegas firmadas por Murray. «La tarea especial del erudito –había escrito él– consiste en convertir en pensamiento y sentimientos vivos los signos escritos en los que ahora se conservan la poesía y la filosofía antiguas. *Debe entender tanto como revivir.*»[31] Sus traducciones lo habían logrado tan bien que en 1918, al terminar una representación de *Las troyanas*, de Eurípides, el público clamó a gritos: «¡El autor! ¡El autor!». Murray se puso de pie para decir, como disculpándose: «El autor no está aquí, hace muchos siglos que murió, pero estoy seguro de que agradecería esta acogida vuestra de su gran tragedia».[32] Para Murray, las palabras y los símbolos no llevan su significado con ellos como un equipaje; antes bien, cobran vida en un determinado contexto social, en un lugar y un momento dados. Para dar vida a un «signo escrito», hay que reconocer la realidad del pasado e imaginar y revivir la cultura en que se empleó. Y ahora, en Boars Hill, Mary se dedicó a leer las cartas que le habían enviado a Murray autores como Bernard Shaw, Bertrand Russell, Marie Curie y Ralph Vaughan Williams.

Mary solía acompañarlo cuando salía a caminar por Boars Hill y pasaba por delante de las casas de los Carritt y los Thompson; ambas familias lloraban ahora la muerte de un hijo. Al volver a Yatscombe, Mary y los Murray comían hamburguesas de frutos secos y bebían un efervescente *ginger pop*, un menú ideal para idealistas vegetarianos y abstemios.

PHILIPPA, DECIDIDA A DEMOSTRAR QUE AYER SE EQUIVOCA

En su vejez, cuando ya casi tenía noventa años, Philippa Foot recordó: «Fue importante que las noticias sobre los campos de concentración nos llegaran justo cuando yo volví a Oxford en 1945. Fueron demoledoras, de una manera que hoy nadie puede entender fácilmente. Creíamos que algo así no podía ocurrir».[33] Los fotógrafos, los periodistas y el equipo de filmación habían entrado en Bergen-Belsen junto con las tropas británicas que liberaron el campo y enviaron al mundo unas imágenes en torno a las cuales se tendría que reestructurar el concepto de la naturaleza humana. «Nada volverá a ser igual»,[34] dijo Philippa a Donald MacKinnon.

«¿Qué es *eso*?», preguntaba Elizabeth en su tesis. ¿Qué forma tienen la vida, el alma de un ser humano? Imágenes de humanos: muchachas de las SS, bien alimentadas, bien peinadas; hombres que morían de hambre; mujeres cargadas en camiones; niños jugando junto a las trincheras repletas de cuerpos desnudos; sobrevivientes esqueléticos con aspecto de cadáveres. Las «crueldades de Belsen las infligieron personas que veían lo que hacían», señaló Mary Glover; sin embargo, «hay pocos motivos para felicitarse si no reaccionamos ante las crueldades que no podemos ver». Nagasaki nos ha enseñado «que no hay grado de crueldad a partir del cual vayamos a retroceder si parece contribuir a lograr el propósito de la nación».[35] «En vida de Platón no ocurrió nada comparable a los horrores de la primera mitad del siglo xx –reflexionó el idealista G. R. G. Mure–. Él no encontró su fe en el Bien envenenada en las raíces por revelaciones tan abismales y tan ubicuas del mal que lo llevaran a preguntarse si, en caso de que la especie humana consiguiera destruirse a sí misma, se perderían muchas cosas que valdría la pena conservar.»[36] Janet Vaughan, la nueva rectora de Somerville, había saludado a las alumnas matriculadas de ese curso con un informe de primera mano sobre las condiciones en Bergen-Belsen, el recién liberado campo de concentración.[37] «Habló de las condiciones, indescriptibles y repugnantes, describió escenas, olores y sonidos.» Prue Smith, una nueva profesora que llegó a la sala esperando una charla que les levantara la moral, muchos años más tarde se sentía segura de que «ninguno de los que estuvimos allí ha olvidado esa charla y lo que se dijo acerca de las simas en las que puede caer la barbarie latente de la humanidad».[38] Philippa, enfrentada al terrible conocimiento de lo que eran capaces de hacer los animales humanos, de los usos que podían dar a la técnica y la industria, y carente de las tranquilizantes divisiones entre cordura y locura, entre el humano y la bestia, decidió, calladamente, dedicarse a la filosofía moral.[39]

El ataque de Freddie Ayer a la metafísica y la ética antes de la guerra había dejado a la filosofía moral sin nada que decir ante la nueva realidad. La expresión de desaprobación personal o de una emoción subjetiva no servía en absoluto y a Philippa la repugnaba pensar que, si la moral era subjetiva en el sentido que subrayaba Ayer, «no hay manera [...] de que uno se imagine diciéndole a un nazi: "Pero nosotros estamos en lo *cierto,* usted *no*", con algo de fundamento en la afirmación».[40] En la prensa escrita, los periodistas echaron mano de palabras fuertes, gruesas, oscuras: el mal, lo perverso, el infierno, el abismo, depravación, degradación. Aun así, ese vocabulario no alcanzaba a comprender en toda su profundidad el mundo sin valores que Ayer había dejado a los filósofos. Philippa intuyó la pregunta que la inspiraría el resto de su vida: ¿podía haber una filosofía secular capaz de emplear ese lenguaje de la moral y hablar de verdad sobre moral objetiva? Estaba convencida de que el subjetivismo moral de Ayer se basaba en un error; su tarea consistía en averiguar cuál.

Philippa, igual que Mary, echó raíces en Park Town. Michael y ella dejaron la antigua casa de H. W. B. Joseph y compraron la del número 16, cinco pisos de piedra caliza amarillenta en la más lujosa de las dos calles de Park Town en forma de media luna. Construido en la década de 1850 para profesores universitarios casados, Park Town había empezado a ganarse una reputación dudosa cuando en Oxford el requisito de celibato (que impedía casarse a los profesores) siguió vigente bastante más tiempo del esperado. Mientras esperaban el permiso para casarse, los profesores «célibes» invitaban a sus casas a sus amantes. Esa calle aún mantenía algo de su fama de escandalosa cuando las amantes ya eran solteronas de pelo gris con costumbres raras y comportamientos extraños. Michael albergaba sospechas acerca de la «madura dama soltera» de la casa contigua. La familia de Philippa también dijo estar preocupada. Incluso el gerente del banco desaconsejó la compra.[41]

North Oxford (una zona pasada de moda y, por tanto, más barata) se había convertido en el barrio de muchos refugiados llegados antes de la guerra. Quitando los que se fueron en cuanto acabó la contienda, para otros Park Town y sus alrededores devinieron lugar de residencia permanente.[42] Lydia Pasternak, poeta e investigadora química rusa que había huido de Múnich en 1935, vivía en el número 20 con su padre, el pintor Leonid Pasternak. Hugh Blaschko (bioquímico berlinés cuyo nombre figuraba en el «libro negro» de Hitler), en el número 24. Lotte Labowsky (clasicista y bibliotecaria de Somerville) y su madre (de la que se decía que «en su juventud había traducido a Dante»)[43] vivían en Summertown, a un kilómetro y medio al norte de Park Town. Del círculo de Summertown habían formado parte la artista alemana Emilie Cosman, los Cassirer y Richard Walzer. Muchos de esos pioneros siguieron figurando en las listas de clase de la *Gazette* a lo largo de las décadas de 1940 y 1950: Richard Walzer, Friedrich Waismann, Fritz Heinemann, Georg Katkov, Lorenzo Minio-Paluello y Jovan Plamenatz. En su vida entre los ingleses fue tejiéndose una red de recuerdos de sus detenciones nocturnas, de la hostilidad de sus vecinos y de las temporadas en prisión.

Cuando volvía a casa desde Boars Hill (un tonificante descenso por Foxcombe Road sin tener que pedalear), Mary pasaría por delante de las casas de Nicolai Rubinstein, nacido en Berlín y especialista en el Renacimiento; del historiador del arte Otto Pächt, oriundo de Viena; del musicólogo Egon Wellesz, también vienés, y del arqueólogo alemán Paul Jacobsthal (otro nombre del «libro negro»). A Karl Popper se lo podía ver saliendo de la librería Parker's cuando iba a Oxford en una excursión de un día desde Londres.[44]

La decoración del estrecho estudio de Mary en el piso superior (cañerías ruidosas, poca calefacción) se reducía a una «colcha que daba muchos ánimos» hecha con una «bandera de antes de Mao en la que se ve un enorme dragon púrpura con ojos saltones blancos y negros sobre un fondo amarillo azufre».[45] Desde la ventana corredera divisaba a vista de pájaro los jardines municipales y el otro lado de Park Town cuando Philippa y Michael se instalaron en el número 16. Por los cinco escalones de la entrada con columnas desfilaron pesados aparadores, floreros enormes, abrigos de pieles de aspecto inquietante y un botellero de caoba del siglo XVIII. Las parientas de Michael eran las responsables de enviar muchos de esos trastos pasados de moda: tía Lindsey acababa de morir y la abuela Dolly había ido a su casita de campo para escoger algunas cosas que quería regalar a Michael y a su flamante esposa.[46] La tulipa y los cojines de seda de Philippa contribuyeron a darle a la casa un toque colorido y moderno.

Ahora que eran vecinas, Philippa y Mary empezaron a verse muy a menudo; para Mary, la compañía de la «señora Foot», antes señorita Bosanquet, era tan gratificante como siempre. La guerra había ofrecido imágenes concretas a cuyo alrededor más tarde cobraría forma la filosofía moral de cada una de ellas. Mary pensaba que no podemos llevarnos las manos a la cabeza y decir que los actos de un Eichmann nos parecen ininteligibles; debemos estar «dispuestos a comprender imaginativamente cómo funciona [la maldad] en el corazón humano y, sobre todo, en nuestro corazón».[47] La maldad no es igual a la agresión, «cuya intrusión en la vida humana requiere una explicación especial»; antes bien, es una «clase general de incapacidad para vivir como somos capaces de vivir».[48] El mal es algo que debemos comprender desde dentro, como semejantes que comparten muchos instintos, deseos y objetivos, y reconociendo de forma imaginativa las maneras en que puede fracasar una vida humana. A su vez, Philippa confrontó la acción humana al otro extremo del espectro. Leyó la historia de dos jóvenes granjeros de los Sudetes que se habían negado a alistarse en las SS y escribieron a sus padres la víspera de la ejecución: «Preferimos morir antes que manchar nuestra conciencia con actos tan horrorosos. Sé lo que las SS van a hacer».[49] Más tarde, Philippa dijo que cualquier relato de los actos humanos debe comprender a esos jóvenes de los Sudetes y su elección. Una versión que no sabe reconocer esa bondad, su verdad y su razón debe estar equivocada.[50]

Los Foot alquilaron las habitaciones de arriba a Honor y Prue Smith. Todavía faltaban unos años para que Philippa empezara a publicar artículos sobre la importancia de la virtud o el carácter para la ética, pero es posible que los nombres de sus inquilinas le recordaran a diario que había un vocabulario más rico que el «¡hurra!» y el «¡buuh!» de Ayer, un vocabulario que conectaba con el interés de la filosofía antigua en la virtud y el motivo a la hora de escoger maneras de actuar bien.

Es probable que Philippa se quejase a Mary de su carga de trabajo como docente; el primer curso después de la guerra tuvo demasiados
estudiantes y al final del día se la veía extenuada.[51] Su determinación
a tratar seriamente a cada joven, es decir, como a un adulto inteligente, hacían de ella una profesora paciente que los estimulaba, pero esa
dedicación requería ver a cada uno como un individuo concreto con
necesidades y deseos concretos y le pasaba factura. A veces, confesó,
se sentía tan cansada que entre una clase particular y otra se tumbaba
en el suelo de la habitación que tenía en el colegio.[52] Así y todo, a pesar del agotamiento, conseguía sacar tiempo para asistir a las clases
que daba Donald MacKinnon, en tiempos su profesor particular, sobre la *Crítica de la razón pura*.[53] Mary debió de interesarse por los cotilleos de Somerville, tanto más jugosos cuanto más la sorprendían, y
disfrutaba con lo que contaban los alumnos particulares de Philippa,
pues le recordaba sus propias andanzas seis años antes. Además, com-
partirían las noticias sobre nombramientos. En octubre llegarían a
Somerville dos nuevos colegas investigadores y, ¡qué maravilla!, una
era Elizabeth Anscombe. Philippa y Mary debían de estar enteradas
de la cercanía de Elizabeth a Wittgenstein; Mary la había visitado en
Cambridge.[54] Habían oído rumores sobre el nuevo, explosivo y secreto
trabajo del profesor austriaco y ambas debieron de esperar ansiosas
el momento de ponerse al día con la más brillante y anticonvencional de sus amigas. Mary ya empezaba a soñar con volver a la filosofía.

IRIS CONOCE A JEAN-PAUL SARTRE

Entre tanto, Iris, lejos de sus amigos, estaba a punto de encontrarse con los que se sentían incapaces de emprender el viaje de vuelta a
casa. Tras largos meses sentada a un escritorio en Londres, por fin le
concedieron su deseo y la UNRRA la destinó al extranjero. Dejó Inglaterra el 1 de septiembre de 1945 y, tras un largo viaje en tren y en barco, llegó a Bruselas «¡justo a tiempo para la *Fête de la Libération*!».[55]
Ya en la capital belga, se dispuso a esperar detalles sobre su trabajo. Cansada de su historia con Tommy y el lío con Philippa, pero decidida a empezar de cero, volvió a lanzarse al mundo en busca de
«seres humanos perfectos». Acompasó su ritmo y sus pasos a los que

advirtió en su nuevo hábitat: estatuillas doradas, techos altos, torres, iglesias «y también (no menos increíble para mis inocentes ojos de fuera del continente) los mil y un cafés y el demencial sistema de tranvías. Me llena de una loca alegría el mero hecho de estar aquí, respirar este aire, caminar sobre adoquines, leer los anuncios y oír el dulce canturreo del francés y la música más áspera del flamenco».[56] A mediados de septiembre sintió «¡como si los nudos se aflojaran, la sensación de volver a ser yo, y una elocuencia interior que siempre tengo cuando estoy bien de verdad!».[57] Más tarde dijo que esa fue «una época de auténtico frenesí», de «querer cosas nuevas y de ser en buena medida diferente».[58] Descubrió una librería para intelectuales en la que conversaba con el dependiente y disfrutaba al oír su propia voz cuando hablaba francés. («Los intelectuales de Bruselas son francófilos a más no poder, naturalmente, y eso me viene muy bien.»)[59] Hizo una visita rápida a Amberes, ciudad que recorrió a pie y en tranvía y en la que siguió los pasos de una banda, y donde vio la catedral a la luz de la luna y pidió coñac en un bar. En su oficina colgó una copia de *Paisaje con la caída de Ícaro*, de Brueghel el Viejo. Oyó cantar a Charles Trenet. Empezó a usar el apelativo cariñoso *chéri*. Se reinventó: aventurera, escritora, *flâneuse*. Y, pronto, existencialista.

El 25 de octubre, unas semanas antes de que le asignaran el destino, Iris fue una más entre la multitud que acudió a la Salle Giroux, una galería de arte de vanguardia sita en el Boulevard du Regent, no lejos del Parc de Bruxelles, para oír al novelista y filósofo Jean-Paul Sartre, la gran «pop star» francesa de la época.[60] Sartre llegó a la Bélgica recién liberada disculpándose: no había preparado nada, pero después de la presentación, a cargo del escritor Charles Bernard, procedió a cautivar durante dos horas al público reunido en una sala con la calefacción demasiado alta.[61]

Cuatro días después, cuando Sartre dio la misma conferencia en el Club Maintenant, de París, el número de asistentes fue excesivo. «Calor, desmayos, la policía», informó *Combat*, el periódico clandestino de la Resistencia francesa durante la guerra. Iris no se desmayó en Bruselas. Escuchó con un cuaderno de tela azul pálido en la mano (precio: 78 francos)[62] mientras Sartre exponía un revolucionario manifiesto existencialista. Puede que sus palabras le recordasen una clase del filósofo refugiado Fritz Heinemann, que había empleado la expresión *Existenzphilosophie* para definir una corriente del pensamiento occidental una década antes de que Sartre ocupara su lugar en esa tradición, pero, al escucharla otra vez, trasladada del vacilante inglés de Heinemann en una sala de conferencias medio vacía de New College a una galería repleta de gente en la Bélgica de la posguerra, en el lenguaje de *la Résistance*, debió de parecer realmente nueva.

«El hombre empieza por existir, se encuentra, hace su aparición en el mundo y después se define», proclamó Sartre.[63] Para el hombre, «la *existencia* precede a la *esencia*». Con ese eslogan, Sartre aspiraba a crear una forma de secularismo que iba más allá del «ateísmo filosófico del siglo XVIII». Quería eliminar no solo a Dios, sino también la idea misma de la naturaleza humana. El hombre no es «un musgo, una podredumbre o una coliflor»,[64] insistía. No es un nabo, sin ninguna duda. «Solo el existencialismo –dijo a los asistentes, humillados después de más de cuatro años de ocupación nazi– es compatible con la dignidad del hombre.»[65] Sartre prometió convertir a cada uno de ellos, aun derrotados como estaban, en un monarca o un semidiós: «Si Dios no existe, hay por lo menos un ser en el que la existencia precede a la esencia, un ser que existe antes de que pueda definirlo concepto alguno, y ese ser es el hombre».[66]

No es difícil imaginar cuán «despiadada y espléndidamente lúcida»[67] fue, para Iris, la conferencia de Sartre. Su fe en el Partido Comunista le había servido de orientación cuando era una veinteañera. No obstante, Tommy Balogh había erosionado su certeza mientras estuvieron juntos; la misión del joven consistía en «disuadirla».[68] Sartre le prometía que ella podía reinventarse en un yo auténtico, que podía volver a empezar. Según «el primer principio del existencialismo –dijo Sartre a un público embobado– el hombre no es otra cosa que lo que hace de sí mismo».[69] Nacemos en un mundo sin valores. No hay yo soy ni estoy destinado a ser. Mi naturaleza humana no pone límites ni forma a mi existencia. Cada individuo crea valor por medio de sus elecciones y acciones, por su propia voluntad.

Es posible que a Iris la sorprendiera ver que Sartre presentaba una versión del imperativo categórico kantiano, aunque radicalmente distinta de la que ella, Philippa y Mary se habían encontrado en Summertown, en la sala de Heinz Cassirer que daba a la calle. Sartre había transformado la moral para una Europa recién liberada, separándola de la naturaleza humana y de una realidad trascendente. Para el hombre, la norma, como pensaba Elizabeth, no ha de encontrarse en la forma de vida de la especie. Más que intentar alinearnos con alguna medida externa de bondad y de valor, cada uno de nosotros, individualmente, es la fuente de una imagen del ser humano tal como creemos que debería ser. Cuando cada individuo escoge libremente, afirmaba Sartre, «elige a todos los hombres». Al elegir, «crea al hombre que queremos ser» y, de ese modo, «una imagen del hombre tal como consideramos que debe ser».[70] En consecuencia, debemos preguntarnos: ¿legislaré yo para toda la humanidad con mis opciones?

Si no hay un criterio estándar de la realidad, de la naturaleza o de Dios contra el que evaluar nuestras creaciones, la responsabilidad pasa a ser únicamente nuestra. Para Sartre, esa responsabilidad tan honda solo provoca angustia, de ahí que no debamos actuar sin cuestionar nada, viviendo nuestra vida como si tuviéramos alguna esencia predestinada. Actuar así es *mauvaise foi*, mala fe. Sartre insiste: si hay alguna clase de valor objetivo, ese valor es la autenticidad. (Y puede que en ese momento el público pensara en el colaboracionismo y la Resistencia.) Mirando por sus gruesas gafas redondas, Sartre impactó con otra extravagancia blasfema: «Dostoievski escribe: "Si Dios no existiera, todo estaría permitido"; ese es, para el existencialismo, el punto de partida».[71] Estas palabras resonarían a lo largo de toda la vida de Iris. ¿Cómo puede existir el Bien si Dios no existe?

A medida que Sartre iba acercándose al final de la conferencia, Iris debió de oír el grito de un pesado de esos a los que les gusta interrumpir. Era el filósofo jesuita Roger Troisfontaines, que había ido a la Salle Giroux a protestar: «*Une philosophie née au café! Milieu frelaté!*», gritó desde el fondo, un eco de la reacción del también jesuita Martin D'Arcy al libro de Ayer. «Nacido en un café», separado de la tradición y de la erudición, el existencialismo era una filosofía decadente que apuntaba a corromper a la juventud.[72]

Si una mujer podía hacer realidad la imagen sartreana del «hombre» que se define a sí mismo, a Iris pudieron entusiasmarla sus posibilidades. Era más que brillante; ambiciosa y seria, tenía un *first* en Oxford. Es posible que ya supiera que cuando miraba por debajo del flequillo era capaz de seducir a casi todos.[73] Al finalizar la conferencia, se acercó para escuchar los planes que tenían Sartre y su círculo. El día siguiente se presentó en una *séance* selecta con un ejemplar del primer volumen de *Los caminos de la libertad*. Sartre firmó: «*À Miss Iris Murdoch, en sincère hommage*».[74] Y en los días que siguieron vemos en los cafés a Iris, una *sartriste*, con un cigarrillo en la mano y llenando las páginas de su caro cuaderno de tela. En la primera página copió con todo cuidado una cita del ensayo *¿Para qué la acción?*, de Simone de Beauvoir; después de la cita, nueve páginas de notas sobre la conferencia de Sartre y, luego, comentarios detallados sobre algunas partes más ambiciosas de la filosofía de Sartre. El resto del cuaderno lo ocupa *El ser y la nada*. En la última hoja puede leerse: «FIN». «Esto es lo bueno de verdad –escribió después a David Hicks», su amigo de Oxford–, es tan emocionante y tan aleccionador encontrarlo por fin, tras apartarme, desesperada, de la superficial y estúpida leche aguada de la "ética" de los moralistas ingleses[75] [...]. Es justo lo que necesita la filosofía inglesa que le inyecten en las venas para que expulse los repugnantes humores de Ross y Pritchard [sic].»[76]

Los documentos de la UNRRA los recibió en diciembre. Tenía que ocupar el puesto de Oficial de Comunicaciones en Innsbruck, en la zona francesa de la Austria ocupada por los aliados. Partió antes de Navidad con una clara imagen de su futura persona; ya había dado los primeros pasos en esa dirección. El ejemplar de *Mi amigo Pierrot*, de Raymond Queneau, que había llegado a Seaforth en los últimos

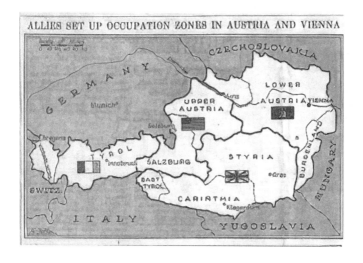

meses de la guerra, tenía la clave de una parte de ese futuro; Iris esperaba traducirlo al inglés y el librero Ernest Collet, de la revista *Horizon,* intentaba hacerse con los derechos en nombre de la joven que quería verterlo al inglés.[77] La otra parte residía en David Hicks. Como todos los demás, David había estado un poco enamorado de Iris en 1938; la describió como una «princesa de cuento de hadas».[78] En medio de la emoción y la euforia de la posguerra, le propuso matrimonio en Londres durante una semana de permiso. «Fue un tornado. Diez días que sin duda alguna sacudieron al mundo.»[79] Iris planificó su futuro con él sobre el papel. «Europa, largas conversaciones en cafés y bailar y emborracharnos juntos, y largas veladas en casa también, escribiendo cosas y criticándonos el uno al otro, peleándonos y con amigos locos y nuevas ideas locas, leyendo libros y viendo películas y nuevas ciudades, haciendo el amor y poco después teniendo niños hermosos y criándolos de manera excelente.»[80]

Cuando Iris (que ya se veía convertida en la futura señora Hicks) llegó a Innsbruck, casi todas las tropas británicas habían vuelto a casa. Ya estaban con sus seres queridos incluso aquellos que habían tenido que esperar las bombas atómicas para que los liberasen y ahora intentaban recuperar la salud y la razón. Sin embargo, en otras partes de Europa, la situación era muy distinta. Tal como había advertido Bertha Bracey en la charla que dio en Chatham House, Europa estaba a rebosar de «personas desplazadas», desarraigadas, traumatizadas y hambrientas de cuyos orígenes no quedaba nada. Era un modelo caleidoscópico que no se resolvía. En los primeros días de la ocupación aliada de Austria, se estimaba que había setecientos mil refugiados y personas desplazadas en el país y todos necesitaban comida, ropa, alojamiento, combustible y tratamiento médico. Muchos eran apátridas y se contaban por miles los menores no acompañados.[81]

Iris tendría que vivir en el requisado Mariabrunn Hotel y viajar en el *téléphérique,* un ferrocarril de montaña que bajaba a la ciudad a través de campos nevados. En la parte más empinada, la pendiente era de cuarenta y ocho grados. Cuando volvía arriba a la hora de comer, su cuerpo se inclinaba hacia el cielo. Un fuerte deshielo había dejado montañas verdes y «un río admirable».[82] Vivir en la zona francesa permitía a Iris conseguir las raciones del ejército estadounidense y le daba acceso a ciertos lujos, pomelo y leche condensada, entre otros, ecos de su infancia de antes de la guerra. Todo eso le parecía «inmoral». Los cigarrillos eran una divisa internacional y, gracias a un próspero mercado negro, las cajas de la Cruz Roja se cambiaban por casi cualquier cosa, desde coches hasta mujeres, aunque más a menudo por mantas o medicamentos para niños.[83] Algunos de esos paquetes llegaban de Oxfam; la organización recién fundada, un sueño de Boars Hill que se materializó en una pequeña tienda de Broad Street, los recogía y embalaba.

PHILIPPA E IRIS TRABAJAN PARA ALIVIAR LA SITUACIÓN DE LOS REFUGIADOS

Al pasar por la Oxford and District Cooperative Society, en George Street –un gran edificio de ladrillo rojo con la fecha de construcción «1908» expuesta en el gablete central de la fachada–, un día Philippa hizo una pausa. Llamó su atención un anuncio que vio en la ventana y que pedía voluntarios para clasificar ropa. Y entró.

El Comité de Oxford de Ayuda contra el Hambre se había fundado en 1942, en los peores días de la guerra, como respuesta a la mortal hambruna que padecía Grecia por culpa del bloqueo aliado,

una consecuencia no deseada de la campaña concebida para obligar a rendirse a las tropas alemanas. En solo dos semanas murieron de hambre unas cuatrocientas diez mil personas. Gilbert Murray fue uno de los miembros fundadores y lady Mary Murray contribuyó con una donación inicial de quinientas libras. A medida que fue ampliando su trabajo en una Europa devastada por la guerra, Oxfam se ocupó de la escala humana de una tragedia que aún no había terminado: faldas, sombreros de hombre, pantalones para niños. Philippa se sintió de inmediato atraída por la «osada» y «enérgica» reacción de ese pequeño banco de voluntarios,[84] un centro de creatividad humana y cooperación que permitía que las prendas que alguien no usaba encontrasen el camino para llegar a otra persona que sí las necesitaba. Ropa abrigada, ligera o limpia para recordarle a un extraño que seguía formando parte de la sociedad y volver a integrarlo en ella. Una prenda que había sido querida y atesorada podía contar una historia y un futuro. Philippa clasificaba la ropa donada y la apilaba; el abrigo de pieles de la tía de Michael acabó en la pila etiquetada «Ropa de

mujer gastada y sin arreglar». Los artículos inadecuados o vendibles
–una dentadura postiza, un burro vivo, un anillo de diamantes, entre
otros– se enviaban al recién fundado Gift Shop and Collecting Centre del Comité, sito en el número 17 de Broad Street, donde se vendían para recaudar fondos. Cada semana llegaba una furgoneta de los
cuáqueros a recoger los paquetes de ropa que luego se enviaban a Europa. En Innsbruck, las mujeres que hasta poco antes se encontraban
en campos de concentración o intentando huir por las fronteras
pronto llevarían los cárdigan del Marks & Spencer de Cornmarket y
faldas hechas por las esposas de profesores, inspiradas en los patrones
de *Vogue*.

Al escribir sobre su trabajo con la colega cuáquera Doreen
Warriner, Jean Rowntree (que había sido profesora de Mary) dijo
que había tomado conciencia de las necesidades de las personas desplazadas, no solo ropa de abrigo, sino también el «fondo humano de
la vida». «Las mujeres querían tejer, los hombres querían jugar al ajedrez.»[85] Esas actividades habituales –crear, jugar, compartir, hacer–
permitían conectarse con un pasado que posibilitaba a quienes vivían
en campos de refugiados imaginar un futuro en que la vida corriente
volvería a empezar en un lugar llamado casa. Es posible que para Philippa, que plegaba ropa en silencio en Broad Street, empezara a ser
visible algo de la forma de la vida humana.

El objetivo de la UNRRA era repatriar a los desplazados, pero eran miles las personas «no repatriables»: enviarlas de vuelta a su lugar de origen era una sentencia de muerte. Un incidente afectó en especial a Iris. Un conductor yugoslavo, asustado después de atropellar un camión de la UNRRA, cometió la tontería de huir a Italia con una pistola cargada. Lo interceptaron en la frontera. Iris era la única que hablaba francés en las oficinas y la llamaron para que hiciera de intérprete y trajera al fugitivo de vuelta a Innsbruck. El hombre, que tenía más o menos su edad, no paró de llorar en todo el viaje. Iris compartía su temor y la certeza de que lo enviarían de vuelta a Yugoslavia, donde moriría a manos de los hombres de Josip Broz Tito. La escena la destrozó: «Rotas sin remedio tantas vidas por culpa de esta guerra. Esta gente no tiene nada nada nada por delante». Tal vez sintió vergüenza cuando recordó a «Irushka», la chica que atravesaba muy contenta los jardines de Kensington Gardens para echar una carta sin preocuparse por las consecuencias de sus actos en la vida de los habitantes del este de Europa. Se sentía desgraciada y se emborrachó bebiendo Slivovitz «con algunos de los peores delincuentes del cuartel general».[86]

En febrero de 1946, David Hicks puso fin al compromiso con la misma rapidez con la que había empezado; a partir de ahí, el futuro de Iris solo eran imaginaciones. Recibió una carta: David le decía que la idea de casarse con ella lo aterrorizaba. Ya no era una princesa de cuento de hadas, sino una mujer real, de carne y hueso. «Inteligencia, voluntad, útero, eres formidable.»[87] Se había enamorado de otra chica, una que no le daba miedo. La carta de David se cruzó con la de Iris en Correos: «Querido: Te echo de menos día y noche, siento algo parecido al dolor físico. ¡Te quiero y pienso en ti todo el tiempo! Deseo que llegue el año próximo y las pruebas y los vientos huracanados de nuestra vida juntos! ¡Mientras espero, te saludo con alegría!», había escrito.[88] Había fracasado su intento de ser, como mujer, un hombre sartreano.[89] Más tarde, Iris habló de un temor, vinculado quizá a la identidad de su familia como exiliados irlandeses protestantes; la preocupaba que el miedo a «no llegar a ninguna parte no desapareciese y acabe siendo yo también una persona desplazada».[90]

Iris empezó a animarse a finales de marzo; de camino a la sede central de la UNRRA en Klagenfurt visitó Viena («Mucha música y mucha vida también, aunque en las calles todavía hay que andar sobre montañas de escombros»). Al llegar, se alojó en una granja cercana a la ciudad, «violetas, gencianas y anémonas que llegan en desorden hasta la puerta».[91] Recordó haber percibido una calma exquisita, dentro y fuera.[92] A finales de abril la encontramos en la zona británica, en un campamento de refugiados donde se había improvisado una extensión de la Universidad de Graz. Dirigido por Margaret Jaboor, profesora del norte de Inglaterra que más tarde llevó los servicios para los refugiados del Consejo Mundial de Iglesias,[93] en el campamento se asignaba el alojamiento según los estudios que los refugiados acreditasen, no por la nacionalidad.[94] «*Amo* este campamento –escribió Iris a Raymond Queneau, cuya novela estaba traduciendo–. Mientras cruzo el "*quad*" por la noche para vigilar el alojamiento del barracón V, me encuentro con dos Jančars que acaban de volver de la universidad. Estudian medicina.» En el barracón III vivían estudiantes de la Facultad de Filosofía; fuera «bajo los árboles, está Pardanjač, uno de los *filósofos* [...] absorto en un libro». Por las noches siempre se organizaba alguna clase de intercambio cultural. Se formó una orquesta estudiantil con instrumentos donados por la YMCA. También se publicaba un periódico del campamento y había un servicio de bomberos voluntarios que a veces se disfrazaban. Una noche leyeron poesías de Tarás Grigorievich Shevchenko en el original ucraniano y seguidamente en traducción eslovena. «Kamnetsky holgazanea en el horizonte; un chico conflictivo, pero no hay que olvidar que estuvo en un campo de concentración.»[95] Iris, como muchos de los que llegaban de otros campamentos, encontró «la tierra prometida» en el *Studentenlager* de la Hochsteingasse.[96] «Hay tanta *vida* aquí, todo es muy misterioso para mí todavía, como peces en un acuario oscuro, pero muy emotivo y extrañamente importante», le dijo a Queneau.[97]

Fue en la Hochsteingasse donde Iris decidió volver a la filosofía pese a tener reservas al respecto («Pocas esperanzas, pero tengo que hacerlo, después ya no me preocuparé por la vida académica», «En este momento no me siento nada segura de mí misma»).[98] En abril de 1945 había escrito a un amigo sobre lo mucho «que el habitual *caucus race* me da vueltas en la cabeza, qué hacer cuando termine la guerra:

universidad, WEA, Consejo Británico, BBC, periodismo, Sociedad de Naciones (o como se llame), la Autoridad de Control Aliada, cualquier cosa, en cualquier parte, solo Dios sabe».[99] De pronto, dejó de darle vueltas: tenía un plan. Preparó tres solicitudes: para una beca en Vassar College, Nueva York, solo para mujeres; para una plaza en la Universidad de Sheffield, y, siguiendo a Elizabeth, para una beca Sarah Smithson, y las envió en papel con membrete de la UNRRA.

«Querida señora», empezaba la carta a la rectora de Newnham. Que su interés «se movía ahora en la dirección de la ética», le decía, y que tal como se la habían enseñado en Oxford, la materia le parecía formalista y carente de vida, e incapaz de aportar nada a los problemas morales que angustiaban a sus contemporáneos. Así y todo, añadía, en el último año de la carrera se había convencido de que se podía hacer ética con seriedad (pensaba en Donald MacKinnon y su habitación en Keble College). Asimismo, reconoce que desde entonces su manera de pensar no se ha disciplinado, pero que ha leído *Los demonios* de Dostoievski, al existencialista cristiano Gabriel Marcel y «varios libros de ese extraño genio llamado Jean-Paul Sartre». Menciona también que Sandie Lindsay, en su propia versión de los «deberes del ciudadano democrático», había instado a remitirse a Kierkegaard.[100] Lo que la atrae de esos pensadores, dice Iris, es el intento de abordar las cuestiones éticas «no aisladas en un vacío académico, sino desde el punto de vista de <u>todo</u> el hombre».

«Toda actitud dada respecto de la ética debe basarse, explícita o implícitamente, en una teoría firme de la naturaleza de uno mismo y de la comunicación entre los distintos egos», prosigue,[101] pensando en el *Yo y Tú* de Martin Buber, el filósofo judío austriaco que había huido de Viena a Israel justo antes de la guerra. Buber distingue dos maneras de relacionarse con el mundo. La primera, que él llama *Yo-Ello*, implica una actitud de distanciamiento; *Yo* clasifica o trata a una persona o cosa como un objeto, y *Ello* con vistas a usarla, medirla o manipularla. El segundo par, *Yo-Tú*, existe entre las cosas vivientes –personas, animales, la naturaleza– cuando se encuentran mutuamente como los seres que son. A esa relación Buber la llama «dialógica»; ambas partes conservan su carácter único en cuanto yoes y la relación que mantienen entre sí tiene una totalidad especial, de la clase que pertenece a la verdadera amistad. «Advierto en ti y en tus cartas cierta falta de interés o de curiosidad en lo que a mí respecta. Sospecho que te interesas más por el efecto que causo en ti que por mí misma», se había quejado Iris a David Hicks.[102] «Toda vida real es encuentro»,[103] escribe Buber.

En su solicitud, Iris señala que gran parte de «lo que suele considerarse ética es insatisfactoria porque se basa en una psicología demasiado ingenua». Su intención es hablar del hombre vivo «con sangre en las venas y una psicología compleja (y en parte consciente de ello), y con claros problemas sociales y emocionales: el hombre que va al cine, que hace el amor y que lucha a favor o en contra de Hitler».[104] Y, por supuesto, con esa descripción intenta seducir también a las mujeres.

Las cartas de recomendación de Iris las escribieron Donald Mac-Kinnon y Mildred Hartley. La de Donald es un poco vaga –cumplía la promesa que había hecho a su esposa Lois y ya no tenía una amistad íntima con su fiel estudiante–. «Por lo que puedo deducir, la señorita Murdoch quiere investigar el problema de la responsabilidad moral» tal como la aborda la «llamada escuela existencialista». Según MacKinnon, Iris, recordando las intensas clases particulares que él le había dado, tiene un «interés duradero en la lógica más abstracta y las ramas metafísicas de la filosofía» y está «bien cualificada para dedicarse a esa línea de estudio». Además «tiene una capacidad realmente excepcional», aunque «dedica poco tiempo a aclarar, criticar y ordenar sus ideas».[105] Mildred Hartley, que durante los últimos años de guerra había trabajado para los servicios de inteligencia del Foreign Office,[106] era breve e iba al grano. Elogiaba la «inmensa energía y la determinación [de Iris], su gran curiosidad intelectual y su tesón». Su veredicto: «En mi opinión, no es tan brillante como la señorita Anscombe», pero, a pesar de ello, es «una buena inversión».[107]

ELIZABETH Y PHILIPPA INICIAN UNA CONVERSACIÓN FILOSÓFICA

La brillante señorita Anscombe empezó a hacer uso de la beca de investigación Mary Somerville en octubre de 1946 y su presencia no tardó en hacerse notar en Oxford. Peter, su marido, se quedó en el número 19 de Fitzwilliam Street, Cambridge, con Barbara (que ahora tenía tres años) y John (que acababa de cumplir uno). Elizabeth alquiló habitaciones en Oxford. Se la veía a menudo con Philippa, muy tranquilas las dos por Woodstock Road camino de Somerville. Caminaban muy cerca la una de la otra, enzarzadas en la conversación: Platón, Aristóteles, santo Tomás, Descartes, Kant, Wittgenstein. Si en Cambridge todavía no permitían que las mujeres se licenciaran, poco antes Oxford había nombrado a la primera profesora titular, la oftalmóloga Ida Mann, que, para colmo, era una mujer casada. Para Philippa y Elizabeth, que ya tenían empleo en la universidad, ahora existía la posibilidad de un futuro en que serían las profesoras Foot y Anscombe.

La pareja no debió de pasar inadvertida. Philippa: alta, bien vestida, desenvuelta. Los hombres de Oxford sabían qué hacer con una mujer así, incluso si era inteligente. Tal vez les recordaba a sus hermanas, sus novias, sus esposas. Elizabeth: amorfa, con pantalones, el pelo largo suelto, fumando. De vez en cuando con un crío en brazos. A Peter Geach, su marido objetor de conciencia, no se lo veía por ninguna parte. Ella no les habrá recordado a nadie.[108]

En algún momento de 1946, Elizabeth empezó a estudiar alemán. Dijo Wittgenstein, muy contento: «Si aprendes alemán, podré darte mi libro para que lo leas».[109] Los días en que a Philippa su horario de clases se lo permitía, se las podía encontrar, después de comer, en la sala común sénior de Somerville, sentadas en sendos taburetes al final de la sala, una a cada lado de la chimenea. Más adelante, Philippa les

diría a sus estudiantes que la filosofía de Wittgenstein «tiene que hacerse realmente en vivo, con dos personas, una que intente articular lo que uno quiere decir naturalmente, otra intentando meterse en lo más profundo de su cabeza y diagnosticando qué funciona mal».[110] Si Lotte Labowsky o Isobel Henderson hubiesen pasado por allí a tomar un café, habrían visto una representación en directo de una investigación filosófica. Elizabeth sumergida en la cabeza de Philippa; Philippa, valiente y resistiendo, pero animada y divirtiéndose también. Muchos años después, al recordar aquellos días, Philippa escribió: «[Elizabeth] me derrotaba todas las semanas y yo me imaginaba a mí misma como un personaje de una tira cómica para niños donde una apisonadora te pasa por encima y acabas siendo solo una silueta en el suelo, pero... ese personaje vuelve a aparecer en el siguiente episodio. A Elizabeth le encantaba, le encantaba, y nos hicimos íntimas».[111]

Aquellos primeros días en Oxford, Elizabeth seguía experimentando con la filosofía wittgensteiniana de la psicología. Había escrito resmas enteras sobre el razonamiento de Descartes, «Pienso, luego existo»,[112] preguntando: «¿Qué clase de argumento es este? ¿Se supone que demuestra la existencia de algún objeto? En ese caso, ¿de qué objeto se trata? ¿No es incomunicable? ¿Debería conducirnos al solipsismo?».[113] Pensaba que sus conversaciones en Cambridge empezaban a arrojar nueva luz sobre el problema que consituía el núcleo de su tesis. ¿Cuál es la diferencia entre percibirme a mí misma haciendo algo y ver que otro lo hace? ¿Qué diferencia hay entre entender lo que alguien dice y decirlo yo?[114]

Podía darle a Philippa un ejemplo. La prueba de Descartes, decía, solo puedo hacerla para mí misma. «Pienso, luego existo. Muy bien. ¡Hazlo tú!» Esto tiene una importancia crucial. «Siento dolor» y «Elizabeth siente dolor» son afirmaciones radicalmente distintas aunque el mismo hecho, el dolor de cabeza de Elizabeth, hace que ambas sean ciertas. Uno dice «Elizabeth siente dolor» cuando reconoce a una persona dada por sus características físicas (los pantalones, el rostro, la manera de andar) y observa su comportamiento –hace una mueca de dolor o se pasa la mano por la frente–, pero «*Yo* siento dolor» no es lo mismo; se parece más a quejarse. No reconozco a nadie, no busco un comportamiento dado. Decir «yo siento dolor» es el comportamiento de una persona dolorida. Es posible que para entonces sus conocimientos de alemán ya le permitieran leerle a Philippa los apuntes de las clases de Wittgenstein. «He aquí una posibilidad: las palabras están conectadas con lo primitivo, con lo natural, son expresiones de una sensación y se usan en su lugar. Un niño se ha hecho daño y llora; luego, los adultos le hablan y le enseñan exclamaciones y, más adelante, frases. Le enseñan un nuevo comportamiento para expresar dolor.»[115]

Elizabeth se lo explicó a Philippa. La sentencia «*cogito, ergo sum*» no puede ser un argumento para demostrar la existencia de un yo, no es más que un quejido o un rascarse la cabeza. En 1946, Elizabeth seguía buscando a tientas la relevancia de ello, pero en cierto modo ya estaba convencida de que era la clave para «demostrar que la concepción del sujeto metafísico de la conciencia es tan estéril como falaz» y también para reivindicar la idea aristotélica en el sentido de que los individuos humanos son como los gatos o los nabos.[116]

Elizabeth vio que el razonamiento de Wittgenstein sobre el «dolor» abría una nueva perspectiva sobre nuestros conceptos psicológicos. Con el tiempo, ella, Philippa, Iris y Mary utilizarían esa idea para vencer a la psicología ingenua de la que Iris se había quejado en su solicitud. Emociones como el orgullo, el miedo, la pena, la alegría y el amor no son meras experiencias interiores; cada una de ellas está conectada a pautas de habla y de acción que forman parte del tejido profundo de la vida humana, de nuestra vida juntos. «"Pena" describe una pauta que se repite, con variaciones, en el entramado de nuestra vida», había escrito Wittgenstein (en las notas en alemán que Elizabeth estaba empezando a leer). «Si las expresiones corporales de pena y alegría se alternaran, al ritmo, digamos, del tictac de un reloj, no tendríamos la formación característica de la pauta de dolor o de la pauta de alegría.»[117] El sufrimiento transcurre a lo largo del tiempo. Comprender la pena humana significa ver que nuestras vidas están interconectadas, que nuestro pasado, nuestro futuro y nuestras esperanzas están entrelazados. Contra ese fondo reconocemos «ocasiones para el dolor», un hueco en la mesa, una puerta cerrada, un chiste que no se ha contado. Una «ocasión para sentir pena» está «entretejida con mil otros patrones»,[118] todas las pautas cotidianas de la vida humana.

En algún momento de esas conversaciones, Philippa y Elizabeth empezaron a leer juntas la *Summa Theologica* de santo Tomás –Philippa, al principio, apoyándose en el poco latín que Mildred Hartley le había enseñado en 1939–. A diferencia de Iris y Mary, que eran agnósticas, Philippa era una «atea con carnet».[119] «Me preguntas por qué soy atea –le escribió a Elizabeth varios años después–. No creo que pueda dar motivos muy específicos; es más bien que siento que necesitaría muy buenas razones para no serlo y no veo ninguna.»[120] Sin embargo, a pesar de ello, pronto estuvo lista para declarar que Tomás de Aquino era «una de las mejores fuentes de las que disponemos para la filosofía moral» y «tan útil para el ateo como para el católico o cualquier otro creyente cristiano».[121] Fue leyendo los textos de Tomás de Aquino sobre las virtudes y más tarde dijo que «eso fue lo primero que me hizo sospechar de las teorías contemporáneas acerca de la relación entre "hecho" y "valor"».[122]

Si la conversación se trasladaba al número 16, a Philippa y Elizabeth se las podía ver yendo hacia el norte por St. Giles en dirección a Park Town, donde se les unía Mary; apoltronadas en el sofá de los Foot formaban un extraño trío: la aristócrata, la vagabunda, la erudita.

IRIS Y SU INSISTENTE PASADO COMUNISTA

El 11 de octubre de 1946 llegó una carta al número 16 de Park Town. Remitente: Iris Murdoch, 4, Eastbourne Road, Chiswick. Es posible que Michael Foot palideciera un poco cuando la vio sobre el felpudo. En esos días, Iris no estaba en Innsbruck, ni en Cambridge, y tampoco en Sheffield ni Nueva York.

La casa semiadosada de sus padres situada en un barrio residencial del oeste de Londres estaba muy lejos de la vida literaria, de los pubs de Soho durante la guerra y los cafés de la posguerra de Bruselas y París. En una entrada de su diario, escrita quizá mientras miraba por la ventana de su antiguo dormitorio los setos podados y el césped cortado, Iris apunta la afirmación de Kant en el sentido de que el gusto inglés por los jardines rozaba lo grotesco.[123] La maleta que había preparado para viajar a Nueva York, novela inédita incluida, volvía a estar debajo de la cama de su infancia. Puede que por primera vez en la vida, Hughes, su padre, estuviera molesto con ella.[124]

El enfado de Hughes era un poco injusto. Iris había renunciado por carta a la UNRRA, que, de todas maneras, seguía cancelando misiones, y había retirado la solicitud de una beca Sarah Smithson en Cambridge, pero solo después de que le ofrecieran una oportunidad más interesante: una beca Durant Drake en Vassar College, Nueva York.

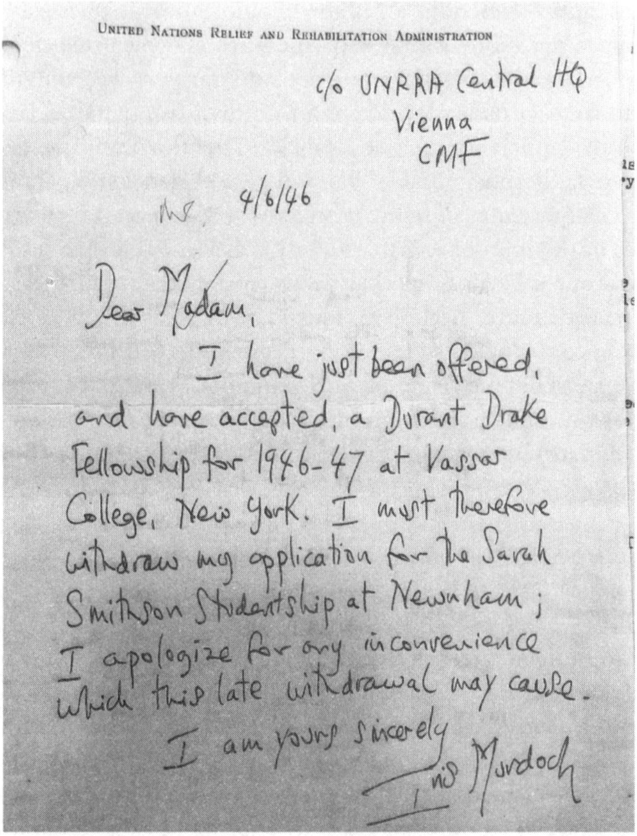

UNITED NATIONS RELIEF AND REHABILITATION ADMINISTRATION

c/o UNRRA Central HQ
Vienna
CMF

4/6/46

Dear Madam,

I have just been offered, and have accepted, a Durant Drake Fellowship for 1946-47 at Vassar College, New York. I must therefore withdraw my application for the Sarah Smithson Studentship at Newnham; I apologize for any inconvenience which this late withdrawal may cause.

I am yours sincerely
Iris Murdoch

Durante la guerra, cuando cursaban el último año de Greats, Iris le había descrito a Mary su nuevo proyecto de vida: «En conjunto, todo es complicado, pero incluye la ambición de conocer a la especie humana ¡e irme a los Estados Unidos!».[125] En 1946 ya había avanzado mucho en los dos primeros puntos; Nueva York sería la guinda, pero rechazaron su solicitud de visado. En 1942 le había dicho a una escéptica Mary que el funcionariado no la querría, no «con unos antecedentes políticos como los míos».[126] Se equivocó entonces y ahora el rechazo de los Estados Unidos la pilló por sorpresa. Había sido sincera cuando rellenó la solicitud. Afirmó: «Sí, soy o he sido miembro del Partido Comunista». Oxford hizo todo lo posible para «persuadir a las autoridades a que suavizaran su postura». Sandie Lindsay «se ocupó del

216

asunto en Washington»,[127] pero la gestión fue inútil; sin ingresos, lo único que a Iris le quedaba era volver a la casa familiar.

Cayó en una depresión severa. La traducción de la novela de Queneau se había estancado y el editor no tardó en rechazarla. David Hicks le había enviado una foto de su nueva novia.[128] Iris, en una foto suya, la comentó en tono sombrío: Nadir.[129] Desesperada, debió de escribir a Donald MacKinnon; rompiendo la lealtad a su esposa Lois, el profesor volvió a entrar en la vida de Iris. En octubre de 1946 organizó para ella una visita a la abadía de Malling, en Kent. Se decía que la abadesa tenía mano para tratar «casos difíciles».[130] Iris encontró cierto consuelo en la Iglesia alta anglicana que practicaban las monjas benedictinas: incienso, cánticos, vísperas en latín.

La carta que apareció en el felpudo de los Foot sugiere que Iris se había dedicado a revivir su pasado a través del prisma de la filosofía existencialista, que ponía el acento en la autenticidad, la angustia y la responsabilidad radical. Escribió a Philippa:

Querida:

Espero que hayas oído hablar de mis recientes sinsabores. Todo lo que hicimos en Londres para que los yanquis se retractasen ha sido en vano y, en resumen, concluyo que ya no iré a los Estados Unidos. No tiene importancia.

Mira, Pippa, he pensado que tú y M. tal vez hayáis estado preocupados por mí, en general, quiero decir. Lamentaría que fuera cierto. Sé que eres consciente de que no se debería olvidar muy rápido una *histoire* como la de 1944. Cuando uno se ha comportado con dos personas queridas como yo lo hice, el dolor y la sensación de culpa son muy profundos. En cierto sentido, solo desde que volví de Austria he tomado plena conciencia de esos hechos como cosas que hice yo, sin mezclarlas con las que he sufrido. Ya me entiendes. Lo he revivido todo y he visto mi propia responsabilidad. No ha sido agradable, pero era necesario. Perdóname por irrumpir así en tu felicidad con M. Me alegra de verdad saber que tú y M. habéis encontrado juntos esa felicidad. Tal vez decirlo parezca un gesto tonto e inútil después de tanto tiempo –siento mucho haberos hecho sufrir–, pero lo digo con toda humildad y créeme que eso es lo que siento. He estado en el fondo de un pozo por este asunto, pero pienso que ese tiempo ha pasado. No debéis preocuparos por mí, ninguno de los dos, porque ya no hay ningún motivo.

Pippa, no hace falta que te diga que mi amor por ti sigue siendo tan profundo y tierno como siempre y seguirá siendo así, está arraigado muy hondamente en mí y es una gran parte de mí. No logro imaginar que alguien vaya a ocupar alguna vez tu lugar. Pienso en ti muy a menudo. Cariño mío, te quiero.

Sí, ahora vuelvo a estar bien. Trabajo muy muy tranquila y empiezo a entender algunas cosas (p. ej., a Kant, ¡ahora me doy cuenta de que en Ox. era un misterio total para mí!). Te daré noticias de mis movimientos en caso de que los tenga.

Sé tolerante con esta carta que tal vez te haya resultado pesada.

Mi amor y bendiciones para los dos,

I[131]

Pip se sentó a escribir la respuesta. Seguía preocupada por Iris, la quería y le deseaba un futuro en el que pudiese superar todo lo pasado. Le dijo que el amor que sentía por su marido y el que sentía por la amiga no eran incompatibles. Que aunque Iris fuese odiosa para Michael, ella seguía queriéndola. «Aguanta», decía Pip. «Ten paciencia y no pierdas el control –respondió Iris–, ya ha pasado mucho tiempo. Aún me queda un largo camino por recorrer y muchos nudos que deshacer.» Esa manera de avanzar, desenredando el pasado, estaba muy lejos de lo que predicaba el existencialista Sartre. Tene-

218

mos que echar raíces, escribió Pip, despacio, como las plantas, tenemos que esperar el momento de rebrotar. Iris respondió con un deseo: «Que crezca lo bueno y que lo malo muera. [...] Que este precioso cimiento de mi vida, mi amistad contigo, continúe existiendo y me dé valor y calma de espíritu».[132] También recordó el frenesí de Bruselas: «Me sentía muy segura de querer cosas nuevas y de ser diferente, pero no había nada de alegría».[133]

Las dos se reunieron un fin de semana de noviembre, con mucho tacto, invadidas por la timidez. Iris tomó el tren de Chiswick a Oxford –la District Line hasta Ealing Broadway, después cercanías con un cambio en Slough–. Vio a Pippa, conversó con Michael, prometió ser paciente, mantenerse a distancia, estar tranquila. Hablaron, con cuidado, de filosofía. Philippa, con la cabeza aún llena de Elizabeth, le habló del *cogito*. Iris debió de disfrutar, no sin envidia, al ver que ahora Philippa estaba más cerca de Elizabeth. Bromearon: «Un hombre que se me aparece en un sueño y dice *"cogito ergo sum"*. (Y yo contesto: "¡Ah, no, nada de eso, tío!")».[134]

EL TENIENTE CORONEL AUSTIN LLEVA ADELANTE LA REVOLUCIÓN

Durante el trimestre de otoño de 1946, Elizabeth acostumbraba a salir de Somerville todos los viernes por la tarde y recorrer la breve distancia de poco más de un kilómetro y medio hasta Magdalen College. Llegaba a las habitaciones de «J. L.» para asistir a una clase de posgrado justo después de las cinco. «Cosas», podía leerse en las listas de clases de la *Gazette*. Si había una clase capaz de hacer vibrar las colas de racionamiento, era esa.

En noviembre de 1940, J. L. Austin había dejado Oxford para recibir la instrucción militar en Matlock.[135] Terminó la guerra con el grado de teniente coronel, responsable, «más que nadie», de la exactitud del trabajo de inteligencia que debía «salvar vidas» cuando llegase el Día D.[136] Él había sido una de las poquísimas personas que, fuera de Bletchley, la sede de la inteligencia británica, tenían acceso a información calificada «ultra» (obtenida rompiendo las encriptaciones alemanas).[137] Al volver a Oxford fue el cerebro de una nueva fase ofensiva de la guerra contra la metafísica que había iniciado Freddie Ayer, miembro, como él, de los Brethren. Igual que a Ayer, un año mayor, a Austin le «disgustaban» las llamadas ambiciones metafísicas y «desconfiaba» de ellas. Aceptaba lo que «Wittgenstein había escrito en el *Tractatus*: "Cuanto puede expresarse, puede expresarse claramente"». Sin embargo, como H. H. Price (para quien Ayer era «un joven en apuros»), Austin también sospechaba de la «asombrosa rapidez» con que Ayer entregó sus resultados.[138] Pensaba que los problemas de la filosofía podían resolverse sin *angst* metafísico ni aspavientos positivistas gracias al trabajo de una reducida corporación de hombres jóvenes.[139] En ese sentido, aunque rechazaba los dogmas del positivismo lógico de Ayer, admiraba «el ambiente de taller sensato [el *no-nonsense*] del Círculo de Viena» y lanzó su equivalente en el Oxford de posguerra.

Los talleres –solo el sábado por la mañana y siempre sensatos– tenían lugar en una mezcolanza de salas de los colegios masculinos. Algunos talleres se daban en la «algo destartalada, pero cómoda, sala victoriana común, con mucho cuero, del cuadrángulo delantero de Balliol», y otros, en una habitación «más pequeña y más antigua de Trinity». Austin prefería una sala «moderna y muy espléndida de St. John's, con una mesa grande en el centro y sillas altas que parecía la sala del consejo de una empresa comercial próspera, seria y con empuje».[140] Cuando le preguntaron, muchos años después, si alguna vez ser mujer le había ocasionado problemas, Philippa dio el siguiente ejemplo: «Él [Austin] tenía algo que dio en llamarse el *Kindergarten* de Austin. Los sábados por la mañana invitaba informalmente a todos los hombres de su edad, o más jóvenes, de ahí lo de *Kindergarten*, a un debate sobre filosofía. Invitaba a todos los que tenían una plaza docente en Oxford, pero no a mujeres. En ese lugar se trabajaba».[141]

Durante la guerra, el equipo de hombres del teniente coronel Austin había cotejado, cribado e interpretado información para generar una descripción fabulosamente detallada de los lugares en que podían desembarcar las tropas británicas. Ahora, el filósofo Austin aplicaba esa estrategia, una aproximación gradual a una masa de datos en conflicto, a la lengua inglesa. El método, más tarde conocido como «filosofía del lenguaje corriente», era el siguiente: primero, un equipo de filósofos escoge «un ámbito del discurso que le interese, a menudo un campo emparentado con algún problema filosófico importante».[142] Para J. L. Austin, un territorio de importancia fundamental era el discurso que implicaba información visual: «Veo un gato», «Veo un arcoíris», «Ese palo parece torcido», «John y Tom son idénticos» y otros enunciados por el estilo. Austin creía que, en la filosofía de la percepción, el exceso metafísico se producía por falta de un claro mapa de esa área de nuestro lenguaje.

Una vez escogido el ámbito de interés, se pasaba a la fase siguiente, consistente en recabar información. En ese punto, la colaboración era crucial, porque la tarea era enorme; había que recopilar todas las palabras y expresiones pertenecientes al ámbito elegido, «primero pensando en todas las palabras que se pueda y haciendo una lista de ellas, [...] no solo de las más comentadas o aquellas que de entrada pueden parecer más importantes y, luego, buscando en diccionarios sinónimos y sinónimos de sinónimos y leyendo la bibliografía no filosófica sobre ese campo».[143]

Una vez completa la primera serie de datos, el equipo presentaba metadatos inventando «"historias" en las que aparecen las palabras y expresiones legítimas» e «historias que dejan claro que se puede usar adecuadamente un "sinónimo" del diccionario, pero no otro». Por ejemplo, «lapsus», «accidente», «error», «inadvertencia» pueden ser sinónimos del diccionario, pero (escribe Austin), «imaginando casos con vividez deberíamos ser capaces de decidir los términos precisos con que describir, por ejemplo, lo que hace la señorita Plimsoll cuando en un bonito cuaderno escribe con esmero DAIRY.* Deberíamos ser capaces de distinguir entre un mero, puro y simple error o falta de atención».[144] Se podían construir narrativas complejas para iluminar rasgos sutiles del uso del lenguaje. La «fenomenología lingüística», la tarea de aguzar el oído, era tan esencial para esta parte del trabajo como el conocimiento lingüístico, codificado en las expresiones idiomáticas y la poesía.

Por último, en posesión ya de todos los datos lingüísticos, el equipo procedía al análisis y el desarrollo de modelos e «intentaba dar alguna versión del significado de los términos y de sus interrelaciones para explicar los datos».[145] El trabajo era aburrido y a menudo los resultados eran decepcionantes, pero poco a poco fueron cartografiando el terreno.[146]

Aunque Elizabeth, como Philippa, quedó excluida de la sala de reuniones de J. L. Austin por motivos de sexo, el profesor no podía

---

* «Lechería», en lugar de DIARY, «diario». (N. del T.)

impedirle que asistiera a sus clases de posgrado. En «Cosas» aplicaba su método para hablar de la percepción. La información que proporcionaba su equipo arrojó ciertos resultados reveladores. En primer lugar, los datos lingüísticos pusieron de manifiesto que la noción de «percibir indirectamente» aparece cuando vemos cosas con espejos o periscopios («Lo vi [a él] *indirectamente* en el espejo»), pero no cuando miramos directamente una bañera o una cajetilla de cigarrillos.[147] Así, los datos lingüísticos no sostienen la afirmación de los téoricos de los datos de los sentidos [los *sense-data*] según la cual vemos cajetillas de cigarrillos y gatos «indirectamente» a través de superficies e impresiones sensoriales. En segundo lugar, los datos lingüísticos recabados sobre el uso de las palabras «indistinguible» y «lo mismo» ponían al descubierto importantes divergencias de significado. El téorico de los *sense-data* suponía que la experiencia de alucinar un gato y la experiencia de percibir un gato debían de tener un carácter común. Tales experiencias deben de ser, en algún sentido, «lo mismo», porque ambas son «indistinguibles». No obstante, señalaba Austin, a veces «lo mismo» significa algo muy distinto de «indistinguible». Por ejemplo, «John y Tom son el mismo hombre» significa algo muy distinto de «John y Tom son dos hombres indistinguibles [entre sí]».[148] Una vez más, la teoría de los datos de los sentidos no se compadece con los datos lingüísticos.

Para Peter Strawson, era «estimulante ver cómo se derrumbaban esos enormes e imponentes edificios de pensamiento».[149] Desde Platón en adelante, los filósofos han tratado de tender un puente que una la apariencia con la realidad; todos esos siglos de trabajo se desvanecían con una sola observación lingüística enunciada con ingenio. Como el positivismo lógico, el método parecía democratizador. A Mary Wilson, ahora estudiante de último año de Clásicas en Lady Margaret Hall, el método de Austin le parecía apasionante. Después de la guerra, «estábamos hartos de propaganda»,[150] recordó, y la filosofía de Austin parecía el antídoto a ese hartazgo. Sin embargo, el filósofo escocés Clement Mundle (que, como H. H. Price, llegó a presidir la Society for Psychical Research) no era el único que sospechaba que lo que el equipo de Austin describía realmente era el modo en que hablaban inglés unos hombres que habían sacado un *first* en Greats de Clásicas en Oxford.[151] Aquellos con el oído afinado para el alemán o el checo —o, de hecho, para el inglés de Escocia— muy probablemente carecían de la fenomenología lingüísitica que el método requería y con la cual se elaboraría un catálogo de usos legítimos e ilegítimos.

Elizabeth no veía la clase «Cosas» como la veía Mary Wilson. Ya no era la joven estudiante con cárdigan que aparece en la fotografía tomada en el jardín de St. Hugh's College, sino una formidable presencia intelectual que, desde que sacó aquel *first*, tenía dos hijos, un marido complicado y a Ludwig Wittgenstein al alcance de la mano. Solía interrumpir la clase e «intervenía con frecuencia para mofarse de lo que se decía».[152] Un viernes por la noche, Mary Wilson tuvo la sensación de que la grosería de Elizabeth era «notable», incluso para sus propios patrones. Como no quería que, sin ella quererlo, la tomasen por aliada de Elizabeth, en cuanto Austin daba por terminada la clase, Mary intentaba «evitarla [...] y se escabullía muy rápido por las puertas traseras de Magdalen». Elizabeth la seguía y le daba alcance en Longwall mientras lidiaba con el candado de la bicicleta. Atrapada. «Y pensar que Wittgenstein engendró a ese bastardo», bufaba Elizabeth.[153] Mary Wilson se escandalizó.

Con el tiempo llegaría a formar parte de la historia oficial de la «Revolución de Oxford» el hecho de que J. L. Austin desarrollara su «filosofía del lenguaje corriente» con total independencia de Wittgenstein, pero Elizabeth tenía buenos motivos para decir que a Austin lo había engendrado el austriaco. Aunque Austin cultivaba un estudiado desdén por Wittgenstein (lo llamaba «Witters»* y hacía saber que le «repugnaba» el «clima personal» que lo rodeaba),[154] había estudiado las notas del *Cuaderno azul*.[155] En febrero de 1940, apenas unos meses antes de dejar Oxford para recibir la instrucción militar, Austin había presentado el artículo «El significado de una palabra» en el Club de Ciencias Morales de Cambridge.[156] En dicho texto «analizaba la opinión en virtud de la cual el significado de una palabra es el objeto que corresponde a ella». En su presentación, no mencionó a Wittgenstein por su nombre, pero el público no dudaría un instante de que Austin había tomado ideas del *Cuaderno azul*, cuya primera frase dice: «¿Cuál es el significado de una palabra?». La charla de Austin contiene tantas ideas de Wittgenstein –hemos de prestar atención a lo particular, el lenguaje puede confundirnos, hemos de observar

---

* Juego con el apellido del filósofo y la voz inglesa *witter*: «parlanchín, inclinado a la cháchara huera». (*N. del T.*)

cómo se usa una palabra y la manera en que se explica– que la presentación fue casi un homenaje al filósofo de Viena.

Es posible que J. L. Austin empezara con el *Cuaderno azul*, pero cuando Elizabeth asistió a la clase sobre «Cosas» descubrió a un filósofo sentado en actitud muy sobria en una silla de cuero; difícilmente podría haber sido más distinto del hombre que iba de un lado a otro por la torre de Whewell Court. Austin parecía haber empleado la idea wittgensteiniana de que para comprender el lenguaje humano hay que comprender la vida humana y convirtió dicha idea en algo totalmente muerto. «Yo pensaba que él estaría de acuerdo con gran parte de lo que se había dicho en la clase Cosas –comentó un día (tontamente) Mary Wilson a Elizabeth–. A fin de cuentas, ¿no había hablado de sacar las palabras de su uso metafísico para devolverlas al uso cotidiano?», preguntó Elizabeth, «blanca de rabia».[157]

A fin de «sacar las palabras de su uso metafísico para devolverlas al cotidiano», Austin apelaba a reglas de uso del lenguaje y a intuiciones sobre las palabras que suenan bien en situaciones concretas. Así como Freddie Ayer había empleado el criterio de verificación para hacer callar a los metafísicos idealistas y realistas, Austin utilizó el criterio del diccionario para limitar a los filósofos al lenguaje del hombre sencillo y del ciudadano de a pie. Sin embargo, para Wittgenstein, un diccionario era una herramienta que podía utilizarse para fijar la definición de una palabra solo después de que se entendiera casi todo acerca del lenguaje y la vida. El lugar al que ir a buscar las reglas lingüísticas no es una lista de definiciones, palabras explicadas con otras palabras, sino las prácticas humanas en que el sonido, la acción, el carácter, el instinto y la cultura se entrelazan para crear modelos vivos de significación y sentido.

El 22 de enero de 1947 empezó a nevar y siguió nevando cincuenta y cuatro días más; ese sería el invierno más frío desde el final de las guerras napoleónicas. Se congelaron las tuberías. La calefacción del estudio de Mary Scrutton se averió. Una vez más, Oxford cambió los zapatos por patines y se lanzó al hielo. Mary estaba «volviendo al mundillo de la filosofía», recopilando antiguas conversaciones con Elizabeth sobre las formas de Platón y algunas más recientes con Philippa sobre ética. Iris y Philippa intentaban, con cautela, cultivar la relación que las unía. Se escribían cartas y de vez en cuando se visitaban. Fuera, todo parecía amortiguado. «Frío intenso. Grados de realidad. (¡Grados de escarcha!)», escribió Iris en su diario.[158] Había estado leyendo el prefacio de H. H. Price a *Matter, Mind and Meaning*, la obra póstuma del investigador psíquico Whately Carrington. Como había ocurrido tras la Primera Guerra Mundial, muchas personas acudían a un médium esperando llenar, con los espíritus, los vacíos que habían dejado los muertos. Price escribía en su calidad de expresidente de la Society for Psychical Research y experto en fenómenos paranormales, aunque para él las conexiones entre la filosofía de la percepción y la parapsicología eran profundas. Según Whately, lo único real son los datos sensoriales, apariciones que se agrupan para formar lo que llamamos cosas individuales. Podríamos no sentirnos imclinados a llamar «"cosa" de verdad» a un fantasma o una aparición, pero estos complejos sistemas de apariciones forman sus propias unidades y son tan parte de la realidad como las colchas y las bicicletas. Price esperaba que ver la realidad como una cuestión de grado fuese clave para comprender el mundo de las sesiones de espiritismo, los *poltergeists* y los fenómenos paranormales. También Elizabeth estaba profundizando en la parapsicología y leía los experimentos sobre telequinesis de Joseph Banks Rhine que acababan de publicarse. Los sujetos de Rhine estaban instruidos para «ordenar» a los dados que cayesen de cierta manera. A Elizabeth no la impresionaron. Era una equivocación decir que «el alma puede o no puede mover materia <u>tanto fuera como dentro</u> de su propio cuerpo, pues no puedo mover la mano ordenándole que se mueva <u>más de</u> lo que puedo mover de ese modo una caja de cerillas».[159]

Más o menos por aquellos días, Elizabeth empezó a experimentar con un nuevo enfoque para expresar la idea de Aristóteles: «He intentado llegar a lo que él quiere decir cuando afirma que el cuerpo es el órgano del alma como el ojo es el de la vista». El órgano de la vista es el ojo; la función del ojo consiste en ver. El órgano del alma es el cuerpo; la función del cuerpo es...[160] Elizabeth se acercaba, vacilante, a una idea: «El "alma" como "vida", es decir, "tener alma" como "ejercitar funciones vitales"».[161]

A Mary la llamaron para que volviese a cuidar a su madre, Lesley, que se había hecho una fractura al caerse en el hielo; lo mismo le había pasado a Mary durante la última gran helada. Muy educadamente renunció a su puesto de secretaria de Gilbert Murray y visitó Boars Hill por última vez, ahora en autobús, por respeto a la carretera helada y su predisposición a accidentarse.

ELIZABETH LLEVA A WITTGENSTEIN A OXFORD

Durante años, los profesores de Oxford habían estado desesperados por lograr que Wittgenstein fuese a su universidad. Habían leído el *Tractatus Logico-Philosophicus*, pero la obra reciente seguía inédita, y los fragmentos que les llegaban de Cambridge eran lo bastante interesantes para querer más. Pocos habían podido tener en las manos, como J. L. Austin, el *Cuaderno azul*. Antes de la guerra, cada sociedad filosófica oxoniana había escrito al *Professor Wittgenstein, Trinity College, Cambridge*, cartas redactadas con todo cuidado, luego cada vez más delirantes, suplicándole que fuera a Oxford. El filósofo austriaco a menudo decía que sí, pero, en cuanto se acercaba la fecha prevista, un desafortunado secretario o incluso el presidente de tal o cual sociedad recibía un telegrama: tenía un resfriado, una cita, una crisis.[162] Con los amigos era más franco: «Estoy seguro de que pensará que soy un bestia cuando vea que vuelvo a cambiar de opinión en lo que respecta a asistir a ese mald... congreso, pero lo cierto es que me alegra haber cambiado de opinión. La idea de asistir era espantosa, sentarme allí entre positivistas lógicos y afines».[163] Ahora, apenas seis meses después del nombramiento en Somerville, fue Elizabeth quien finalmente lo llevó. No había conseguido convencerlo para que presentase una ponencia, pero Wittgenstein había aceptado asistir a la Jowett Society (el club de filosofía de los estudiantes) y responder a la ponencia que presentaría Oscar Wood, el presidente.

Oscar había empezado la carrera en 1942 y, ahora, casi cinco años después, le faltaba poco para completar el curso de cuatro años. Como Peter, el marido de Elizabeth, había sido objetor de conciencia y algunos compañeros lo miraban con sospecha e incluso con una actitud rayana en el disgusto. En 1952, cuando le asignaron una plaza de profesor en Worcester College, el decano amenazó con renunciar alegando que los padres de muchos estudiantes «no habrían escogido nunca un colegio si hubieran sabido que a sus hijos, al salir de las fuerzas armadas (Fighting Services), un objetor de conciencia los guiaría en su acercamiento a los principios de conducta». Que el colegio «oficialmente y a sabiendas nombrase profesor de filosofía a un caballero con las poco habituales opiniones del señor Wood se parece mucho a un insulto a los vivos y los muertos».[164] Esta breve visión de los sentimientos que predominaban para con los objetores puede explicar por qué Peter Geach, a pesar de su *first* en Balliol, seguía sin tener una plaza digna de ese nombre.

Elizabeth llevó a Wittgenstein a la reunión en Magdalen College.[165] Ante la sala atiborrada de público, Oscar Wood se sentó a una pequeña mesa semicircular. Wittgenstein ocupó la que estaba libre al otro extremo y Elizabeth se sentó a sus pies, en el suelo. No tuvo más remedio, pues no quedaban sillas libres, pero el simbolismo que implicaba situarse así hizo enarcar muchas cejas y contribuyó a la leyenda que circulaba sobre una posible relación entre Elizabeth y Wittgenstein. A Mary la sorprendió ver que su amiga ya no tenía el aire judicial de antaño y que se hubiera vuelto «tan insignificante y sumisa».[166] Había velas encendidas a ambos extremos de la mesa y, cuando Oscar se puso de pie, dio la impresión de que podría disponerse a dar inicio a una sesión de espiritismo o a oficiar una misa. Seguramente Elizabeth miraría con cierto recelo a los sentados en primera fila, enemigos de la clase «Cosas». Mary Wilson, presente como de costumbre, advirtió que «habían asistido casi todos los filósofos que había conocido».[167] En las primeras filas se encontraban J. L. Austin, Gilbert Ryle, J. O. Urmson, Isaiah Berlin y H. A. Prichard. Philippa también asistió, y Mary Wilson advirtió que iba muy bien vestida, con ropa que a todas luces no era hecha en casa. La señora Foot llevaba medias, prohibitivas aquellos días, cuando otras mujeres enseñaban las piernas desnudas y salpicadas de barro por haber ido en bicicleta. Mary Scrutton, «unas piernas color malva nada bonitas», había regresado con el buen tiempo.[168] Unas filas más atrás se podía ver a Richard Hare, un tipo penosamente delgado con gafas. Tenía la edad de Mary, pero las entradas y el semblante demacrado lo hacían parecer mucho mayor; si ella lo hubiese visto, podría no haber reconocido al joven con el que había coincidido por última vez en la clase *Agamenón* de Fraenkel,[169] iluminado ahora por el mismo rayo de sol que Nick Crosbie y Frank Thompson.

Oscar leyó una ponencia breve y cuidadosamente estructurada en la que se preguntaba si el *cogito* de Descartes era un argumento válido. Cuando acabó, Wittgenstein se dispuso a dar la réplica y lo hizo en voz tan baja que el público tuvo que contener la respiración para oírlo. Mary Scrutton, cuya predisposición natural contra los neuróticos la llevaba a no dejarse impresionar por ese sabio bajito y electrizante, se sorprendió al sentirse cautivada por las palabras del filósofo austriaco: «Durante cinco minutos, lo que dijo pareció increíblemente importante e iluminador». En ese momento agradeció las pacientes explicaciones que les había dado Elizabeth en la habitación de Philippa: «El lenguaje tiene que echar raíces en las complejidades de la vida real, no se ha de imponer en esa vida desde fuera como un cálculo derivado de axiomas», había dicho Elizabeth. El «pienso» debe devolverse al contexto de la vida humana, donde su uso puede describirse y se pueden comprender su significado y su importancia. Mary se reprochó no haber llevado un cuaderno –esa tarde, la pluma que perdía tinta no salió de su bolsillo–, pero en cuanto ciertos reproches afloraron a la superficie, las cosas empezaron a alterarse. Wittgenstein comenzó a interrumpir su discurso: «No, no, no es eso... ¿Qué habría que decir? Ya ven, aquí la verdadera dificultad... Oh, no, no, es terrible...».[170] «Diga lo que *quiera* decir. Sea *grosero* y adelantaremos»,[171] exigió a Oscar Wood, quien, para mayor frustración de Wittgenstein, respondió con una exposición algo taciturna, pero lúcida, de los puntos claves de su ponencia. A Mary la asombró el contraste entre las afirmaciones objetivas de Oscar y la tremenda violencia y el miedo que animaban el rechazo del solipsismo por parte de Wittgenstein; su sentido animal del frío, solitario e infinito aislamiento del ego que piensa, apartado no solo de los demás, sino también de una criatura viviente de carne y hueso; su desesperación por «replantarnos en nuestro propio suelo como seres sociales».[172] Si Iris hubiese estado esa tarde en Magdalen College, podría haberse inspirado en los textos de Gabriel Marcel. Para Oscar, el solipsismo era un problema; para Wittgenstein, un misterio.

Cuando en la sala empezó a cundir cierto desorden, Philippa sintió que estaba viviendo un momento de profunda claridad, que algo cambiaba en ella. Más tarde dijo: «Estoy segura de que esos cinco minutos han influido más en mi filosofía y, por tanto, en mi vida, que cualquier otra cosa que alguien me dijera jamás». Aprendió una lección y la conservó: cuando uno se descubre diciendo «algo que es una absoluta locura, lo que hay que hacer no es tratar de expulsar ese pensamiento, sino aferrarse a él, darle su día, su semana, su mes, su año, de ser necesario».[173] El suyo era el polo opuesto del enfoque de Freddie Ayer, que había dejado demasiado aterrorizada a una generación de estudiantes varones que no se atrevían a hablar por miedo a que sus balbuceos se declarasen un sinsentido. Puede que la mirada de Philippa se cruzara con la de Elizabeth cuando compartieron ese pensamiento en silencio.

«Si un hombre levantase la vista y mirase el cielo y dijera "Pienso que va a llover, luego soy", yo no lo entendería», prosiguió Wittgenstein, intentando recordarle al público los endebles lazos de reconocimiento, inteligibilidad y cordura que nos unen en el lenguaje y en la vida. No obstante, para el realista H. A. Prichard, un hombre ya mayor, nacido en 1871, que enredaba en la primera fila, eso fue demasiado.[174] Su amigo H. W. B. Joseph había pasado los últimos años atormentado por la desesperación intelectual mientras rastreaba y exponía los puntos absurdos de la postura de Ayer, pero solo consiguió que este y los demás analistas lo ignorasen.[175] Prichard, en cambio, había decidido no malgastar esfuerzo alguno en los jóvenes que pretendían no dedicarle ni un segundo a él. Había alzado un puente levadizo y se ocupaba de sus constantes esfuerzos para resolver las cosas.[176] Con todo, eso era más de lo que podía soportar. En «¿Descansa la filosofía moral en un error?», el artículo de referencia que lo había hecho célebre en 1912, había detectado un importante solapamiento en la lucha por la certeza que había emprendido Descartes y nuestra tendencia a una perplejidad práctica en lo tocante al deber. *¿Qué sé realmente? ¿Por qué debería hacer lo correcto?* Prichard había sostenido que en esas cuestiones no hay teoría filosófica que pueda ayudarnos. Con todo, la lucha en sí ha de tomarse en serio; calificarla de ejemplo de delirio no elimina nuestras preguntas ni la tentación de formularlas: solo sirve para socavar los grandes, aunque titubeantes esfuerzos de esos animales metafísicos que han sido dominados por ellas. Joseph se puso de pie y, para el horror de todos los presentes, se dirigió hacia la puerta. Su disparo de despedida: «Lo que interesaba a Descartes era mucho más importante que cualquier problema que haya tratado usted aquí esta noche».[177] El «usted» era Wittgenstein, pero apuntaba también a los Brethren sentados en primera fila.[178] Esas serían las últimas palabras que muchos de los reunidos allí le oirían decir. Murió seis meses después.

Cuando se disiparon el desconcierto y el bochorno, el público empezó a intervenir y un joven sentado al fondo de la sala hizo algunos comentarios poco agradables que parecieron irritar muchísimo a Wittgenstein. Oscar, en un gesto heroico según Mary, intentó que el filósofo invitado volviera sobre su razonamiento principal en torno al papel que el conocimiento desempeña en el *cogito*, pero no lo logró. Entre tanto, Richard Hare empezaba a inquietarse. Era su primera vez en la Jowett y había ido con un único objetivo: hacer un comentario. El *cogito* no le interesaba especialmente, tampoco Wittgenstein, pero una condición para ser miembro de esa sociedad era hacer un comentario en una reunión siendo todavía estudiante. Esa era la última oportunidad de Hare, pues al cabo de unas semanas tendría que presentarse a los exámenes de Greats. Si no lo hacía esa noche, no le permitirían asistir a futuras reuniones en calidad de profesor. Sintiendo que las cosas se iban aclarando, exclamó «¡Tengo un comentario que hacer!» antes de decir la cosa más inocente que pudo pasársele por la cabeza –tan inocente que después nadie consiguió recordar lo que había dicho–. Wittgenstein pensó que el comentario lo había hecho el joven que tenía sentado detrás y cuyas observaciones anteriores tanto lo habían irritado: «Fue la gota que colmó el vaso. Y entonces Wittgenstein se volvió hacia el joven que no había dicho nada y lo hizo pedazos».[179]

«Fue un momento terrible», apuntó esa noche en su diario Mary Wilson.[180]

MARY E IRIS SE PREPARAN PARA VOLVER A LA FILOSOFÍA

Aunque Mary había pasado un año subiendo y bajando a Boars Hill en bicicleta, en realidad no había ido a ninguna parte. Ya se había resignado. Pensaba, como Iris, que le gustaría darle una oportunidad a la filosofía y fue a visitar a Isobel Henderson, la que fuera su profesora particular de Historia Antigua en Somerville, aquella que la había recomendado para el puesto de secretaria de Gilbert Murray al finalizar la guerra; de pronto, Mary pensó que podría volver a ayudarla.

Su mejor opción, si quería hacer carrera en filosofía, dijo Isobel, era el nuevo grado que habían ideado John Mabbott y Gilbert Ryle para crear un ejército de analistas que podría acuartelarse en los departamentos de Filosofía a lo largo y a lo ancho de Gran Bretaña. Los reclutas del B. Phil. se reunían todas las noches antes de cenar en clases concebidas a propósito en varios colegios masculinos –la clase «Cosas» de Austin era una de las que se les ofrecían–. Para el ojo no entrenado, los reducidos grupos de debate parecían seguir el modelo del seminario alemán, pero John Mabbott insistía en que no era necesariamente así: «Eran todo lo diferentes de los seminarios alemanes como es posible imaginar»; a diferencia de los alemanes, considerados «instructivos», esas clases eran «auténticamente exploratorias».[181] El objetivo no era aprender el modo en que los grandes filósofos del pasado habían lidiado con el misterio de la vida humana y su lugar en el cosmos, sino dominar la nueva y poderosa técnica lingüística y entender cómo aplicarla de manera universal para transformar los misterios en problemas que tenían solución. Una semana cualquiera, el martes se podía ver a los estudiantes con William Kneale, de Exeter, con quien estudiaban «Desarrollo de la lógica»; el miércoles en Magdalen, con Waismann y Ryle, que daban clase sobre «La fuerza lógica de las expresiones». Terminaban la semana en Balliol con la clase «Responsabilidad legal y moral» que impartían J. L. Austin y H. L. A. Hart.

Si, antes de la guerra, en las clases de grado habían abundado los «hombres jóvenes inteligentes a los que les gustaba salir airosos de las discusiones» (el agresivo «No entiendo» era entonces un arma fundamental), las clases de posgrado las impartían ahora esos hombres y asistían otros a los que se formaba sobre todo en métodos modernos, además de ponerlos a punto para trabajar en una profesión que recompensaba la inteligencia, la rapidez y la agresividad. Hasta a Ryle empezó a preocuparle que la licenciatura no formase filósofos, sino cernícalos.[182] A algunos de sus reclutas les encantaba aterrorizar a los profesores más jóvenes o más inseguros. Herbert Hart, recién nombrado en New College, todavía no dominaba por completo el nuevo método lingüístico, de ahí que empalideciera cuando Geoffrey Warnock interrumpió la clase para comunicarle: «Pero en sus clases el señor Austin dijo exactamente lo contrario».[183]

Como era imposible que otro ambiente destruyera aún más el naciente sueño filosófico de Mary, Isobel sugirió que intentase el doc-

torado en filosofía, donde podría pasar tres años explorando deteni-
damente un solo problema. Nadie le pediría que fuese moderna y
rápida; antes bien, podría dedicarse a reflexionar sobre esa «metafísica
a gran escala» que Philippa y ella empezaban a analizar aquellos días.
Tal como les había enseñado Donald MacKinnon, la filosofía de
A. J. Ayer contenía de manera implícita una peligrosa «doctrina del
hombre»;[184] para superar la ética subjetivista que generaba se necesitaba una visión alternativa. Mary no era moderna y tampoco, quizá,
conseguiría una plaza al terminar el curso –las investigaciones metafísicas se miraban con «sospecha y desaprobación o, a veces, se las
consideraba directamente ridículas»–,[185] pero estaría a salvo de la ortodoxia de la licenciatura.

En su búsqueda de una «metafísica a gran escala», se sintió atraída por Platón, igual que cuando conoció a Elizabeth en el comedor
de Somerville. Para muchos de los filósofos de su entorno, criados
con una dieta a base de lo que ella llamaba «empirismo extremo»,
solo había una realidad, el mundo sin valores de los hechos sensoriales empíricos,[186] pero Platón, como H. H. Price, había hablado de
grados de realidad. En la *República* (el primer libro de filosofía de la
Biblioteca Downe que de verdad había fascinado a Mary), Platón na-
rra la alegoría de la caverna, la historia de unos presos que ascienden
del mundo irreal de las sombras hacia algo *más real.*[187] Dejan la oscuridad y ven la luz, avanzan hacia el conocimiento, la bondad y la belleza. Donald MacKinnon le había enseñado que la alegoría no tenía
por qué ser un cuento de hadas, que la paradoja y la poesía pueden
ayudarnos a «captar el sentido de una palabra» que desafía la comprensión directa, pero ¿qué quiso decir Platón cuando dijo que el
mundo de las formas era *más real* que el mundo de las cosas? Como
había preguntado Elizabeth, «¿Qué clase de *detrás* era ese?».

La tesis de Mary partía de una distinción entre existencia y realidad. Es «totalmente lógico afirmar que existen muchas cosas que no
son reales», había escrito en un artículo anterior. «"Él" es solamente
un actor, toda su vida es irreal"; "tu intención real"; "todo era irreal
como una pesadilla".» (Cuando Mary se quejó a Lesley por las ondas
Marcel que llevaban las mujeres y dijo: «No creo en ellas», sabía que
existían, pero pensaba que no eran reales.) Asimismo, señala que los
idealistas reconocían esa distinción. La experiencia enseña que algo
existe, había escrito F. H. Bradley en 1893, pero es «una mera su-

perstición suponer que apelar a la experiencia puede validar la realidad».[188] El realista G. E. Moore se había equivocado, escribió Mary, al «tratar [esa] dicotomía» como «un lapsus bochornoso».[189] Lo que es real, escribe, debe tener «una clase especial de importancia y regularidad». Tal vez, bien abrigada debajo del cubrecama, había leído a Dorothy Emmet, ahora profesora en la Universidad de Manchester. Hay una conexión entre realidad e importancia, escribió Emmet en la revista *Philosophy* (la preferida de Mary) en noviembre de 1946;[190] no «importancia» en el sentido de intereses, propósitos y preocupaciones pasajeros, sino refiriéndose a lo que *realmente importa*.[191] Es nuestra responsabilidad proteger esas cosas, pero primero tenemos que aprender a reconocerlas.

Mary tenía pensado explorar esas ideas en la obra de Plotino, un filósofo neoplatónico del siglo III que había vivido en una época de fuertes turbulencias políticas y sociales. En el esbozo de su tesis, Mary señala que «cuando una buena sociedad deja de existir», la vida práctica se complica. Sin una sociedad así, «la secuencia de los acontecimientos se vuelve totalmente irregular» y, cuando un individuo actúa, «no se obtiene necesariamente el resultado tradicional».[192] Cuando se rompe la relación entre los medios y el fin, cuestiones sobre cómo ser una buena persona y cumplir con el deber se vuelven urgentes. Quiero ayudar a una amiga enviándole un paquete con comida, pero si el servicio postal lo dirigen sinvergüenzas y gánsteres, lo único que puedo hacer es entregar el paquete en la oficina de correos y esperar que llegue a destino. Una jueza que cumple con su deber en una sociedad corrupta no encontrará conexión alguna entre hacer lo correcto y hacer el bien. «En tales situaciones, desaparece la coincidencia de diversos motivos morales en los que descansan los sistemas optimistas.»[193]

Mary trabajó con E. R. Dodds, profesor regio de griego. Como H. H. Price, Dodds era miembro del consejo de la Society for Psychical Research, de la que más tarde fue presidente. Una vez había hecho un exorcismo. Al recordar los temas que le habían interesado ese año, Dodds incluyó en su lista «los sueños, el trance, la magia y las fuerzas misteriosas que denotan palabras como *mēnós*, *áté* y *daemon*».[194]

El libro de Dorothy Emmet *The Nature of Metaphysical Thinking* (1945) compartía estante con Buber en la biblioteca de Iris en Chiswick.[195] «Grados de realidad. Reflexionar sobre la palabra "importancia"», había escrito Iris en su diario hacía unos meses. Ella también había estado buscando poco a poco lo que era importante. No estaba reinventándose, sino echando raíces en la materia que le era familiar, la filosofía. «Sencillamente no veo cómo una institución intelectual podría soñar jamás con ofrecerme un empleo –había escrito a Pip en invierno–. No tener a nadie con quien hablar sobre este tema, o, de hecho, sobre cualquier otra cosa de importancia, a veces es una verdadera agonía. Pierdo todo mi sentido de la realidad como pensadora. Hay días en que ni siquiera puedo imaginar qué estoy haciendo o qué soy.»[196] No obstante, a principios del verano de 1947, ya tranquila y dispuesta, escribió a máquina una segunda propuesta para solicitar la beca Sarah Smithson. Más concisa, más centrada. Había estado trabajando en casa, otra vez con Donald MacKinnon como supervisor, y escribió para él artículos sobre «temas que se sitúan en la frontera entre la lógica, la metafísica y la teoría del lenguaje».[197]

La solicitud de Iris tiene rastros de la influencia de MacKinnon, más clara aún en su mayor interés reciente en Gabriel Marcel, cuyo *Ser y tener* aparecía regularmente en su diario de esos días. Donald le regaló un ejemplar en el que Iris apuntó: Día de Año Nuevo, 1947. Su plan consistía en hacer suya la distinción de Marcel entre problema y misterio junto con la identificación de dos ámbitos propia de Martin Buber, *Yo-Ello* y *Yo-Tú*. Iris quería utilizar esas distinciones para demostrar por qué «Sartre se equivoca cuando hace del acto libre el rasgo crucial de su ontología».[198] Cuando trato las cosas y las personas de una manera objetiva, escribe Buber, me relaciono con ellas como un *Ello*. Y cuando explico las cosas desde ese punto de vista, lo hago empleando conceptos que pueden formularse públicamente y dirigirse a cualquiera. Por ejemplo, mi explicación del motivo por el cual se ha roto una taza que ha caído al suelo, empleando conceptos relativos a las superficies y la fragilidad, puede comunicarse a cualquier hablante. Sin embargo, cuando me relaciono con otro como un *Tú*, hay muchas cosas que a menudo no se pueden decir y son difíciles de expresar. No es esta «una oscura concepción mística, sino una experiencia normal que la mayoría reconocerá si se detiene a observar su vida», señaló Iris en la solicitud. Puede que pensara en su propia vida: *ménages à quatre,* cartas de amor y promesas rotas.[199] Sartre supone que cada uno de nosotros encuentra un mundo vacío en el que, en cuanto individuos solos, creamos valor mediante las acciones que escogemos libremente, pero se equivoca: el mundo ya rebosa de valor. Amigos, amantes, animales, árboles. Tú en plural, todos vivientes. Aun así, prosigue Iris, Marcel y Buber «pecan de» cierta «vaguedad», «no logran definir sus términos». Buber llama dialógica a la relación *Yo-Tú,* pero no tiene en cuenta que muchos diálogos entre *Yo* y *Tú* emplean el lenguaje y los símbolos. Iris quería encontrar un marco lógico capaz de capturar esos usos del lenguaje.[200] Estaba convencida de que el positivismo lógico, con sus *gadgets,*[201] operadores y variables, no podía hacerlo. Como había escrito en su diario en febrero: «No hay verificación en el mundo del Tú».[202]

Fue MacKinnon quien volvió a escribir la carta de recomendación y esta vez no hay duda alguna de su implicación personal. La experiencia vital de Iris aquellos últimos años había sido «dura».[203] No obstante, ese año era una mujer más madura, «en el umbral de un trabajo creativo de alto nivel». La segunda solicitud a Newnham dio los frutos esperados. Una vez más, Lois MacKinnon se angustió al ver que «se repetía la misma situación»;[204] Donald e Iris volvieron al ciclo de enamoramiento caprichoso e histeria. Es posible que Donald se sintiera tan aliviado como Lois cuando le ofrecieron una cátedra en Aberdeen (profesor regio de Filosofía moral); así, el matrimonio diría adiós a Oxford antes de que llegase Iris.

Durante el verano de 1947, Mary e Iris celebraron la vuelta a la filosofía con unas vacaciones en Francia. Habían llegado juntas a Somerville; ahora, juntas también, empezaban sus estudios de posgrado. Viajaron con Tom Greeves, un amigo de Mary que llegó a ser un conocido dibujante de arquitectura fantástica –no rascacielos futuristas, sino edificios destartalados y cubiertos de maleza de mediados de la época victoriana–. Los turistas recorrieron Tours en bicicletas alquiladas, contemplaron los castillos del Loira con sus torres en forma de pimentero; luego, París, con las alforjas cargadas de provisiones traídas de Inglaterra: pan de centeno Ryvita, sardinas en lata, jabón y un hornillo para preparar el té, un cargamento necesario si querían que durasen el mayor tiempo posible las cincuenta libras que cada viajero podía sacar de Reino Unido. A Mary e Iris les gustaba compartir juntas a mediodía una comida frugal. La idea de que se le acabase el dinero ponía nerviosa a Mary y por ese motivo imitaba a Iris, más experimentada. Tom, más *gourmand*, iba en busca de las delicias locales. El cálculo del presupuesto funcionó y se las apañaron para pasar una semana en el Collège Franco-Britannique, sito en el Boulevard Jourdan, orilla izquierda del Sena. Iris llevó a sus amigos a conocer a Queneau, que le escribió un poema en un billete del metro: «El ritmo de Tom puede ser lento y el de Mary cambiante, *mais tu passes Iris ma chère comme vu éclair*».[205] En Montmartre, en una feria, Iris se atrevió a montar en una nueva y maravillosa atracción, el Rotor, un tambor que giraba a una velocidad creciente; la fuerza centrífuga hacía que los que se colocaban contra las paredes quedaran como pegados a estas mientras el suelo se alejaba. En efecto, de eso se trataba. Los que se montaban solo por placer no pagaban nada; en cambio, arriba, en una pequeña galería, los espectadores pagaban para ver un espectáculo que ponía los pelos de punta.[206] Mary sacrificó parte de sus cincuenta libras para ver a Iris girar y girar.

Capítulo 5

Un «¡No!» exclamado al unísono

(Oxford y Cambridge, octubre de 1947-julio de 1948)

EL CUARTETO UNIDO CONTRA AYER Y HARE

Cuando ya tenía más de noventa años, Mary Midgley nos contó una historia que trataba sobre el pasado, la que están ustedes leyendo ahora. Su versión empieza en octubre de 1947, cuando ella, de casada Mary Scrutton, regresó de París y volvió, con Iris, a la filosofía. Mary, que ya no era una colegiala demasiado crecida para su edad, sino una investigadora de veintinueve años que no dejaba indiferente, se disponía a empezar su tesis sobre Plotino. Iris, convertida en la «mujer con experiencia» que había soñado ser, sabía más que casi nadie en Inglaterra de la nueva filosofía existencialista francesa y europea, iría a vivir a Cambridge, en The Pightle (una casa para graduados que era propiedad de Newnham College), pero se la vería salir del domicilio de Philippa en Oxford, en el número 16 de Park Town, tan a menudo como del arco alicatado azul pólvora del Pightle. Philippa ocupaba ahora un puesto de profesora adjunta.[1] Elizabeth era investigadora en Somerville College y vivía en Oxford. Peter, su marido, junto con Barbara y John, seguía en Cambridge, en el número 19 de Fitzwilliam Street.[2] A veces, Iris jugaba a hacer de cartero y llevaba a los niños a un progenitor que esperaba en un extremo o el otro de la Varsity Line.[3] «Así –escribió Mary–, durante un tiempo, en la amplia vista que tenía desde la ventana de mi desván aparecieron todos ellos y pronto empecé a verlos con mucha frecuencia.»[4] Aún podía recordarlos: «Nosotros cuatro sentados en la sala delantera de Philippa y esforzándonos al máximo para responder a las tendencias del momento, que a todos nos parecían desastrosas».[5]

A finales de 1947, la rebelión clandestina en miniatura hecha a la luz de la luna después de celebrar la cena de graduación en Bablock Hythe y que habían declarado Mary e Iris junto con Isobel Henderson se había convertido en una misión filosófica. «Trend es un buen hombre y Rowse es un hombre malo», había comentado, sonando anticuada, una joven Iris, posicionándose contra el ataque de Ayer al juicio moral objetivo. Ahora, terminada la guerra, era urgente acometer la tarea de encontrar una manera de volver a la verdad moral, al valor objetivo y a una ética que conectase con lo que *realmente importa*. Ese año, Iris tenía un plan ambicioso: «Revisar filo. moral. Destrozar a Ross. Tomarse en serio la Crít. de la razón práct. Los límites del método lingüístico, p. ej., descubrir la medida real de la crisis actual de la filosofía».[6] Elizabeth, en su informe al Fellowship Committee de Somerville College, órgano competente para conceder las becas, propuso «aclarar mis dudas respecto a lo que ha dado en llamarse filosofía analítica».[7] Philippa quería demostrar que «no puede tratarse solo de abuchear y vitorear: cuando decimos que el Holocausto tuvo un lado absolutamente perverso, no estamos solo ante una decisión personal, la decisión de no hacer nada semejante, y tampoco expresamos desaprobación. La afirmación trata de algo objetivo».[8] En filosofía, Mary aspiraba a «comprender la relación entre las maneras antiguas y nuevas de enfocar el tema».[9] Al final de ese curso académico, en The Pightle, donde residía, apuntó en su diario: «He vuelto de Oxford. Un mundo de mujeres. Mientras conversaba con Mary, Pip y Elizabeth, pensé en lo mucho que las quiero».[10]

Ya nonagenaria, Mary pensaba que la historia de las cuatro seguía siendo importante. Desde su punto de vista, aquellas ortodoxias que sus amigas y ella se habían esforzado juntas en contradecir aún persistían. «A pesar de mucha actividad superficial –escribió al principio del nuevo milenio–, la colorida y fantástica pantalla de ideas actualizadas dentro de la que vivimos [...] en realidad no ha cambiado mucho.»[11] En su versión de la historia (Mary nunca perdió su gusto por el drama), presentaba a Richard Hare como el antihéroe. «Como ocurre con muchas escuelas filosóficas –nos dijo–, el punto de partida fue un "¡No!" exclamado al unísono.»[12]

En febrero de 1942, mientras Mary e Iris se preparaban para los exámenes finales, Richard Hare estaba a casi once mil doscientos kilómetros de Gran Bretaña preparándose para defender Singapur contra el ejército invasor, japonés. La guerra había interrumpido su asistencia al seminario de Fraenkel en Corpus Christi, como les había ocurrido a Nick Crosbie, Kenneth Kirk, Frank Thompson y Noel Martin, y así se interrumpió también el destino de la cautiva Casandra. Una batalla que duró una semana acabó con la rendición incondicional. Junto con ochenta mil militares británicos, indios y australianos, el subteniente Hare cayó prisionero de guerra. «Prefiero no hablar de aquel sufrimiento», contestaba cuando le preguntaron por lo sucedido después.[13] Fue uno de los liberados por la bomba atómica. Sin ella, escribiría más adelante, «probablemente no estaríamos vivos».[14]

A finales de 1945, Richard fue uno de los estudiantes que volvieron a terminar sus estudios. Seguía padeciendo los efectos de la tortura y el hambre junto con brotes mensuales de malaria (sudores, temblores, dolores de cabeza, vómitos). Sandie Lindsay, que había sido su *Master* en Balliol, le buscó pamaquina, un nuevo medicamento para la malaria, «difícil de conseguir».[15] Richard se las ingenió para estar presente en la reunión de la Jowett Society a la que Elizabeth llevó a Wittgenstein; fue el primer acto público al que sus fuerzas le permitieron asistir y, de no haber sido por la necesidad de hacer una pregunta, se podría haber quedado tranquilamente en casa, descansando y con Catherine, su flamante esposa. Durante su último curso tuvo de profesor particular a Donald MacKinnon. Hare no conseguía entender nada de lo que MacKinnon le decía, pero le daba las gracias por hacerle leer los libros que había que leer.[16] Hare y MacKinnon eran dos cristianos devotos que en septiembre de 1939 habían tomado decisiones opuestas. No podemos saber qué efecto causó en MacKinnon verse ante ese débil estudiante enfermo de malaria. Desde aquellos primeros días de la guerra, la actitud de Richard Hare respecto del pacifismo se había endurecido: «Se parece a vivir de los ingresos inmorales de las mujeres», escribió.[17]

Como les había ocurrido a Philippa y Mary, la experiencia había convertido a Richard en un filósofo moral. «Hasta la guerra, si no hubiese habido una guerra, podría haber vuelto a los clásicos y ser un clasicista. La guerra planteó tantos problemas morales y filosóficos que después ya solo podía ser filósofo», dijo.[18] Su filosofía moral, que desarrolló a lo largo de la década siguiente, se modeló en torno a sus experiencias bélicas, influida, en particular, por dos escenas totémicas y horripilantes.

La primera se remonta a febrero de 1942, cuando la unidad del teniente Hare se rindió. Ellos solo habían hecho dos prisioneros japoneses durante toda la campaña malaya; tras la rendición, los liberaron a ambos. «Cuando los soltamos [...] hicieron lo que pensaban que debían hacer: se dirigieron de inmediato a sus unidades, saludaron a los oficiales al mando y luego se hicieron el harakiri»[19] con la intención de «librarse de la deshonra de haber sido hechos prisioneros».[20] Para Richard Hare, ese fue el momento que lo hizo «dejar de creer en un criterio moral objetivo y universal que se conoce por medio de la intuición y sin razonar, tal como sugería sir David Ross».[21]

La segunda escena tuvo lugar en la última etapa de su cautiverio, después de la larga y terrible marcha a lo largo del río Kwai para trabajar en la construcción de la línea férrea Tailandia-Birmania. Todas las mañanas, el comandante ordenaba a los prisioneros que salieran a trabajar. Todos estaban muriéndose de hambre y algunos muy enfermos de malaria, cólera y disentería. Richard contó la historia del intérprete del campo (que muy bien pudo ser él mismo), que hizo todo lo posible por convencer al comandante para que no enviase a trabajar a los más graves, para quienes el agotamiento podía ser fatal. No obstante, al comandante no parecía preocuparle que esos hombres muriesen y su actitud y sus actos fueron, para Hare, una nueva prueba de que Ross y Prichard debían de estar equivocados. Por más que Hare estuviera seguro de que no había que enviar a esos hombres a la muerte, el comandante «tenía una intuición igualmente clara e indiscutible en todos los aspectos» de que su deber era «engrandecer a su emperador y a su país».[22] Hare pensó que si la intuición moral estaba vinculada a una realidad moral objetiva, semejante choque de intuiciones, violento e insalvable, no debía ser posible. Las intuiciones y las emociones no pueden ser maneras de percibir una realidad moral independiente, solo son el resultado de una educación dada.

Cuando, siendo una joven filósofa en Lady Margaret Hall, Dorothy Emmet descubrió que el «mundo de certezas morales» que describían sus profesores no era en absoluto realista, reaccionó buscando una conexión entre la moral y lo que es importante en la vida humana. Sin embargo, para Hare, a miles de kilómetros de Inglaterra y enfrentado a condiciones y valores que apenas reconocía, la existencia de distintas certezas morales le parecía fatal para la idea de unos criterios morales objetivos y universales. «Debe entenderse que una comunidad de prisioneros de guerra es una sociedad que ha de constituirse y reconstituirse una vez y otra a partir de la nada», recordó. Ahí no había un pasado ni un entendimiento común de lo que era importante y de la que él podía depender. En «esta situación tan extraña que no cesa de desintegrarse [...] nunca se puede saber si la supervivencia personal, que, en cualquier caso, parece bastante improbable, se vuelve más probable cooperando con los compañeros del campo o cuidando solo de uno mismo».[23] Como había aprendido Mary estudiando a Plotino, un individuo obligado a actuar fuera de una «sociedad buena» no puede confiar en que tal efecto tendrá tal causa; en consecuencia, debemos decidir sin expectativas ni esperanzas en que actuar basándonos en un buen motivo –la amistad, el deber, la benevolencia, el honor– resultará en hacer el bien. Hare, como Plotino, se refugió en su interior; fijó en su mente sus propios principios morales e intentó ligar su futuro yo a dichos principios ocurriese lo que ocurriese.

En vísperas de los exámenes finales (Hare se graduó con un *first* en junio de 1947), Lindsay le ofreció una plaza en Balliol.[24] Es probable que lo nombrasen para sustituir a MacKinnon. Richard empezó a meditar sobre las dos escenas mencionadas. Antes de la guerra no lo había convencido *Lenguaje, verdad y lógica*, de Ayer, pero su pérdida de fe en una realidad moral objetiva lo llevó a aceptar la escena básica de un mundo sin valores.[25] No obstante, lo que no podía aceptar era la afirmación de Ayer en el sentido de que el lenguaje moral no es más que la expresión de una emoción y que la falta de acuerdo con el comandante japonés solo era un choque de sentimientos. Quería demostrar que aun cuando no hubiera valores en el mundo, se podía llegar racionalmente a un acuerdo moral; cuando ambas partes eran intelectualmente honestas y abiertas, la razón podía imponerse. Al volver a Balliol, Richard Hare albergó la ambición de «encontrar una manera de responder racionalmente a los problemas morales».[26]

Con vistas a devolver el lenguaje de la moral al ámbito de las razones, Hare se dispuso en primer lugar a reclasificarlo. Esa sería la tercera vez en el siglo xx en que los filósofos echarían mano de la sugerencia de G. E. Moore, para quien los filósofos morales debían estudiar la palabra «bueno» y no la bondad o el Bien, si querían encontrar, en un mundo cada vez más ajeno, un lugar para los conceptos éticos. Para Ross y Prichard, realistas, las afirmaciones morales estaban sujetas a criterios de corrección objetivos que, en su opinón, residían en una realidad moral independiente. Para Ayer eran expresiones de emoción que comunicaban sentimientos subjetivos. En cambio, Hare los consideraba prescripciones o imperativos empleados para recomendar u oponer tal o cual conjunto de acciones humanas. Hare sostenía que un juicio moral se parece a una orden: «¡Hazlo!» o «¡No lo hagas!».

A diferencia de las expresiones de una emoción, los imperativos pueden estar en una relación racional mutua, y ese era el premio que Hare buscaba. La orden «¡Váyase ahora!» tiene su contrario en la orden «¡No se vaya ahora!», y la orden «¡Prepara una tortilla!» implica ordenar «¡Rompe algunos huevos!».[27] Comprendió que los imperativos tienen su propio sistema y empezó a trabajar en el diagrama de esta singular lógica. Cuando Mary e Iris volvieron a la filosofía, Hare ya estaba listo para presentar en artículos, conferencias y clases lo que había descubierto: «Frases imperativas» (Jowett Society, trimestre de invierno de 1948); «Objetividad moral» (Westcott House, Cambridge, trimestre de otoño de 1948); «Algunos problemas lógicos de la ética» (conferencia, otoño de 1948); «*Good*» (clase de posgrado, primavera de 1949, y Philosophical Society, invierno de 1950); «La razón práctica» (presentado al premio de Filosofía Moral T. H. Green 1950). Su teoría, a la que él llamó «prescriptivismo moral», no tardó mucho en convertirse en el tema de conversación preferido en la sala común júnior.[28]

Hare había intentado demostrar que el desacuerdo moral podía tener una base racional incluso después de que el herbicida ético hubiese dejado a la realidad sin valores. Fue eso lo que dio lugar al «¡No!» que Philippa, Mary, Iris y Elizabeth exclamaron juntas. Está claro que Philippa Foot no podía soportar la versión del subjetivismo de Ayer por más que ahora se presentara en un nuevo envoltorio. Ella quería poder decirles a los nazis: «Pero nosotros tenemos razón, ustedes no». Quería la idea de una realidad moral objetiva contra la cual los actos pudiesen considerarse *incorrectos* o *malos* y no solo *incoherentes* o *irracionales*. Hare había apostado por la coherencia: si un hombre tenía determinado conjunto de principios morales internamente coherentes y actuaba ajustándose a ellos, no había lugar para ninguna queja.[29] La crítica moral no procedería diciendo: «Se equivoca usted en lo que respecta a lo que realmente importa para la vida humana», sino afirmando: «Los principios morales que ha escogido son internamente incoherentes» o «Sus actos no son conformes a sus principios». Una vez constatada la coherencia, «solo puedo dejar que él elija; a fin de cuentas, es su elección», dijo Hare, refiriéndose al comandante japonés.[30] Más tarde, Iris dijo que ese «ejemplo de nuestra historia filosófica» –de Ayer a Hare– consistía en «eliminar la metafísica de la ética». Si los idealistas y los realistas habían aspirado a descubrir la verdad moral objetiva, ya por autotrascendencia, ya por intuición, en los mundos de Ayer y Hare nos enfrentamos a una «escena desnuda y vacía» en la que la moral «no se presenta [...] como vinculada a una estructura real natural o metafísica. Se la presenta sin fondo trascendente alguno».[31] Así, para la Mary ya mayor, cuando reflexionaba sobre el pasado, la manera de contar la historia de sus amigas y la suya empezaba con ellas tejiendo juntas para tapar ese gran hueco de la realidad que Ayer celebraba y que Hare aceptó: volver a unir el hecho y el valor. De ello, decía Mary, «se derivaría mucha metafísica». En las agujas de tejer vemos las notas de Philippa sobre Tomás de Aquino (una de las «mejores fuentes que tenemos para la filosofía moral»); también, salidos de los bolsillos de Elizabeth, fragmentos de los últimos escritos de Wittgenstein (formas de vida humana), más los apuntes manchados de tinta de Mary sobre Plotino (realidad, no existencia) y los muy anotados ejemplares de Iris de *Ser y tener,* de Gabriel Marcel (problemas y misterios). Recuerdos de algunas clases durante la guerra: la intuición moral de Ross y Prichard; la cuerda para tender la ropa de Collingwood y los *entia rationis* de Lindsay; los gatos no vistos de Price; las clases de Cassirer sobre Kant y la *Achtung*; los trozos de vida de Joseph y la charla de la señorita Glover sobre la capacidad del amor para revelar el Bien; Platón, Aristóteles y los conceptos analógicos de MacKinnon, y esta visión: *somos animales metafísicos.*

Para Elizabeth e Iris, el «mundo de mujeres» anclado por Philippa y Mary en el arbolado Park Town solo era la mitad de la vida intelectual. La otra mitad, «inestable, impaciente, inquieta», era Cambridge, la universidad en la que aún no permitían que las mujeres se graduasen y donde a Iris le parecía que de los labios de todos los graduados solamente salía una palabra: «Wittgenstein, Wittgenstein y Wittgenstein».[32] El profesor austriaco había renunciado a su cátedra en agosto de 1947, cuando Iris giraba y giraba en el Rotor de París. Se había tomado sabático su último trimestre (otoño de 1947), una ausencia que facilitó a los posgraduados, ahora a salvo de su mirada, enzarzarse en discusiones acerca del significado de su filosofía. Wittgenstein se refugió en el remoto Rosroe, región de Connemara, en la costa oeste de Irlanda, donde vivía atemorizado por la familia vecina, que lo consideraba un loco y le prohibía atravesar sus tierras. Como se había quedado sin sus queridas revistas norteamericanas de *pulp crime*, leía a Dorothy L. Sayers a pesar de que sus novelas policiacas, protagonizadas por Harriet Vane, una ficticia licenciada de Somerville, lo deprimían.[33]

Iris había llegado a Cambridge a principios de octubre de 1947. En la maleta llevaba al menos dos ejemplares de *El ser y la nada*, *La peste*, de Albert Camus, y otros libros de literatura francesa de vanguardia. Ese mes viajó dos veces a Londres a dar charlas sobre Sartre en la iglesia de Santa Ana, en Soho, dañada por los bombardeos.[34] Sus diarios del año anterior están repletos de reflexiones sobre Marcel, Kant, Bradley, Sartre, Hegel, Buber, Heidegger, Platón, Ayer, Russell, Kierkegaard y el filósofo tomista Pierre Rousselot. Estaba dispuesta a trabajar seriamente; Philippa le envió una toga de profesora.[35]

Se puso a buscar a Elizabeth en cuanto deshizo el equipaje. «Ninguna filosofía <u>de segunda</u> es buena –le dijo Elizabeth, muy solemne–. Hay que empezar de cero..., y se tarda muchísimo en llegar a cero.»[36] «Cualquier conversación con E., aunque hablemos de generalidades» es «animada y estimulante», escribió Iris a Pip.[37] A lo largo del año siguiente, el nombre de su amiga, abreviado «E.», aparece en el diario casi ciento cincuenta veces.

Iris se había enterado, por Philippa, de la nueva manera de filosofar de Elizabeth, pero su primer encuentro directo tuvo lugar pocos días después de llegar a Cambridge. En un oscuro atardecer de un jueves, Elizabeth presentó su ponencia «La realidad del pasado» ante el Club de Ciencias Morales de Cambridge, el viejo grupo de debate del departamento (del que había sido secretaria en 1945-1946). Había transcurrido casi un año desde el día en que el club había presenciado el famoso incidente en que Wittgenstein amenazó a Karl Popper con un atizador.[38] Elizabeth estaba nerviosa. El suyo sería un intento muy prematuro de emplear lo que había aprendido de Wittgenstein, razón por la que empezó disculpándose: «En toda esta ponencia he imitado las ideas y los métodos de análisis del doctor Wittgenstein. Lo mejor que he escrito es una pobre copia de algunos aspectos del original y su valor solo depende de mi capacidad para comprender y emplear el trabajo del doctor Wittgenstein».[39] No obstante, cuando empezó a hablar, los presentes reconocerían lo mucho que había avanzado Elizabeth desde los titubeantes y desganados comentarios que se oían en la torre de Whewell's Court. Ahora no presentaba fragmentos, sino un sólido razonamiento filosófico.

Elizabeth empezó con un enigma documentado por primera vez en el místico presocrático Parménides: «"Lo que puede pensarse y puede ser es la misma cosa, por tanto, lo que no es y no puede ser, no puede pensarse." Sin embargo, el pasado no es y no puede ser; por tanto, no puede pensarse, y que tengamos un concepto así es un engaño».[40] Este fragmento de Parménides no expresa una forma de «duda cartesiana», dijo Elizabeth a su público de Cambridge; a Parménides no le preocupa que pueda ser imposible *saber* acerca del pasado. No, lo que presenta es un enigma más fundamental: ¿cómo es posible siquiera *hablar* del pasado o *pensar* en él? Su pregunta trata del significado y la inteligibilidad: «¿No es imposible nuestra aparente idea del pasado?», pregunta.

Según dijo Elizabeth a los presentes, la paradoja de Parménides es el resultado de una imagen particular de la manera en que pensamiento y lenguaje se conectan con el mundo, una imagen tan natural que ni siquiera podemos advertirla, y es así: el nombre «Iris» nombra a Iris, por así decir, señalándola. Un pensamiento o una frase que emplee el nombre «Iris» trata de Iris porque el nombre la señala; el pensamiento o la frase tienen sentido y pueden ser ciertos debido a la conexión primitiva entre el nombre y lo nombrado. «Cuando pienso en mi conocido *A* y pienso que está en Birmingham, me refiero a él, *A*, el hombre mismo, y a Birmingham, ese lugar en concreto», explica Elizabeth. Y prosigue diciendo que el problema del pasado aparece cuando intentamos entenderlo o hablar de él aplicando ese modelo de lenguaje. Descubrimos que no podemos hacerlo. «El nombre o el pensamiento de algo pasado parecen señalar a su objeto exactamente de la misma manera que el nombre o el pensamiento de cualquier otra cosa real, pero, ¿cómo puede hacerlo si su objeto no existe?»[41] Así, nos vemos forzados, como Parménides, a llegar a la absurda conclusión de que es una ilusión suponer que podemos pensar en el pasado.

Elizabeth había comprendido que la preocupación de Parménides era tal que debía inquietar a fenomenalistas como Freddie Ayer, que quería analizar las afirmaciones acerca de objetos materiales –mesas, bañeras, gatos y nabos– como si fueran afirmaciones sobre experiencias sensoriales. El fenomenalista, utilizando el análisis contrafáctico, trata de ocuparse de declaraciones sobre objetos no observados: «Hay una mesa en la habitación contigua» significa: «Si entrásemos en la habitación contigua, veríamos...», etcétera. Sin embargo, decía Elizabeth, cuando lo que se dice gira en torno al pasado –«Había una mesa en la habitación»–, el problema no es la manera en que alguien podría haber estado en condiciones de hacer observaciones de cosas del pasado. ¡Se trata, más bien, de que el concepto del pasado ya aparece sin analizar a ambos lados del análisis del fenomenalista! «Había una mesa en la habitación» = «Si alguien hubiera estado en la habitación, habría visto...». Sin embargo, eso no sirve para nada cuando abordamos la paradoja de Parménides.

Los fenomenalistas, seguía diciendo Elizabeth, «proceden como si tuviéramos un plan para el tiempo vacío y el único trabajo que tuviésemos que hacer fuera el análisis de lo que se ha de poner en los diversos lugares del plan». Es como si «tuviera una serie de imágenes en fila: las de la izquierda representan el pasado; las de la derecha, el futuro», dijo, «y la fila se mueve sin cesar hacia la izquierda». En esta imagen, cada uno de nosotros es un punto estático, los acontecimientos pasan por delante de nosotros y se quedan fijos a medida que van pasando. «Hablar de algo pasado» sería, pues, «apuntar nuestro pensamiento» a «algo *ahí*», pero fuera del alcance. No obstante, como preguntaba Parménides, *¿cómo* podemos «apuntar nuestro pensamiento» a acontecimientos y objetos que están atrás y que ya no existen?[42]

La imagen de acontecimientos pasados y futuros como una serie de imágenes en una línea temporal elaborada, prosigue Elizabeth, también está conectada con una manera particular de entender la idea de que el futuro puede cambiar y el pasado no. La idea de que el pasado no puede cambiar, pero el futuro sí, «podría representarse por el hecho de que una vez que una imagen ha pasado delante de mí ya no puede quitarse de la fila; en cambio, sí podemos quitar una imagen de la derecha». Y «porque las imágenes se quedan inmóviles después de dejarme atrás, de modo tal que ya no pueden cambiarse, mientras que las imágenes de la derecha se encuentran en un estado fluido o todavía son meros espacios en blanco».[43] Sin embargo, esto conduce a más problemas filosóficos. ¿Por qué no puede cambiarse el pasado? ¿Es una mera imposibilidad empírica, como cuando una serie de fotografías se guarda en una caja sellada, se almacena en un archivo o se imprime en un material especial que fija las imágenes? ¿O la condición invariable del pasado está inscrita de alguna manera en la naturaleza de la realidad? ¿No podemos imaginar un cambio en el pasado, por ejemplo que se altere de repente una de las imágenes que ha pasado por delante de nosotros?

Ahora Elizabeth estaba lista para probar el método de Wittgenstein y mostrar el modo en que podía utilizarse para deshacer ese nudo de enigmas y paradojas. Wittgenstein le había enseñado que los puntos de confusión indican los lugares donde estamos «en la oscuridad» en lo que respecta al funcionamiento de nuestros conceptos.[44] Son los lugares en que los filósofos sienten la tentación de traspasar los límites de nuestra conversación con sentido y decir cosas descabelladas como «¡No es posible pensar en el pasado!» o «¿No puede concebirse que el pasado podría cambiar aun cuando nunca lo hace?» (o «¿Sé que esto es un árbol?», «¿Veo de verdad esta cajetilla de cigarrillos?»). De Wittgenstein había aprendido que es en esos límites de la sensatez —en los que pasamos de lo inteligible a lo ininteligible, de la cordura a la locura, y en los que se derrumba nuestra confianza cotidiana en que entendemos lo que decimos— donde el filósofo debería ponerse manos a la obra. Entre el público, Iris, que escuchaba con atención las palabras de Elizabeth, abrió el cuaderno.

«El pasado es real», «el pasado no puede cambiar», decía Elizabeth a los asistentes... Son observaciones que forman parte de la vida cotidiana que hace uso del lenguaje. Son parte de una práctica que podemos tratar de describir. Y pedía al público que la acompañase en su mirada extrospectiva. Para facilitar las cosas, presentó un breve fragmento de nuestra práctica: «Imaginemos que a alguien se le enseña (1) a decir "rojo" cuando delante de él se encienda una luz roja y a decir "amarillo» cuando se encienda una lámpara amarilla, y así sucesivamente; y (2) a decir "rojo", "amarillo", etcétera, cuando las luces de uno o de otro color se han encendido pero luego aparecen apagadas».[45] Podemos imaginar que Elizabeth jugaba a ese juego con Barbara y John; Barbara, de cuatro años, no había tardado nada en cogerle el tranquillo; a John, que solo tenía dos, le faltaba poco para entender la primera parte.

Elizabeth quería demostrar que ese diminuto fragmento, un juego de niños, podía manejarse y enriquecerse para que empezara a desbloquear la estructura de nuestro concepto del pasado, igual que las imágenes en movimiento ante un observador que no se mueve de su lugar. Cuando le preguntaban: «¿Qué ha ocurrido?», el niño tenía que contestar: «La luz amarilla estaba encendida y se apagó» o «La luz roja estaba apagada y se encendió» y así sucesivamente, tal como le habían enseñado a proceder. El adulto dirá «sí» si lo que dice el niño coincide con la respuesta que él daría; en caso contrario, lo corregirá. Más adelante, cuando el niño pueda responder a la pregunta «¿Qué ha ocurrido?» en el curso de la conversación cotidiana, pueden darse otras clases de error. Por ejemplo, podría decir «Fui al parque mañana». Y el adulto responder: «No. Así no se dice».

En estas breves escenas ya puede verse parte de la estructura de la idea de pasado. Las afirmaciones acerca del pasado las corrigen, las revisan o las confirman otros testigos. («Eso no fue lo que pasó. Yo vi...») El adulto emplea la expresión «Así no...» para enseñarle al niño las reglas del juego, para enseñarle a hablar del pasado.

El fragmento de Elizabeth es un diálogo entre un niño y un adulto, testigos ambos de los hechos sobre los que hablan. Para enriquecer el juego del lenguaje, dice Elizabeth, pasamos a enseñarle al niño a hablar de un pasado que ni él ni nosotros hemos presenciado. «La creencia en la historia documentada –escribió más tarde– es, en conjunto, creer *que ha habido* una tradición ininterrumpida de crónicas y documentos que se remontan al conocimiento contemporáneo; no significa creer en los hechos históricos mediante una inferencia que pasa por los eslabones de esa cadena.»[46] El «pasado histórico» se preserva en común cuando se registra, se repite y se transmite lo que han contado los testigos. Creer que Esquilo escribió el *Agamenón* equivale a confiar en el constante empeño humano que han preservado para nosotros las palabras de quienes fueron testigos. Estamos ante algo que Mary había captado pronto en la clase de Fraenkel y, después, en el estudio de Gilbert Murray en lo alto de Boars Hill; ahora, como estudiante del doctorado en filosofía, estaba encontrándole las raíces metafísicas en la distinción de Plotino entre existencia y realidad. El estudioso va detrás del pasado a través de capas ininterrumpidas de trabajo humano: copiar y reproducir, volver a narrar e imaginar.

En su charla sobre la realidad del pasado, Elizabeth sustituyó el cuadro de un observador solitario e inmóvil por una comunidad de seres humanos en la que cada uno es testigo de una fracción de la vida humana y transformó al individuo solitario en alguien vivo en un momento histórico concreto, alguien que tiene una perspectiva entre muchas y vive en una sociedad humana que entreteje el pasado común respondiendo a distintas formas de la pregunta «¿Qué ha ocurrido?», «¿Qué hiciste?», «¿Qué viste?». Cada cual contribuye añadiendo un hilo al tapiz, un hilo en un diseño que trasciende al individuo y que está más allá de lo que cada uno de nosotros puede saber. Nosotros, juntos, mantenemos vivo el pasado registrando y preservando los testimonios a través de las generaciones. Lo que llegue a ser nuestro pasado común dependerá de esa actividad.

Elizabeth estaba diciéndole al público que el pasado es real, que no cambia, y que eso es algo que se demuestra en esas prácticas, en el modo en que procedemos en el presente. Compartimos recuerdos, damos testimonio, nos hacemos mutuamente responsables, escribimos libros de historia. En nuestra vida personal, las acciones pasadas modelan el modo en que hacemos frente a nuestro futuro: planeamos vengarnos, hacer penitencia o subsanar los errores. Estas prácticas revelan la realidad del concepto humano del pasado.

Al volver a The Pightle después de asistir a la ponencia de Elizabeth, Iris sacó su diario y garabateó siete páginas de notas. «Relacionar lo de E. con mis vagas generalizaciones acerca del método lingüístico y recurso al lenguaje [corriente] –escribió–. E. no está "llamando a orden. el leng". Describe hechos sobre cómo podemos aprender a usar las palabras (por tanto, los conceptos). ¿Cuál es ese método? ¿Cuáles sus implicaciones para las *propns.* [sic] morales? ¿Su relación con la psicología?»[47]

La semana siguiente, Iris se encontró en Londres con el filósofo cristiano francés Gabriel Marcel, cuyas palabras había apuntado en su diario en la catedral de Westminster pocos días antes de la bomba atómica: «*No degradar los misterios convirtiéndolos en problemas*». Veinte años mayor que Iris, y dolido aún por la muerte reciente de Jacqueline Boegner, su mujer, Marcel trabajaba ahora en las Gifford Lectures sobre «El misterio de ser», clases que impartiría el curso siguiente.[48] Había estado en Cambridge la semana en que Elizabeth dio la charla,[49] pero no se sabe si asistió. Es posible que Gabriel y Elizabeth se encontrasen solo en la mente de Iris y en las páginas de su diario.

Marcel analiza una concepción «cinematográfica» del tiempo en la que el pasado se concibe como una serie fija de acontecimientos conectados entre sí (como la hilera de imágenes que Elizabeth emplea para ilustrar la idea del pasado como algo que está ahí y no cambia).[50] Esa es la imagen del tiempo que opera en el mundo *Yo-Ello*, escribe Marcel (tomando prestadas expresiones de Martin Buber). Sin embargo, cuando se trata de individuos vivos, del mundo *Yo-Tú*, la concepción cinematográfica no es la adecuada. En el mundo de los seres humanos, el pasado sigue estando vivo en el presente y en el futuro. «El pasado está totalmente "abierto a la recreación", el mío y el de los demás», resume Iris.[51] El entramado que forman pasado, presente y futuro en el mundo *Yo-Tú* se ve con mayor vividez en el caso de las promesas: «Relac. del leng. con el pasado y el futuro. Promesas».[52] Una promesa es un acto de fe o de «lealtad creativa»;[53] de «fe» porque aunque una promesa nos orienta, juntos, hacia un futuro compartido, ninguno de nosotros puede saber qué clase de personas seremos cuando ese futuro llegue.[54] Es posible que Iris recordase el compromiso roto con David Hicks, cuando, durante un breve periodo de tiempo, las palabras «Nosotros haremos...» habían dado forma a su futuro como un tiempo de «largas conversaciones en cafés y bailar juntos y emborracharnos juntos y largas veladas en casa también...». Un futuro pasado recordado que nunca se materializó.

Iris y Gabriel entraron en St. James's Park y miraron los patos;[55] después enfilaron hacia Soho, donde él dio una charla (probablemente en la iglesia de Santa Ana). Por algún motivo olvidó mencionárselo a Pip («Me siento muy mal por esto», «Lamento muchísimo este estúpido no pensar»).[56] Philippa, como Iris, sabía del pensamiento existencialista francés más que la mayoría de británicos y había continuado leyendo los textos que había empezado durante sus últimos días en Seaforth. Durante aquel verano había leído a Martin Buber y André Gide[57] y, por recomendación suya, Iris había leído al metafísico Louis Lavelle, cuyas tendencias platónicas para Elizabeth son «una chifladura», afirmó luego Iris.[58]

Cuando estaba en Cambridge, Iris pasaba gran parte de su tiempo en Trinity, a unos ochocientos metros de The Pightle y frente a Clare Bridge, al otro lado del río Cam. «Casi vivía ahí», en las habitaciones de Wasif Hijab y Kanti Shah, dos de los posgraduados para quienes la palabra «Wittgenstein» era casi una cantinela.[59] «Preparo comidas para Shah y Hijab –le contó a Pip en una carta–. ¡Piensan que lo que hago es una buena manera de ahorrar dinero! (¡Y esperan que aprenda rápido!).»[60] El año anterior, Wasif y Elizabeth habían recibido juntos clases particulares con Wittgenstein sobre filosofía de la religión.[61] Al trío se lo podía haber visto dando vueltas algo atontados por los jardines de Trinity mientras hablaban del carácter de la creencia religiosa. «Un hombre luchará por su vida con tal de que no lo arrastren a una hoguera», había dicho Wittgenstein. «No es inducción. Terror. Eso es, por así decir, parte de la sustancia de la fe.»[62] El encuentro con Wittgenstein había sacudido la fe y los cimientos intelectuales de Wasif.[63] Aquellos días en que Iris le preparaba la comida en Trinity College, su país estaba inmerso en una guerra civil –ya no era un árabe palestino, y su ciudad natal, Nablús, acabó asimilada temporalmente por Jordania–.[64] Kanti Shah, jainita del sur de la India, había sido otro de los alumnos preferidos de Wittgenstein. Junto con Allan Jackson y Peter Geach había pasado el año anterior tomando cuidadosos apuntes en las clases de Wittgenstein sobre psicología filosófica.[65] Georg Kreisel, matemático y refugiado austriaco, formó parte de la banda obsesionada con Wittgenstein. Elizabeth, Peter y el también católico Yorick Smythies también prestaron sus voces. La mezcla de religiones –musulmana, jainita, judía y católica– solo dio lugar a desafíos culinarios, pero no dejó de ser algo serio. El musulmán Wasif comía carne, pero Kanti era vegetariano y «eso plantea muchos problemas», le dijo Iris a Philippa, y no exactamente en broma: «por ejemplo, ¿debo mezclar la grasa de la carne con la vegetal o tener mucho cuidado para no mezclarlas? Cosas así son mucho más importantes que la filosofía».[66]

Iris era una recién llegada al grupo y, a diferencia de los demás, no había tenido contacto directo con la filosofía de Wittgenstein, a quien había visto una sola vez antes de que el filósofo se fuera de Cambridge, después de convencer a Elizabeth para que hiciese de emisaria. Iris se presentó en el estudio de Wittgenstein, todo un escenario, a finales de octubre de 1947. «Su aproximación, extraordinaria por lo directa, y la falta de cualquier clase de parafernalia eran las cosas que ponían nerviosa a la gente –dijo más tarde a un periodista–. Quiero decir que a la mayoría de las personas se las conoce dentro de un marco y hay ciertas convenciones para dirigirse a ellas, cosas así. No hay una confrontación directa de personalidades. Pero Wittgenstein siempre imponía esa confrontación a todas sus relaciones.»[67] Una entrada de su diario da cuenta de la conversación, breve y surrealista, que mantuvieron sentados en las imprescindibles tumbonas. Wittgenstein (irritado por el imparable aluvión de viajeros que llamaban a su puerta en busca de respuestas) se quejó: «Es como si en mi jardín tuviera un manzano y todos vinieran a llevarse las manzanas para enviarlas por todo el mundo y usted pregunta "¿Puedo coger una manzana de su árbol?"». Veloz como el rayo, Iris contestó: «Sí, porque cuando me regalan una manzana nunca sé a ciencia cierta si de verdad procede de su árbol». «Cierto –repuso él–. Sin embargo, yo diría que no son buenas manzanas», tras lo cual le soltó un resumen gnómico de lo fútil de esa presentación: «¿Para qué sirve mantener una discusión filosófica? Se parece a una clase de piano».[68]

PHILIPPA VUELVE A CONECTAR HECHOS Y VALORES

En 1948, Philippa, Iris, Mary y Elizabeth ya habían disfrutado, con intermitencias, de casi diez años de clases de piano juntas (léase, prácticas de filosofía). A Philippa, los encuentros semanales con Elizabeth le habían hecho bien. Nunca pudo desprenderse del síndrome de la impostora (a pesar, como sus tres avaladores habían escrito en 1945, de su extraordinaria capacidad), pero de momento se sentía lo bastante segura de tener, al menos, talento para olfatear un problema. Cada vez que leía un artículo filosófico o escuchaba una discusión sabía si algo fallaba; se lo decía un malestar físico que había aprendido a reconocer.[69] El «prescriptivismo moral» de Hare le provocaba exactamente esa sensación y ella estaba dispuesta a empezar a trabajar en una respuesta.

Una tarde de 1948, las cuatro se reunieron en el salón de té Lyons', en el número 3 de Cornmarket Street, Oxford.[70] Por dentro, un salón de Lyons' se parece a cualquier otro: manteles blancos, flores artificiales, ceniceros, camareras con mandil (llamadas «*nippys*» [veloces], por la manera en que se movían con rapidez en los salones). Aquel café de Cornmarket Street les recordaría a Iris y Philippa el té y los bollos pegajosos de los días en Seaforth. Desde que el Gobierno dejara de prohibir los helados, como había hecho durante la guerra, los dueños de Lyons' desarrollaron un método de producirlos sin emplear lácteos (que seguían escaseando porque la leche aún estaba racionada). La química Margaret Roberts, recientemente graduada en Somerville, trabajaba en la sección dedicada a la producción de helados; muchos años después sería la primera ministra Margaret Thatcher.[71]

255

Philippa explicó su idea alzando la voz por encima del barullo del concurrido salón mientras la *nippy* servía té a Mary y Philippa y café solo a Iris y Elizabeth.

Tal vez Philippa empezara así: «No sería una exageración decir que toda la filosofía moral, tal como se enseña extensamente ahora, se basa en un contraste entre afirmaciones de hecho y valoraciones». (Así empezó su charla «Creencias morales» en 1958, que desarrolló a partir de esa conversación.)[72] Para Freddie Ayer, las valoraciones expresan emociones (¡Buuuh! Boo! ¡Hurra!); para Richard Hare son prescripciones (¡No lo hagas! ¡Hazlo!). Sin embargo, si aceptamos esa diferencia, sobre la que descansaría la filosofía moral contemporánea, dos personas pueden dar valoraciones opuestas de los mismos hechos sin equivocarse, algo que, como Philippa había comprendido, nos impide decirle a un nazi: «Pero usted estaba equivocado, nosotros no».

En 1948, aunque todavía no estaba en condiciones de derrotar al subjetivista moral, Philippa empezaba a ver que el contraste del que surgía esa filosofía no era en absoluto realista. Hay tantas cosas en nuestro lenguaje, señaló, que son a la vez valorativas y descriptivas... «Por ejemplo, la palabra "grosero"», dijo. Llamar a alguien «grosero» equivale a expresar desaprobación; si digo «Apoyar la cabeza en la mesa es una grosería», estoy diciendo que no debería hacerse (aquí, quizá, una mirada rápida a Iris). Así pues, decir que algo es «grosero» conlleva, sin duda alguna, una valoración. «Pero –prosigue– el significado de "grosero" *está* conectado con la afirmación factual en que se basa. No puedo llamar "grosería" al hecho de acercarse despacio a la puerta de una casa o sentarse en una pila de heno.»[73] Si pruebo, lo que diga no tendrá sentido y, para que la valoración tenga sentido, tendría que establecer yo una conexión entre los hechos y la valoración señalando algunas condiciones ofensivas que todos reconoceremos. Cuando, en el Old Hall de Kirkleatham, Iris hizo a un lado su plato y apoyó la cabeza en la mesa de Esther Bosanquet, la madre de Philippa se sintió ofendida. Aunque puede haber casos en los que no estemos de acuerdo respecto de lo que es y lo que no es ofensivo, las ocasiones para ofender –como las ocasiones para sufrir– forman parte de una pauta del entramado de la vida: un invitado a cenar es agradecido (aunque le sirvan unos espaguetis incomibles), permanece atento (a pesar de que la conversación no sea interesante), se mantiene bien recto en su silla (aunque esté agotado). Lo que Philippa quiere decir es una extensión sencilla y elegante del punto de vista de Wittgenstein: nuestro lenguaje valorativo no se aleja del mundo dejando atrás una escena desnuda y sin valor que podríamos llamar «realidad» o «naturaleza». Antes bien, una descripción valorativa solo se comprende si se localiza dentro de una pauta de la vida humana.[74]

La manera en que Philippa volvió a conectar valores y hechos atrajo el interés de todos y a la charla siguió una animada discusión.[75] No sabemos con precisión qué se dijo, pero podemos imaginar que la camarera escuchó sin querer la conversación cuando la mujer más alta del grupo se inclinaba hacia delante y se ajustaba las gafas redondas en la nariz: «El significado de "ofensivo" no se encuentra únicamente en el diccionario, sino también en la vida humana: dar su significado sería describir no solo las reglas de la etiqueta y la ofensa, sino también la vida social de los animales humanos, el modo en que se establece y se sostiene la jerarquía, la manera en que las relaciones se construyen y se desintegran». También Mary intercala lecciones de Wittgenstein: «El lenguaje tiene que estar arraigado en las complejidades de la vida real y no ha de imponerse en ella desde fuera como un cálculo derivado de axiomas». A continuación, la voz asombrosamente bella de la mujer que vestía pantalones y fumaba un cigarrillo tras otro: «Supongamos que digo "¡Comerse una galleta es una grosería!" ¡Qué desconcertante! Pero si completamos el fondo y vemos a un ateo que hace una genuflexión y se dispone a recibir la hostia, se ve enseguida por qué es ofensivo. La dimension ética del juicio se ve cuando el fondo establece una conexión con algo que es de gran importancia en la vida humana; en concreto, una relación con lo divino».

Y ahora podemos dejar descansar a la imaginación porque sí sabemos cómo acabó esa charla. Iris, que había estado pensando en el modo en que el significado valorativo de la grosería puede diferir de un individuo a otro según sus experiencias pasadas, interrumpió: «Por ejemplo, Elizabeth, ¿debería imaginar que hay personas que a veces podrían calificarte de "grosera"?».[76] La «cruda autenticidad» era uno de los rasgos que Iris tanto había admirado y valorado desde que había vuelto a la filosofía,[77] pero en Oxford muchos habrían estado de acuerdo con Mary Wilson, que pensaba que esa manera de ser, tan directa, traspasaba los límites de lo aceptable. La grosería de Elizabeth era «tan proverbial» que Mary Scrutton suponía que su amiga incluso se enorgullecía un poco de ese rasgo de su carácter. Sin embargo, para gran sorpresa de todos, «Elizabeth ni se movió y se pasó un buen rato sin decir nada, alejándose hasta situarse en una distancia glacial». Puede que Iris cruzase miradas de súplica con Mary y Pip, pero nadie sabía qué había ocurrido ni cómo podría arreglarse una situación tan embarazosa. Al cabo de unos instantes, Elizabeth se puso de pie y dirigió unas breves palabras a Iris. Por lo visto, «cualquier sugerencia como esa la consideraba un insulto insólito e intolerable». Tras empujar la silla hacia atrás, «se marchó muy digna y en silencio», dejando en la mesa tres rostros boquiabiertos y media taza de café frío.[78]

ELIZABETH EMPIEZA A PENSAR EN LA ACCIÓN HUMANA

Mary, al recordar las conversaciones de aquellos días acerca de Hare, nos dijo: «Ese "¡No!" exclamado al unísono tuvo muchísimas consecuencias». Entretejer el lenguaje de los hechos y los valores significa volver a conectar la materia y la mente con vistas a comprender el modo en que los movimientos físicos del cuerpo humano pueden calificarse de «buenos» o «malos», o cómo un motivo bueno o malo puede incidir en los hechos en torno a lo ocurrido. Mientras Philippa se ponía a trabajar en el lenguaje moral, Elizabeth seguía ahondando en la acción humana. Faltaban todavía unos años para que publicara su primer libro, *Intención*, pero el sentido ya se anticipaba en la ponencia que leyó ante el Socratic Club en febrero de 1948. Como había dicho Mary Glover, «la metafísica de todo esto es muy difícil».[79]

Fue Elia Estelle Aldwinckle, antaño dueña de una plantación de tabaco en Sudáfrica, quien invitó a hablar a Elizabeth. Tras tener una revelación y convertirse cuando tenía veintiún años, Stella había llegado a Oxford en 1929 para estudiar teología. Después de una breve temporada en la que enseñó religión en St. Christopher College (un colegio de Blackheath, Londres), había vuelto a la Universidad de Oxford en 1941 en calidad de capellana de las estudiantes de sexo femenino. El Socratic Club, que ella había fundado, estaba concebido como una herramienta evangélica para llegar a quienes se interesaban en «cuestiones confusas» sin ser todavía cristianos.[80] Su cargo hacía de ella una mujer incansable, recordó Iris. Aldwinckle «entraba en los colegios de Oxford con actitud audaz y no siempre era bien recibida, pero siempre lo hacía como por derecho propio, dando por sentado el papel que desempeñaba entre nosotras». No se presentaba como «conversora», ella enseñaba por lo que era, «por su presencia, su fe y su interés».[81]

Stella e Iris se hicieron amigas, pero Mary no estaba convencida. Stella la exasperaba por su autocomplacencia, y no había contribuido a la causa de la capellana el despertar a Mary aporreando la puerta a las once de la noche antes de su examen final de Lógica. «¿Te gustaría ir a debatir en el Socratic Club?», había preguntado Stella, sonriendo con dulzura. *«Dilly dilly duckling, come and be killed»*,* pensó Mary, recordando la canción infantil en la que una cocinera llama a unos patos ya condenados a la olla. Más tarde recordó la sonrisa de Stella, «de mártir e indulgente», ante incluso «las negativas más corteses a ceder a sus irrazonables peticiones».[82]

Elizabeth se hizo amiga de Stella gracias a Iris,[83] pero no esperaba que la intervención en el Socratic Club fuese coser y cantar. Stella insistió en que las reuniones fuesen «muy civilizadas»: «Queríamos llegar a la verdad de las cosas y seguir el debate de buena fe y con cordialidad tomase el rumbo que tomase».[84] No obstante, a C. S. Lewis, el presidente del club, veinte años mayor que Elizabeth, se lo conocía porque le gustaban los debates muy acalorados; se decía que «hablaba para ganar».[85] «¡Bienvenidos todos, ateos y agnósticos!», se leía en un cartel colgado esa noche en el tablón de anuncios de la sala común júnior de St. Hilda.

C. S. Lewis, que había pedido que se le permitiera seguir «enseñando durante la guerra», acababa de publicar *Los milagros*; Elizabeth acudió a hablar del libro en presencia del propio autor. Había escogido el tercer capítulo. «Quiero hablar sobre su razonamiento, concretamente de cuando dice que lo que usted llama "naturalismo" se refuta a sí mismo porque no es coherente con la creencia en la validez de la razón –empezó diciendo, hablándole directamente al presidente–. Con ese razonamiento propone usted destruir al "naturalismo".»[86] En ese capítulo, Lewis sostenía que los «naturalistas» no pueden explicar el carácter racional del pensamiento e insistía en que este está gobernado por relaciones racionales. Las conclusiones se de-

---

* «Patito, patito, ven que te mato.» (*N. del T.*)

rivan lógicamente de las premisas. No obstante, el naturalista insiste en que todas las relaciones son, en última instancia, causales. El comportamiento humano y el pensamiento se siguen causalmente, no racionalmente, a partir de otros hechos físicos. Según Lewis, se trata de una posición derrotista. El naturalista piensa que tiene motivos racionales para creer en el naturalismo, pero, si el naturalismo es cierto, esa fe no tiene base racional alguna. Es únicamente un hecho físico, con una explicación causal como cualquier otro. Creer algo sin bases racionales es irracional; por tanto, concluye Lewis, la posición del naturalista se socava a sí misma.

«Lo que voy a analizar», prosiguió Elizabeth, es el punto central del razonamiento, según el cual «creer en la validez de la razón» no es compatible con la idea de que «el pensamiento humano puede explicarse por completo como el producto de causas no racionales». Y volvió a dirigirse a Lewis: «A mí esto me parece un error que descansa en confusiones varias en las que usted incurre al hablar de los conceptos "razón", "causa" y "explicación"».[87] Una pausa para tomar aire; saltaba a la vista que la señorita Anscombe no tenía intención alguna de ser deferente.

Un científico que da una explicación causal de los procesos fisiológicos que intervienen en un caso de razonamiento, dijo Elizabeth, no tiene en cuenta en absoluto el contenido del razonamiento; no tiene en cuenta esos procesos, ni puede hacerlo, desde el punto de vista de la «validez», la «verdad» o la «evidencia». Para él, los procesos son sencillamente hechos fisiológicos y, dado que los contempla desde ese punto de vista, cuestiones como la «racionalidad» y la «irracionalidad» no influyen en su explicación.

Así y todo, dice Elizabeth, eso no demuestra que las creencias no tienen una explicación racional. «Si tenemos ante nosotros un escrito que defiende una opinión, podemos analizar si se trata de un buen razonamiento sin interesarnos en absoluto por las circunstancias en que se produce.»[88] Podemos analizar la validez del razonamiento sin saber si se escribió a máquina, en un billete del metro o si alguien lo cantó en la ducha. Nuestra pregunta, «Por qué?», tiene distintas aplicaciones –a veces buscamos una explicación causal, otras una explicación racional–. Así pues, «creer en la validez de la razón» es perfectamente coherente con la idea de que puede haber una explicación causal del pensamiento humano.

Esa noche, la tesis de Elizabeth no apuntaba contra la ciencia ni contra el naturalismo. De hecho, parte de lo que estaba en juego en su disputa con Lewis era el significado de «natural». Lewis suponía que la razón humana podía ser natural solamente si puede reducirse a una explicación causal, pero Elizabeth replicaba que «natural» no significa «reducible a una explicación causal». Para animales como nosotros, nada hay más natural que pensar y razonar, cuestionar y explicar. Hacerlo es parte de nuestra naturaleza. Somos una clase de seres que sacamos conclusiones a partir de la evidencia y que preguntan «¿Por qué ocurrió eso?», «¿Por qué piensas eso?», «¿Qué razones tienes?». Es parte de nuestra manera de ser formular esas preguntas y buscar esas pautas. Lewis tiene razón cuando advierte que no podemos explicar la racionalidad del pensamiento y la acción humanos empleando las herramientas científicas que hemos desarrollado para explicar las ondas cerebrales; sin embargo, eso no demuestra que las ondas cerebrales son naturales y la razón no.

Mary Glover habría aprobado sin fisuras el razonamiento de su exalumna y la versión de la acción humana que Elizabeth desarrolló en *Intención*, donde demostraría que cuando nos interesan las razones, la validez y los motivos del pensamiento y la acción humanos, no buscamos cadenas causales, sino patrones a gran escala. No de causa y efecto, ni de conjunción constante, sino unos patrones que ubican dentro de un orden racional lo que H. W. B. Joseph había llamado «trozos de vida».

En su libro, Elizabeth Anscombe presenta un patrón en un sorprendente ejemplo que conjuga nazis, asesinato y una conspiración. Un hombre bombea agua en una cisterna que abastece de agua potable a una casa (puede que aquí la autora pensara en el *Blitz*: bombas de agua con estribo, tanques de agua, mangueras). Alguien ha contaminado la fuente con una sustancia tóxica cuyos efectos son acumulativos. La casa está ocupada por nazis. «El hombre que contaminó la fuente ha calculado que si se destruye a esas personas, algunos hombres buenos tomarán el poder y gobernarán bien o incluso instaurarán en la tierra el Reino de los Cielos y garantizarán una buena vida a todo el mundo.» Ese hombre «ha revelado el cálculo, junto con la verdad sobre el veneno, al hombre que bombea». El brazo del hombre «sube y baja, sube y baja».[89]

A continuación, Elizabeth Anscombe echa mano de nuestra pregunta corriente («¿Por qué?», como en «¿Por qué haces eso?») para poner al descubierto el orden racional imperante en la acción de bombeo. Las descripciones que el hombre daría si respondiera con sinceridad a la pregunta «¿Por qué?», dice Elizabeth, podrían ordenarse para formar una serie.[90]

¿Por qué sube y baja el brazo?
Estoy haciendo funcionar la bomba. (A)
¿Por qué hace funcionar la bomba?
Estoy reponiendo el agua. (B)
¿Por qué repone el agua?
Estoy envenenando a los habitantes de esta casa. (C)
¿Por qué los envenena?
Para instaurar en la tierra el Reino de los Cielos. (D)

Las descripciones «haciendo funcionar la bomba», «reponiendo el agua» y «envenenando a los habitantes» están conectadas en virtud de lo que dicen y el modo en que está estructurado el mundo. En esa situación, accionar la bomba es una manera de reponer el agua que se ha utilizado, lo que a su vez es una manera de envenenar a quienes viven en esa casa. Algunos aspectos de la situación los han fijado los conspiradores: han envenenado el agua que se utiliza en esa casa. Otros ya estaban ahí: la bomba siempre ha sido el medio para reponer el agua. Otros siguen siendo verdades de la naturaleza humana: los venenos son perjudiciales para los animales como nosotros.

En el ejemplo de Elizabeth, el hombre que bombea sabe todo eso; sabe cómo funciona la bomba, está al corriente del plan, sabe de la existencia del veneno y de la presencia de unos nazis. (No es su situación la de un incauto al que los conspiradores han engañado para que bombee ocultándole la existencia del veneno y el plan criminal.) Elizabeth Anscombe dice que, sabiendo todo lo que sabe, ese hombre puede hacer funcionar la bomba *para* reponer el agua *para así* envenenar a los residentes. Sin embargo, dada su posición junto a la bomba, aunque no puede ver el proceso causal por medio del cual el veneno llega a los habitantes de esa casa, sabe («sin observar», en palabras de la autora) que eso es lo que está haciendo.

Según Elizabeth, la racionalidad del hombre que bombea no da a entender un proceso de razonamiento implícito; se trata de «estar familiarizado con algo»[91] y llevar a la práctica lo que se sabe para asegurar su finalidad. La autora sostiene que, al ver su acción como racional, como hecha por una razón, no hace falta postular ningún «proceso mental real». El hombre, sabiendo lo que hace, podría simplemente empezar a bombear sin pensárselo más. Decir que actúa *por una razón* no presupone un episodio mental interno, un empujón hidráulico que explique causalmente sus movimientos en el mundo, donde lo que ocurre después de esos movimientos no es más que un efecto de lo que ha hecho. Antes bien, significa reconocer que ese «trozo de vida», el movimiento del brazo en una palanca, tiene un lugar en una pauta que podemos reconocer, un ordenamiento del mundo que el hombre está creando cuando mueve el brazo aquí y ahora.

El día después de reunirse con Lewis, Elizabeth le escribió a Wittgenstein para contarle cómo había ido la conversación. Lewis fue «mucho más amable en el debate de lo que yo esperaba –escribió–, a pesar de cierta afectación, y echó mano de toda clase de ardides para oscurecer el problema, pero, a decir verdad, no fue desagradable». Yorick Smythies la había ayudado a preparar la ponencia «escribiendo "¡Mierda!" sobre mis comentarios» en el primer borrador.[92] Ella había encontrado un aliado en Frank Goodridge, el secretario del club, quien, a pesar de ser alumno de Lewis, era amigo de Elizabeth.[93] Después de escuchar su razonamiento, que lo convenció («es probable que con demasiada facilidad»), Frank «empezó a atacar a Lewis, que había dicho algo acerca de que había escrito el libro "en un nivel bastante popular"». Frank «le reprochó casi en términos morales que uno no debería, por querer ser popular, presentar un mal razonamiento». La carta termina con una posdata: «En efecto, los debates en público me resultan muy difíciles. Me asusto y me apresuro a responder a lo que me dicen; si intento analizarlo y hacer una pausa para pensar en ello, se me queda la mente en blanco. Por eso digo muchas cosas que no sirven para nada».[94]

El folclore universitario cuenta el «Caso Anscombe» o el «Debate Anscombe-Lewis» de un modo bastante distinto.[95] La «formidable» señorita Anscombe «atacó» a Lewis, quien, «dolorosamente humilla-do» y «hondamente trastornado», en adelante se apartó del argumentario teológico para dedicarse a los escritos devocionales y la narrativa infantil; la señorita Anscombe «acabó con él» como apólogo. Elizabeth «tendía a interpretar las extrañas versiones del asunto que daban algunos de sus amigos –que parecen no haberse interesado en los argumentos reales ni en el asunto tratado– como un ejemplo interesante del fenómeno llamado "proyección"».[96]

Aunque a Elizabeth le pareció que C. S. Lewis estaba confundido en lo que respecta a causa y razón, su motivación no le resultaba ajena. Lewis pensaba que solo derrotando al naturalismo se podía encontrar en la vida humana un lugar para los milagros. Por su parte, Elizabeth no veía conflicto alguno. Peter y ella ya le enseñaban a Barbara, de cinco años, y a John, de casi tres, algunas cosas acerca de la transustanciación –creían que había que hacerlo lo antes posible–. Los niños eran demasiado pequeños para entender la palabra, pero estaban aprendiendo su lugar, el ritual de lenguaje y acción en el que más tarde se entrelazaría. Estaban enseñándoles a ver una pauta en el ritual al que más tarde se podría aplicar la descripción «convertir el vino en la sangre de Jesús».

«¡Mirad! ¡Mirad lo que hace el cura! –les susurraba Elizabeth en los reclinatorios de San Aloisio–. Está diciendo las palabras de Jesús que convierten el pan en el cuerpo de Jesús. ¡Ahora lo levanta! ¡Mirad! Ahora inclinad la cabeza y decid "Mi Señor y mi Dios" –y continuaba–: Mirad, ahora ha cogido el cáliz y dice las palabras que convierten el vino en la sangre de Jesús. Mirad el cáliz. Ahora inclinad la cabeza y decid "Creemos en tu preciosa sangre, oh Cristo de Dios".» Elizabeth sostenía que su relato «no tenía que molestar a quienes los rodeaban», pero podemos imaginarnos alguna que otra mirada de desaprobación. Sus lecciones dieron tan buenos resultados que un día, al volver ella de la fila de la comunión, Barbara le preguntó, con gran respeto: «¿Está Él en ti?». «Sí», dijo Elizabeth y, para su asombro y placer, la niña se postró ante ella.[97]

Los jueves por la noche, en la Nueva Biblioteca Bodleiana, Mary participaba en las clases «especialmente emocionantes» de Richard Walzer sobre Aristóteles. Durante la guerra, David Ross había ayudado a Walzer haciéndolo miembro de Oriel College y consiguiéndole una plaza de profesor. En 1945 lo nombraron profesor de Filosofía medieval; enseñaba *Acerca del alma*, la *Metafísica* y los *Diálogos* de Aristóteles. También Yorick Smythies, Peter Strawson y Peter Geach asistían a veces. Tomás de Aquino se mezclaba con Wittgenstein mezclado con Aristóteles.[98]

A Wittgenstein le enorgulleció decir: «¡Aquí estoy, yo, que fui profesor de filosofía sin leer jamás una sola palabra de Aristóteles!».[99] Iris, Mary y Elizabeth sí habían leído al Estagirita. Mary recordó la paciencia de Elizabeth cuando comparó el interés de Wittgenstein en la vida humana con el de Aristóteles: «Así, la especial importancia del lenguaje no fluye del hecho de ser un fenómeno especialmene grandioso y aislado. Surge porque el habla es una actividad humana fundamental que refleja toda nuestra naturaleza, porque el lenguaje, a diferencia de las matemáticas, está arraigado en la estructura, más amplia, de nuestra vida». Por eso, estudiar el lenguaje equivale a «investigar toda nuestra naturaleza».[100] El orden que Elizabeth encontró en la acción humana empleando el método de Wittgenstein resultó ser el mismo que había descrito Aristóteles.[101] Elizabeth dijo que, antes de conocer a Wittgenstein, «los grandes filósofos del pasado le habían parecido solo hermosas estatuas», pero que «conocerlo había conseguido que cobrasen vida para ella».[102]

A lo largo de ese año, Iris y Mary fueron abriéndose camino por las páginas del *Cuaderno azul* y Elizabeth llevó más fragmentos de Wittgenstein de Cambridge a Oxford: trocitos de papel, fragmentos de conversaciones. Ahora ya dominaba el alemán y estaba leyendo el nuevo escrito del austriaco, todavía sin traducir. A Wittgenstein le asombró la rapidez con la que Elizabeth había aprendido la lengua y a ella la había asombrado ese asombro: «Me sorprendió la incongruencia de que Wittgenstein admirase el ejercicio de una capacidad tan elemental, que para mí era una ligera muestra de inteligencia, cuando en sus clases se podía pasar miedo por no entender algo aun estando segura de que, para entenderlo, se necesitaban grandes capacidades y mucho pensamiento».[103]

En 1948, el pensamiento de Wittgenstein ya se había filtrado en la tesis de Elizabeth. En 1944, pocos meses antes de conocerse, ella había escrito sobre su plan de «aproximación objetiva» a la pregunta «¿Qué es un individuo humano?». Empezaría preguntando «¿Qué es *eso*?» para después describir los principios organizadores que descubría en los seres humanos que observaba. En aquel momento, su preocupación era la siguiente: «¿Hay trabajo aquí para un filósofo o solamente para un psicólogo experimental?». Ahora podía contestar a esa pregunta con las herramientas que Wittgenstein le había proporcionado. El filósofo no apunta a describir a seres humanos concretos ni su psicología individual o sus procesos mentales. Antes bien, describe la forma o la pauta de la vida humana en su conjunto. Su objetivo es cartografiar la «gramática», comprender las prácticas y los conceptos que importan, las maneras que permiten avanzar, el modo en que la naturaleza, el instinto, la razón y el lenguaje son modelados por la vida humana a la vez que la modelan. La hazaña de observación requerida es también un logro de la observación y de la trascendencia de uno mismo —el filósofo está estudiando la forma de vida que ella misma comparte—. Como Mary estaba aprendiendo de Plotino, el macrocosmos exterior se refleja en el microcosmos interior.[104]

En sus diarios, Iris siguió cavilando sobre la ponencia de «E.» acerca del pasado. A finales de la primavera de 1948, escribió: «No hay recuerdo pasado <u>sin un complemento</u> (no más que datos sensoriales sin complemento). Lo único que existe es la textura, el entramado, el entretejerse de pasados de testimonio y deducción con el propio pasado personal de la memoria». Inclinada sobre la página, la preocupaban las implicaciones de la imagen de E.: «Problema: encontrar una teoría del pasado histórico que no lo convierta en "fantasmal"». A continuación, añade: «¿No es fantasmal salvo para el historiador? [...] Para mí, gran parte del pasado es fantasmal [...]. ¿Pueden parecer fantasmales partes de mi propio pasado?».[105] Analizó el problema varias veces con Wasif y Kanti y casi un año después lo revisitó en sus notas. «Todo esto tiene un <u>cebo</u> para mí. <u>Atrae</u>. ¿En qué reside ese cebo?»[106]

Una de las cosas que Iris se llevó de los postulados de Elizabeth fue la idea de que tener un concepto es tener una capacidad. Hablando de capacidades lingüísticas o conceptuales, Elizabeth apartó a Iris de los rasgos superficiales del lenguaje (esos rasgos que J. L. Austin y su *Kindergarten* tanto se empeñaban en recabar y analizar) para dirigirla hacia «los hechos que indican cómo aprendemos el uso de las palabras (por tanto, conceptos)»[107] y así permitió que Iris estableciera una nueva conexión entre las ideas de Wittgenstein y las de Martin Buber: «La revolución epistemológica de Witt. tiene su paralelo en la revolución psic./moral de Buber. Desde el principio no estamos solos».[108] Aprendemos a usar las palabras gracias a las personas con las que compartimos nuestra vida. Una capacidad conceptual, igual que la capacidad para las matemáticas o para cocinar, es algo que se aprende con el tiempo, mediante la práctica y la repetición y gracias a la ayuda y las correciones de quienes nos rodean. Al principio, como ocurre con todas las capacidades, la competencia de una persona es limitada y simple: 1+1, 4 × 10, tortillas mal hechas y espaguetis en lata, pero si una persona continúa practicando y escucha a quienes la rodean, mejorará, será más competente y más compleja: $c = \sqrt{a^2 + b^2}$, suflé y *ravioli alla calabrese*.

Los conceptos personales tienen su propia historia individual. Un viaje a Francia, los desafíos del racionamiento durante la guerra o vivir cerca de la tienda de *delikatessen* de la señora Palm son cosas que dan un toque particular e individual a la cocina de una persona. También el paso del tiempo imprime a sus conceptos un carácter único. Cada vez que me enamoro, que me arrepiento, que siento remordimientos, que perdono, odio, confío, mi comprensión de esas palabras cambia, se vuelve más personal, más ligada a mí y a las circunstancias particulares de mi vida. A medida que mis conceptos van cambiando, puedo incluso llegar a ver mi pasado bajo una luz diferente. Iris brinda un ejemplo muy cercano a ella. Supongamos que me he convertido al marxismo, ¿no podría ver mi pasado como un gran autoengaño burgués? Y luego otra vez con signos &: pero si «aprendo & reviso & creo & recreo continuamente mi lenguaje, ¿no es una responsabilidad constante repensar mi pasado?».[109] «"No debes odiar a tal & cual": "tienes" a tal & cual atascado en tu pasado, y puedes, en cierto sentido, desodiarlos en tu pasado también. Tras la reconciliación, se repiensa el pasado bajo la luz de lo que ha sucedido después.»[110]

En su propuesta para la beca (1947), Iris había escrito acerca de la necesidad de un marco lógico para comprender nuestras relaciones con los demás; amor, promesas, el cuerpo; el misterioso territorio de ser y sentir. El enfoque que Elizabeth había tomado de Wittgenstein, con el acento puesto en la práctica y la vida, empezaba con una comprensión importante: «desde el principio, no estamos solos». Nacemos en un mundo compartido. Sin embargo, Iris no estaba convencida de haber comprendido el carácter de las reglas que describía Elizabeth. («La lógica no es una superfísica. (¿Como pensaban Platón, Aristóteles?) ¿Qué demonios es entonces?»)[111] La preocupaba que haciendo todo público, exponiéndolo, Wittgenstein hubiera destruido el ámbito en que ella quería ubicar la misteriosa lealtad creativa que conecta entre sí a dos individuos históricos concretos por medio de una promesa. «Cristalizar en torno a estas consideraciones la sensación personal de que Witt. deja a las cosas sin cuerpo, sin emoción, etc.»[112] En algunos pasajes es incisiva. «La lucha de Witt. contra lo epistemológico, lo psicológico. Es algo que va contra todos mis instintos [...]. ¿Qué tiene de malo la idea de fenomenología? ¡Combatir a Witt. a cada paso!»[113]

Ese año, las ambiciones de Iris eran grandes. Aun así, se las ingenió para hacer un extenso resumen manuscrito. Planeaba conjugar, en armonía meditativa, la fenomenología de Edmund Husserl (lo poco que sabía; en Cambridge nadie había oído hablar nunca de Husserl)[114] con el austero logicismo de Wittgenstein: las *Ideas* y el *Tractatus*. En los márgenes acechaba Søren Kierkegaard, el ubicuo SK de sus diarios. Esa criatura anfibia imprimía un nuevo «giro» a la filosofía europea, había dicho Iris en su propuesta. SK había demostrado que «la especulación filosófica no tiene valor a menos que se interese por el individuo concreto existente»[115] y eso era lo que le interesaba a ella. Lo misterioso, lo que no puede ponerse al descubierto, lo real. ¿Qué marco lógico podía ser el adecuado a tal fin? En mayo de 1948, sus investigaciones para la tesis requerían [en inglés] un título de treinta y cinco palabras para captar todo su alcance. «Algunas teorías poshegelianas de la conciencia: un estudio de la filosofía fenomenológica y existencial (Husserl, Sartre y otros) con referencia a la *Fenomenología del espíritu* de Hegel y a la obra de Kierkegaard, así como a la obra de Wittgenstein.»[116]

Elizabeth intervino a veces para frenar a su amiga. «Elizabeth tiene razón: hay que seguir batallando como los filósofos pasados de moda.»[117] No obstante, aunque Iris admiraba a Elizabeth y la escuchaba, no estaba dispuesta a dejarse adular por ella; en las conversaciones con Elizabeth, Iris podía ser la que conducía la apisonadora o la que terminaba aplastada. Elizabeth también estaba familiarizada con bosques cenagosos; conocía bien a Kierkegaard. Sí, SK le habla al individuo, reconocía, pero es «una traición sistematizar su pensamiento». En lo que respecta a la propia E., ella misma afirmaba que ya no «anhelaba un sistema, la unidad». «El pensamiento busca un sistema», replicaba Iris.[118] Las dos solían quedarse conversando hasta pasada la medianoche, bebiendo vino o fumando mucho después de que Shah, Wasif y Kreisel se marchasen. De día se encontraban para dar largos paseos juntas en un extremo u otro de la Varsity Line: «Conversación el lunes con Elizabeth sobre la inmortalidad del alma (caminando por Christ Church Meadow) y sobre la memoria (en su habitación). También sobre analogías y teorías metáf. (en Radcliffe Square)».[119] Es raro que Peter, Barbara y John aparezcan en los diarios de Iris (a menudo nocturnos). Con una excepción. Iris acompañó a la familia en una excursión de primavera al Gog Magog, una cadena de bajas colinas de tiza a unos diez kilómetros al sur de Cambridge. «Un atardecer de un intenso azul oscuro y ramas de endrino en flor. Un maravilloso día triste.»[120]

En abril de 1948 apareció en la *Oxford Gazette* una oferta de trabajo para una «profesora particular de filosofía» en St. Anne's Society, Oxford. St. Anne's tenía fama de ser el «más emocionante» de todos los colegios femeninos, un lugar donde no expulsaban a las estudiantes que se casaban o se quedaban embarazadas. Sin embargo, desde el punto de vista académico, era la «Cenicienta de los colegios de Oxford».[121] Esta situación cambió bajo la audaz dirección de Mary Ogilvie, una historiadora de Somerville, pues de nueve jóvenes profesoras se decía que eran las más bellas –y las más brillantes– de la universidad.[122]

Pip recortó el anuncio y lo envió por correo a The Pightle, con una advertencia: Iris debía presentarse aunque Mary también planeaba hacerlo. La respuesta de Iris llegó al buzón del número 16 tres días más tarde:

Querida:

Muchas gracias por los nuevos detalles que me das sobre St. Anne's. Me espanta la idea de competir con Mary, pero creo que me presentaré igual. Es mucho más probable que lo consiga ella –tiene experiencia como profesora, es latinista, etc.–, así que intentaré no pensar mucho en ese trabajo. Con todo, siento que quiero conseguirlo, y mucho.[123]

Isobel Henderson y Donald MacKinnon escribieron cartas de recomendación para las dos. «En lo que respecta a su capacidad general intrínseca, no puedo elegir entre las dos –escribió Isobel en una carta de dos páginas en la que queda patente su indecisión–. La señorita Scrutton es académicamente la mejor de las dos. Quizá la señorita Murdoch produzca un trabajo filosófico interesante...» Y continuaba diciendo que la señorita Scrutton es la «mejor especialista», que la señorita Murdoch «es una persona de un empuje ilimitado», «la señorita Scrutton me parece a mí la mejor docente de Oxford», la señorita Murdoch «es la más original», la señorita Scrutton es «más brillante y sutil que la señorita Murdoch, si bien menos enérgica y anticonvencional». Para Donald MacKinnon, Mary es «indiscutiblemente la mejor universitaria de las dos», pero Iris es «mejor filósofa». Mary está «siempre alerta e interesada de verdad. Es verdaderamente curiosa, siempre está dispuesta a leer mucho»; Iris «causa un impacto muy fuerte en las personas y es capaz de influir muchísimo en ellas, con facilidad y sin ser consciente de ello». Mary es la opción sensata («el nivel general de su inteligencia y la solidez de su carácter hacen de ella una candidata con muchas posibilidades»); la señorita Murdoch es «una persona muy diferente» y el colegio «se arriesgaría» si la contrata («Fue una activa comunista»). Isobel Henderson se despide con estas palabras: «Desearía que nombraran a las dos».[124]

En julio, fue Iris la que consiguió el puesto. Mary se sintió decepcionada. Como consuelo, recreándose en la ocurrencia de la escena melodramática que representó, le bastó con decapitar ceremonialmente los lirios* del jardín de los Foot.[125] Philippa, cuya lealtad estaba dividida, consoló a Mary aun estando exultante con la posibilidad de que Iris se quedase en Oxford. Escribió para felicitarla y la invitó a instalarse en el número 16 de Park Town con Michael y ella. Iris contestó:

Sobre lo que dices del apartamento, ¡muchísimas gracias! Como te puedes imaginar, me aterrorizó un poco la idea, pero ahora me siento mejor pensando que es, desde casi todos los puntos de vista, maravillosa. Espero de verdad en lo más hondo del corazón que a Michael no le desagrade mi presencia en la casa. Disculpa que te lo diga así. Si pudiera estar totalmente segura al respecto, todo el plan me haría muy feliz. Perdón. Creo que en este punto tengo mucho más «complejos» que tú o M. Y en cualquier caso me pone nerviosa pensar que voy a volver a Oxford, perdóname los nervios. Siento que es bastante «osada» esta idea de vivir con vosotros...[126]

* En inglés, *iris*. (*N. del T.*)

Capítulo 6
Renacer
(Oxford, Cambridge, Dublín y Viena, octubre de 1948- enero de 1951)

ELIZABETH DA SU PRIMERA CLASE

En Oxford, Elizabeth alquilaba una habitación en el número 27 de St. John Street, a un kilómetro y medio de Park Town. Se alojaba con la señorita Mary Isabel Lawson, la penúltima superviviente de cinco hermanas solteras que después de la Primera Guerra Mundial habían alquilado la casa a St. John's College.[1] La señorita Lawson, que ya tenía casi ochenta años, se esforzaba mucho para mantenerla. La mujer de la limpieza, la excelente señora Colter, la ayudaba con las tareas domésticas y con la colada, limpiaba las ventanas y pelaba patatas,[2] pero la casa necesitaba muchas reparaciones. El techo se había caído en una de las habitaciones y nadie lo había arreglado. No había agua caliente, ni cuarto de baño interior, ni calefacción. Los marcos de las ventanas estaban podridos.[3] El interior era oscuro. Elizabeth dormía en una habitación diminuta y estrecha del último piso.[4] El número 27 no se beneficiaba del bajo sol de invierno que iluminaba las casas de enfrente. En la parte trasera, un lúgubre cuartito donde, entre otras cosas, se fregaban los platos. Cuando la señorita Lawson murió a principios de 1949, visitó la casa un inspector de St. John's College. Lo «inquietó» el estado en que se encontraba. Al parecer, el administrador se quedó «horrorizado». «El lugar está sucio y es, en todos los sentidos, una deshonra para el colegio.»[5] La casa necesitaba una «limpieza a fondo» y «luces y servicios sanitarios adecuados»; también había que instalar la calefacción y reparar el techo que se había caído.[6] Elizabeth preguntó si, ya que iban a repararla, podía tener rieles para colgar cuadros en todas las habitaciones.[7] «En estas circunstancias –hizo constar el administrador–, de no haber sido por la amabilidad de la señorita Anscombe para con la difunta señorita Lawson, habría preferido encontrar otro inquilino.»[8] Tal era el estado de cosas que el colegio insistió en que los inquilinos dejaran la casa varios meses para proceder a las reparaciones.

El matrimonio Goodridge, Frank y Gillian (Frank era quien había salido en defensa de Elizabeth en el Socratic Club), también alquilaba habitaciones allí, igual que el estudiante de arte e inventor Barry (Thomas Barrington) Pink.[9] Esa casa tan venida a menos dice mucho sobre la continua penuria en que vivían Elizabeth y Peter. La beca de investigación no daba para mucho y Peter –aún en Cambridge con los niños– seguía sin tener un trabajo fijo. Solo podía contribuir al presupuesto familiar con lo que ganaba dando algunas clases

particulares en Cambridge. Para mantenerse a flote, vendieron algunos libros que apreciaban mucho.[10] Wittgenstein, que durante una tormenta descubrió que Elizabeth no tenía impermeable ni dinero para comprarse uno, le regaló una capa blanca. Más tarde, cuando conoció su más que austera habitación, le compró dos sillas y una papelera. («Eres escritora, tienes que tener una papelera.»)[11]

Durante las reformas, el trastero de Elizabeth se convirtió en un baño interior y, cuando ella volvió a instalarse en calidad de arrendataria, ocupó una habitación más espaciosa en el primer piso. Los Goodridge se quedaron en la planta baja. Elizabeth solía dar clases particulares en su habitación, en lo alto de las oscuras escaleras de la parte trasera de la casa. En esos días ayudaba a traducir la nueva obra de Wittgenstein y el suelo estaba cubierto de montoncitos de papel.[12] Eran los *Zettel*, los papelitos en los que Wittgenstein había escrito sus observaciones filosóficas, dispuestas de una manera que solo Elizabeth sabía descifrar mientras intentaba encontrarles algún orden; como de costumbre, los cigarrillos ayudaban. En el centro, como si fuese una pila bautismal, una enorme columna hueca hacía las veces de cenicero. Elizabeth y Wittgenstein trabajaban juntos en los fragmentos y no cesaban de aparecer nuevos *Zettel* que había que añadir a los que ella había llevado a Oxford después de su verano en Cambridge.[13] Mecanografiando con paciencia, avanzaban hacia la versión que más adelante se publicó con el título *Investigaciones filosóficas*. A veces, Elizabeth leía partes de la traducción a sus estudiantes, entre quienes estaba Mary Wilson, de la clase «Cosas», a quien Elizabeth había ordenado que se olvidara de la filosofía del lenguaje corriente de J. L. Austin. Con la intención de convencerla, escogió varios temas lingüísticos, gramaticales o enjundiosos. A Mary Wilson el enfoque «no concluyente» le pareció «¡maravilloso!»,[14] pero principalmente porque le recordaba a Coleridge, cuyos *Cuadernos* había estado leyendo. Elizabeth le prestó una parte de la versión mecanografiada más reciente, la llamada *Spätfassung* (versión tardía),[15] y Mary Wilson se iba de St. John Street con unas hojas en la cesta de la bicicleta, para copiarlas; eran páginas que trataban sobre el significado de las palabras que expresan sensaciones y emociones, y también, sin que se supiera bien por qué, sobre un escarabajo. «Y así, antes de que muchas personas de Oxford vieran el trabajo más reciente de Wittgenstein, yo pude leerlo directamente. Le quedé sinceramente agradecida a Elizabeth», escribió más tarde.[16]

La mañana del martes 12 de octubre de 1948, Elizabeth no estaba en su estudio. Había bajado las escaleras para salir al frío aire otoñal por la puerta azul del número 27. Vestía, como de costumbre, pantalones anchos marrones –de procedencia desconocida– y llevaba el pelo oscuro largo y suelto. Solo la delataba la toga negra: iba a dar una clase. Su primera clase.

Llegó al edificio de Examination Schools, en High Street, justo antes de las diez de la mañana. Iris, Philippa y Mary muy bien pudieron estar ahí para recibirla tras acercarse desde Park Town atravesando los parques de la universidad. Iris había reformado sus viejas faldas agrandándolas con retales a imitación del *New Look*, una moda parisina de posguerra que escandalizaba a las patriotas francesas por el derroche y el exceso en un momento en que seguía en vigor el racionamiento de ropa.[17] Philippa, de punta en blanco como siempre con una falda y una blusa entalladas. Por su parte, Mary empezaba a encontrar un estilo propio; más adelante se decantó por un sombrero muy exclusivo y collares. Es posible que las cuatro se fumaran un par de cigarrillos en la acera, apiñadas para protegerse del viento de octubre y de las miradas de los estudiantes que pasaban junto a ellas al entrar en el edificio. En ese contexto, lo suyo era que Elizabeth, la mayor de las cuatro y, en opinión de todos, la más brillante, fuese la primera en acercarse al atril.

Si hay un edificio concebido para hacer temblar a un profesor novato, es el de Examination Schools. Acabado en 1881, la fachada tiene motivos de ventanas venecianas, cinco imponentes arcos y una torrecilla. Dentro, columnas de mármol, bustos de hombres eminentes (un conde, un cura, un duque) y frisos decorados con bestias y aves. Todos los años, rodeados por aquella grandiosa arquitectura,[18] insignificantes bajo los techos abovedados, nerviosos, muchos estudiantes hacen allí sus exámenes. Durante las dos guerras mundiales, el edificio se utilizó como hospital militar. Al entrar, las cuatro mujeres pasarían delante de un letrero obsoleto, pero turbador: «Resuscitation Room» (sala de reanimación).

Entre la llegada de Elizabeth como estudiante a St. Hugh's College y su primera clase en 1948, solo cuatro mujeres filósofas habían aparecido en las muy consultadas páginas de la *Gazette*: la señora Martha Kneale, la señorita Lucy Sutherland, la señorita Margaret MacDonald y la señorita Mary Glover. De los sesenta y seis profesores de filosofía que habían ejercido desde la guerra, solo dos habían sido mujeres. Ese día de octubre de 1948, el aula estaba repleta de hombres dispuestos a soportar la «humillación» de ser alumnos de una mujer, aunque también pudo verse a unas cuantas mujeres jóvenes. Las clases de la señorita Anscombe llegaron a ser legendarias por la belleza de su voz, lo grosero de su lenguaje y la profundidad de su pensamiento. Una vez, cuando le pidieron un ejemplo de una actividad intrínsecamente placentera, respondió «cagar».[19] Se decía que, cuando hacía pausas prolongadas, se la podía ver pensar.[20] Hablaba con cuidado y pensando lo que decía, casi sin hacer caso de la presencia del público. «Sí, esto es *muy* interesante», decía, de pie junto a la pizarra y escribiendo despacio «*muy*».[21]

Ese trimestre, el tema de Elizabeth era «Algunos problemas de la teoría del conocimiento». En el informe que había enviado ese año al comité Mary Somerville, competente para conceder las becas de investigación, había escrito que estaba trabajando en el «fenomenalismo» con el *Teeteto* de Platón como punto de partida. Le interesaba «la refutación del fenomenalismo considerando que cada afirmación y cada concepto tienen una lógica; incluidos los nombres de las cualidades apreciadas con los sentidos y las afirmaciones epistemológicamente primitivas que el fenomenalismo anuncia como datos». «Este trabajo, junto con una gran parte que trata sobre el problema de las opiniones falsas, se dedicará a la preparación de las clases sobre el *Teeteto* del próximo trimestre», había dicho al comité.[22] Elizabeth afirmaba que ese diálogo platónico hacía visible una conexión entre fenomenalismo –«[No es posible] tener otras opiniones que las que se refieren a lo que uno experimenta, y estas son siempre verdaderas»* (167a4)–[23] y la doctrina de Protágoras –«El hombre es la medida de todas las cosas», «Y yo soy juez, de acuerdo con Protágoras, del ser de lo que es para mí y del ser de lo que no es» (160c2)–.[24] Elizabeth había estado trabajan-

---

* Las citas están tomadas de: Platón, *Diálogos: Parménides, Teeteto, Sofista, Político,* traducción de M.ª Isabel Santa Cruz, Álvaro Vallejo Campo y Néstor Luis Cordero, Gredos, Madrid, 2000. *(N. del T.)*

do en esos pasajes a la luz de las observaciones del mecanoscrito de Wittgenstein que más tarde se conocería como «el argumento del lenguaje privado». (Fueron esas páginas las que poco antes Mary Wilson se había llevado en su bicicleta.) Ahora, la flamante profesora estaba lista para compartir las ideas en torno a las que habían girado muchas conversaciones nocturnas con Iris a lo largo del año anterior. («E. decía que Witt. y Platón tuvieron el mismo problema: ¿cómo pueden tener sentido las proposiciones falsas?»,[25] había apuntado Iris en junio de ese año.)

Para el fenomenalista protagórico, la percepción es infalible («lo que uno experimenta siempre es verdadero»); así, las cosas son como le parecen que son a quien las percibe. Por ejemplo, cuando sopla «el mismo» viento y una persona lo percibe como frío y otra como cálido, no puede decirse que el viento es frío o cálido «en sí mismo».[26] El hecho objetivo desaparece. Lo cálido o lo frío del viento depende de quien lo percibe. Para el protagórico, cada hombre es medida de todas las cosas, «de lo blanco, de lo pesado, de lo ligero y de cualquier otra cosa por el estilo. El que posee, en efecto, el criterio de todo esto en sí mismo, al creer que las cosas son tal como él las experimenta, cree él, y cree, efectivamente, lo que es verdad» (178b1).[27] Todo es flujo.

En el *Teeteto,* una de las objeciones de Platón a esa idea es que si cada hombre lleva en su interior la medida (*kriterion*), cada persona será la medida no solamente de cómo son las cosas, sino de cómo serán. Y eso no puede ser correcto. El juicio de un viticultor que opina que sus uvas darán un vino más dulce es más acertado que la opinión de alguien que se dedica a tocar la lira: «Sin duda alguna, también en el caso de alguien a quien va a darse un banquete, podríamos decir que, durante los preparativos del festín, si no conoce el arte culinaria, el juicio del que prepara los manjares tendrá mayor autoridad respecto al futuro placer que estos han de proporcionar».[28] «En este punto podemos hablar de algo que llamamos competencia», escribió Elizabeth más tarde. Los médicos comparan muestras de sangre a una escala que les permita juzgar lo anémico que está alguien, pero un médico puede pedirle a otro que compruebe que su opinión es correcta «sin tener sensación alguna de absurdo».[29] Con todo, si Protágoras no se equivocaba, nosotros, los humanos, no haríamos esas cosas. Si estaba en lo cierto, no tendría sentido alguno hablar de «verdadero» y «falso». «Nos gustaría decir, siguiendo a Wittgenstein, que lo sea lo que a mí me parece bien. Y eso solo significa que en este punto no podemos hablar de "verdadero".»[30] Wittgenstein, igual que Platón, sostenía que, si aspiramos a tener algo que pueda considerarse sentido, significado, la regla para seguir empleando una palabra, para aplicarla a casos nuevos, debe proceder de fuera del individuo.

Después de la primera clase de Elizabeth, las mujeres tuvieron un breve intercambio de opiniones. Elizabeth dijo: «Me gustaría escribir en la pizarra "¡Puedo equivocarme de medio a medio!"». Philippa añadió: «A mí me gustaría blandir una pancarta que dijese "Somos imbéciles"». A Iris «¡la conmovió la modestia de ambas!».[31] Más tarde, en unas clases que fueron la preparación de su libro *Intención*, Anscombe se permitió algo parecido a aquel impulso y escribió en la pizarra: «Soy una tonta». Lo hizo con los ojos cerrados para demostrar que una persona suele poder decir lo que está haciendo (intencionalmente) sin tener que mirar lo que está ocurriendo.[32]

La primera clase de Elizabeth llamó la atención de las autoridades universitarias. Les preocupaba que las jóvenes estudiantes acabaran corrompidas por el ejemplo de la señorita Anscombe (que no tenía nada que ver con el fenomenalismo, sino con sus pantalones). En las cuarenta y ocho horas posteriores a la clase llegaron noticias de la señorita Anscombe y su manera de vestir a oídos de George White, el «Clerk of the Schools», una especie de secretario general. White escribió al *Senior Proctor* (encargado de la disciplina): «Una recién llegada a Examination Schools en calidad de profesora ha dado hoy una clase ante unas ciento veinte personas vestida con pantalones y la toga de *Master of Arts* [...]. Las mujeres que dan clases aquí están expresamente a favor de que se haga todo lo posible para garantizar que las estudiantes respeten el reglamento».[33] White le escribió a Elizabeth insistiéndole en que fuese adecuadamente vestida, con falda. En Oxford, en la universidad, los pantalones no fueron una prenda aceptable del atuendo femenino hasta la década de 1970.

Los registros no dicen nada sobre la respuesta de Elizabeth, pero el incidente adquirió proporciones míticas en los anales de Somerville College, alimentadas, tal vez, por la conspicua actitud temeraria de Elizabeth para con la autoridad. (El año siguiente le contó a una preocupada Iris que la habían arrestado «por pasearse con el pelo suelto a las cinco de la mañana ¡y por negarse a dar su nombre!»).[34] La historia oficial de Somerville College cuenta que las dos partes se atrincheraron en sus respectivas posturas, que White esperaba a la señorita Anscombe todos los martes y los jueves a las diez de la mañana y no la dejaba entrar a dar la clase si llevaba pantalones. Al final, prosigue la leyenda, llegaron a un acuerdo; el centro le proporcionó un vestuario donde había una falda y una licorera con jerez. Le permitían entrar en el edificio con pantalones, pero ante los estudiantes tenía que llevar falda. Se cuenta que a menudo llevaba la falda por encima de los pantalones.[35]

Fuera cual fuese el final de las hostilidades, la cuestión no terminó ahí. Dos años después, White escribió otra vez obligado al *Senior Proctor* adjuntando la misiva anterior como prueba de reincidencia. La seca

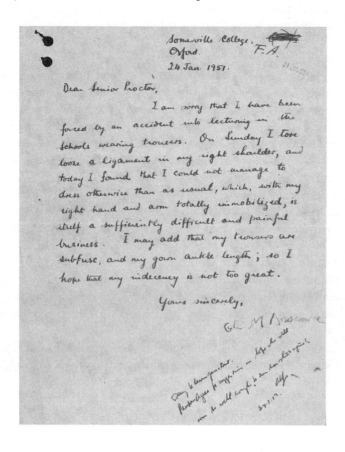

respuesta de Elizabeth, dictada a un escribiente y rematada con un garabato, a manera de firma, hecho con la mano izquierda, manifiesta la esperanza de que su indecencia «no sea demasiado grande».

Que Elizabeth llegase a ver su nombre en la *Gazette* pudo contribuir a que Philippa intuyese que tenía un futuro. Había terminado el año académico anterior agotada y sintiéndose bajo la amenaza de «abandonar la filosofía»; Iris le prescribió reposo absoluto: «Si lo dejaras, digamos, unas tres semanas (y eso puedes hacerlo en verano), las cosas sin duda mejorarían. Sé lo harta que se puede llegar a estar; espero que el trimestre que viene tengas menos clases. Tómatelo con calma, cariño, sigue adelante con Nada si es posible. (No quiero decir *néant,* por supuesto, porque ese es un asunto *serio,* sino simplemente la vieja Nada de siempre)».[36] Ese verano, julio de 1948, Philippa y Michael pasaron las vacaciones en Cahors, en el sur de Francia. Fueron de los primeros turistas en visitar la cueva de Lascaux,[37] la catedral de piedra del arte paleolítico y de unos diecisiete mil años de antigüedad: ciervos negros, caballos, toros, uros y leones rojos y amarillos, pintados con hisopos, mediante la técnica de la pulverización o practicando incisiones en la piedra. Cazadores humanos en los márgenes, fragmentos diminutos en un paisaje desbordante de vida animal.

Iris disfrutaba dando clases, pero a veces la «sociedad» oxoniana la agobiaba (en eso siempre hacía hincapié). «Esos aires profesorales que se da la gente, lo listos que son todos los condenados intelectuales. Es un alivio subirse al tren de Londres y ver cómo desaparecen esos malditos chapiteles.»[38] Cuando llegó a Oxford en 1938, St. Anne's seguía siendo la Oxford Society for Home Students y no tenía ni habitaciones para estudiantes ni comedor; la mayoría de los profesores particulares daban las clases en su habitación. Y así seguían siendo las cosas diez años más tarde, cuando Iris invitó a la madre Grant, monja de la orden del Sagrado Corazón, con su hábito y su velo, a sentarse en el sofá de Philippa («Iván el Diván» lo llamaba Mary).[39] Iris se sentaba en la alfombra, junto al hogar, envuelta en sus anchas faldas. El tema de las conversaciones no eran únicamente los ensayos de cuño tomista de la madre Grant sobre la individuación; también hablaban del alma atormentada de Iris. La madre Grant le confesó que, de niña, la había preocupado el número interminable de personas por las que había que rezar; Iris no tardó mucho en engrosar la lista de la religiosa.[40]

Lo que atormentaba a Iris había que buscarlo en su amistad con Elizabeth, quien, muchos años después, le dijo a Peter Conradi, el biógrafo de Iris Murdoch: «Creo que nunca conseguimos de verdad averiguar qué significábamos la una para la otra».[41] Una frase neutra que no permite ver las dificultades que atravesaba esa amistad a mediados del trimestre de otoño de 1948.

Seguían viéndose casi a diario: en casa de Elizabeth, en casa de Philippa, después de una conferencia, antes de una clase, en Somerville College, en St. Anne's, en el White's,[42] en Radcliffe Square, en Christ Church Meadow,[43] en el Clarendon Arms[44] y el Chequers Inn,[45] en la Jowett Society y el Socratic Club. Sus conversaciones versaban sobre muchos temas, entre otros la memoria, la verdad, el sentido, Platón, Descartes, Wittgenstein, Kierkegaard.[46] También hablaban del artículo de Elizabeth sobre los cálculos mentales.[47] Las dos leían vorazmente a Kafka.[48] Iris esperaba todas las semanas delante del edificio de Examination Schools como si Elizabeth fuese «la reina» y «se sonrojaba de placer cuando ella salía»; después se alejaban juntas, otra vez por las concurridas aceras de Oxford en busca de un lugar donde entrar en calor.[49] Se veían a solas y también en compañía. Salían a menudo con Yorick Smythies, que se había mudado a Oxford cuando Wittgenstein dejó Cambridge, y a veces también con su esposa Polly (Diana Pollard).[50] Los diarios de Iris de esos días están llenos de «E.», un detalle que sugiere que era presa de algo parecido a una obsesión. Polly estaba convencida de que Elizabeth estaba enamorada de Iris.[51] La lucha por encontrar alguna clase de equilibrio –filosófico y personal– queda patente en el diario de Iris:

> Todo es flujo. Me sentí incómoda con lo que dijo Elizabeth, tomamos esto como física o epistemología. (Se disculpó por haber dicho «flujo metafísico».) Pensé en Hegel, y después le dije: omites la posibilidad de que el flujo epistemológico <u>sea</u> un flujo ontológico. Impaciente, dijo: «Esa es la cuestión del modo en que haces funcionar la relación interna.»[52]

Las conversaciones, cuando tenían lugar en Park Town en compañía de Mary y Philippa, bullían con bromas. Iris preguntaba a Pip: «¿Es [Spinoza] un momento en la conciencia de Dios?». Pip, entre burlas y veras, contestaba: «No consigo recordar si es eso...».[53] Sin embargo, por alguna razón, esos temas se cargaban de tensión cuando se llevaban a St. John Street, con sus habitaciones oscuras y el aire viciado por el humo de los cigarrillos. A Iris se la veía por allí a menudo; Elizabeth llamaba por teléfono a St. Anne's o a Somerville para convocarla e Iris terminaba quedándose hasta altas horas de la madrugada; no faltaban el vino ni el brandi. Iris fumaba. Elizabeth aguantaba (estaba viendo a un hipnotizador para intentar dejar el tabaco y las sesiones la dejaban en un extraño estado de ánimo).[54] Se aficionaron a hablar sobre el bien y el mal, y eran muchos los interlocutores que entraban y salían de unas conversaciones que duraban días. Dostoievski idealiza el bien y el mal, y lo mismo hace Graham Greene. Comparado con los griegos, Shakespeare es romántico, pero no lo es si se lo compara con Dostoievski. En los griegos hay fuerzas cósmicas, un bien y un mal objetivos que están fuera del hombre. En Shakespeare también encontramos esas fuerzas, pero en Dostoievski todo está interiorizado. Elizabeth se oponía a la idealización romántica del bien y el mal. «Para E., Stavroguin era un gran ejemplo de lo malo y lo bueno romantizados, Dostoievski también era el embaucado ahí: el veneno que lleva dentro. (Mencionó *Apuntes del subsuelo* como la menos ponzoñosa de todas las obras de D.)... En cierto modo, E. tiene razón, pero arrasa con algo valioso también cuando se opone a la romantización del bien.»[55]

Las entradas del diario de Iris nos la muestran cada vez más inquieta cuando las noches empiezan a alargarse. 4 de noviembre: «Cuántas cosas de la vida [una] no comprende. Hablamos con E. esta mañana sobre la opacidad de las vidas ajenas».[56] Necesitaba que Elizabeth la viese y la escuchase en persona (tal vez recordando su frialdad glacial en los salones de Lyons'), pero también temía que «E. no esté tratando conmigo, sino con mi imagen». ¿Se relacionaba también ella con una imagen de Elizabeth?[57] En sus diarios, Iris se castiga una y otra vez. A E. le falta «pequeñez», escribe; ella, en cambio, tiene «cierta voluntad de agradar que se le nota en la cara como una marca de nacimiento».[58]

Iris parece haber temido también lo que tilda de «suma frialdad» de Elizabeth, una descripción que derivó de una teoría no basada en pruebas ni en hechos que ella misma inventó y conforme a la cual clasificaba a sus amigos. Pip y Donald eran «altos» y «cálidos»; Mary era «baja» y «fría». También proporcionaba una pista interpretativa: «Las dificultades que desconciertan son una actitud ante lo psicológico (Mary) y la cuestión del sentimentalismo/la caridad (Elizabeth)». Mary, la cuerda, no es sentimental (por tanto, es «fría», como Elizabeth). Su enfoque es empírico (bajo). «Cuán distintamente coloreadas estas visiones del universo. (Frase profesoral, diría E., pero esta es una diferencia de opinión que lo abarca todo.)» «La verdad es que yo no encajo en esta clasificación», reconoció.[59]

El domingo 14 de noviembre, Elizabeth dio una fiesta y las cosas empeoraron. Bebiendo vino barato, en una sala en la que apenas se podía respirar por culpa del humo, Iris buscó a Elizabeth y le tocó el brazo.[60] Se dijeron algo. Las dos dejaron constancia en sus diarios del secreto que circuló entre ellas. Elizabeth le enseñó a Iris lo que había escrito;[61] más tarde, Iris arrancó de su diario esas páginas.

La mañana después de la fiesta, Elizabeth llamó a Iris, que estaba en Somerville, para hablar sobre «la fiesta del domingo en el número 27 de St. John Street y algunas cosas más».[62] Pasó una semana hasta que, una noche, Elizabeth fue a visitarla, y volvió a hacerlo la mañana siguiente, después de dar la clase.[63] En su diario, Iris reflexionó sobre el pecado y el arrepentimiento. «Si una hace algo, incluso si se arrepiente de alguna manera, es casi imposible considerarlo como lo haría si no lo hubiese hecho.» Cuando hacemos algo malo, el placer de haberlo hecho se mezcla con la sensación de que está mal. Por tanto, el arrepentimiento no es profundo, porque reconocer el mal se ve aminorado por el placer –y tal vez por el consuelo de pensar que al final todo salió bien y nadie lo descubrió–. «No es un arrepentimiento comparable a la idea que debería haber tenido de la importancia de evitarlo si no lo hubiera hecho.» Suena paradójico, pero Iris prosigue: «Ese es el problema: no comprendemos el verdadero bien a menos que estemos muy cerca de él; en cambio, el falso siempre es seductor. A veces he pensado que me he negado algo tan inefablemente delicioso sin obtener nada a cambio, salvo una lucha desesperada...». Y luego, las palabras de san Agustín: «Ponte en manos de Dios y no caerás al vacío».[64]

Después, más espacio en blanco en el diario de Iris. Siete páginas arrancadas.

Londres estuvo todo ese mes envuelto en un denso esmog, y el resto del país, en una niebla heladora. Cuando la niebla se disipó, Iris volvió a su diario: «¿Fue ayer cuando se marchó E.? Parece que fue hace años».[65] y «¿Podría yo alguna vez estar preparada, por ejemplo, para expresar mi amor por E. con una frialdad y una desenvoltura que me durasen toda la vida?».[66]

El 10 de diciembre, Elizabeth había dejado a Iris para ir a Dublín, a visitar a Wittgenstein.[67] Yorick le dijo a Iris que, después de la fiesta, Elizabeth no había dormido en toda la noche; se había quedado despierta, rezando. También dijo que, si [Elizabeth] se marchó como lo hizo, fue por haber rezado.[68] Iris fue a misa y también rezó, «sin parar, por E. y por mí, para desearle de verdad que esté bien».[69] Y compuso un soneto:

> El querido y minucioso sueño de tu cabeza tallada
> llena todas las dimensiones de mi dolor.
> Tu labios y tus ojos deseosos fijos y desbordando

desde el espejo en que pregunto mi nombre.
Esta repentina y dulce complicidad, el verso
griego que me dijiste, toda nuestra amada ilusión
ennegrecen entre nosotras cuando hablamos
o actuamos o cuando llegamos a una conclusión.
Porque, sí, deseo poseerte para siempre,
querida mía, inmovilizada en el gesto
de querer tocarme. Pero sé que ese deseo
equivale a desear tu muerte. Eres, por naturaleza,
dura y alta; hay que dejarte en libertad.
Dos formas secretas del mal
viven entrelazadas en mí.[70]

Iris volvió a rezar y se preguntó si Elizabeth le confesaría algo a Wittgenstein.[71] «Necesito una caja resistente para guardar este maldito diario. Probablemente tendré que destruir todas las entradas de las últimas tres semanas. ¿Por qué no estoy dispuesta a hacerlo?»[72]

Elizabeth habrá de tomar el tren de Oxford a Holyhead, un viaje de seis horas en dirección noroeste a través de Inglaterra y Gales. Con cada hora que pasaba, St. John Street iba alejándose hasta que acabó dejando lugar al vasto cielo y a la costa de Holyhead, el puerto galés y lugar santo, sede del monasterio del siglo VI fundado por san Cybi. De allí, un transbordador la llevó al puerto dublinés de Dun Laoghaire en una travesía de tres horas. Dublín fue un bálsamo; Elizabeth bajó del transbordador con la temperatura más alta registrada jamás en Irlanda en un mes de diciembre y fue andando a lo largo del Liffey hasta el Ross's Hotel, en Parkgate, junto al río.

Wittgenstein, que a ratos se encontraba bien y a ratos mal, había dejado Rosroe en agosto y había llegado a Dublín tras pasar por Viena y Cambridge.[73] Ahora escribía en la Casa de las Palmeras de los Jardines Botánicos y en las mesas del café oriental Bewley's, en Grafton Street. Los *Zettel* iban acumulándose. El Hotel Ross's, donde se alojaba, quedaba a pocos pasos de los Jardines Zoológicos, donde el filósofo se dedicaba a observar las jirafas, los elefantes, los tapires y los chimpancés y reflexionaba sobre las enormes diferencias entre especies.[74]

Cuando llegó Elizabeth, Wittgenstein estaba listo para recibirla.

Le había reservado una habitación en el Ross's, donde él escuchó sus cuitas. Había estado trabajando intensamente en unas notas que más tarde se publicaron con el título *Últimos escritos sobre filosofía de la psicología, Volumen I* (aunque en realidad no fueron sus últimos escritos) y en material que luego se convirtió en la segunda parte de las *Investigaciones filosóficas*. Los fragmentos, garabateados en cuadernos, eran caóticos y estaban desordenados, exploraciones llevadas a cabo en terreno ignoto. Elizabeth y el filósofo fueron juntos al zoo y a ella un cocodrilo le enseñó las fauces; asustada, se apartó de un salto, pero Wittgenstein no se movió (una escena que más tarde apareció en *Intención* a modo de ejemplo).[75] Juntos repasaron los fragmentos en la habitación del último piso que ocupaba Wittgenstein, con vistas a Phoenix Park.[76]

Una historia en imágenes. En una de ellas hay patos; en otra, conejos, pero la cabeza de un pato está dibujada exactamente igual que una cabeza de conejo. Alguien mira las imágenes, pero no se da cuenta de ese detalle. Cuando las describe, describe esa forma primero de una manera, luego de otra, sin vacilar. Solo se asombra después de enseñarle que las formas son idénticas.[77]

Un poco antes de ese mismo año, Elizabeth había escrito sobre su plan para refutar el fenomenalismo «mediante la consideración de que toda afirmación y todo concepto tienen una lógica; incluidos los nombres de las cualidades percibidas con los sentidos».[78] Ahora ya podía replantear esas afirmaciones en el suelo apropiado y situarlas contra un fondo que demostraría el lugar que ocupaban en la vida humana. A mediados de diciembre, cuando volvió a Oxford, estaba alegre; según decía, gracias a la compañía de Wittgenstein, a haber dormido bien algunas noches y a la nicotina: había vuelto a fumar (adiós a la hipnosis).[79]

En *Intención* escribió que en nuestra lengua tenemos muchas descripciones para series de movimientos «escogidos» («firmar»; «saltar»; «reír»; «bombear»; «estirar la mano»). Los movimientos que esas descripciones distinguen son precisos y complejos, tan complejos como los de las hojas de un árbol cuando sopla el viento, algo para lo cual no tenemos una descripción.[80] Tener las descripciones de las que disponemos en nuestra lengua refleja nuestro interés humano compartido en otras criaturas vivientes, el interés mutuo, en la naturaleza y los objetos.

«Enviar una carta.» «Pagar el billete del autobús.» «Volver a llenar el tanque de agua.» Hay muchas descripciones de acciones que solo son inteligibles –y las acciones que describen únicamente posibles– en un mundo que también contiene grandes estructuras, instituciones comunes, convenciones y herramientas; por ejemplo, transportes y servicios postales, dinero, bombas y mangueras. Para los seres humanos, crecer es llegar a actuar y ver en función de las descripciones que nuestra lengua contiene.[81]

En 1965, Elizabeth publicó una respuesta a J. L. Austin que finalmente puso término a la guerra del café con ella misma.[82] Austin pensaba que, a la hora de responder a la pregunta «¿Qué veo de verdad?», se encontraba en el lado opuesto del que ocupaban los filósofos de los datos sensoriales H. H. Price y Freddie Ayer. Sin embargo, Elizabeth sostiene que los tres cometen exactamente el mismo error. Todos suponen que un «objeto de la visión» es una especie de cosa: los triángulos blancos o las bañeras, las manchas negras o los gatos. Elizabeth señala que hay otro uso de la palabra «objeto» en la que no signfica «cosa». A fin de demostrarlo, compara los verbos «ver» y «apuntar» y el objeto de la visión con el objeto al que se apunta.

Supongamos, dice, que en el bosque un cazador apunta a un ciervo y dispara. Sin embargo, la cosa que ha tomado por un ciervo es su padre y, en consecuencia, ha disparado a su padre. Durante el juicio, un testigo afirma: «Apuntó a su padre». La declaración del testigo, dice Elizabeth, es cierta, pero también puede inducir a error. Aunque «su padre» es una descripción cierta del objeto (cosa) a la que el cazador apuntó, no ofrece «la descripción en función de la cual» lo hizo: no dice el objeto al que apuntó. Si le hubiéramos preguntado al cazador: «¿A qué está apuntando?», la respuesta sincera habría sido: «A un ciervo». Esta respuesta, que da «la descripción en función de la cual» apunta, sí dice cuál es el objeto del acto de apuntar. En la mayor parte de los casos, el objeto al que apunta el cazador será también una descripción veraz de un objeto (cosa) al que apunta, pero, en algunos casos, como el que nos ocupa, no lo será. El padre del cazador (cosa) no es un ciervo (objeto del acto de apuntar).

Elizabeth dice: «apuntar» es un *verbo de intencionalidad* porque, en cuanto objeto gramatical, toma la «descripción en función de la cual» apunto. Característica de dichos verbos es que la persona que hace tal o cual cosa –apuntar, adorar, desear– tiene cierta clase de autoridad. Si el cazador es sincero, entonces su respuesta, «un ciervo», sí indica el objeto de su acción de apuntar, aun cuando en la situación dada no haya nada que coincida con esa descripción.

Asimismo, sostiene que «ver» también es un verbo de intencionalidad. Como ocurre con «apuntar», la descripción en función de la cual veo (dada por la respuesta sincera a la pregunta «¿Qué ve?») suele ser una descripción veraz de una cosa que estoy mirando, pero, en algunos casos, no lo es. «Veo un ciervo», grita el cazador antes de la tragedia.

Con esa idea, Elizabeth pudo reconocer dos clases de uso del verbo «ver»; en cambio, el filósofo del lenguaje corriente (Austin) y los teóricos de los datos sensoriales (Price y Ayer) solo reconocían una. Elizabeth las llamó uso *material* y uso *intencional*. La mayor parte del tiempo empleamos el verbo «ver» materialmente, para describir lo que alguien puede ver en un lugar dado. Cuando usamos el verbo materialmente, es posible que cometamos cierta clase de error: el cazador se equivoca cuando dice con sinceridad «Veo un ciervo» aun cuando «un ciervo» sea el objeto que ve. Empleamos «ver» materialmente para contarnos entre nosotros el mundo que compartimos, para dar testimonio y descripciones a aquellos que no han estado presentes o que no están en condiciones de ver lo que está ocurriendo. No obstante, también podemos hacer un uso puramente intencional, sin querer describir una cosa, sino para contarle a otra persona algo privado, subjetivo o personal. (Cuando H. H. Price, en medio de una alucinación provocada por la mescalina, dice: «Veo en mi cubrecama una pila de hojas como de acebo», su uso es puramente intencional. Describe lo que le parecen las cosas. Sabe que ahí no hay hojas.)

Estoy limitado en lo que puedo ver por mis atributos físicos y mi ubicación espacio-temporal como lo estoy para lo que puedo morder, tocar, patear o cargar. Sin embargo, la versión que Elizabeth da de la percepción revela que, cuando se trata de ver, también estoy limitado –o capacitado– por mi participación en una vida humana que emplea el lenguaje. Podemos decir: «El bebé ve a su madre enviar una carta» o «tender la ropa», siempre y cuando tenga la vista despejada, pero «enviar» no es una descripción en función de la cual la criatura ve. Hasta que sepa de cartas, sellos y carteros, no puede seleccionar esa particular impresión visual y dar esa descripción. Y hasta que sepa de la existencia de la ropa y de la higiene y tenga ideas acerca de la limpieza y el olor, no puede ver una «cuerda para tender la ropa». Esa parte de lo que es visible para nosotros es invisible para él. Del mismo modo, alguien puede ver claramente que un hombre está «bombeando» o, si sabe para qué sirve la bomba, que está «volviendo a llenar el tanque de agua». Aun así, solo los implicados en la conspiración pueden añadir «envenenando a los nazis». Solo ellos pueden insertar la acción de ese hombre en unas circunstancias más amplias y ver qué está haciendo cuando sube y baja el brazo. En el cuadro de Elizabeth, ver, describir y hacer van juntos. La riqueza y la variedad del mundo humano aumentan, se encogen y se alteran cuando aprendemos a hablar y a actuar.

Si las plegarias de Elizabeth la llevaron hasta Wittgenstein, a Iris la «búsqueda nostálgica» la llevó a las habitaciones de Eric Mascall, situadas en el primer piso de Tom Quad, en Christ Church.[83] La habían invitado a la primera reunión de un grupo que se había bautizado a sí mismo «Los Metafísicos», un nombre deliberadamente provocativo en un momento en que «"metafísico" era la palabra más grosera del vocabulario de un filósofo».[84] Llegó cuando la reunión estaba a punto de empezar y es posible que fuera la única mujer presente. Como era su costumbre, prefirió sentarse en el suelo.[85]

De pie junto a la ventana, un grupo de cuatro hombres. Los dos mayores, Eric Mascall y Austin Farrer, vestían traje negro y alzacuellos; los dos más jóvenes, más o menos de la edad de Iris, eran Ian

Crombie y Dennis Nineham (ambos habían estudiado con MacKinnon). En la pared, un imponente retrato del Carlos I, el único santo de la Iglesia anglicana. Eric Mascall, como E. R. Dodds, había hecho una vez un exorcismo. Austin Farrer, que a Dennis Nineham le recordaba a Iris, era un menudo elfo místico: «Siempre tuve la sensación de que a él y su mujer, Katharine, podrían crecerles unas alitas vaporosas en cualquier momento y que podrían salir volando por la ventana», recordó más tarde Eric Mascall.[86] El trimestre anterior (primavera de 1948), Farrer había dado una serie de conferencias en torno al «Essay on Metaphysics» que Collingwood había escrito a bordo del *Alcinous* durante la travesía a Java. Katharine Farrer estaba trabajando seriamente en una traducción inglesa de *Ser y tener*, de Marcel, que se publicó en 1949 con un prefacio de Donald MacKinnon. En una época en que «la minuciosidad y la sutileza suelen ser las prerrogativas de quienes son tranquilamente destructivos», escribe MacKinnon, Marcel nos recuerda «que la verdadera minuciosidad y la verdadera sutileza intelectual echan sus raíces en la humildad y en la pureza de corazón»[87] y añade que sobre el problema de la metafísica no se conoce nada más importante que los escritos de Monsieur Marcel. No todo el mundo estaba de acuerdo. En 1948, cuando Gabriel Marcel habló en Oxford ante la Philosophical Society, a Paul Grice (el filósofo al que MacKinnon le había quitado la plaza en Keble en 1936) lo enfureció que invitasen a semejante «charlatán». Iris, que en esa ocasión había respondido a la ponencia de Marcel –y que tal vez incluso la preparó–, intentó mediar. Sin embargo, la negativa a intentar siquiera entender a Marcel era obstinada. «El aire está repleto de inhibiciones», había comentado H. H. Price.[88]

Eric Mascall sirvió a Los Metafísicos jerez dulce de Chipre para protegerlos de las corrientes de aire.[89] Los teólogos, junto con Basil Mitchell, llevaron la conversación. De la edad de Iris, a Basil lo había nombrado profesor particular de filosofía Donald MacKinnon poco antes de ocupar su plaza en Balliol. Era cristiano, como MacKinnon, pero su teísmo acusaba influencias del sufismo y de las enseñanzas de Hazrat Inayat Khan. Antes de la guerra había estudiado filosofía india y sánscrito con Sarvepalli Radhakrishnan.

También presente, aunque en silencio, pudo verse a un hombre que parecía enfermo: Michael Foster. Después de ser el profesor particular de Freddie Ayer en 1929, cuando le enseñó a Platón y Kant, las vidas de ambos llegaron a estar curiosa e incómodamente entrelazadas.[90] El puritano y el playboy nunca se llevaron bien, pero las circunstancias quisieron que Foster actuase como una barrera para el progreso de Ayer –de hecho, durante muchos años la única esperanza de Ayer para obtener una plaza en Christ Church fue que Foster dejase el colegio–. De vez en cuando, Foster se encontró al borde de un ataque violento del joven, fuese personal o filosófico (también cuando advirtió a Trinity College que Ayer no era apto para enseñar a los jóvenes). Soportó los ataques de Ayer, sus insultos y broncas intelectuales, con un «silencio dolorido y abochornado».[91] Amenazado siempre por una depresión profunda, se decía que no alcanzaba la auténtica santidad porque le faltaba la alegría propia de los santos.[92]

En casa de Mascall, Los Metafísicos «gozaban de una libertad que les permitía preguntar lo que quisiesen» e incluso hacer las preguntas que los analistas consideraban que no se podían formular. En ese grupo, nadie enarcaba una ceja ni atacaba con un «¡No entiendo!» si alguien hacía una pregunta sobre Dios, la realidad o la verdad. El objetivo era «explorar hasta dónde podía combatirse contra la tendencia antimetafísica de la filosofía analítica (lingüística)», «crear una sólida base filosófica para la metafísica religiosa» y «demostrar que el discurso teológico tenía un verdadero significado metafísico».[93] El plan consistía en reunirse tres o cuatro veces por trimestre, leer artículos, conversar, recuperar la metafísica.[94] A Elizabeth la conocían, pero no la invitaron; los hombres temían que «se sentara alicaída en un rincón o hiciera suya íntegramente la cuestión y no parase de hablar».[95]

La presencia de Richard Hare entre los teólogos suscitó algunas sospechas. Hare aceptaba la distinción de Ayer entre hecho y valor. Asimismo, era miembro del *Kindergarten* de Austin.[96] ¿Pensaba Hare que entre él y los filósofos metafísicos lingüistas había un abismo?, le preguntaron. En el fondo, no, reconoció Hare, pero distinguía entre él y J. L. Austin en lo tocante a la cuestión del «espíritu». «En todos los temas hay a quienes no les importa que se piense de ellos que van en serio y hay otros que prefieren parecer menos hondamente interesados de lo que realmente están; se trata de una diferencia de temperamento y es tremendamente importante; personalmente, prefiero la primera clase.»[97]

A comienzos de 1949, Mary había encontrado la voz ingeniosa e imaginativa que caracterizaría su obra posterior. Su terror a la neurosis empezaba a encontrar un lugar en su epistemología. Recomendaba que se les leyera la cartilla con firmeza a aquellos cuya postura de «duda filosófica» solo era «un apetito insaciable de tranquilidad, un ansia neurótica puesta de manifiesto por el hecho de que nunca alcanzan su objeto». «No tendrían necesidad de pensar si salieran de un estado de ánimo en el que no hay necesidad alguna de que se encuentren.» Su réplica no estaba lejos del «¡Oh, creced!». Para distinguir a los que se «atormentan a sí mismos» de los metafísicos «nos vemos llevados a evaluar de alguna manera el carácter de cada filósofo». «En este punto, me baso en un criterio de cordura y naturalidad que no puede analizarse por completo», dice, con un guiño.[98]

Mary continuó explorando la realidad. Para Plotino, el macrocosmos está «casi totalmente absorbido en el microcosmos; todo lo que tiene la misma estructura y la misma sustancia que el yo se ha vuelto, en cierto sentido, parte de él», había escrito a finales de 1948.[99] Al incluir la realidad en el *yo*, Plotino pudo rescatar la virtud en una escena política que se había desintegrado; intentó conseguir que «toda virtud fuese interna», escribe Mary.[100] La contingencia y el carácter amorfo de lo irreal quedan fuera.

Asimismo, empezaba a comprender lo que en la filosofía de Plotino «diferencia a una cosa real de una meramente existente». «Respuesta: la belleza. Lo real es lo bello y, según parece, eso significa que es lo que atrae al alma porque es afín a ella, porque hace que el alma sea más realmente el alma misma.»[101] A medida que los prisioneros ascienden, parpadeando, de la caverna de Platón, se ven atraídos hacia lo que es real y bello. «¿Qué estados, pues, según Plotino, nos pide el deseo que abandonemos? Estados como lo amorfo, tomando la forma en el sentido que él le da, como la influencia de lo bueno.»[102] Mary se ganaba el sustento con trabajos ocasionales en Somerville y St. Hugh's (algunas clases particulares y también calificando exámenes). Una vez se pasó una noche entera sin dormir, tomando café solo y corrigiendo los *General Papers*, los exámenes de ingreso en Somerville. «A las tres de la mañana, todos los trabajos parecían exactamente iguales.»[103] Después, hacia finales de 1948, Donald McKinnon, que aún estaba pendiente de ella, le echó una mano cuando la invitó a participar en una cuña radiofónica regular reseñando libros para el *Third Programme*. Su primera reseña, emitida a las siete de la tarde del jueves 18 de enero, versó sobre *El conocimiento humano*, de Bertrand Russell.

Aunque para Mary el guión radiofónico era una prueba de esfuerzo y ansiedad, descubrió que tenía talento para su nueva ocupación y que le gustaba. No ha llegado hasta nosotros su «salvaje e intolerante» (según ella misma opinó) primera reseña,[104] pero podemos imaginar que habrá colocado al analista conde Russell entre esos personajes con un «apetito insaciable» de que lo tranquilicen. En *El conocimiento humano*, Russell pregunta si nuestras opiniones cotidianas acerca del mundo se pueden justificar con nuestra «experiencia breve, personal y limitada». Su detallado análisis de la inducción, la forma de inferencia que los empiristas, siguiendo a David Hume, han empleado tradicionalmente, lo lleva a concluir, con pesar, que ni siquiera es *probable*, y mucho menos *cierto*, que exista el mundo objetivo, el mundo de las bañeras, los trenes y los árboles.[105] La vida cotidiana depende de que aceptemos ciegamente, sin pruebas, la uniformidad de la naturaleza y la persistencia de lo individual. Russell nos insta a que lo hagamos si no queremos perder la cabeza.

En las décadas siguientes, Mary atacó muchas veces, por considerarlo impersonal, reduccionista y atomístico, el imperialismo científico que Russell había abrazado. Podemos imaginar su voz, aquel enero, recordando a los oyentes que mantuvieran la ciencia en el lugar que le correspondía. Mary pensaba que, en cierto sentido, Russell tenía razón. Como había observado el idealista F. H. Bradley –cuya filosofía Russell rechazaba–, es «mera superstición suponer que apelar a la experiencia puede demostrar la realidad».[106] Pero la experiencia solo nos ciega, como supone Russell, si pensamos que la ciencia y la observación empírica son los únicos medios para averiguar algo sobre la realidad. Bradley (igual que otros metafísicos idealistas e igual que Wittgenstein) reconocía que para descubrir la realidad tenemos que apartar la atención de los laberínticos fragmentos de Russell sobre la experiencia nueva. Deberíamos mirar el fondo en que se inscriben dichos fragmentos y en que tienen un lugar en cuanto partes de un todo. Según Russell, la «uniformidad» de la naturaleza es una hipótesis, pero Mary (como los idealistas) veía que la presencia de forma y diseño en la naturaleza no es una hipótesis empírica, sino un fondo –una realidad– sobre el cual se puede hacer investigación científica. Había resuelto el enigma del cuarto de baño que había sido el punto de partida de su vida filosófica. Como señaló R. G. Collingwood a bordo del *Alcinous*, la metafísica no es una demanda adolescente de tranquilidad, sino un intento de comprender el fondo trascendente de la vida humana, ese fondo contra el cual las proposiciones individuales se pueden verificar mediante la observación y la investigación científica. Tenemos diferentes métodos para ese estudio de la forma de la realidad, de su complejidad, sus pautas y su interrelación. La poesía, el arte, la religión, la historia, la literatura y el teatro son todas las herramientas del metafísico; con ellas, los animales metafísicos exploran, descubren y describen lo que es real (y bello y bueno).

Después de que Elizabeth volviera de Dublín, Iris y ella intentaron dejar atrás el pasado: intentaron, como dijo Iris, preservar su amor de forma segura con un «cambio de signo».[107] A Iris, Elizabeth le parecía agotada: «pálida y nerviosa»,[108] «parece más nerviosa e infeliz de lo que la he visto en mucho tiempo»,[109] apuntó en su diario, observadora atenta ahora del estado de ánimo de su amiga. En un informe enviado a Somerville College a finales del año siguiente, Elizabeth dijo haber «padecido varios accidentes de salud» que le impidieron trabajar; entre otros, problemas de visión y una rotura de ligamento en el hombro que la obligó a dar clases vestida con pantalones.[110] «Mi trabajo está [...] adquiriendo un carácter cada vez más negativo y destructivo.»[111] A Janet Vaughan, la rectora, esas noticias debieron de inquietarla.

La clase de Elizabeth del 1 de marzo de 1949 a las diez de la mañana versó sobre el *Teeteto* de Platón, pero esta vez la profesora analizó una parte de finales del diálogo y «el problema de las falsas opiniones». Iris y ella habían analizado a menudo, en el contexto de la charla de Elizabeth «La realidad del pasado» y el enigma de Parménides («*Lo que puede pensarse y puede ser es la misma cosa, por tanto, lo que no es y no puede ser, no puede pensarse*»), la cuestión de la posibilidad de las falsas opiniones. Elizabeth seguía trabajando en su artículo, preparándolo como una contribución a un «libro de ensayos sobre "filosofía analítica"» en el que se publicaría junto con textos de Alice Ambrose y Margaret Masterman.[112] «P. bastante contenta en la clase de E., conversando con E.», observó Iris.[113]

Iris se quedó esperando a Elizabeth después de la clase y le encantó verla de buen humor; de hecho, tan alegre estaba que Iris supuso que había consumido mucha cafeína, pero no: el estado de Elizabeth tenía una causa más espiritual que química. Esa mañana había estado en la iglesia de San Aloisio. Una mujer que «se había quejado al verla vestida con <u>pantalones en la misa matutina</u>», apuntó Iris en su diario, había escrito una carta de reclamación muy desagradable. Esa queja, a diferencia de las del «Clerk of the Schools», indignó a E.: ¿su manera de vestir tenía algo impío, pecaminoso? A Iris le había dicho algo sobre «ir a ver a un psiquiatra», pero esa mañana fue a su iglesia a ver a un sacerdote. Elizabeth le dijo a su amiga que había escogido al que «parecía más anciano, más serio y más severo»; su opinión sería válida. Por suerte, el sacerdote la tranquilizó; no había objeción alguna por parte de la Iglesia. Iris se alivió y se alegró al ver a E. «<u>menos atormentada por los demonios</u>».[114]

Esa tarde, Iris fue a comprar crocus para Mary, probablemente en el mercado cubierto victoriano. Mientras Elizabeth hablaba de las falsas opiniones, a Mary la entrevistaban para obtener una plaza en St. Hugh's College. Iris quería regalarle el ramo de crocus para desearle suerte al salir de la entrevista. (Sintiéndose animada, Iris compró también un ramo para Philippa.) Iris y Mary se encontraron junto al río y hablaron de las situaciones típicas que hacían reír. Mary, sujetando con fuerza el ramo, sugirió que la broma básica es aquella que hace que uno se ría de sí mismo. El alivio que causa esa risa nos traslada a un plano más profundo de la realidad, a un conocimiento más profundo de nosotros mismos, una visión más clara de lo que es artificial y trivial, y, por esa vía, de lo que es real y serio. Es posible que Mary se sintiese un poco exaltada después de la entrevista, y feliz esa mañana por poder reírse de sí misma, la aspirante a profesora que había tartamudeado al contestar. Feliz tras la catarsis. Es placentero «ver que el mundo sigue», dijo; consiguiera o no la plaza, la vida, la realidad, Mary, no se detienen. Con los crocus en la mano, saludó a los patos, ocupados en marzo preparando sus nidos. «¡Ahí, ahí, están estupendos! ¡Mira a esos pequeños cabrones!»[115] Año tras año, los patos siguen el ritmo del calendario académico: los ánades reales se aparean a comienzos del trimestre de otoño, ponen los huevos a finales del trimestre de invierno y los huevos eclosionan cuando empieza el de primavera; los patitos y los estudiantes lucen todas sus plumas justo después de los exámenes de verano.

Mary había competido con Mary Wilson por la plaza en St. Hugh's. La señorita Wilson estaba ahora comprometida con Geoffrey Warnock, uno de los chicos de Austin. A las dos Marys las entrevistó Evelyn Proctor, rectora de St. Hugh's desde 1946, año en que se había jubilado la señorita Barbara Gwyer. (La señorita Proctor heredó el título de Annie Rogers, *Custos Hortulorum*). La plaza fue para Mary Wilson. Otra decepción. Pero habría más sorpresas: Philippa le dijo que Herbert Hodges, de Reading, estaba buscando una ayudante. Hodges, que había estudiado Clásicas en Balliol a principios de la década de 1920 –su profesor particular había sido Sandie Lindsay–, había dedicado su vida filosófica a luchar contra el positivismo lógico y la visión de la filosofía que dicha corriente fomentaba.[116] Tras dejar Oxford para instalarse en Reading, fundó, en miniatura, su visión de una filosofía colaborativa y sintética en la que profesores y estudiantes de inglés, filología clásica y filosofía se reunían en una casa victoriana alrededor de una acogedora chimenea para conversar en libertad y sin miedo al ridículo.[117] Su concepción de la filosofía como «una ciencia de los fenómenos espirituales basada en la experiencia»[118] la derivó del sociólogo y filósofo alemán Wilhelm Dilthey, sobre quien, en 1949, estaba escribiendo su segundo libro. En su reseña del primer libro de Hodges, Sandie Lindsay señaló «la considerable similitud entre el pensamiento de Dilthey y el del difunto profesor Collingwood», pues ambos «reconocían que la mente y el cuerpo, el hombre y la naturaleza» estaban «íntimamente entrelazados».[119]

Mary se presentó y le ofrecieron el puesto, tras lo cual se dispuso a pasar el último verano en su estudio de Park Town. Antes de marcharse, hizo tres programas más en la radio, con reseñas de *Goodness and Philosophers*, de A. C. Ewing, de *Ética y psicoanálisis*, de Erich Fromm, y de *Insight and Outlook*, de Arthur Koestler. Quienes sintonizaron el programa no pudieron dudar de la opinión de Mary: «No estoy yo capacitada para juzgar hasta qué punto la señorita Mary Scrutton [...] puso a Arthur Koestler en su lugar como filósofo –dijo un oyente–. Solo puedo decir que dispuso a las tropas de manera formidable y que la capacidad y la seguridad con que disparó sus cañones despertaron mi admiración y estimularon mi inteligencia».[120]

Aunque ya había empezado a vaciar su habitación, Mary sería una pasajera habitual del Great Western Railway; disfrutaba mirando por la ventana cuando el tren atravesaba las conocidas colinas de Chiltern en el viaje de cincuenta kilómetros entre Reading y Oxford. A veces Iris cogía el tren para ir a visitarla.[121] Mary, que siguió trabajando en Plotino, iba a Oxford para investigar en la Biblioteca Bodleiana y ver a E. R. Dodds, una visita que le brindaba una excusa perfecta para pasear con sus amigas a orillas del Cherwell.[122]

PHILIPPA DA UNA CLASE Y ELIZABETH SE VA A VIENA

Una semana después de cumplir veintinueve años y del comienzo del trimestre de otoño de 1949, Philippa Foot atravesó University Parks para dar su primera clase: «Algunos problemas de la filosofía kantiana». Mientras transmitía las enseñanzas de Donald MacKinnon y Heinz Cassirer, fue llenando la pizarra con su enrevesada letra. Resistió la tentación de garabatear el grito de guerra de Elizabeth: «Puedo equivocarme de medio a medio». Sus estudiantes recordaron que sabía transmitir la idea de lo difícil que es hacer filosofía; «risitas por las extrañas implicaciones de ciertas opiniones filosóficas».[123]

Esa mañana, Iris no esperó en las escaleras; en verano se había mudado a una habitación del número 58 de Park Town, a tres puertas de la casa de Mary, mientras esta se trasladaba a Reading. Es posible que el clima que se respiraba en el número 16 le resultara un poco agobiante. A pesar de la promesa de Pip, la tarea de querer a Iris y Michael por igual no era sencilla, ni siquiera para la dura Pip. Había muchas cosas del pasado que no podían revisitarse ahora que era la señora Foot, y la tarea de Pip, Iris y Michael, «desodiarse», aún no estaba completa. Cincuenta años después, él le dijo a Peter Conradi que leer su biografía de Iris había «disipado la persistente sensación de amargura que sentía en mi interior desde el invierno de 1943-1944».[124] Iris seguía viviendo en gran medida igual que lo había hecho en Londres; la incansable búsqueda de contactos, amor y vida llenaba sus noches de copas, fiestas, aventuras y drama. Puede que el ruido de sus llaves al abrir la puerta, cuando de noche volvía de otra juerga, tambaleándose, no encajara en la escena hogareña de los Foot. Tal vez necesitaba más libertad.

Ahora que tenía una habitación para ella sola, podía ser la anfitriona:

I. Si dejásemos de lado la cosa en sí, Witt. y Kant trabajaron con la <u>misma</u> imagen. Si me animo a afirmarlo es por lo que Witt. dice sobre el sujeto metafísico en el *Tractatus*.

E. La cuestión del sujeto metafísico no tiene nada que ver con la cuestión sobre el modo en que el lenguaje retrata el mundo.

I. ¿Y qué pasa con «los límites de mi lenguaje son los límites de mi mundo»?

E. *Touchée*! Eso solo *bastaría* para apoyar una visión «subjetivista» del *Tractatus*.[125]

Durante aquel verano, Iris invitó a menudo a Elizabeth a cenar. Iban andando hasta el Victoria Arms a lo largo del río. Hablaban de poesía amorosa (E. decía: «No se puede escribir poesía amorosa cuando se está enamorada. No es lo mismo que escribir una carta, no tiene que ver con estar enamorada como el llanto tiene que ver con la pena; es algo indirecto, es una imagen», pero Iris no estaba de acuerdo).[126] Platón hace acto de presencia en muchos lugares: en el Clarendon Arms, en Walton Street, en el Jericho, en casa de Iris. A veces, Elizabeth se quedaba hasta las dos de la mañana. Hablaban de lo que hay que observar para valorar el propio carácter.[127] Iris escribió sobre la sensación de placer que le procuraba querer tanto a E. Otra noche pasó por allí Yorick y los tres se quedaron bebiendo hasta las seis de la mañana. Hablaron de significado y comparación («¿Qué implica que un significado tenga un "núcleo"?») mientras se bebían cuatro botellas de vino. Iris escribió que E. hacía que se sintiese muy feliz; se sentía liberada y desenfadada.[128]

Así y todo, el pasado seguía presente. «E. dijo que no estaba contenta conmigo –había escrito Iris en su diario en junio–, porque los horrores del pasado parecían ser una barrera entre nosotras; dijo que yo era "reservada".»[129] En noviembre todavía la angustiaba el estado de esa amistad. «Me alarmó un poco releer los diarios de hace más o menos un año. ¿Estoy siendo mala con E.?... ¿Solo <u>ahora</u> estamos entrando en nuestro propio reino, ahora que hemos aprendido la astucia de guardar silencio?» Decidió que era mejor «verla con menos frecuencia», pero E. le dijo que estaba dispuesta a «prestarle atención» y tener una «amistad íntima ahora»[130] y siguieron viéndose con la misma frecuencia. Iris pensaba que el pasado podía cambiar si debía cambiar.

La noche del 17 de noviembre de 1949, casi un año después de la fiesta en que su relación había entrado en crisis, Iris fue a ver a Elizabeth y juntas dieron un corto paseo por las oscuras calles de Oxford hasta el Chequers Inn, un pub del siglo XV escondido en un estrecho callejón. Bebieron hasta que cerró el local y después volvieron a St. John Street bajo una media luna que no iluminaría mucho la sala de estar de Elizabeth, donde no había cortinas. E., «en un estado lamentable [...] leyó fragmentos del final del *Tractatus* y dijo: "Esto es pura desesperación. Una puede leer esto y después matarse"»:[131]

> 6.41 El sentido del mundo tiene que residir fuera de él. En el mundo todo es como es y sucede como sucede:
> *en* él no hay valor alguno y, si lo hubiera, carecería de valor.
> Si hay un valor que tenga valor, tiene que residir fuera de todo suceder y ser-así. Porque todo suceder y todo ser-así son casuales.
> Lo que los hace no casuales no puede residir *en* el mundo; porque, de lo contrario, sería casual a su vez.
> Ha de residir fuera del mundo.
> 6.42 Por eso tampoco puede haber proposiciones éticas.
> Las proposiciones no pueden expresar nada más alto.
> 6.421 Está claro que la ética no resulta expresable.[132]

La primera semana de diciembre, Elizabeth le dijo a Iris: «Wittgenstein se está muriendo de cáncer [...]. Si muere así, irá al infierno».[133]

A esas alturas, el trabajo de Elizabeth y Wittgenstein, consistente en corregir y traducir la obra que llevaría el título *Investigaciones filo-*

sóficas, ya estaba muy avanzado. El diagnóstico terminal imprimió una nueva urgencia a la tarea. Elizabeth intentó persuadirlo para que fuese a vivir a Oxford («*chez elle* o en casa de Yorick»), pero el filósofo había decidido viajar a Viena.[134] Entre los dos decidieron que a Elizabeth le convenía seguirlo si quería mejorar su alemán vienés. Somerville College le concedió una beca[135] y, embarazada de dos meses, partió para la capital austriaca el 16 de enero. Iris fue a despedirla.[136]

Wittgenstein viajó tres semanas antes que Elizabeth, pero estaba demasiado enfermo para escribir. Hacía reposo en la casa familiar, en el número 16 de la Alleegasse, junto con su hermana Hermine, que también se estaba muriendo de cáncer y a la que le quedaba un mes de vida. Elizabeth se alojó en casa de unos amigos y lo visitó dos o tres veces por semana. Conoció a Paul Feyerabend, que la invitó a hablar en el Círculo Kraft, un club estudiantil exclusivamente masculino que se reunía en los salones del ya mayor Victor Kraft, antiguo miembro del Círculo de Viena. Los miembros del Kraft, jóvenes de veinte a veinticinco años, se consideraban a sí mismos los herederos del positivismo lógico. El grupo reaccionó con escepticismo cuando Elizabeth, en su alemán algo vacilante, les explicó el nuevo método de Wittgenstein y la importancia del modo en que se aprende el lenguaje. «¿Qué clase de primitiva psicología infantil es esta?», fue la réplica de los estudiantes.[137] Cuando Elizabeth había empezado su tesis en Cambridge con la pregunta «¿Qué es eso?», habría podido alterarla esa reacción de los miembros del Círculo de Viena, pero a esas alturas ya conocía la respuesta. El psicólogo infantil ofrece una hipótesis empírica, basada en la observación, del proceso normal de adquisición del lenguaje, pero Wittgenstein describía la estructura de una vida en la que empleamos el lenguaje, y así ponía al descubierto el fondo contra el cual se puede formular y someter a prueba una hipótesis empírica.

Alejarse un tiempo de Oxford parece haber dado nuevo vigor a Elizabeth. Justo antes de su intervención en el Círculo Kraft, envió por correo a Janet Vaughan un informe mucho más optimista:

> Agradezco mucho la ayuda que he recibido y que me ha permitido venir a Viena, por lo cual quiero dar las gracias al comité y a los donantes. Mis conocimientos de alemán han mejorado muchísimo, aunque es

una lengua más difícil de dominar de lo que había pensado. Dentro de poco leeré un artículo filosófico a un grupo de debate vienés; pero mi alemán tienen que corregirlo, y no poco, otras personas. Con todo, podré leer y traducir lo que necesito para el futuro; así se conseguirá el objetivo principal de mi viaje. En el estado actual del intercambio, la beca que se me concedió ha cundido mucho.[138]

Los dos filósofos trabajaron duro el resto de febrero y también en marzo; Wittgenstein recuperó las ganas de mantener conversaciones filosóficas. Volvió a pensar en su viejo amigo G. E. Moore, y Elizabeth y él hablaron sobre la refutación del idealismo y la «defensa del sentido común». Las notas que Wittgenstein tomó esos días serían, más tarde, las primeras sesenta y cinco observaciones de *Sobre la certeza*.[139]

IRIS Y PHILIPPA COMPLETAN EL FONDO

A las siete menos diez de la tarde del domingo 26 de febrero de 1950, Iris habló por radio; sus suaves vocales, remotamente irlandesas, contrastaban con el áspero inglés británico del presentador de la BBC: «Y ahora, "El novelista como metafísico", la primera de dos charlas de Iris Murdoch, que analizará la obra de los existencialistas Sartre, Camus y Simone de Beauvoir para descubrir qué hay detrás de este acercamiento de la literatura y la filosofía».[140] A Iris la había invitado Prudence Smith, su predecesora en el segundo piso de Park Town, 16. «Prue» pensaba que Iris tenía «una voz encantadora».[141]

«El yo libre y solitario [...] descubre que el mundo está repleto de ambigüedades –se oyó decir a Iris por la radio; describía el mundo en que se mueve el héroe de Sartre–, ambigüedades que tiene que resolver, y resuelve, la acción, o esa clase de acción que llamamos inacción. En una palabra, estamos condenados a elegir: elegimos nuestra religión o no ser de ninguna, nuestra política o ser apolíticos, nuestros amigos o no tenerlos. Dentro de los amplios límites de nuestra situación histórica, elegimos un mundo u otro.»[142]

Durante su temporada en Bruselas, a Iris la había estimulado y cautivado la filosofía de Sartre; ahora sabía que el cuadro que Sartre ofrecía –una versión del cual había procurado alivio a Richard Hare en el mundo en descomposición de un campo de prisioneros de guerra–, no era el idóneo para la vida civil ordinaria. «Los existencialistas han generalizado y dado una forma filosófica a algo que, por etapas, la mayoría de nosotros podemos reconocer en medio de nuestras crisis personales»; a saber, el deseo de «dar nuevo significado a [nuestra] experiencia pasada», de crear «una nueva visión de [nuestra] personalidad» y «aprobar libremente esa visión». Era algo que Iris sabía de sí misma. Sin embargo, lo que es cierto y terapéutico en momentos de crisis es falso y perjudicial cuando se lo toma como un cuadro general del atolladero humano. Y de pronto tenemos la impresión de que le habla directamente a Elizabeth:

> Este punto de vista aparece asombrosamente bien expresado desde hace mucho tiempo en el *Tractatus* de Wittgenstein. «El sentido del mundo tiene que residir fuera del mundo. En el mundo todo es como es y todo sucede como sucede: *en* él no hay valor alguno y, si lo hubiera, carecería de valor. Si hay un valor que tenga valor, tiene que residir fuera de todo suceder y todo ser-así. Porque todo suceder y ser-así son casuales.»[143]

Para Sartre (en la Francia ocupada), como para Wittgenstein (en las trincheras de la Primera Guerra Mundial) y Hare (en un campo de prisioneros de guerra), «el atolladero moral fundamental es el mismo».[144] Elegir y seguir eligiendo, y cada nueva elección crea a uno mismo y, de nuevo, el mundo de uno. Resuenan las palabras de Elizabeth: «Para uno, esto es pura desesperación». Y las novelas de Sartre muestran por qué: «desplegando en detalle las aventuras de los seres que se encuentran en la situación de no tener garantía alguna»:

> De repente, el sentido se ve como si hubiese desaparecido [...]. Es una inmersión en el absurdo. Si de verdad conferimos sentido no solo a sistemas éticos y religiosos, sino también al mundo físico..., entonces ese sentido podría, en principio, desaparecer dejándonos frente a una naturaleza animal y sin nombre.[145]

La inmersión de Sartre en el absurdo no es una broma al estilo de las que hablaba Mary, una que nos recuerda que hay algo más importante y que no cesará independientemente de lo que escojamos hacer. Para el existencialista, la «naturaleza» no es el nombre de un lugar en el que hay patos, aves cuyas vidas tienen una estructura, una pauta y un valor; es un mundo desnaturalizado. El existencialista niega lo que afirman el tomista y el marxista, a saber, que «hay una unidad inteligible hombre-naturaleza. La naturaleza tiene su propia historia dialéctica y sus propias interacciones, explicables racionalmente y en desarrollo, con las actividades humanas». Si para el tomista y el marxista la naturaleza es fuente de asombro y significación, el existencialista «ve la naturaleza como el escenario salvaje y sin sentido al que el hombre es inexplicablemente arrojado».[146]

Iris habló al final de una interpretación del *Cuarteto de cuerdas en la menor*, de Beethoven. Quizá eso hizo que Richard Hare se perdiera el comienzo del programa. Beethoven no solo había dejado de gustarle debido a su experiencia en la guerra, sino que incluso desconfiaba de él. Antes de la guerra lo emocionaba la evocación de las plegarias de la *Missa Solemnis*, que ahora le parecían hueras, engañosas; «esa clase de paz que buscábamos» no se da desde fuera, sino que se alcanza tras aprender a «sosegar las fuerzas del mal» que llevamos dentro.[147] Así pues, es posible que se perdiera el primer movimiento de Iris, que aspiraba a identificar acordes existencialistas «extrañamente familiares» (sin el glamur y los Gauloises) en la filosofía moral de Oxford. Ambos sistemas «han llegado a posturas que en algunos sentidos tienen entre sí un parecido asombroso».[148]

Con el tiempo, Iris desarrolló una versión de la libertad muy distinta de la de Sartre y Hare. Sostenía que la libertad moral no es la capacidad de escoger nuestros propios principios morales en un mundo que de otro modo carece de valor. La auténtica libertad moral es la capacidad de mirar continuamente la realidad y ver las cosas sin equivocarse. Ver lo que importa, las cosas importantes y buenas. Volver a mirar y repensar el pasado. Esa tarea de mirar no implica movimientos súbitos de la voluntad en momentos aislados que podemos escoger; antes bien, es un trabajo constante. Y, como había comprendido Donald MacKinnon, requiere humildad y un corazón puro. «El amor es la comprensión, extremadamente difícil, de que algo que no somos nosotros es real», escribió.[149]

En la radio, Iris había hablado sobre la imagen nada realista de la vida humana que había descubierto en la filosofía de Sartre y también en la de Hare, dos hombres que se presentaban como sujetos solitarios enfrentados a una «naturaleza animal y sin nombre». Philippa estaba lista para conectar esa imagen con la idea del subjetivista moral, que cree en un marcado contraste entre las afirmaciones de hechos y la valoración, y empleaba sus puntos de vista sobre la palabra «grosero», usada por primera vez en medio del barullo del salón de té Lyon's, en Cornmarket, para empezar a restablecer las conexiones entre lenguaje descriptivo y lenguaje evaluativo.

El «prescriptivismo moral» de Hare seguía a Kant en la medida en que sostenía que un principio de conducta podía considerarse un principio *moral* cuando una persona le reconocía una aplicación universal y general. Personalmente puedo pensar que debo matar nazis sin por ello pensar que todo el mundo debería hacer lo mismo, pero, si pienso que todo el mundo debería hacerlo, sin tener en cuenta las circunstancias, entonces para mí sería un principio moral. Sin embargo, esa postura creaba un problema, diría poco después Philippa en un simposio de filósofos. Si Hare, con su versión, estaba en lo cierto, cualquier principio de conducta, da igual lo trivial o tonto que sea, podía convertirse en un principio moral siempre que un individuo afirmase que era de aplicación universal y general.[150] El criterio puramente formal de Hare excluía toda restricción al contenido de la moral y, en consecuencia, excluía toda conexión lógica con la vida humana. Igual que el Wittgenstein del *Tractatus*, que situaba el valor fuera de «la esfera de lo que sucede» (palabras que Philippa había oído decir a Iris por radio), Hare pensaba que en la realidad no hay nada que fundamente la objetividad del juicio moral. Así pues, su filosofía, como la de Sartre, conservaba la estructura formal del imperativo categórico kantiano, pero con principios morales separados de cualquier fondo trascendental.

En su intervención en el simposio, titulada «¿Cuándo un principio es un principio moral?», Philippa señaló que eso no puede ser cierto. No es verdad que el juicio moral flote libre de nuestras ideas sobre lo que es una buena vida humana. La realidad no es animal y sin nombre. El sentido no desaparece. Antes bien, sostuvo, solo estaremos dispuestos a decir que algo es un principio *moral* si somos capaces de «llenar cierto fondo». Según había aprendido leyendo con Elizabeth a santo Tomás, será un fondo que nos permita ver «una conexión, en la mente de un hombre, con esa colección (reconocida como amplia) de virtudes y vicios».[151] Y lo ilustró con un ejemplo.

Supongamos que un hombre dice que negarse a llevar prendas de colores vivos es uno de sus principios morales. No lo aceptaríamos como tal ni siquiera si él pensara que nadie debería llevar jamás colores vivos y nunca los usara e incluso fuera por ahí intentando impedir que otros lo hicieran. Podríamos pensar que se trata de una obsesión o una fobia, pero no aceptaríamos que la orden sea parte de la moral. No obstante, si ese hombre dijera que llevar colores vivos es *ostentoso* y pone de manifiesto un exceso de *orgullo* en quien los lleva, empezaríamos a ver cómo un principio así puede ser moral aun cuando no estemos de acuerdo con él. Los términos de virtud «conectan nuevas y, posiblemente, sorprendentes aplicaciones de "bueno" o "malo"» y conllevan «una manera especial de mirar algo». Iluminan la pauta del fondo. Cuando lady Bathurst pensaba que para su hijo era perjudicial tener profesoras, empleaba la palabra «humillante», un término que nos aclara su manera de ver el mundo, pues conecta su juicio con sus puntos de vista sobre la dignidad, la vergüenza, el orgullo, el valor y el estatus.[152] Su lenguaje podría ayudarnos a entender los nervios por los pantalones de Elizabeth o la preocupación de Esther Bosanquet al ver que Philippa llevaba gafas.

Es posible que, a esas alturas, Philippa también estuviera estableciendo la conexión que encontraría su expresión en «Moral Beliefs», publicado solo unos años más tarde. Aunque podemos no estar de acuerdo con la humillación del hijo de lady Bathurst o con la idea de que llevar prendas coloridas (o pantalones) es muestra de ostentación, la realidad y la vida imponen límites al modo en que esas palabras pueden usarse con sensatez. «Sin duda está claro –escribió Philippa– que las virtudes morales deben estar conectadas con el bien y el daño humanos y que es completamente imposible llamar buena o perjudicial a cualquier cosa que nos gusta.»[153] Con ese punto de vista, encontró una manera de volver a situar el valor en el mundo y de reconectar el lenguaje moral con la vida humana. La conexión con la virtud o el vicio no es un llamamiento disfrazado a un principio de un orden superior, al estilo de «No llames la atención» o «Muestra siempre humildad». Philippa no pensaba (como muchos de los «eticistas de la virtud» contemporáneos) que colocar una acción bajo una descripción de la virtud implica que debe hacerse. Antes bien, el término de virtud ofrece «una manera de mirar algo», un modo de ver los hechos a la luz de las ideas sobre el bien humano.

«Ya nadie creía en el positivismo lógico –dijo más tarde Mary Wilson al hablar de esos días–, pero todavía no habíamos podido rescatar a la filosofía de sus garras. La persona que de verdad lo consiguió fue Philippa Foot.»[154] Como había anticipado el profesor H. H. Price en 1945 en el discurso que pronunció ante la Aristotelian Society, el grito de guerra de A. J. Ayer (*Nonsense!*) empezaba a «parecer un poco ridículo».[155]

WITTGENSTEIN FIRMA SU TESTAMENTO

Elizabeth volvió de Viena a tiempo para celebrar su trigésimo cumpleaños; Wittgenstein la siguió. Unas semanas más tarde, el 25 de abril de 1950, el filósofo se mudó al desván de St. John Street[156] y su alma inmortal empezó a preocupar a Elizabeth. Hablaban de religión y de Dios, unas conversaciones que allanaron el camino a los últimos escritos del austriaco:

> La vida puede enseñarnos a creer en Dios. Y las experiencias también contribuyen a ello, pero no me refiero a visiones y otras formas de experiencia que nos muestran la «existencia de ese ser», sino, por ejemplo, a varias clases de sufrimiento. Estos tampoco nos muestran un objeto ni dan lugar a conjeturas sobre él. Las experiencias, los pensamientos... La vida puede imponernos ese concepto.[157]

Wittgenstein escribe que la experiencia del sufrimiento, la experiencia de la vida, puede imponernos una actitud respecto de la realidad. No opiniones particulares e individuales (verificables una por una), sino una manera de ver el mundo y de estar en el mundo. Esa actitud, dice, «consiste en tomar en serio cierto asunto y, luego, pasado cierto punto, dejar de considerarlo serio y mantener que hay otra cosa aún más importante».[158]

Al parecer, durante esos últimos meses en St. John Street, el dolor lo acercó a dicha actitud. En sus *Observaciones sobre los colores* escribe: «Alguien puede decir, por ejemplo, que es muy grave que tal hombre debería morir antes de haber acabado cierto trabajo; sin embargo, en otro sentido, eso no es lo importante. En ese punto, alguien emplea las palabras "en un sentido más profundo"».[159] A petición de

Wittgenstein, Elizabeth consiguió que el padre Conrad, un sacerdote dominico, fuera a verlo para hablar de Dios.

Wittgenstein firmó su testamento el 29 de enero de 1951; actuó como testigo Barry Pink, el casero de Elizabeth. A ella le legó una tercera parte de los derechos de sus escritos inéditos, que debían publicarse tal como ella, Rush Rhees y Georg Henrik von Wright lo considerasen. También le dejó todos sus muebles, una tercera parte de todos los royalties que devengara su obra y un tercio del resto de su patrimonio. A Ben Richards, su amigo de toda la vida, «mi reloj de viaje francés, mi abrigo de piel, mi edición completa de los *Cuentos* de Grimm y mi ejemplar de *Hernach*, de W. Busch».[160]

Una semana después, el 8 de febrero, Elizabeth y Wittgenstein tomaron un tren de la Varsity Line; viajaron en primera clase, para que el filósofo pudiera tumbarse en los asientos.[161] Como le aterrorizaba la idea de morir en un hospital, se instaló en Storey's End, la casa de Cambridge de su médico, el doctor Edward Bevan, y su esposa Joan.

Capítulo 7
Animales metafísicos
(Newcastle y Oxford, mayo de 1950-febrero de 1955)

MARY SE VA DE OXFORD

Mientras Elizabeth, en su desván, cuidaba a un moribundo Wittgenstein, Mary trazaba una senda más familiar para una joven esposa.
Había conocido a Geoffrey Midgley, su futuro marido, en unos seminarios de posgrado. Geoffrey, alto y amante de un estilo de vida
informal, fumaba en pipa y tenía un semblante amable y algo travie-
so. Aunque era uno de los *Bachelors of Philosophy* de Gilbert Ryle, estaba empeñado, igual que Mary, en encontrar una manera de encajar
la filosofía en el confuso escenario de la posguerra. Una tarde del verano de 1949 en que, hablando de filosofía después de comer pastel de
cerdo y espaguetis con un amigo de ambos en el estudio de Mary, los
futuros cónyuges se despidieron con ganas de volver a verse. (Más tarde, Geoff confesó que le había impresionado mucho la comida que les
había servido Mary, un buen trabajo si se tiene en cuenta que en adelante seguiría cocinando como para ir de pícnic.) Sin embargo, a finales de ese verano, Mary se mudó a Reading, más al sur, y Geoff al
norte, a Newcastle, y de estar sentados uno junto al otro en el diván de
Mary, pasaron a estar separados por casi quinientos kilómetros.[1]
Volvieron a verse el verano siguiente, en un congreso de Filosofía
que se celebró en Bristol. En 1950, el tema de la sesión conjunta de
la Mind and Aristotelian Society era «Investigación psíquica, ética y
lógica». Brillaba el sol y, después de comer, los filósofos domingueros
se reunieron en el exterior con sus tazas de café y sus cigarrillos. Era
el momento en que los hombres jóvenes y ambiciosos buscaban a un

profesor y se esforzaban por causar buena impresión, los tímidos y torpes se miraban los zapatos y los románticos trataban de dar algún paso. Geoff y Mary, quienes, sin duda alguna, formaban parte del segundo grupo, se dieron cuenta de que «una de las cosas más pesadas y aburridas de la profesión era dar vueltas para encontrar a alguien con quien se pudiera dar un paseo» y que ese alguien siguiera siendo anónimo. Se miraron y Geoff dijo: «Sí. Ahora. ¡Rápido!». Así pues, dejaron las tazas de café y se fueron a dar un paseo solos, para que nadie los incordiara. En sus memorias, Mary dice que «una cosa llevó a la otra y antes de que acabaran las vacaciones ya estábamos comprometidos».[2] Así se disipó la triste idea que tenía de sí misma como chica de pocas luces y «fea», «con las necesidades de una mujer pero sin medios para satisfacerlas» y un «cerebro masculino a manera de premio consuelo».[3] Bajo la tierna mirada de Geoff, sintió que se transformaba y el patito feo se convirtió en cisne.

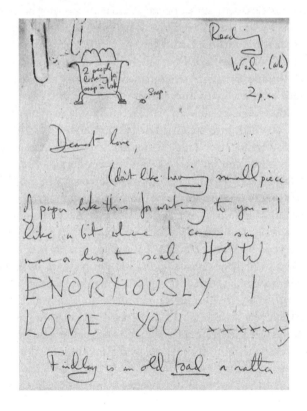

Después de darle vueltas a la cuestión de dónde vivirían, si en Newcastle o en Reading («Sería feliz aun viviendo contigo en el polo norte»),[4] decidieron instalarse en Newcastle upon Tyne. No era el polo norte, pero sí la ciudad más septentrional de Inglaterra, atravesada por la muralla que había levantado el emperador Adriano para marcar el límite del mundo civilizado. Vivir entre los bárbaros tenía su lado bueno: para un B. Phil de Ryle, los sueldos que pagaba el ejército aumentaban cuanto más se alejase del «centro de la civilización filosófica» (Oxford). El salario de Geoff, quinientas cincuenta libras, era un lujo, aunque a su amigo Antony Flew le ofrecieron unas muy jugosas ochocientas si se instalaba más allá de la frontera, en Aberdeen.[5] Mary y Geoff se pusieron de acuerdo en lo tocante al tálamo nupcial: «Sería divertido tener una cama grande, ¡pero no te gastes los últimos seis peniques que te quedan!».[6] Cuando se fue de Oxford, Mary le había regalado su cama individual a Philippa. A medida que 1950 tocaba a su fin, y en medio de una ventisca, la señorita Mary Scrutton pasó a ser, en Surrey, la señora Mary Midgley. Iris (ahora la única soltera de las cuatro) fue dama de honor.[7] Mary y Geoff pasaron la luna de miel en París.

Mary se sentía cómoda entre los edificios tiznados de carbón de Newcastle. De pequeña había pasado temporadas con Bessie Callender, su madrina, que le contaba historias de su vida; Bessie había sido una de las primeras estudiantes mujeres en el cercano Durham. Su abuelo, David Hay (de la empresa de ingeniería civil Mott, Hay & Anderson), había trabajado de ingeniero en la construcción del imponente puente de la ciudad, el Tyne.[8] Al principio, los Midgley vivieron en Jesmond, en un pequeño apartamento con la sala de estar en el centro; allí fue donde Geoff se aficionó a desmontar y volver a montar aparatos de radio, una actividad que había aprendido en la guerra y que Mary temía que llegase a ocupar toda la casa. A finales del verano de 1950 ya se habían mudado a una casa victoriana de tres pisos, más espaciosa, con jardín, y la atención inmediata de Mary dejó de centrarse en Plotino para dedicarse al descuidado jardín y a las cañerías. J. N. Findlay, jefe de departamento en Newcastle, le ofreció una plaza docente, pero Mary la rechazó: «Sinceramente, tenía ganas de no hacer nada». De momento podían vivir con el sueldo de Geoff más unos modestos ingresos procedentes del testamento del abuelo materno de Mary.[9] Una bienvenida donación de muebles eduardianos de los Scrutton llegó en tren desde el sur, y el tío de Geoff les envió unas estanterías de metal enormes. Mientras se ocupaba del abandonado jardín, Mary se alegraba, y mucho, de no haber avanzado tanto como Iris y Mary Wilson.[10]

Entre enero de 1949 y marzo de 1951, Mary intervino diez veces en el *Tercer programa* de la BBC. A Anna Kallin, productora de la emisora, le gustaba el estilo expresivo y cautivador de Mary, que no tardó mucho en dar charlas por radio y presentar reseñas de libros. En junio de 1951 leyó un trabajo para recordar el centenario de la novelista antisufragista Mary Augusta Ward (que publicaba con su nombre de casada, Mrs. Humphry Ward), la misma que había sugerido que el nuevo centro de Oxford para formar mujeres llevase el nombre de la científica y polímata Mary Somerville. En 1879, cuando las primeras estudiantes llegaron a Somerville Hall, las recibiría Mary Ward, que por aquel entonces tenía veintiocho años y estaba embarazada de ocho meses de su tercer hijo. Para esas muchachas, la vida en Somerville empezó con una novedosa imagen de la feminidad: una profesional culta y embarazada que había publicado libros, hablaba siete idiomas y se sentía muy a gusto en el mundo abiertamente masculino de Oxford.[11]

LOTTE LABOWSKY Y LA WARBURG SCHOOL

Mientras Mary se adaptaba a la vida en Newcastle, en Oxford hacían su aparición nuevas pautas. En el trimestre de primavera de 1951, en la *Oxford Gazette* se publicaron los nombres no de una, sino de dos nuevas profesoras de filosofía, unos nombres que, sumados a «señora Martha Kneale», «señora Foot» y «señorita G. E. M. Anscombe», demuestran que por primera vez en sus ochocientos cincuenta años de historia Oxford ofrecía la posibilidad de estudiar filosofía con cinco mujeres en un solo trimestre. Al parecer, empezaban a hacerse realidad los temores del vicerrector Lewis Farnell, pues todo apuntaba a la «feminización» de Oxford. Los martes y jueves a las once de la mañana, la «señora H. M. Warnock» daba clases de lógica en Examination Schools para los estudiantes de Honour Moderations. Antes las había impartido la señorita Mary Wilson, quien, a pesar de la implacable campaña de Elizabeth, se había casado con

Geoffrey Warnock. Mary Wilson recordó más tarde que Elizabeth «tenía en la vida una misión que más adelante serían dos. La primera era despojarme de mi pasión por J. L. Austin e intentar que dejase de asistir a sus clases. Luego se obsesionó con alejarme del hombre que sería mi marido y trató de convencerme para que no me casara con él».[12] Sin embargo, aunque Mary Wilson, pensaba Elizabeth, se encontraba ahora totalmente atrapada en las redes de la filosofía del lenguaje y «ese mierda de Geoffrey», la señora Warnock ni se inmutaba. En todo caso, pensaba que Peter Geach, el marido de Elizabeth, era «un monstruo». Lo había visto una vez colgando a un niño por la ventana, cogiéndolo por las piernas; ese era el castigo por no dominar las declinaciones del polaco.[13]

El otro nuevo nombre era «señorita Labowsky», quien, sin duda alguna, era un «invasor del campo» tanto por razones de sexo como por nacionalidad. La *Gazette* anunció que Labowsky y la señorita Anscombe darían una clase juntas.

Sobre Lotte Labowsky ya hemos visto algo en el trasfondo de esta historia y más de una vez. Antes de la guerra, Mary, Iris y Philippa debieron de encontrársela a menudo entre las estanterías de la biblioteca de Somerville, con su arreglado pelo oscuro y cara de estudiosa. Lotte había colado furtivamente a Heinz Cassirer en Somerville después de que Chamberlain firmase los acuerdos de Múnich.

Quería presentárselo a Mildred Hartley, y lo consiguió sin que la detuvieran los conserjes del colegio. Había levantado la vista de su libro en la sala común sénior mientras Elizabeth ninguneaba a Philippa. Vivía en Summertown y, de camino a Somerville, Mary, en bicicleta, pasaba delante de su casa todos los días.

La doctora Carlotta Labowsky era miembro del brillante grupo de pensadores humanistas que floreció en Hamburgo en las primeras décadas del siglo xx. Su centro intelectual era la Biblioteca Warburg para la Ciencia de la Cultura (Kulturwissenschaftliche Bibliothek Warburg), antes biblioteca personal del banquero y erudito Aby Warburg. La visión esotérica de Warburg consistía en construir y mantener un almacén de la memoria y el saber colectivos de la civilización europea, incluidas sus manifestaciones ocultas: paganismo, magia, ritos. Los libros y manuscritos se apilaban junto a piezas de cerámica, fotografías, tapices, espejos y otros objetos considerados talismanes, clasificados todos en cuatro excéntricas categorías: IMAGEN, PALABRA, ACCIÓN, ORIENTACIÓN. En 1919, poco después de aceptar una plaza de profesor en la Universidad de Hamburgo, Ernst Cassirer, el famoso especialista en Kant y padre de Heinz, había encontrado en los estantes de la biblioteca una prueba concreta de su teoría abstracta sobre la naturaleza del ser humano.[14] «Somos animales simbólicos (*animal symbolicum*)», escribió.[15] («La cuestión de la <u>historia</u>. Aferrarse al hombre como hacedor de símbolos. La clave está ahí, en algún lugar», había escrito Iris en su diario en junio de 1947.)[16] Cassirer padre daba clases sobre la teoría moral de Kant en los días en que un joven Donald MacKinnon, atemorizado en presencia de un erudito tan eminente, ocupó su asiento en el aula de All Souls durante el trimestre de invierno de 1934.[17] La tesis de Lotte, acabada en 1932 –un estudio sobre la vida y el arte legados por el estoico griego Panecio, el filósofo romano Cicerón y el lírico Horacio–, también se gestó entre los libros y objetos de la Biblioteca Warburg. La vida de una persona puede construirse como una oración bien escrita o componerse como una pieza musical;[18] igual que ambas, también puede (según santo Tomás) tener el brillo de la belleza moral. La virtud puede cultivarse prestando atención a las acciones y los objetos armoniosos.[19] Dos años después de terminar la tesis, Lotte llegó a Inglaterra sin un penique, expulsada de la universidad a causa de la legislación antisemita nazi. La Biblioteca Warburg había llegado unas semanas antes que ella.[20]

En 1933, justo antes de Navidad, el vapor *Hermia* había zarpado del puerto de Hamburgo rumbo a Londres, cargado de libros y manuscritos raros y miles de diapositivas, fotografías, objetos de arte y muebles. Raymond Klibansky, el amigo más querido (y examante) de Lotte, había sido el cerebro del rescate, que se llevó a cabo organizando la evacuación como un préstamo.[21] Klibansky fue a los muelles de Londres para recibir a esos refugiados tan insólitos; dos semanas después ya habría sido demasiado tarde. La quema de libros que atentaban contra el «espíritu alemán» había empezado en mayo y, a finales de diciembre, el «préstamo» habría sido objeto de revisión por parte del Ministerio de Propaganda de Joseph Goebbels. En la Bebelplatz de Berlín, la plaza que alberga la Ópera Estatal y la Universidad Humboldt, ardieron libros de Platón y Aristóteles, de Hume, de C. S. Lewis y de Freud junto con volúmenes de Brecht, Einstein y Kafka.[22] Salvados los tesoros de Warburg, se imponía acometer la tarea de reunir a los archiveros y eruditos que pudieran desentrañar sus secretos. Mientras Helen Darbishire, la rectora de Somerville, cumplía con todos los trámites precisos para contratar a la doctora Labowsky, David Ross trabajó para conseguirle a Raymond Klibansky una plaza en Oriel College y lograr que la British Academy financiara su trabajo.[23]

La decisión de Lotte y Elizabeth de dar una clase juntas en el trimestre de primavera de 1951 fue, en parte, fruto de la necesidad. Mildred Hartley, la profesora particular de Clásicas, le había dicho a Lotte que si su nombre aparecía en la lista de clases podría acceder al *Master of Arts* y a un modesto aumento de sueldo. Por contrato, Elizabeth estaba obligada a enseñar ese trimestre, pero no quería dar clases exactamente. Estaba otra vez embarazada –Lotte se lo contó a Raymond en marzo–: «Por extraño que resulte, hasta ahora nadie parece haberse dado cuenta». («Come Ryvita o algo», le había aconsejado Wittgenstein a Elizabeth cuando advirtió que estaba engordando; el filósofo «pareció asombrarse mucho» cuando se enteró de que estaba encinta.)[24] Como el parto estaba previsto para pocas semanas después del comienzo del trimestre, Elizabeth quería un grupo «pequeño e íntimo».[25] Tampoco se había encontrado bien; en octubre de 1950 tuvo que operarse para no perder la visión en un ojo; después, reposo absoluto durante diez días, tumbada boca arriba en una habitación a oscuras,[26] de ahí que se ofreciera a impartir docencia con otra profesora en Somerville. El tema que escogieron, «Proclo y su comentario sobre el *Parménides* de Platón 141e10-142a8» (un texto de diez líneas y una palabra), quizá formaba parte del plan para que no asistieran «más de diez personas»,[27] por mucho que las dos tuvieran verdadero interés en el texto de Platón y el comentario de Proclo.

Lotte había estado trabajando desde antes de la guerra, en colaboración con Raymond Klibansky, en un ambicioso proyecto de traducción y publicación. En la biblioteca del polímata y místico Nicolás de Cusa (siglo XV), Klibansky había descubierto una traducción latina completa del siglo XIII del comentario de Proclo sobre el *Parménides* de Platón. Dado que las cuatro versiones existentes de dicho comentario estaban incompletas, descubrir la citada traducción fue todo un acontecimiento. Lotte y Raymond empezaron a trabajar juntos en las versiones latina y griega. Cuando le escribió a Raymond para ponerlo al corriente de sus planes con Elizabeth, se refirió, con cariño, al fragmento recuperado llamándolo «"nuestro" toque final»;[28] en 1953 se incluyó en el tercer volumen del *Corpus Platonicum Medii Aevi*, un compendio de todos los textos que habían formado parte de la tradición platónica en la Edad Media. Como traductoras figuran Carlotta Labowsky y la señorita G. E. M. Anscombe.[29] Este volumen es el primero en que Labowsky (junto con

Klibansky) aparece como coeditora del *Corpus*, pero los historiadores coinciden en afirmar que ella era la «erudita» detrás de los dos primeros volúmenes y, también, dicen algunos, «el cerebro».[30]

El interés de Elizabeth en el neoplatonismo, así como su relación con Lotte, Raymond y los warburgianos, se remontaba a sus días de estudiante. La *Gazette* le dio a escoger entre «Filosofía de la Edad Media temprana», «Juan de Salisbury» y «Lógica y ciencia en la temprana Edad Media», temas todos que habrán atraído a la nueva conversa, que en esos días estaba empapándose de filosofía católica. En el trimestre de invierno de 1941 recibió clases informales de Klibanksy. En una carta a Mary Glover, Klibansky dice que el enfoque de Elizabeth de la historia de la filosofía era, al principio, «decididamente negativo», «influido, sin duda alguna, por el desprecio predominante por la historia de la filosofía»; no obstante, elogia su esfuerzo y su prometedora originalidad. «Si sus conocimientos de la parte histórica pudiesen estar a la altura de sus facultades críticas [...] tendría muchas oportunidades de sacar un *first*», predijo.[31] Lotte y Elizabeth adquirieron la condición de investigadoras en 1946, y Lotte tendría muchísimas oportunidades de participar en las conversaciones que mantenían Philippa y Elizabeth en la sala común sénior de Somerville. Elizabeth, Lotte y Raymond siguieron trabajando juntos, y también con la colaboración de Peter Geach, en varios proyectos de edición y traducción al menos hasta la década de 1960, cuando Raymond y Elizabeth coeditaron las traducciones de A. E. Taylor del *Sofista* y el *Político* de Platón. «La manera en que se tratan las Formas [...] sería totalmente aceptable para Aristóteles», subrayó Taylor en su introducción.[32]

La *Gazette* aconsejó a quienes quisieran asistir a la clase conjunta de las dos profesoras que escribieran a Labowsky antes del primer lunes del trimestre. Al cabo de unas semanas, Lotte escribió a Raymond, que en ese momento estaba en la McGill University de Canadá. Al parecer, la predicción de contar con «unos cuatro» estudiantes estaba totalmente equivocada:

> Una cosa buena, muy curiosa. ¡¡E. Anscombe y yo solo tenemos un candidato para nuestra clase!! Y es Philippa Foot, la profesora particular de filosofía (de soltera Bosanquet). Así que vamos a pasar el tiempo hablando del Parménides, los sofistas, etcétera, y no tendré necesidad de preparar nada.[33]

Dieron la clase sin alumnos. Tres mujeres brillantes, unidas por la guerra, analizaron un manuscrito que se había salvado de las hogueras nazis: una traducción latina medieval de un comentario griego del siglo v sobre el recuerdo imaginario de Platón de una conversación entre Sócrates y Parménides, el autor de un poema escrito quinientos años antes de Cristo, un texto de profunda estructura metafísica preservado a lo largo de cien generaciones, capas sucesivas de empeño humano, de copias y reproducciones, de volver a contar y a imaginar. «Nuestras conversaciones semanales sobre Parménides son muy interesantes», escribió Lotte.[34]

Elizabeth habló del comentario de Proclo con Wittgenstein. «Según Proclo –le dijo–, el nombre es una imagen lógica de su objeto.» Un «*icon logiké*».[35] Para sorpresa de Elizabeth, Wittgenstein dijo: «Muy a menudo he pensado lo mismo». Ella se sorprendió porque había supuesto «que los objetos, los *simples*, de los que se habla en el *Tractatus*, eran átomos uniformes sin carácter» y que cuando Wittgenstein decía que la proposición es una «imagen lógica», quería negar que lo mismo podía decirse de los nombres.[36] Más tarde, esa conversación daría importantes frutos y ayudaría a Elizabeth a ver el *Tractatus* bajo una nueva luz.

Para el Wittgenstein del *Tractatus*, dijo Elizabeth Anscombe, los objetos «pueden estar dentro de algunas composiciones y no de otras según su forma», algo que puede afirmarse también de los nombres de esos objetos. Elizabeth da un ejemplo. La frase «El monte Everest echó a Napoleón de El Cairo» no describe un hecho posible porque «monte Everest» es el nombre de una montaña y, siendo las montañas la clase de cosas que son, no pueden *echar*. Si «monte Everest» es el nombre de *una montaña*, entonces ciertos usos del nombre quedan excluidos; eso es lo que significa decir que el nombre tiene una forma lógica o «carácter interno».[37] Elizabeth se queja de que «los modernos» habían tendido «a deducir lo que podía ser de lo que podía pensarse», pero el enfoque de Wittgenstein era mejor, y lo compartía con Platón. «Un pensamiento era imposible porque la cosa era imposible o, como se dice en el *Tractatus*, "*Was man nicht denken kann, das kann man nicht denken*": un imposible pensado es un pensamiento *imposible*.»[38]

Elizabeth comprendió que esa idea adquiría nueva vida en la obra posterior de Wittgenstein. En lugar de forma lógica, el austriaco habló de gramática. El carácter interno de un nombre queda revelado por la pauta de las prácticas humanas en las que se emplea. La pieza del ajedrez con el nombre «rey» tiene una forma particular convencional, es la más alta de todas y lleva una pequeña cruz en la cabeza. Sin embargo, la palabra «rey» no nombra esa forma. Antes bien, nombra una pieza que en el juego del ajedrez se mueve según tales y tales reglas.[39] Todas esas reglas convergen en el nombre «rey», es decir, en lo que una persona que emplea ese signo como nombre puede llegar a saber y entender, del mismo modo que todas las prácticas y las costumbres del Estado convergen en su homónimo «rey». Por ese motivo Wittgenstein dice: «Uno tiene que saber (o ser capaz de hacer) algo de antemano para poder preguntar por el nombre de una cosa».[40] En una conferencia había señalado: «Es mucha la información que tenemos acerca de una palabra si sabemos que es un nombre propio y, aún más, de qué clase de cosa es el nombre propio, si de un hombre, de una batalla, de un lugar, etcétera, etcétera».[41]

La visión de Proclo acabó brindándole a Elizabeth la última pieza del rompecabezas que había empezado a resolver en medio de la guerra, cuando viajaba a Cambridge en la Varsity Line. Que nos digan la clase de cosa que un nombre («n») nombra equivale a recibir las condiciones de identidad para n. En la lista de Elizabeth aparecen «[a]nimal, planta, pavo real, hombre, pulga, buganvilla, platanera». «Cuando se trata de plantas y animales, la identidad de un individuo es de una clase distinta de la identidad de un trozo de plomo, por ejemplo. Tomamos en cuenta "la persistencia de cierta pauta en un flujo de material", pero, en este contexto, la noción de pauta, como la de forma, es especial.» Cuando hablamos de «la forma de un caballo o de un ser humano», queremos decir «forma» de una manera especial, prosigue; una manera que significa que «no decimos que la forma de alguien cambia cuando se sienta». Y cuando decimos «"pauta" queremos decir pautas de desarrollo a lo largo de un periodo de vida que conlleva cambios importantes, parecidos incluso a los de una oruga o una larva cuando se convierte en crisálida y luego en mariposa».[42] Nuestra comprensión de esas pautas vitales se refleja en el modo en que usamos los nombres de las especies de seres vivos. Una persona que sabe que «Elizabeth» es el nombre de un *ser humano* emplea ese nombre de una manera que refleja las pautas, las normas y los cambios importantes que forman parte de la vida humana.

El 29 de abril de 1951, una semana después de la clase de Lotte y Elizabeth, Ludwig Wittgenstein murió en Storey's End. Estaban con él Elizabeth, Ben Richards y Yorick, junto con un sacerdote católico que Yorick había llevado. Llegaron demasiado tarde para mantener una última conversación; el filósofo estaba inconsciente desde la víspera, pero antes había entregado a Joan Bevan un mensaje que esta debía dar a sus amigos: «Diles que he tenido una vida maravillosa».[43]

Muchos años después, Philippa Foot volvió sobre esas palabras para responder a la pregunta que la había intrigado desde la infancia: ¿qué es la felicidad? «Interpretada en términos de estados de ánimo felices, habría sido [...] realmente muy desconcertante que una vida tan difícil como la suya se hubiese descrito como una buena vida», escribió. Sin embargo, en el lecho de muerte del filósofo, esas palabras «sonaban a verdad por todo lo que había hecho con una pasión y un genio excepcionales». Philippa contrastó la felicidad de Wittgenstein con la de un enfermo lobotomizado que es «feliz todo el día recogiendo hojas». A pesar de toda la angustia y el sufrimiento, es la vida de Wittgenstein, no la del enfermo, la que nos dice más sobre qué es la felicidad para los seres humanos.[44] Su gran obra estaba acabada (importante) y vivió sus últimos días rodeado de quienes lo querían (importante en un sentido más profundo), la última escena en Storey's End.

«Elizabeth parece estar muy afectada», le dijo Lotte a Raymond.[45] Hacia finales del trimestre, Elizabeth dio a luz a Mary Geach, su tercer retoño. (Peter, Barbara y John seguían viviendo en Cambridge.) En las semanas anteriores, a Lotte la asombraba ver lo poco que el inminente parto influía en los planes de Elizabeth, que parecía centrarse por completo en el legado escrito de Wittgenstein.[46] Solo cuatro días después de la muerte del filósofo (y cuatro semanas antes de que naciera Mary), Elizabeth se había apresurado, con su coeditor Rush Rhees, a entregar en mano el texto mecanografiado de las *Investigaciones filosóficas* en la oficina central de Blackwell Publishers. Elizabeth y Rush sabían que J. L. Austin y su *Kindergarten* ya estaban escribiendo la historia de la filosofía lingüística y que no podían permitirse el más mínimo retraso en la publicación de la obra de Wittgenstein.[47] Una semana después, Lotte tuvo un ataque de artritis en las manos, culpa de una primavera mucho más fría que de costumbre. Su madre estaba enferma y a ella le costaba mucho llegar a fin de mes; Raymond se ofreció a enviarle un paquete de comida.[48]

Lotte, Elizabeth y Philippa siguieron con una clase que no interrumpían los fallecimientos, los nacimientos ni las enfermedades. «A veces, cuando veo que las otras dos participantes parecen cada vez más preocupadas y se sientan una frente a la otra con el ceño fruncido, pensando en silencio y con esfuerzo –le confió Lotte a Raymond–, me siento muy frívola.»[49] (Más adelante, Elizabeth se hizo famosa por sus silencios. Un estudiante pasó toda la hora de una clase particular muy preocupado al ver que el silencio se prolongaba indefinidamente; años más tarde, Elizabeth recordó esa ocasión, una clase en que la belleza de las *Investigaciones filosóficas* las habían hecho sentirse demasiado abrumadas para hablar.)[50] «Sería una broma afortunada acabar recibiendo el *Master of Arts* por decreto gracias a este trabajo –confesó Lotte–. También sería un agradable interludio en la historia de la interpretación del *Parménides* (y el silencio pone punto final al discurso sobre lo Uno).»[51]

Iris no asistió a la clase sobre Proclo, pero Pip y ella habían ido al menos a algunas de las «Lecturas sobre Platón» que había dado Elizabeth el trimestre anterior. Programadas para los martes y los jueves al mediodía, el horario sería el ideal para continuar la conversación en el comedor de Somerville, como habían hecho en los viejos tiempos.

Uno de los análisis más extensos de las *Investigaciones filosóficas* es la sección que ahora se conoce como «consideraciones sobre el seguimiento de una regla» –apartados 185-242– y, en esas clases o en las conversaciones posteriores a las clases, Elizabeth presentaba a Platón y Wittgenstein juntos.[52] En el *Menón* de Platón, Sócrates obtiene de un niño no instruido la prueba geométrica de que un segundo cuadrado dibujado en la diagonal de otro cuadrado duplica la superficie del primero, resultado que consigue dibujando una figura geométrica en el suelo.

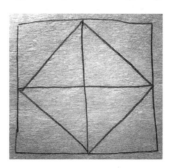

Platón sostiene que lo único que explica que el niño comprende es que la demostración le ha hecho conocer algo que su alma ya posee. Al responder a las preguntas de Sócrates, el alma del niño recuerda lo que sabía antes de nacer.

En su diario, Iris recordó una conversación con E:

> E. me dijo antes: desde el punto de vista de este problema, no hay ninguna diferencia entre el <u>siguiente</u> uso de «azul» y el número <u>siguiente.</u> O entre «prueba» (el ejemplo del *Menón*) y cualquier otro concepto. En todos estos casos, podemos <u>hacer</u> más de lo que <u>sacamos</u> de los ejemplos que nos enseñan.[53]

E. parecía sugerir que la teoría platónica de la reminiscencia aborda el mismo problema que preocupa a Wittgenstein en los pasajes sobre el seguimiento de las reglas en las *Investigaciones filosóficas*. ¿Cómo puede saber un niño al que se le enseña una parte de una pauta cómo ha de «seguir»? ¿Cómo podemos hacer «más de lo que sacamos de los ejemplos que nos enseñan»?

Supongamos que una maestra enseña a sus alumnos a seguir la regla «+2». Primero lo hace con la serie «2, 4, 6, 8...»; luego, con «11, 13, 15...»; después, «144, 146, 148...», hasta que dice: «Seguid con la serie 1000, 1002, 1004». Estas cifras son más altas que las de los ejemplos anteriores; no obstante, el niño entiende y va completando la serie: «1006, 1008, 1010».[54] ¿No es increíble que algo así sea posible? ¿Cómo puede el niño hacer más de lo que ve en los ejemplos de la maestra? La respuesta de Platón: lo que el alumno ve en los ejemplos le recuerda el conocimiento innato que su alma ya posee; en realidad, no está «aprendiendo». Wittgenstein dice: lo que el alumno tiene en los ejemplos es justo lo que obtiene, pero es un ser humano y la pauta es parte de la vida humana, y criaturas como nosotros, como él, sí entendemos tales pautas. Si no lo hiciéramos, nuestra vida no sería como es.[55] Si este niño no lo hace o no puede hacerlo, quedará excluido de muchas otras partes de la vida humana. Los ejemplos no le recuerdan al alma inmortal lo que ya sabe; antes bien, enseñamos mostrándole al alumno, lápiz en mano, cómo seguir y cómo <u>nosotros</u> seguimos.

Después de la clase:

P. dijo: ¿No se están confundiendo tres cosas? La diferencia entre «sencillamente haciéndolo» (por ejemplo, levantarse por la mañana, poner un pie delante del otro) y hacerlo según una regla. La diferencia entre repetición y desarrollo. La diferencia entre una serie finita y otra infinita.[56]

Sin embargo, la «confusión» es deliberada. Cuando Elizabeth le enseña a su hijo John el término «rojo», el niño no tiene que comprender una pauta de uso del lenguaje, un ritmo que va más allá de cualquier cosa que pueda o pudiera estar en la situación en que ella se lo enseña. Nada garantiza que no encontrará, al dar la vuelta a la esquina, un objeto para el que su aprendizaje no lo ha preparado. Una cara roja, un cielo rojo de noche, una imagen remanente roja, un día en rojo en el calendario, un paño rojo para enfurecer a un toro. ¿Cómo aprendemos a entender el ritmo y las pautas de las complejas prácticas humanas –convencionales, *ad hoc*, rituales, consuetudinarias– que se combinan para dar lugar a nuestras formas de vida y que se extienden mucho más allá de nosotros? Es natural, dice Wittgenstein.[57] Si no lo hiciéramos, no tendríamos tales prácticas. Simplemente lo hacemos. ¡Seguimos adelante condenadamente bien!

ELIZABETH REVISA *LAS INVESTIGACIONES FILOSÓFICAS*

Elizabeth lidiaba con el peso del legado de Wittgenstein, más de veinte mil páginas,[58] y muchas de ellas estaban en el número 27 de St. John Street junto con la recién nacida Mary. Las *Investigaciones filosóficas* tenían ahora dos partes. Rush Rhees y ella habían añadido al primer mecanoscrito una sección que contenía gran parte del trabajo que Wittgenstein y Elizabeth habían discutido en los Jardines Zoológicos de Dublín. A Iris le encantaba ese material; su ejemplar del volumen publicado está casi negro de tantas notas apuntadas en las guardas y muchas glosan los pasajes en los que Wittgenstein analiza la percepción del aspecto y el pato-conejo. «Me he encontrado con alguien al que llevaba años sin ver», dice una nota. «Lo veo con nitidez, pero no sé quién es. De repente lo reconozco y veo la cara de antes en el rostro cambiado. Creo que, si supiera pintar, debería hacer de él un retrato distinto.»[59] En 1947, Iris se había preguntado cómo alguien podía ver su propio pasado de una manera distinta desde el presente. Ahora podía expresar esa idea como lo había hecho Wittgenstein. ¿No debería, ahora, componer una historia diferente de mi vida pasada?

Iris y Lotte ayudaron a Elizabeth a preparar el manuscrito de las *Investigaciones filosóficas* y revisaron a conciencia la traducción en busca de soluciones poco acertadas.[60] Elizabeth envió mejoras del texto hasta el día en que se envió a imprenta la versión definitiva. Se «desvivía por escribir en un inglés puro y conciso» y en el alemán de Wittgenstein veía una «claridad especial: duro, lúcido, escueto, vivaz y serio» y se esforzó por reproducirlo. «Hoy día, el buen inglés viste bien; introducir coloquialismos o argot significa adoptar a propósito un estilo poco elevado. Cualquier estilo inglés que conciba sería una distorsión de este alemán.»[61]

Mientras Iris y Lotte revisaban con Elizabeth el texto de Wittgenstein, J. L. Austin y muchos miembros de su *Kindergarten* esperaban impacientes que el libro viese la luz. Isaiah Berlin, de los Brethren, presionó a Denis Paul, un estudiante que compartía con Elizabeth, para que le enseñara el manuscrito –pero «no le pidas permiso a la señorita Anscombe»–. A Isaiah, Elizabeth le caía fatal. Tras la publicación del libro, intentó sabotear la invitación a Elizabeth para que diese una charla por radio, y lo hizo escribiendo a Anna Kallin, la productora del *Tercer programa* de la BBC, para hablarle de «los íntimos de Wittgenstein: la señorita Anscombe, su marido Geach y otros». «Mucha violenta neurosis artificial, nada de lavarse, etcétera, todo lo que se pueda usted imaginar: un tartamudeo detestable en lugar de un discurso bien articulado, catolicismo pervertido y todos los demás deliciosos atributos suyos.» Ahora le dijo a Denis Paul: «No debes malentenderme, pero preferiría que no se le pidiera a ella ningún favor en mi nombre [...]. Preferiría que no la tuvieses en cuenta en lo que a mí se refiere. Lo leeré con unas ganas tremendas cuando se publique, si se publica. Si no se publica, me gustaría que me lo enseñaran en secreto o, si eso va en contra de tus principios, como sin duda alguna debería ser, mejor nada».[62]

A pesar de las dificultades que conlleva ser albacea literario, 1951 fue el comienzo de tiempos mejores y menos complicados para Elizabeth. El legado acabó con sus problemas económicos y, en diciembre de 1951, la Rockefeller Foundation concedió a Somerville College una beca para respaldar económicamente a Elizabeth en su trabajo de edición y traducción. En 1958, el colegio había recibido dieciséis mil doscientos dólares (unos doscientos mil de hoy) para que no tuviera que dar clases y pudiera concentrarse en el *Nachlass*.[63] Después de años de dar clases solo de vez en cuando y de apretarse el cinturón, Peter por fin tenía una plaza estable y pudo olvidar su época de leñador durante la guerra. Aun así, en 1966, cuando lo entrevistaron para una plaza de profesor en la Universidad de Leeds después de haber enseñado durante quince años en la de Birmingham, en la entrevista mencionó esa etapa de su vida. Peter Geach dijo, con el ceño fruncido: «Yo *arrrrrrrrastraba* troncos».[64] Los niños se instalaron en St. John Street y en la casa entró a vivir un gato, Tibbles. Peter viajaba a Birmingham desde Oxford; con la ayuda de los dulces y el recogedor de basura de la señora Colter, el matrimonio conseguiría, a su particular manera, dominar a la perfección el arte de la «telegamia».[65] Matrimonio a distancia.

La publicación de las *Investigaciones filosóficas*, bellamente traducidas al inglés por Elizabeth –con un agradecimiento a Lotte e Iris en la nota de la traductora–, fue recibida como uno de los principales acontecimientos de la filosofía del siglo XX. Anna Kallin hizo caso

omiso de las calumnias de Isaiah Berlin y Elizabeth grabó un programa de veinticuatro minutos para el *Tercer programa* de la BBC, que se emitió en julio de 1953. La segunda parte de las *Investigaciones* trasciende todo lo que Wittgenstein había escrito, dijo. «Por la concisión, junto con una expresividad rica e incisiva; por la riqueza de observaciones incontestables y una investigación hecha a conciencia.»[66] Elizabeth acabó preguntándose si terminaría siendo considerada una gran obra literaria.

IRIS Y MARY HABLAN DE POESÍA Y SOBRE LA PARADOJA

A mediados de julio de 1951, Iris se bajó de la locomotora *Flying Scotsman* en la imponente estación victoriana de Newcastle upon Tyne. Mary, embarazada y habituada ya a su nueva vida, la esperaba en el andén. Los nombres de las estaciones garabateados en las esquinas a la derecha de sus cartas dejan claro lo inquieta que estaba: pensamientos en un tren, en un vagón o en un andén, en lugares de paso («District Line», «Hammersmith Station», «Piccadilly Line», «en el tren»).[67] Distintos amantes entran y salen de sus diarios: Michael Oakeshott, el filósofo político conservador (se enamora de él en octubre de 1950: «Espero que M. no me rompa el corazón antes de Pascua»,[68] pero lo hace), Wallace Robson (juega al bridge y la madre de Iris se queda impresionada con él;[69] pasan juntos una breve temporada casi comprometidos antes de una dolorosa ruptura en abril de 1952); Arnaldo Momigliano, un judío italiano de la escuela de Warburg y académico refugiado (leen las *Rimas* de Dante y viajan tres veces a Italia,[70] Arnaldo es un hombre casado); Elias Canetti, novelista emigrado, futuro Nobel de Literatura (en los diarios se cuenta cómo hacían el amor: él era dominante y la espiaba);[71] Peter Honorine Ady, su colega de St. Anne's, y la muchacha detrás de la encuesta sobre el matrimono en Somerville, 1938 (se besan apasionadamente en un coche después de una fiesta de disfraces en Burcot Grange).[72]

De la vida en medio de la civilización filosófica, Iris da una visión que consolidaría aún más lo que creía Mary, a saber, que ella había salido bien librada. Esta vez, Iris llevó consigo una historia de terror sobre la ponencia que acababa de leer como participante de la prestigiosa mesa redonda de la que formaron parte Gilbert Ryle,

Waynflete Professor de Oxford, y Tony Lloyd, profesor de Lógica de St. Andrews University, un excomandante del que se sabía que «nada le gustaba más que un artículo que, en su opinión, se merecía que lo atacasen con todo».[73] Presidió la mesa H. H. Price. Los cuatro miembros de la mesa, junto con unos cientos de filósofos profesionales, habían viajado ese año a Edimburgo para asistir a la sesión conjunta. En el camino de vuelta a Oxford, Iris se detuvo en Newcastle.[74]

En su charla, titulada «Pensar y lenguaje», abordó el tema central de su propuesta de 1947 para Sarah Smithson: «los pensamientos y la sensación no se pueden exponer». Aunque más tarde se definió a sí misma como «wittgensteiniana»,[75] no la había abandonado (y aún persistiría en cierta forma) su vieja aversión a abrazar por completo el pensamiento del filósofo austriaco.[76] Desde sus primeras conversaciones con Elizabeth, había estado segura de que la filosofía de Wittgenstein dejaba algo fuera. Ahora creyó haberlo encontrado: podía salir de debajo de la red del lenguaje ocupándose de la experiencia de pensar.[77] Quería demostrar que una descripción cuidadosa y veraz de su fenomenología no encajaba en la visión del significado que fomentaban muchos representantes de la filosofía lingüística. En general, dijo, no pensamos en declaraciones expresadas en un discurso interior que podríamos compartir públicamente y exhibir pronunciando palabras corrientes. No. En el acto de pensar, el lenguaje, si está presente, está inextricablemente unido al sentimiento, la metáfora y la imagen semisensorial.[78] La fenomenología del pensar nos enseña que el significado es más que el uso de signos públicos. Hay algunos pensamientos que no pueden comunicarse en las palabras sencillas del hombre sencillo; su expresión depende de que haya un otro, un *Tú*, dispuesto a seguir con atención cada titubeo y cada gesto y que sea lo bastante cercano para «comprender» un significado que solo se expresa parcialmente. Esa clase de comunicación, según Iris, «a menudo solo es posible en grupos humanos reducidos, a veces solo en grupos de dos», una pareja cuya convivencia ilumina maneras de seguir adelante que serían invisibles para otros.[79]

Iris quería mostrar a su público de filósofos analíticos, de analistas lingüísticos, que esa clase de comunicación (inefable, misteriosa, personal) tiene una profunda importancia para la vida humana. Tan importante es, dijo, que podemos crear y preservar objetos que facilitan ese frágil entendimiento. Un «objeto público que todos podamos manejar» y del que podamos ocuparnos juntos, puede empezar a dejar al descubierto un pensamiento que de otra manera no se podría expresar. A manera de ejemplo, este fragmento de un poema de John Clare:

> Frágil hermano del alba
> que esconde sus tímidos cuernos
> tras espiguillas de hierba y hojas húmedas
> y teje una visión temible.[80]

Iris intentó transmitir a los colegas que asistieron a aquella mesa redonda lo que ella experimentaba al leer la descripción de John Clare de un caracol en un seto de verano, «un suave y delicado *suspense* seguido de una enorme sensación de expansión caótica en el último verso»; así intentaba exponer que no podía exhibirse e ilustrar una manera en la que comprendemos la realidad con la ayuda del lenguaje y gracias a la metáfora.[81] Iris quería demostrar que la experiencia interior no obedece a las técnicas lógicas de los analistas y que no tiene sentido preguntar cómo fue *realmente* la experiencia de alguien. El mundo interior, como el exterior, cambia a medida que nuestros conceptos se vuelven más profundos y cuando nuevas metáforas e imágenes nos permiten ver nuevas conexiones.

Tony Lloyd fue el primero en reaccionar. No podía estar de acuerdo y, para recalcar lo que opinaba, habló el doble del tiempo que había empleado Iris. Según Iris, dijo que la mente puede construir el mundo, lo mismo que pensaban los viejos idealistas. «¿No podría yo, entonces, cambiar las condiciones de mi jardín aprendiendo idiomas en lugar de hacer jardinería? [...] La respuesta a este jardinero perezoso es no.»[82] Gilbert Ryle, de quien se rumoreaba (injustamente) que no tenía vida interior, fue el siguiente, otro interlocutor nada ideal para Iris.[83] Como él no era un jardinero perezoso, puede que su conocimiento de los caracoles se limitara hasta entonces a la condición de plaga, como señala su leído y releído ejemplar de *The English Flower Garden*, de William Robinson.[84] «Empleamos naturalmente una modalidad metafórica del lenguaje –le había dicho Iris– y, sin embargo, podemos entendernos mutuamente e incluso llegar a influir en lo que el otro experimenta.»[85] Una metáfora puede indicar una nueva manera de seguir juntos, una nueva pauta en nuestra vida.

Aun así, Ryle no entendió nada de lo que Iris quería decir y pensó que la sutil fenomenología de la señorita Murdoch tenía poco interés filosófico y, de hecho, tampoco interés práctico alguno. «Si pedimos a un soldado que nos cuente una batalla [...] no nos interesa qué botas calzó ese día, a qué hora fumó un cigarrillo ni los matorrales por los que anduvo [...]. Queremos saber cómo fue la batalla [...]. De los detalles podemos prescindir.»[86]

Price, en los comentarios con que daría por concluida la mesa redonda en calidad de presidente, dijo que, movido por la descripción de Iris, se aventuraba él también a hacer un poco de introspección: «¡Esto suena a disparate! –señaló, mientras, como Iris, se esforzaba para poner en palabras la fenomenología del pensamiento–. Sé que es así y sé que es muy desagradable emplear la palabra "sentir" sin más». Así y todo, no pudo contenerse: «Ahora sí estoy saliendo de la parte más honda», prosiguió, arriesgándose a sugerir que, cuando pensamos, «es casi como si estuviéramos consultando con un *daemon* o un oráculo».[87]

Para Iris, pasando por alto el habitual follón de los Scrutton mientras, tal vez, contaba la experiencia algo humillante de no haber sido comprendida por un público (casi totalmente masculino) de filósofos, la vida de Mary debió de parecerle una imagen de la estabilidad, la seguridad y el confort. Se dispusieron como antaño se habían sentado, pero trasladadas a otro lugar. La señorita Murdoch sentada, cruzada de piernas, en la alfombra de la señora Midgley, junto a la chimenea. Novelas, poemarios, libros de filosofía y vida por todas partes: piezas de aparatos de radio, dos gatos. Geoff entraba y salía con las manos llenas de piezas de radio: aquellos días estaba montando un sistema de intercomunicación para que Mary pudiera oír a distancia al bebé que esperaban. Mary y Geoff empezaban a desarrollar su propio lenguaje, tal como acaban haciendo los matrimonios para toda la vida ¿Era ese un ritmo que Iris podía imaginar para ella? («Solo quiero sentarme junto al fuego y leer *Woman's Own*», bromeó en una carta a Wallace Robson.)[88]

Fuera cual fuese la impresión de Iris, la vida de Mary le dejaba poco tiempo para leer esa revista. Más tarde, ese mismo año, en una fría noche de octubre, Mary habló en el *Tercer programa* de la BBC en una emisión de sobremesa. El título de su intervención, «La historia natural de las contradicciones», pudo provocar alguna que otra sorpresa en los salones de los oyentes británicos. ¿De verdad la señorita Scrutton (la presentaban con su apellido de soltera) quiere decir que las contradicciones tienen una *historia natural*? ¿Está sugiriendo que la paradoja podría ser tema apropiado para anticuarios y naturalistas?

«La paradoja es algo que más o menos se espera de los filósofos –empezó diciendo Mary–. A nadie le sorprende oírlos decir que la mente es más real que la materia; que los hombres sabios pueden ser felices incluso estresados o que no puede saberse absolutamente nada.» Un científico puede pensar que es inteligente porque es capaz de «ver a través de un suelo en apariencia sólido y saber que solo es un vacío moteado», pero para un filósofo eso no es nada, porque es «un hombre tan sabio que ve a través de las apariencias en general (no solo a través de suelos)». La moda imperante entre los filósofos profesionales contemporáneos consistente en rechazar la paradoja (y nombró a Wittgenstein, Moore y Russell, pero podría haber añadido a Ayer, Austin y Hare) solo había conseguido que aumentase la atracción por los «escritores paradójicos», como Blake, Nietzsche y Kierkegaard. «En la especulación, y también en los cotilleos, tenemos cierta inclinación natural a la versión más sorprendente de una historia.»[89] Nuestro interés por la paradoja, dijo Mary a los oyentes, forma parte de nuestra historia natural: la paradoja ocupa un lugar importante en la vida humana.

Asimismo, señaló que muchos reformadores prácticos habían empleado la paradoja para iluminar la hipocresía; la impresión que causa una contradicción entre lo que decimos y lo que hacemos puede forzar un cambio. «El hombre nace libre, pero en todas partes se encuentra encadenado», se había quejado Rousseau. Cuando un filósofo le encuentra un uso práctico a una contradicción, como hizo Jean-Jacques, se parece más a un fontanero, dice Mary, pues pone «al descubierto fallos en un pensamiento corriente igual que un fontanero deja salir agua por una fuga para ver con claridad lo que falla antes de repararlo».[90]

Si para Rousseau las fugas de agua son un medio para alcanzar un fin, para otros son un fin en sí mismas, razón por la que dejan que el agua mane sin intención alguna de reparar las cañerías. El poeta Alexander Pope piensa que una fuga no nos importará mucho «siempre y cuando no queramos tomar un baño»; para otros, la alegría del agua desmadrada es su propia recompensa.[91]

A Mary le encantó la metáfora de la fuga de agua. Era aficionada a la fontanería y había aprendido a controlar las cañerías del número 55 de Park Town, que se helaban con frecuencia (en el sótano, «un cuarto de baño con una bañera con manchas marrones y un géiser temperamental, un géiser que se tragaba los peniques, tardaba una semana en funcionar y echaba más vapor que agua caliente»).[92] Mary siguió comparando a los filósofos con los fontaneros durante toda la vida, contenta con una analogía que captaba su convicción de que la filosofía no es un lujo, sino una necesidad humana básica. «La filosofía se entiende mejor si se la considera una forma de fontanería», escribió, ya nonagenaria. Es «una manera de cuidar la infraestructura profunda de nuestra vida, las pautas que se dan por sentadas porque no se han cuestionado de verdad».[93] Y se lleva a cabo bajo tierra, en la oscuridad.

La metáfora de la fontanería también gustó a Philippa; puede que se le quedara grabada en la cabeza después de escuchar a Mary o tal vez surgiera en una conversación sobre Plotino en Park Town. «A veces pienso que un filósofo se parece a un fontanero –le dijo a alguien que la entrevistó cuando ya era octogenaria–. Si uno tiene problemas con las cañerías, llama a un fontanero; si tiene problemas con los conceptos, llama a un filósofo.»[94] Los problemas con los conceptos son, como los que causan las cañerías, el precio que pagamos por tener vidas complicadas, interconectadas y contingentes. Son el precio que pagamos por nuestsra historia natural, y cada innovación conceptual da inicio a una nueva pauta que puede provocar una fuga en otra parte, ahora o en un futuro lejano. Por ese motivo, repetía Mary a menudo, la necesidad de la filosofía nunca desaparecerá.[95]

En los últimos minutos del programa, habló de los usos de la contradicción y la paradoja, que sin ser ni prácticos ni absurdos, revelan algo serio y místico. Se inspiraba en un fragmento de su tesis inacabada. Iris había regalado a Gilbert Ryle un poema y Mary ofreció uno a sus oyentes. Escogió «Hombre», del poeta isabelino John Davies:

> Sé que mi alma es capaz de saberlo todo,
> pero no puede ser más ciega e ignorante.
> Soy uno de los pequeños reyes de la Naturaleza
> aun cuando me fascine lo más bajo y abyecto.

Sé que mi vida es dolor y que durará poco;
sé que de mi razón todo se burla;
y, para concluir, sé que soy un Hombre.
Algo espantoso y, sin embargo, un orgullo.[96]

Igual que los objetos que habían atravesado el mar del Norte en el *Hermia*, los poemas forman parte de una tradición que compartimos, nuestro origen común. La poesía es «un objeto público», escribió Iris en su diario.[97] Para ella, esos objetos pueden ayudarnos a comunicar aspectos de nuestra interioridad que de otro modo serían siempre íntimos. Para Mary, los poemas pueden mostrar contradicciones y conexiones que no hemos advertido y, al hacerlo, nos traen de vuelta a esta complicada vida. Así pues, la poesía es otra de las herramientas del metafísico («el arte como puntos en que cristaliza la realidad»).[98] Con los «peros» y las demás objeciones de su poema, John Davies se sirve de una contradicción para mostrarnos algo real y verdadero y, con ello, ilumina una pausa en la pauta que no hemos visto antes. «*Hay* una contradicción entre nuestra idea de la capacidad del hombre y su destino, del libre albedrío y la necesidad, de nuestra implicación y nuestra soledad.»[99] Es la clase de contradicción que «no cede ante la disciplina académica más paciente»; es un «y» que no puede transformarse en «o», un misterio que no se resuelve en un problema. Sin embargo, allí es precisamente donde chocamos contra lo real y donde los filósofos, junto con los poetas, los artistas y los novelistas, hacen su trabajo. El lugar donde los animales metafísicos plantean sus preguntas.

Iris perdió el diario con las entradas de marzo a agosto de 1951. El 11 de agosto, en uno de los cuadernos viejos, puso por escrito un nuevo pensamiento:

Poesía: una versión popular del proceso de ensanchar lo inteligible, algo que hacemos sin cesar cuando nombramos.[100]

El mes siguiente, la señorita Murdoch dio una clase sobre «Conceptos e imágenes».

El 25 de octubre de 1951, Winston Churchill volvió al poder tras unas elecciones anticipadas convocadas por los laboristas para aumentar su escasa mayoría parlamentaria y que no arrojaron el resultado esperado. A pesar de que consiguieron casi un cuarto de millón de votos más que los conservadores y sus aliados juntos, Churchill obtuvo una mayoría de veintiséis escaños. Se decía que el Partido Laborista había «perdido principalmente en las colas de las carnicerías y las tiendas de comestibles».[101] Los conservadores habían prometido acabar con el racionamiento, que seguía afectando a la carne, la mantequilla y el azúcar: «*El socialismo progresa con la escasez*», había dicho el partido de Churchill a los votantes.[102] Y en Oxford imperaba la tristeza o el júbilo según dónde se mirase.

Fue en medio de ese clima político donde Iris completó «algo trivial sobre Sartre»,[103] a saber, el manuscrito de *Sartre, un racionalista romántico*, el primer libro en inglés sobre el padre del existencialismo.

«Entender a Jean-Paul Sartre es comprender algo importante sobre el tiempo presente», así empieza el libro. Sartre es absolutamente contemporáneo, «tiene el estilo de la época».[104] Como la obra de Richard Hare, la de Sartre también es una respuesta a la pérdida del fondo de nuestro pensamiento político y moral, y ese fondo incluye la idea de que hay algunos valores comunes a todos los seres pensantes, de que los individuos están contenidos en una estructura ética y metafísica más grande que los trasciende, y de que la cultura humana es un baluarte contra la depravación. Ese fondo se lo habían quitado a Sartre y a Hare mediante una combinación de sus propias experiencias individuales (resistencia y encarcelamiento) y las presiones generales de la modernidad.

Así debe entenderse el lema sartreano *existencia* antes de *esencia*. Sartre ofrece una nueva imagen para reemplazar la pérdida, un nuevo cuadro para llenar el vacío. Sin embargo, dice Iris, la imagen que nos brinda no sirve. Cuando el fondo está chamuscado, «bueno» ya no puede ser el nombre de una cualidad objetiva. Del mismo modo, sin un fondo así, «democracia» no puede designar la forma de una buena sociedad; antes bien, es algo que solo podemos sugerir a gritos. Hablando, tal vez, de su persona pasada, Iris detecta en el existencialismo la ideología del intelectual burgués europeo: «Esta es la mitología de quienes rechazan el capitalismo, con sus valores materialistas y su entumecimiento de la actividad humana», pero «que aún tienen miedo de abrazar el socialismo». En cambio, «quienes son moralmente sensibles y lo bastante inteligentes para no adoptar el capitalismo ahora abrazan un individualismo solipsista y nihilista».[105] Se quedan solos, vacíos, nada.

«A un público inglés, esta presentación puede parecerle completamente irreal», reconoció Iris cuando manifestó esas ideas en el Socratic Club en el trimestre de invierno de 1952.[106] Entre los asistentes debieron de estar los «rojos de Oxford», colegas de su juventud comunista y ahora profesores «laboristas pijos». (¿Una confusión, quizá? *Mauvaise foi? Moi?*) Hacía mucho tiempo ya que la banda de Dixieland se había desintegrado y había sido sustituida en cenas para adultos por radiogramolas y niñeras, parlamentarios y cócteles llamativos y, como le solía suceder a Iris, propuestas de matrimonio.[107] Así y todo, insistía ella, vosotros, economistas danzantes, lo reconozcáis o no, tenéis «el estilo de la época». Y presionaba así al público: tenemos que preguntar «a qué nos condena el rechazo del comunismo».[108]

Cuando se celebraron las siguientes elecciones generales –en mayo de 1955, con el resultado de una mayoría conservadora mucho mayor–, Iris tenía una idea mucho más clara. «En Inglaterra, el movimiento socialista está perdiendo fuerza», advierte en su ensayo «A House of Theory»,[109] escrito para una colección en cuya sobrecubierta se promocionaba como obra de una decena de «Hombres Jóvenes Serios».[110] El Estado del bienestar ha puesto fin a las formas más severas de privación, a «las injusticias más palpables», y «la sensación de explotación se ha desvanecido». Entonces, «¿cómo hemos de preservar el *pensamiento* en el socialismo y la *preocupación moral* por mantener vivo el socialismo en un Estado del bienestar?».[111]

Apenas quedaba nada de la energía que había impulsado a una optimista Iris y a los rojos en las elecciones extraordinarias de Oxford en 1938. La teoría socialista, señala Iris, nunca se había sentido a gusto en las instituciones académicas, pero sigue viva en el movimiento socialista, un segmento político, radical y progresista de la sociedad que quiere un cambio. En las fábricas, el pensamiento socialista se «nutrió» de ideas, conceptos y visiones filosóficas tomadas del utilitarismo, el marxismo y el utopismo, y luego empezó a avanzar por una exigencia práctica de cambios. Si bien la tradición filosófica británica siempre había contemplado con escepticismo la teorización a gran escala, había alimentado el socialismo con conceptos y visiones de la vida humana, del bienestar, de la política y del trabajo. No obstante, ahora las cosas eran distintas. Había transcurrido casi medio siglo desde que los filósofos empezaran a refugiarse en la tarea especializada del análisis lingüístico y «la invención de lo que podríamos llamar *"gadgets* lógicos"». La «corriente de ideas filosóficas» que alimentaba al movimiento socialista se había secado.[112] Los conceptos que el socialismo necesita –igualdad, trabajo, libertad– se han estancado, quedando fuera de las visiones filosóficas que los sostenían. Mientras tanto, en un escenario cada vez más positivista, la economía práctica se ha tecnologizado y la eficiencia es la marca del éxito. Los expertos que dominan la técnica están divididos respecto de los que no. Sin una visión socialista, no hay «casa de la teoría» en la que refugiarse del avance de la burocracia y la eficiencia. La lucha por la igualdad y la educación se ha convertido en lucha por un aumento de sueldo. Sin una visión socialista, los trabajadores se quedan sin un recurso que les permita orientarse en un mundo en que se les infligen cosas y en el que no toman parte activa. «Hay cierto vacío moral en la vida del país», decía también Iris en su advertencia.[113]

Elizabeth habría estado de acuerdo. El año en que se publicó «A House of Theory» grabó un programa de radio en el que se quejaba del modo en que el «procedimiento empleado para tomar decisiones morales [que] se enseña en la universidad» se manifestaba en el nuevo sistema del bienestar de la posguerra.[114] Ahora se prescindía de objetivos como «justicia» y «benevolencia» –que requieren una versión metafísica de la bondad humana– en favor de ideales metafísicamente vacíos como «imparcialidad», «eficiencia» y «bienestar general». La Ley de Asistencia Nacional de 1948 obligaba a las autoridades locales a proporcionar a los ancianos y los enfermos una vivienda adecuada en caso de que no pudieran cuidar de sí mismos. ¿Qué clase de injusticias, preguntaba Elizabeth, podrían cometerse en busca de una política benigna para mejorar el bienestar general? «Es habitual [...] que se eche a las viudas ancianas de sus casas cuando cualquiera puede ver que no cumplen con los estándares de higiene deseables para su propio bienestar y también para el bienestar general.» Puede que estuviera pensando en la señorita Lawson, a quien una vez había cuidado en el número 27 de St. John Street. «Las gracias y los favores de los malvados son crueles», comentó Elizabeth.[115]

Unos meses después de la charla de Iris, Elizabeth y ella se vieron atrapadas en un ataque mucho más práctico y concreto a los «economistas danzantes». Todo empezó cuando Elizabeth llamó a Iris por teléfono para decirle que se iba a París con Georg Kreisel (quien, junto con Iris y Lotte, figura en la nota de la traductora en las *Investigaciones filosóficas*) y su amigo Gabriel Dirac (hijo del físico Paul Dirac). ¿Podía Iris acompañarlos?

Últimamente, Elizabeth y Georg se habían distanciado de Iris después de que las juergas de ambos acabaran con ella de patitas en la calle y obligada a alquilar dos habitaciones sin amueblar, aunque céntricas, en el número 13 de King Edward Street (siete libras mensuales y una casera «destinada a que alguien la mate de un hachazo»).[116] Georg era buen cocinero y con Elizabeth solían preparar «banquetes» en St. John Street.[117] Ella lo había desafiado a recrear el ambiente de una diminuta región de Centroeuropa preparando una sopa de arenque perfecta. Iris no estaba en la ciudad y, por razones que se desconocen, decidieron hacer la sopa en el hornillo de gas de su habitación de Park Town, empleando como colador su pañuelo azul (un regalo de cumpleaños de su madre).[118] La sopa fue todo un éxito, pero el par de cocineros se olvidó de limpiar la cocina y, al volver del fin de semana, a Iris la recibieron una casera furiosa y una peste que lo impregnaba todo. El pañuelo quedó destrozado y la casera interpretó que la cena había sido una orgía. Iris volvió a verse en la calle con su única maleta. Se enfadó muchísimo, pero perdonó rápido.

Como no quería perderse un viaje a París, reprogramó las clases particulares y tomó el tren de las diez menos diez de la mañana a Londres para sacarse el pasaporte.[119] Elizabeth iba a llamarla la mañana siguiente para darle instrucciones, pero cuando a las nueve y media sonó el teléfono, Iris no oyó la voz de su amiga, sino la de su estudiante Denis Paul: Elizabeth tenía gripe y no podía viajar. Iris trató de indagar más y se enteró de que Elizabeth había «recibido una carta de K. con la frase "¿Seguro qué sabes la finalidad de este viaje?"», tras lo cual entró en pánico. Iris, que interpretó el mensaje como lo había hecho Elizabeth, volvió a Oxford indignada por lo que le había ocurrido a su amiga. Allí se enfrentó con Kreisel: ¿la condición era la que ellas habían inferido, a saber, «acostarse»?[120] (Iris había dicho una vez a un amigo que Kreisel era un «matemático maniaco sexual».)[121] Kreisel repuso con desdén: «De eso, <u>nada</u>, pero sería de esperar que tú aportaras algo».[122]

Más tarde se supo que Dirac, un comunista comprometido, se había dedicado algunos años a sacar de Inglaterra soberanos de contrabando para llevarlos al continente, donde la venta arrojaba pingües beneficios. Cincuenta libras seguía siendo el máximo que un viajero podía llevar al extranjero, pero Dirac pagaba a sus amigos y otros contactos para que sacaran miles. Unos años después, a Anna Bernard, una de los contrabandistas que había reclutado, la pillaron en su tercer viaje con mil seiscientas cincuenta y tres libras en la espalda (al valor de hoy serían cuarenta y cinco mil).[123] Y pasó una temporada en la cárcel de Holloway.

Iris y Elizabeth se sorprendieron mucho cuando se enteraron de aquello, pero, al parecer, no se escandalizaron. «*Chez* E. me entero de que las frases oscuras se refieren a lo que Dirac llama transporte vaginal de soberanos. Y me parto de risa.»[124] Esta reacción y el hecho de que Dirac hubiera dado por sentado que estarían encantadas de pasar su cargamento sugieren que «intelectual burgués» no era una descripción fiel de ninguno de los dos.

MARY PLANTEA «LA CUESTIÓN MUJER» E IRIS TOMA CLASES DE AMOR

El nuevo hábitat y el nuevo papel que desempeñaba llevaban a Mary a hacerse preguntas sobre las mujeres. Había notado una fuga en las cañerías conceptuales. Fue solo entonces, tal vez, lejos de Oxford, cuando le llamó la atención la peculiar falta de mujeres, y de reflexiones sobre mujeres, en la filosofía que había aprendido. Incluso en la rara ocasión en que una mujer hablaba desde el atril, siempre hablaba de un hombre. Mary Glover, de Aristóteles y Locke. Martha Kneale, de Locke, Berkeley, Hume, Descartes, Spinoza y Leibniz. Lucy Sutherland, de Edmund Burke. Y cuando los hombres escogidos para ser el tema de esas clases hablaban de los «derechos del hombre», de «la naturaleza del hombre» y de «la libertad del hombre», lo más frecuente era que el término «hombre» se refiriese a esa mitad de la especie cuya vida se desarrollaba en el ámbito público de la política, del derecho, el comercio y la educación. Los hombres, no la humanidad. «Nadie puede estar atento a todo –señaló Mary más tarde–. Esto no suele ser fatal, porque el trabajo de todo filósofo es indicar los fallos. Sin embargo, lo distintivo de la cuestión mujer es que nadie hizo ese trabajo. La negligencia simplemente persistió. El interés personal era, hasta no hace mucho, demasiado fuerte para que cualquier atención verdadera fuese posible.»[125]

En febrero de 1952, cuatro días después de la proclamación de Isabel Windsor como reina y cuatro semanas después del nacimiento de su hijo Tom, Mary escribió una carta a su futuro yo y la leyó por radio. «Mi querida Posteridad: Heme aquí para darte el Punto de Vista de la Mujer», empezó diciendo, con su típico tono dramático. Es optimista: ya han pasado los días en que «las mujeres hablan un lenguaje distinto del que hablan los hombres, tradiciones diferentes, historias y creencias distintas, toda una cultura aparte en oposición muda a la oficial». Ahora, las mujeres «pueden acceder a mil misterios masculinos, de los estudios clásicos a la ingeniería. No tienen que seguir excluyéndose de las conversaciones. Pueden ganarse la vida honradamente».[126] Ya no se trata a las mujeres como si fueran «hombres que por casualidad hubieran nacido con una forma que no les corresponde»; se las considera la mitad de la especie, con maneras de mirar, pensar y escribir que pueden iluminar la vida humana de diversos modos. Escriben sus textos mientras dan de comer, mientras hacen la compra y cocinan (mal). Pilas de libros encima de la ropa del bebé. «Ojalá pudiese recordar quién comparó el flujo de la prosa de Virginia Woolf con los pensamientos de una mujer que cuenta un cuento a los niños mientras no para de tejer y de controlar el fuego y nunca olvida que tiene tartas en el horno.»[127]

Anna Kallin no aprobaba todas las cavilaciones de Mary sobre la «cuestión mujer». «Rings & Books», escrito en la vieja máquina de escribir, empezaba con esta observación: «Casi todos los grandes filósofos europeos han sido solteros».[128] Hombres que llevaban una vida casi monacal que excluía a la mitad adulta y a todos los jóvenes de la especie. Mary pregunta: ¿podía la filosofía escrita por personas que pasaban sus días en una comunidad mixta, entre hombres, mujeres y niños, que escribían mientras los pequeños dormían en el piso de arriba –filósofos nocturnos como ella– distinguirse un poco de lo que tenemos en la tradición europea? A fin de cuentas, que dos personas pudieran estar en el mismo lugar a la vez no era totalmente ilógico desde el punto de vista de una mujer embarazada. Y el problema de otras mentes no puede surgir para una madre que da el pecho y que se preocupa por saber si es algo que *ella* ha comido lo que le ha sentado mal al bebé. ¿No será un poco... adolescente la obsesión de la tradición europea con el solipsismo y la libertad?[129] Kallin estaba horrorizada. No por la idea de que la tradición filosófica europea la hubiesen desarrollado casi enteramente hombres solteros o de que los poetas se casaran mal y sin pensárselo mucho, sino por la «intrusión trivial e irrelevante de los asuntos domésticos en la vida intelectual».[130] El texto nunca se emitió.

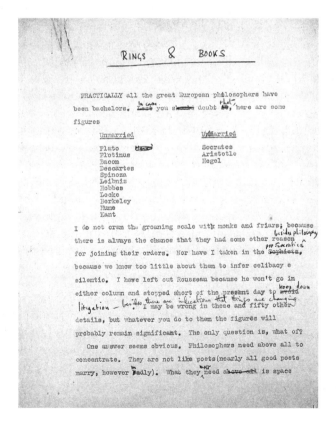

Si Iris le hubiese echado un vistazo a la columna de filósofos solteros de Mary, podría haber observado una pauta diferente, menos radical que la de su amiga, pero más en sintonía con la profunda fuente de la irrealidad de la filosofía de la que se quejaba Mary. También Iris había tomado nota del respeto con que Sartre, eterno habitante de los cafés, «evitaba los vínculos íntimos».[131] Sin embargo, también pensaba que una vida sin personas a cargo, vivida incluso en aislamiento, no tiene por qué ser irreal ni estar desconectada del resto; no si se vive con amor.

La ininterrumpida historia de amor de Iris con la filosofía y la literatura empezó en serio en 1951, cuando aceptó dar una serie de charlas radiofónicas sobre la obra de la filósofa francesa Simone Weil, mística y activista política cristiano-judía fallecida en 1943.[132] De clase media y formada en la École Normale Supérieure, Simone, al acabar los estudios, había elegido sumarse a la multitud de mujeres no cualificadas que se se ganaban el sustento en las fábricas de París. Como la Mary Glover de Somerville, ella también esperaba llegar a comprender por experiencia propia las luchas del proletariado y también vivió en primera persona lo que significaba la deshumanización del obrero, un diente humano en la rueda de una máquina cuya organización es opaca.[133] Con todo, puede decirse que Simone Weil fue mucho más allá que Mary Glover. Weil no volvió a su estudio para analizar lo que había aprendido; antes bien, se zambulló cada vez más en la vida que aspiraba a comprender, se limitaba a las míseras raciones de sus compañeras empobrecidas, comía cada vez menos a medida que iba trabajando más y más hasta el punto de desmayarse, literalmente.[134] «Casi toda la vida humana –señaló en su ensayo sobre la *Ilíada*– tiene lugar lejos de los baños calientes.»[135] Weil murió con treinta y cuatro años. Con carácter póstumo se publicaron cuatro libros suyos: *A la espera de Dios*, *La gravedad y la gracia*, *Echar raíces* y *El conocimiento sobrenatural*.[136]

Mientras la primera intervención de Iris en la radio, un jueves de octubre de 1951 por la noche, puede que Mary reconociera fragmentos de las conversaciones que habían mantenido en Park Town. Las palabras de Simone Weil en francés, resonando con el acento inglés oxoniano de Iris, apelaban a las dificultades a las que ella y sus amigos se habían enfrentado tan a menudo en la sala de estar de Philippa. «Solo la contradicción nos demuestra que no somos todo», escribe Simone Weil. Tropezar con una contradicción –un lapsus, una paradoja– es tropezar con la realidad, con algo distinto. Según Weil, la aflicción lo consigue. «La experiencia del sufrimiento es la experiencia de la realidad, pues nuestro sufrimiento no es algo que nosotros inventemos. Es verdad.»[137] La aflicción nos obliga a presar atención a la realidad, es la otredad que desarma nuestros habituales intentos de consolarnos recurriendo a la invención y la fantasía. La experiencia de la contradicción, de la infelicidad (*le malheur*), de la resistencia, ilumina los obstáculos que hemos de vencer si queremos contemplar lo real. La filosofía de Iris, y también sus novelas, mostrarán más tarde, con detalles sabios, ingeniosos y trágicos, el modo en que la «fantasía» –la parte egoísta, mecanicista y gratificante de la imaginación– puede ocultar la realidad e impedir que nos entendamos mutuamente y entender el bien.[138] No es difícil acabar encerrados en nuestro mundo personal, creado en nuestra esfera privada. ¿Qué se necesita para sacarnos de nuestras ensoñaciones, para obligarnos a volver a mirar?

En aquellos días, Iris ya escribía el borrador de la que sería su primera novela publicada, *Bajo la red*, «una aventura filosófica»,[139] y no tardaría mucho en acometer la minuciosa y concienzuda tarea de revisar, reescribir y volver a leerlo: siete cuadernos en total (los retoques aparecen en tinta azul más oscura, entre líneas o al dorso).[140] Intentaba hacer lo que John Clare había hecho para el caracol, a saber, crear una forma estética en la que podamos ver reflejada la realidad, pero no desde una óptica naturalista, sino a través de una compleja mezcla de sensaciones y caracterización, de humor y reconocimiento reflexivo, de parodia y farsa. Renacer, volver a vivir. A través de la lente de la novela, el gran artista es capaz de expresar una visión moral profunda, justa y comprensiva a la vez.[141] Prestando atención al mundo sin fantasía ni esperanza de consuelo, el gran artista nos permite ver la realidad con mayor claridad y en toda su contingencia y, a veces, consigue que nos asombremos, como lo hace la belleza del mundo natural. Es ahí donde Iris Murdoch (inspirándose indirectamente en sus clases sobre Kant con Heinz Cassirer) situaba la gran humanidad del artista y la continuidad del arte y la moral. «La esencia de ambos es el amor.»[142]

Fue en esa interacción entre imagen y realidad, arte y verdad, recuerdo y reconocimiento, donde los escritos de Simone Weil le hablaron por primera vez a Iris. Por encima de todo, le permitieron acceder a lo que ella consideraba la relevancia de Platón. Durante la guerra, cuando era una joven comunista, al principio, las clases de E. R. Dodds (el futuro director de tesis de Mary) la habían dejado fría. Había leído la *República* de Platón en 1940, mientras preparaba otra revolución bolchevique con los rojos de Oxford, y tan poco le había gustado «ese viejo reaccionario» que ella, como le dijo en broma a un amigo, se aficionó a vender el periódico comunista *Daily Worker*.[143] Había querido acercarse a la vida de las «abigarradas multitudes» que «en las minas y las fábricas de algodón» condenaban la visión platónica de una aristocracia justa. Ahora, en Simone Weil, tenía delante a una roja que llevaba el *Banquete* en el bolsillo: cuando trabajó en la vendimia en la Francia de Vichy, Weil lo enseñaba a sus compañeros peones.[144]

En el *Banquete*, Platón ya no sostiene que el conocimiento es cuestión del alma inmortal que recuerda lo que ya sabe, como había afirmado en el *Menón*; propone, en cambio, que amando lo bello –primero el cuerpo y el alma de unos hombres y mujeres determinados, luego el cuerpo y el alma en general, después las leyes y las prácticas, luego el conocimiento (la ciencia y las teorías y las ideas bellas; al fin y al cabo, el filósofo es un amante de la sabiduría)–, el alma puede ascender por los peldaños de una escalera y llegar a mirar de frente la Forma de la Belleza tal como se manifiesta en todas esas cosas bellas (igual que, en la *República*, contempla la Forma de lo Bueno). Para Weil, el platonismo, el comunismo y el cristianismo contienen la misma verdad fundamental: el alma humana llega a conocer la realidad gracias al amor,[145] lo mismo que había afirmado Mary Glover.[146] «La belleza es lo único espiritual que amamos instintivamente», escribió más tarde.[147]

La voz póstuma de Simone Weil aún podía oírse en las salas de estar de los británicos cuando Iris habló aquel octubre de 1951. «Es por esa razón que el único órgano de contacto con la realidad es la aceptación, el amor. Es por eso que belleza y realidad son idénticas. Es por eso que la alegría y la sensación de realidad son idénticas.» Iris excedió su tiempo en unos segundos[148] –y un par de palabras–. «[Weil] Fue una pensadora muy valiente.»[149]

Las clases de amor que recibió Iris coincidieron con una relación que contenía todos los temas de Weil en torno al sufrimiento y la aflicción.[150] Franz Baermann Steiner era un antropólogo judío refugiado, oriundo de Praga. El último recuerdo que conservaba de sus padres era de poco antes de la llegada de los nazis a Checoslovaquia, cuando Chamberlain declaró «paz para nuestro tiempo». Los veía sentados al sol en el banco de un parque.[151] No tuvo noticias de ellos durante la guerra; después, en julio de 1945, recibió una carta de Hans Gunther Adler, un amigo de la infancia que pronto también trabaría amistad con Iris. Los padres de Franz habían estado con él en el campo de concentración de Terezín (Theresienstadt) desde julio hasta mediados de octubre de 1942; Hans escribió para decirle que habían fallecido en el campo de exterminio de Treblinka. El estudio de mil páginas de Adler sobre el gueto de Terezín, *Theresienstadt 1941-1945: das Antlitz einer Zwangsgemeinschaft*, acabado en 1947, detalla los mecanismos del genocidio nazi: transporte, alojamiento, dieta, estructuras administrativas.[152]

Poco después de recibir la carta de Adler, Steiner sufrió una crisis nerviosa. En 1948 empezó a padecer fuertes dolores en el pecho y, un año después, con cuarenta años, tuvo su primer ataque al corazón.[153]

Como Iris, Franz también llevaba un diario:

> 11 de mayo de 1951
> Introducir Iris Murdoch[154]

Ese año, Iris dio clases sobre F. H. Bradley, el idealista cuya distinción entre existencia y realidad tanta importancia tenía para Mary. Era la primera vez que se daban clases sobre Bradley desde que Freddie Ayer había declarado que los metafísicos eran una especie extinta. Entre tanto, Franz daba clases sobre «Teorías del tabú» y «El estudio del parentesco».[155] Se enamoraron bebiendo vino barato en el Golden Cross y el Lamb and Flag. Hablaban de todo.[156] La Praga de Kafka contra el Dublín de Joyce; el exilio; el carácter intransferible del valor.[157] También sobre Rilke y Dios. Más tarde, el director del Warburg Institute dijo de Steiner que era un ratón de biblioteca que se abría camino devorando las pilas de libros del British Museum.[158] Por alguna razón, Iris fue capaz de asimilar el pasado de Franz. «En un sentido, un pasado fragmentado es más fácil de transmitir a otro que un pasado continuo», le dijo a Iris.[159] Ella le cogió la mano y le preguntó si creía en Dios. «*Amaba* a Dios.»[160] Iris lo llevó al número 27 de St. John Street para presentárselo a Elizabeth en su «desordenado comedor» mientras una desaliñada Barbara (que ya tenía nueve años) se paseaba descalza entre ellos. El «hermoso rostro [de Elizabeth] parecía familiar».[161] «Al fin y al cabo, la poesía y la filosofía están muy cerca la una de la otra, ahora lo veo», escribió Iris en su diario.[162] Leyó los poemas de Franz. Hablaron del tabú y del mito. Elias Canetti, amigo de Steiner, dijo de él tiempo más tarde que consideraba que los mitos eran «lo más grande y precioso que la humanidad había producido».[163]

Para el cumpleaños de Iris, Franz le llevó un poema y un regalo:

> Te regalo esta copa de vino.
> Bebe de ella, bebe de mí.
> Cuida este hermoso equilibrio
> y no nos hagas añicos.[164]

A cambio, ella le regaló una copia de su bien más preciado, el manuscrito de *Bajo la red*.

El 18 de octubre de 1952, Franz volvió a Oxford tras pasar las vacaciones en España. Contempló las luces de la ciudad a medida que el tren iba acercándose. Iris, vestida con pantalones y una gruesa chaqueta gris de lana, lo esperaba en el andén. Sonreía y se la veía entre seria y tierna. En la mano, un ramo de gencianas.[165] Un mes más tarde, Franz tuvo otro infarto, fatal esta vez. Iris tardó en superar la pérdida; iban a casarse. Llamó por teléfono a Philippa, no podía estar sola. «Enfermo y destrozado por el dolor. Así se veían los ojos de F. a través de sus gafas.»[166] Con una nota en la puerta canceló sus clases para el resto del trimestre.

RENACER

Philippa no era reacia a «pensar en silencio» sobre las virtudes. Sin embargo, de las cuatro amigas, ella era la que más a flor de piel llevaba la buena voluntad y cuya vida cotidiana estaba, sin duda alguna, repleta de buenas obras. Sus «trozos de vida» en el número 17 de Broad Street eran, calladamente y sin fanfarria, parte de un esfuerzo mucho más amplio para paliar el sufrimiento humano.

Para Oxfam, 1951 fue un año de grandes transformaciones. Ese año, el valor total de la ropa, los regalos y las donaciones ascendió a unas ochenta mil libras (más de dos millones y medio de hoy). Por supuesto, ese volumen significaba mucho trabajo. Clasificar, plegar, enviar, registrar cada trocito de vida de una estructura más grande dentro de una que permitía acometer tareas a una nueva escala: firmar *para* extender un talón *para* hacer una donación *para* enviar la ayuda a los refugiados palestinos. Leslie Kirkley, la nueva secretaria general (pacifista cuáquera de Lancaster), no había previsto el repentino amanecer de un mañana espléndido, y trabajó codo con codo con Philippa y demás voluntarios para clasificar la ropa vieja y sin remendar. Avanzaban despacio; el trabajo requería tanto tortugas como liebres, pero avanzaban. Cuando Kirkley se hizo cargo de la gestión, el comité aprobó responder a los desastres «naturales» y a las guerras, y ese año envió ayuda humanitaria para paliar la hambruna que se cebaba en Bihar, la India. Y por primera vez se mencionó al Comité de Oxford en la Cámara de los Comunes.[167]

Philippa tendía a considerarse a sí misma una tortuga también en el ámbito académico. En el prefacio a sus obras completas habla de una falta de productividad que la acompañó durante muchos años (y agradece a Somerville la paciencia).[168] No obstante, en realidad, estaba trabajando, como le había recomendado Wittgenstein. «La gente no ha aprendido cuánta razón llevaba cuando dijo que "hay que hacer filosofía muy muy despacio"», comentó ella más tarde. «En filosofía es difícil trabajar lo bastante despacio.»[169] «¡Tenemos que escribir cosas!», proclamó Iris ante sus amigas una tarde de 1948 en la sala de estar de Philippa,[170] pero solo ahora empezaba Philippa a ponerse manos a la obra. En el verano de 1951 lanzó su último ataque a Richard en un curso sobre «Términos éticos y afirmaciones éticas» y, en 1952, publicó su primer artículo, titulado «La defensa de la moral por parte del filósofo». El segundo no tardó mucho en ver la luz: «¿Cuándo un principio es un principio moral?». Hacia finales de 1953, Iris grabó una conversación: «Conversando con Philippa hace poco. ¿Por qué la filosofía moral se basa en la "elección"? Por qué llamarlo elección siempre si a veces no lo parece. Aquí también aprendemos de Witt.: no busquemos una lógica demasiado profunda».[171]

En su crítica a Hare y Sartre, Iris había señalado que, al eliminar el fondo metafísico, el sujeto aislado solo puede elegir. Ahora, Philippa veía que la pérdida de ese fondo implicaba también perder los conceptos en los que confiamos para orientarnos en las relaciones éticas con los demás. En el trimestre de primavera de 1954, las dos amigas volvieron a Keble College, escenario de sus clases particulares con Donald MacKinnon durante la guerra, para explicar esos puntos de vista a una clase de posgraduados. Su viejo profesor particular, que hacía ya muchos años les había enseñado el peligro que el herbicida de Freddie Ayer representaba para los animales metafísicos, habría estado de acuerdo. Dieron la clase con Basil Mitchell, al que vimos por última vez bebiendo jerez de Chipre con el grupo de Los Metafísicos. «Pasamos mucho tiempo estudiando las "palabras mixtas"», recordó Basil después.[172] Iris y Philippa explicaron a los estudiantes que «bueno» y «malo», «verdadero» y «falso» son términos *generales*. Cuando alguien los emplea, es muy poco lo que nos dicen del punto de vista moral de esa persona, aparte de que tiene una buena o una mala opinión de algo. El significado de esos conceptos está agotado, como habría dicho Mary Glover, por su contenido condenatorio o aprobatorio. Por ese motivo a Ayer no le costó mucho convertirlos en «¡No lo hagas!» y «¡Hazlo!». Sin embargo, palabras como «honrado», «sincero», «paciente», «pretencioso», «agradecido», «vergonzoso», «orgulloso» y «humillante» son palabras *especializadas* que tienen una estructura profunda que se ramifica y conecta con el fondo de la vida humana, donde conviven múltiples pautas.[173] Hacía poco, a Iris le habían diagnosticado sordera parcial y estaba aprendiendo a leer los labios en la Radcliffe Infirmary;[174] sus grandes ojos se habrán concentrado en los labios de sus interlocutores, ahora Philippa, luego Basil, después sus estudiantes. «Agradecido», «vergonzoso», «orgulloso», «humillante». Para describir la bondad humana hace falta más intensidad de foco –y de atención– que «¡Buuh!» y «¡Hurra!».

Después de volver de entre los bárbaros, la máquina de escribir de Mary no perdió el ritmo. Las reseñas para la revista *New Statesman*, de nuevas novelas en su mayoría, salían de las teclas a toda velocidad: *La bendición*, de Nancy Mitford; *Night Without Sleep*, de Elick Moll; *No Music for Generals*, de Frederick Howard.[175] A principios de la década de 1950 leía cuatro novelas por semana. Las estanterías de metal de Geoff se vieron de pronto desbordadas por ese torrente imparable de libros.[176] Mary intentaba concentrarse por la noche, cuando Tom dormía.

A pesar de la distancia, y de la criatura, siguió visitando a Iris en Oxford, sobre todo en St. Anne's a la hora del té. En una de esas visitas, hacia finales de 1952, entró en una librería y se encontró delante de un mar de lomos color púrpura y una cola de estudiantes que andaban a la rebatiña para hacerse con uno de esos volúmenes.[177] Se había publicado *The Language of Morals*, de Hare, el manifiesto del prescriptivismo moral, todo un éxito de ventas. Sin juzgarlo por su «precio increíblemente bajo» (7 chelines y 6 peniques de la época), el «admirable librito» del señor Hare merece ser objeto de reflexión de todos los estudiantes serios de filosofía moral, escribió Richard Braithwaite en *Mind*.[178] Ver que el pensamiento de una nueva generación de filósofos de la moral se nutría del subjetivismo de Hare dejó a Mary «completamente deprimida»,[179] pero ese día buscaba otro libro y de un color totalmente distinto. Su padre, señalándole otra vez el camino, le había recomendado que leyera *El anillo del rey Salomón*, del etólogo austriaco Konrad Lorenz, que acababa de traducirse al inglés.

El título del libro de Lorenz alude al rey bíblico que hablaba con los animales. El volumen está repleto de historias (y dibujos) de los animales que se movían en libertad por el zoo vienés del autor: grajillas, gansos, cuervos, cacatúas, lémures y monos capuchinos.[180] Para Mary, *El anillo* fue una revelación.

Antes de leerlo había advertido la manera en que el extraño concepto nada realista de «animal» agrupaba criaturas tan distintas entre sí como las pulgas y los gorilas, los perros y los pulpos, en un colectivo abstracto, simplemente para poder oponerlos a los seres humanos. Después de leer el libro de Lorenz, «animal» le parecía a Mary una herramienta absurda, un invento de nuestra cultura para proteger una idea errónea de la dignidad humana,[181] la idea de que *no somos como las bestias*. Sin embargo, los humanos, se dio cuenta Mary, formamos parte de la clase animales, somos una más de las bestias de la tierra. Y los caracoles se parecen al leopardo de las nieves como los humanos a las ballenas jorobadas. Con esa deslumbrante revelación, el fondo de su pensamiento cambió, sus conceptos se reordenaron y los pensamientos empezaron a fluir. Eliminando la oposición ente animal y humano, entre Bestia y Hombre, Mary vio que podía empezar a deshacer la paradoja que se aloja en el centro de la comprensión que tenemos de nosotros mismos («Sé que soy uno de los pequeños reyes de la naturaleza»). Nuestra vida es una vida animal que en muchos aspectos es una continuación de la vida de las pulgas, los gorilas, los gatos y las grajillas. Ni siquiera nos distingue nuestra sensación de dignidad e importancia; cada animal sabe que es un «pequeño rey» en su territorio, pensaba Mary. Más adelante escribió: «El canto de un pájaro no es solo un indicador mecánico anticipado de la violencia con que se repelerá a los intrusos». Antes bien, «el canto ha de ser en primer lugar expresivo. Lo que dice es "Hurrah, hurrah, este soy yo, soy yo, soy el más grande"».[182] Un recuerdo de los gatos de la familia Scrutton, vistos en raras ocasiones, y del perro salchicha de su madre con aspecto de superioridad felina.[183] El «frágil hermano del alba», de John Clare, con los cuernos alargados.

Ahora, algunas partes de la vida de Mary que le habían parecido irremediablemente separadas (el amor a los animales en la infancia, sus conversaciones en las mesas del centro del comedor de Somerville con Charlotte Williams-Ellis, su nuevo papel de madre) formaron una secuencia en la que aparecen como partes de un todo. Dirigió su mirada etológica hacia Tom, una criaturita viviente. «Los niños pequeños son, clara y literalmente, animales y seres humanos a la vez.»[184] Y empezó a repensar su pasado. Los días en que, de niña, iba en bicicleta al Ruislip

Reservoir, donde ella y su hermano Hugh solían nadar. ¿Por qué no había advertido el ininterrumpido cortejo del gran somormujo lavanco mientras ella chapoteaba entre los gansos, los cisnes y los patos?[185] ¿Y el perro salchicha, los gatos, Hugh, ella y toda la familia Scrutton cantando? Ahora comprendió que formaban parte de una «comunidad mixta»,[186] un colectivo familiar interespecies estructurado con lazos sociales de confianza, amistad y cuidados. Los perros y los caballos responden cuando se los llama por su nombre. Durante la guerra se publicaban en el *Times* obituarios *in memoriam* de las mascotas. Protección de los animales en caso de ataque aéreo.

Al observar las diferencias entre humanos, Mary empezó a preguntarse si dos individuos de una misma especie podían ser tan distintos entre sí como un patito de un toro joven. Los contagiosos estallidos de euforia de Geoff ocultaban un lado depresivo. («Ya ves, soy un auténtico maniaco-depresivo», le había dicho una vez a Mary.) Ella, «un poco Pollyanna»;[187] él, incapaz de publicar uno solo de sus muchos artículos filosóficos por culpa de una combinación de perfeccionismo extremo y horror a la crítica; ella, en cambio, enviaba a imprenta un ensayo tras otro y sin abandonar la radio y la televisión. En unas notas sobre la novela *Lady into Fox* (David Garnett, 1922, la historia de una dama que se convierte en zorro y de su marido que hace lo posible por cuidarla), Mary escribe que la historia nos emociona porque «en efecto, la gente se lía con personas que están separadas de ella de un modo tan profundo como el que diferencia a las especies». Las personas «lo enmiendan con uvas, mañanitas azules y todos los rituales de la sociedad».[188] O se pasan la vida, como había observado Iris, intentando ver a los otros como realmente son.

A partir de ese momento, Mary se recorrió las bibliotecas de Newcastle en busca de libros y estudios sobre toda clase de animales: de cerdos hormigueros a cebras, hormigas, lemmings, babuinos o cualesquiera que fuesen.[189] Como había aprendido de su padre: «Hacer lo siguiente es muy sensato: si alguien menciona a los hipopótamos, vas y los buscas en el diccionario, ya me entiendes».[190]

También Philippa empezaba a interesarse por el mundo de las plantas y los animales. Los términos de virtud y de vicio, habían dicho Iris y ella a la clase de posgraduados en el trimestre de primavera de 1954, son «descripciones especializadas» que conectan las ideas del bien y el mal humanos. Sin embargo, aunque es «totalmente imposible llamar bueno o perjudicial a cualquier cosa que nos gusta»,[191] no es sencillo ver dónde están los límites ni aclararse sobre la fuente de dicha imposibilidad. La amistad, la calidez y la salud pertenecen a la categoría de lo bueno; el aislamiento, la falta de un hogar y la enfermedad son males. No obstante, hay personas que prefieren el aislamiento, que buscan la libertad de la calle, que encuentran la paz en el sufrimiento. La vida de Wittgenstein es un ejemplo de sufrimiento y, sin embargo, fue buena. La infancia de Philippa había sido privilegiada y, sin embargo, le hizo daño. Del mismo modo en que Elizabeth había descubierto que la ayudaba poner en la misma lista a seres humanos, gatos y nabos, Philippa descubrió que pensar en bueno y malo para otra clase de cosas vivientes servía para seguir anclando en la realidad sus ideas sobre el bien humano. Los filósofos de la moral deberían empezar reflexionando sobre las plantas, dijo una vez ante un público estupefacto.[192]

En la década de 1950, Philippa empezó a insistir en que hay un estándar de maldad y bondad que no depende en absoluto de la elección humana o de las prácticas de evaluación. En su libro púrpura, Richard Hare afirmaba que cuando se llevaron a Gran Bretaña los primeros cactus, no había criterios de evaluación, nada que pudiera decirnos que un cactus era bueno o malo, mejor o peor.[193] (La Segunda Guerra Mundial había impuesto una interrupción temporal a la importación de cactus de América, dejando sin ejemplares a una joven comunidad de británicos amantes de las cactáceas. En 1947 volvieron la importaciones, para gran regocijo de la recién fundada

National Cactus and Succulent Society.)[194] Con ecos de Sartre, Hare sostenía que solo cuando la gente empezaba a elegir tal o cual cactus en detrimento de otro o a introducir criterios (altura, color, pinchos), podían comenzarse a aplicar términos evaluativos. Eso significaba que para saber si un cactus era «mejor» que otro había que basarse exclusivamente en una elección y una preferencia humanas. Aun así, repuso Philippa, un cactus es un organismo vivo y, en cuanto tal, su forma de vida fija una pauta interna de la especie.[195] La National Cactus and Succulent Society tiene libertad para imponer su propio marco de evaluación para concursos y cultivadores, pero sigue siendo una cuestión objetiva, sin relación alguna con sus decisiones, que un cactus concreto esté sano o enfermo, floreciente o marchito. La naturaleza no es bruta y amorfa, pues está viva y ordenada; además, es una fuente de valor que no depende en absoluto de las actividades humanas. Una persona que sabe lo suficiente sobre los cactus, las pasionarias o los heliantemos podrá ver si un ejemplar está floreciendo y juzgar si está marchito o bien cuidado. Annie Rogers, de St. Hugh's, lo sabía cuando escogió un lugar resguardado para sus pasionarias y sombra para sus helechos.

Aunque es más difícil de discernir, también existe, para la especie *humanos,* un criterio interno según el cual la vida humana va bien o mal, sostenía Philippa. No se trata de la idea protagórica de que «el hombre es la medida» de todas las cosas. Philippa afirmaba que, lejos

de cada ser humano, a escala individual, como medida de lo que es dulce o agrio, caliente o frío, bueno o malo, hay algo que puede llamarse bondad natural. No nos está permitido sin más decidir lo que importa en cuanto beneficio o perjuicio humanos, ni simplemente escoger, *ex nihilo*, lo que hace falta para que una vida humana sea buena. Philippa lo sabía cuando se preocupaba por su infancia. Leslie Kirkley y los voluntarios de Oxfam lo sabían cuando enviaban dinero a Grecia para apoyar la educación de mujeres jóvenes.[196] Wittgenstein lo sabía cuando declaró que había tenido una vida feliz.

«La gente que lleva a su casa plantas en macetas –escribió Iris más tarde– podría incluso sorprenderse ante la idea de que esas cosas sí tienen que ver con la virtud.»[197]

Aunque «La defensa de la moral por parte del filósofo» fue el primer artículo especializado que publicó Philippa (1951), su primera publicación fue una reseña crítica de *The Philosophy of Ernst Cassirer*, un volumen de ensayos escritos por filósofos de la época sobre la ingente obra del filósofo warburgiano. «Al leer estos ensayos –se quejó–, veo que ya no consigo recordar la peculiar excelencia de la obra de Cassirer, pero volvió a impresionarme al instante cuando volví al original.»[198] La última palabra de Philippa sobre ética, *Bondad natural*, revela rastros ocultos de influencia warburgiana intercalados en el tejido de su propio pensamiento filosófico. Para Ernst Cassirer, cada organismo vive rodeado por su propio entorno (*Umwelt*). El mundo del erizo de mar está repleto de «cosas erizo». El mundo de la mosca está repleto de «cosas mosca». El mundo del humano está repleto de «cosas humano», y, entre ellas, un sistema simbólico.[199]

Lo pensable está determinado desde la realidad, había dicho Elizabeth, pero la realidad humana está llena de nuestras creaciones. Construimos estructuras que crean nuevas maneras de actuar y de ver. Escribimos historias que unen entre sí hilos de testimonios y relatos para establecer nuevas pautas. Creamos objetos simbólicos, *entia rationis*, para ayudarnos a encontrar nuestro camino: poemas, palabras, mapas, cuentos. Y un artefacto cultural como un poema, un cuadro o un concierto –un «objeto público que todos podemos manejar»– es parte de nuestro *Umwelt* igual que un nabo o un gato. (Una noche, en el número 27 de St. John Street, Elizabeth había puesto, para Iris, un disco de Schumann. «Estábamos sentadas, muy calladas. El gato se subió primero a su rodilla y luego a la mía. Nuestras miradas se cruzaron dos veces. E. estaba completamente embelesada, hermosa, severa y fuerte, concentrada. Después dijo: "Es algo así como un vicio querer oír ciertas cosas una vez y otra más y otra"».)[200] Breves fragmentos literarios iluminan las páginas de *Bondad natural,* de Philippa Foot: George Eliot, Gertrude Stein, Montaigne, Hardy, Dostoievski, Conrad. Impresas en la parte inferior de las primeras páginas, tres imágenes de monedas de Siracusa o Cartago; en una de ellas se ve una planta, en otra un animal y en la otra un ser humano. («Aferrarse al hombre como hacedor de símbolos –había escrito Iris en 1947–: ahí, en alguna parte, está la pista.»)[201]

Reflexionando sobre la tarea a la que se enfrenta la filosofía, Wittgenstein había escrito: «Lo que ofrecemos son, de hecho, comentarios sobre la historia natural de los seres humanos».[202] Una historia natural de los seres humanos incluirá hechos sobre la naturaleza humana como los que encontraríamos en una historia natural de los cactus o los gatos. *Para sobrevivir, el cactus necesita agua templada. Un gatito nace con los ojos cerrados. El humano adulto tiene treinta y dos dientes.* Pero nosotros, los humanos, somos animales metafísicos. Vivimos en el pasado tanto como en el presente: «Debería darte vergüenza»; «Estamos muy orgullosos de ti»; «Lo que hiciste fue un acto de valor»; «Debemos pedir perdón». Las descripciones especializadas –«humillante», «valeroso», «irreverente»– nos orientan hacia el mundo y también entre nosotros. Hacemos promesas e imaginamos nuestro futuro. Preguntar es parte de nuestra naturaleza. Cuando pregunta «¿Por qué?», el niño empieza a establecer conexiones; rastrea las pautas más grandes que trascienden la región espacio-tiempo en la que se encuentra; empieza también a relacionar causa y efecto, propósito y objetivo. Puede llegar a ver que el mismo acontecimiento que tiene lugar aquí y ahora encaja en distintas descripciones. Puede verlo contra un fondo más amplio. Un cuadrado de papel llega a un buzón en Londres: *Estoy enviando una carta*; alguien pliega un abrigo de pieles: *Estoy trabajando para un programa de ayuda humanitaria*; una manivela sube y baja: *Estoy envenenando a los habitantes.*

Los adultos ayudan al pequeño nombrando distintas clases de cosas y cada nombre abarca la estructura, las pautas de la práctica dentro de la cual cada nombre tiene su lugar. Nombres de objetos: esto es un pavo real, esto un hombre, esto una pulga; esto es comida, esto es ropa; él es un amigo, él un padre y ella una madre. Nombres de clases de acciones: esto es bombear; esto es sentarse; esto es escribir; esto es pagar. Nombres de virtudes: hacer esto es generoso; esa acción es valiente; esa respuesta es sincera.[203] Los poemas, los mapas, los cuentos reflejan esas palabras y acciones y el modo en que encajan o no en un mundo vasto y cambiante. El modo en que podrían encajar. Casi como por milagro, un niño humano debe «captar» el significado de esas descripciones y llegar a ver sus propias acciones y las interacciones de quienes lo rodean. No obstante, el niño debe «hacer más de lo que obtiene de los ejemplos del maestro». Tiene que ver cómo ha de seguir, la manera de continuar la pauta solo y echar a andar.

Richard Hare empezaba a irritarse. «Qué suerte la nuestra –se quejó poco después–: en Oxford tenemos, en los colegios femeninos, varias filósofas muy capaces y distinguidas, y la mayoría de ellas dedica mucho tiempo a atacar las opiniones de sus colegas de sexo masculino.» Se sentía una víctima. «Todas ellas, cuando yo soy el blanco, me acusan de prestar demasiada atención a principios generales y demasiado poca a las peculiaridades de los casos individuales que requieren que se los saboree con una intuición femenina antes de que pueda emitirse sobre ellos un juicio moral acertado.»[204] Sin embargo, las «muy capaces y distinguidas filósofas» de los colegios para mujeres insisten: no es una cuestión de intuición femenina, sino, tal vez, de reafirmación de una clase de intuicionismo realista que ahora cobra vida gracias a una clase de metafísica idealista.

Todos los sábados al mediodía, los meses de enero y febrero de 1955, se vio a Philippa Foot entrar en el edificio de Examination Schools. Los estudiantes de filosofía se enfrentaban a una difícil elección los sábados a la hora de comer. Había dos clases simultáneas sobre Platón para elegir; pero también podían saltarse las dos para asistir a un seminario sobre santo Tomás en Oriel, con Lorenzo Minio-Paluello, o, en su lugar, dirigirse a Christ Church para oír a Michael Foster, del grupo de Los Metafísicos (que aquellos días trabajaba en su nuevo libro, titulado *Mystery and Philosophy*), que hablaba de «La filosofía del análisis».

Los que escogían «Introducción a la ética» con Philippa, la acompañaban en algo que a ella le parecía ser su propio comienzo. Por fin veía el trabajo que tenía que hacer un filósofo moral. En «La defensa de la moral por parte del filósofo», publicado en 1952, se había burlado, con delicadeza, de aquellos que pensaban que su tarea consistía en «ofrecer una defensa contra las teorías hostiles, que, se dice, "socavan los cimientos de la moral"» –léase, el subjetivismo moral de A. J. Ayer y Richard Hare–.[205] «Sería ridículo –había escrito, en cierto modo a la manera de H. A. Prichard– suponer que el filósofo puede crear un hechizo contra el estado de indiferencia en que alguien pregunta por qué debería importarle lo que está bien y lo que está mal.»[206] En 1955 había empezado a comprender que a la filosofía moral le correspondía hacer algo distinto que proporcionar una teoría en defensa de la moral. «La moral tiene una referencia trascendente», había escrito Mary Glover poco antes de la guerra. Está conectada con «un criterio objetivo que podemos ir descubriendo gradualmente». Es muy posible que en clase Philippa dijera a sus estudiantes que la tarea de la filosofía moral consiste en revivir nuestro lenguaje moral. Una vez terminada la clase, salía a High Street y giraba a la izquierda para dirigirse al número 17 de Broad Street y Oxfam.

Mientras Philippa completaba el ciclo de clases sobre ética, Iris (en su nuevo apartamento del último piso de Beaumont Street, 25) trabajaba para acabar el segundo borrador[207] de una «novela anónima» («Es probable que la reconozcan como mía por algunos aspectos estilísticos –dijo más tarde a su editor–, en caso de que olvide de escribir mi nombre en ella»).[208] La novela era *The Flight From the Enchanter*, una fantasía oscura y fascinante cuyos personajes están desplazados, esclavizados (a la vez que esclavizan) y cegados por su propia falta de atención a la realidad ajena. Breves fragmentos de la biografía de Iris habían adquirido nuevos tonos en esas páginas: UNRRA, Simone Weil, Franz y su amigo de la infancia Elias Canetti, el amante-encantador al que había acudido tras la muerte de Franz. Ese trimestre, los lunes a las diez de la mañana en Examination Schools, dio clases sobre «La filosofía moral y la ética del liberalismo». La enrevesada letra de Philippa en la pizarra, después de la clase del sábado, puede que atrajera al borrador. «R. M. Hare», «prescriptivismo», «elección», «deber». Iris podía añadir un nuevo pensamiento. «El hombre es un ser que crea imágenes de sí mismo y luego llega a parecerse a esa imagen» (estas palabras aparecieron impresas el año siguiente). «Ese es el proceso que la filosofía moral debe intentar describir y analizar.»[209]

Tom, el hijo de Mary, que acababa de cumplir tres años, tenía un nuevo hermanito, David. A Newcastle había llegado un ejemplar de *Bajo la red*, la primera novela de Iris, y Mary disfrutó muchísimo leyéndola. Como le había ocurrido a Philippa, le encantó descubrir que Iris era una autora verdaderamente ingeniosa[210] y se rió viendo que el narrador, Jake, «no cesaba de buscar a la persona que, en su opinión, resolverá sus problemas cuando lo que realmente necesita es ocuparse de ellos él solo».[211] En ese momento, ante el desesperado fracaso de Jake a la hora de tomar las riendas de su futuro, quizá se formara una nueva y vacilante idea de sí misma como novelista: «Si Iris puede hacerlo, ¿por qué no?». Y empezó a trabajar en una novela de ciencia ficción, *Wintersault*, su personal historia natural de los seres humanos. Narrada por un futuro historiador, la obra es un estudio de la vida humana en la década de 1950, «antes de que la raza humana empezara a hibernar».[212] Con los fríos y oscuros días de la guerra, las cañerías y la espantosa calefacción de su estudio de Oxford retrocediendo hacia el pasado, la autora preguntaba: ¿qué clase de animal sería un ser humano si hibernase en lugar de hacer frente a los meses de invierno?, ¿cómo afecta a nuestros hábitos, a nuestra sensibilidad y nuestro carácter la exposición universal de nuestra especie al invierno, al frío, al hambre y la enfermedad?, ¿cómo sería la vida humana si solo se desarrollase en el agradable clima templado de una primavera y un verano en Oxford?

El 7 de febrero se registró una temperatura de 13,8º C en algunos puntos de las Midlands. Puede que la ventana del estudio del primer piso del 27 de St. John Street estuviese ligeramente entreabierta, que la luz rebotase en las copias en microfilm de los cuadernos de Wittgenstein, escritos durante la Primera Guerra Mundial. Tibbles, el gato, merodeaba entre el legado del filósofo austriaco. Elizabeth había estado repasando esos escritos para aclarar ciertos pasajes del *Tractatus*.[213] A esas alturas, su traducción de las *Observaciones sobre los fundamentos de las matemáticas* estaba muy avanzada. «¿*Cómo sé* que al desarrollar la serie +2 tengo que escribir "20.004, 20.006" y no "20.004, 20.008"?» «*¿Wie weiss ich...?*»[214]

Mientras la pluma de Elizabeth iba llenando la página («¿Cómo sé...?»), a unos ochocientos metros de St. John Sreet, en una espaciosa sala del edificio Clarendon, en Broad Street, veintidós miembros del Consejo Hebdomadario de Oxford votaban la propuesta de Alic Halford Smith, el vicerrector, sobre la concesión de un título honorífico a Harry S. Truman. Se ha dicho que «no hay otra sala que haya conocido nunca más ocasiones solemnes».[215] Los retratos de los augustos predecesores de los miembros del Consejo Hebdomadario miraban desde lo alto mientras los asistentes formaban una fila para dar por acabado su cometido: junto a la ventana, un antiguo aparato para votar permitía a los miembros depositar la papeleta –a la derecha los noes, a la izquierda los síes–.[216] Finalizó el recuento y... «Prácticamente por unanimidad –hizo constar el secretario en las actas–: veintiuno de los veintidós votos posibles».[217] Dando la reunión por concluida, al cruzar la explanada de grava para dirigirse a la Biblioteca Bodleiana, Alic Halford Smith se sentiría seguro de que la antigua maquinaria del procedimiento y la costumbre se ocuparía de lo que iba a suceder a continuación.

El título del señor Truman, otra vez
(Oxford, mayo de 1956)

Alguien que observara la entrada del número 27 de St. John Street a principios de junio de 1956 podría haber sospechado que sus residentes no estaban tramando nada bueno. El desfile de visitantes era imparable; a pie, en bicicleta y, de vez en cuando, un coche. Muy seguros de sí mismos, algunos se dirigían a la puerta y llamaban con fuerza, después giraban el picaporte y abrían; saltaba a la vista que ya habían estado ahí y sabían que para ellos estaría abierta. Otros, más inseguros, miraban los números de bronce antes de llamar y esperaban hasta que les abría una mujer algo desaliñada y con un bebé en brazos; detrás de ella asomaban las caras de uno, dos, tres, cuatro niños poco aseados, de pequeños a adolescentes. Llegaban estudiantes, madres con cochecitos de bebé, profesores, monjas, solteronas de edad avanzada. Después, unos tipos con pinta de desastrados y mujeres vestidas con trajes elegantes. Anarquistas, comunistas, católicos. En el escalón de la entrada, una transacción: un chelín y el visitante recibe un sobre delgado. A menudo dos o tres palabras, un apretón de manos. El gato Tibbles se asoma por entre varios pares de piernas. En el sobre, una copia de *El título del señor Truman*, el breve panfleto autoeditado por Elizabeth Anscombe: «Dedicado con respeto, pero sin permiso, a los que dijeron "*Non placet*"».[1] Como en 1939, cuando Daniel Norman y ella habían protestado contra la injusticia de la guerra, Elizabeth seguía creyendo que «en cierto sentido, ser católico es tanto una cuestión mundana, social y política como sobrenatural».[2]

Es posible que la animaran a escribirlo las cartas que empezaron a aparecer en el escalón de la entrada en cuanto volvió de Convocation House el 1 de mayo para cambiarse la falda y ponerse los pantalones que siempre vestía. «¡Bravo! –decía una nota manuscrita de la vecina de Philippa (la ceramista Phyllis Keyes, de Bloomsbury) entregada a mano con remite del número 14 de Park Town–: Cualquiera que "se atreve a ser un Daniel y se atreve por principio a hacerlo sola", en esta sociedad nuestra tan organizada que premia únicamente a quienes se doblegan por conveniencia, merece que le feliciten por su valentía moral. Por eso sentí ganas de darte una palmadita en la espalda.»[3] El día siguiente llegó una misiva de la Liga Internacional de Mujeres por la Paz y la Libertad; la invitaban a dar una charla.[4] No todo lo que llegaba eran elogios: «En mi calidad de quien fue prisionero de guerra de los "encantadores" japoneses, es posible que sepa más que usted sobre el carácter de ese pueblo, y me parece una desfachatez, por no decir más, que usted no tenga en cuenta a sus propios compatriotas».[5] «Cascarrabias.»[6]

En su casillero de Somerville la esperaban una nota manuscrita de Vera Farnell y una carta de Donald MacKinnon. «Aunque estoy de acuerdo con el punto de vista del Censor [Alan Bullock], esta tarde me gustaría decir lo mucho que admiro la dignidad con la que manifestaste tu protesta», escribió la mujer que hacía ya muchos años les había hecho esta advertencia a Iris y Mary: «Deben tener seriamente en cuenta que es importante cuidar el comportamiento».[7] En 1954, MacKinnon había hablado en la BBC sobre el reciente desarrollo de la bomba de hidrógeno: «Cuando hablamos de la bomba de hidrógeno –reflexionó Donald MacKinnon en la radio–, hablamos de algo que hemos escogido desarrollar y utilizar. Hablamos de elecciones que hemos hecho de verdad, no de acontecimientos en los que hemos acabado involucrados [...]. [Nos] referimos a acciones humanas».[8] Ahora le decía a Elizabeth: «Quisiera escribir para expresarte mi sincera admiración por tu valor y tu integridad al actuar como lo hiciste».[9]

Pasaron un día o dos y los matasellos fueron volviéndose cada vez más exóticos. Periódicos de todo el mundo habían publicado noticias sobre la protesta. Llegaron varias cartas desde los Estados Unidos. «Ha tenido usted el valor de decir la verdad sobre el señor Truman», escribió «una norteamericana».[10] «Cuánta razón lleva», se leía en otra.[11] Un escritor de Taipéi le manifestó su más profunda admiración: «Lamento que no consiguiera su objetivo, pero qué otra cosa podríamos esperar que le ocurriese a una luchadora solitaria contra la hipocresía y la estupidez humana».[12] Jessie Street, la defensora australiana de los derechos de las mujeres, escribió para felicitarla por su coraje e incluyó en la carta varias declaraciones de testigos que había conocido en Japón en 1954:

> Se vio un avión que se dirigía hacia Hiroshima. La gente se agolpó en la calle para observarlo. El hombre que me contaba esta historia dijo que había salido a la calle y que siguió al avión con la vista, tapándose los ojos con una mano para protegerse del sol. De repente, cayó un objeto brillante, el avión giró en ángulo recto y se alejó. Él seguía mirándolo y se preguntaba si el objeto brillante contendría un mensaje de paz. De repente lo sorprendió una tremenda ráfaga de calor. Solo llevaba puestos los pantalones y en el cuerpo y la cara le salieron unas ampollas muy grandes. Mientras se miraba las quemaduras, una fortísima racha de viento le quemó la parte ampollada, la piel le quedó hecha jirones. [...] Aterrorizada, la gente corría y aullaba de dolor. Los niños no reconocían a sus padres y los padres tampoco a sus hijos.[13]

Era importante que el panfleto se publicara antes del 20 de junio, fecha en la que se celebraría la Encaenia (la ceremonia de entrega del título). Elizabeth quería reproducir por escrito el ruego que había hecho en Convocation House y señalar que, en caso de que alguien más quisiera tomar postura, aún no era demasiado tarde: «Todavía es posible distanciarse, aunque sea ligeramente, de este vergonzoso asunto», escribió. Es «posible no asistir a la Encaenia; si resultara bochornoso para alguien que suele acudir a defender otras causas, mejor que se vaya a la cama. A mí, de hecho, me daría miedo asistir, no vaya a ser que de repente a Dios se le acabe la paciencia».[14]

Aunque su postura no podía ser más clara, a Elizabeth, cuando se sentó a escribir, todavía la intrigaba lo que había ocurrido exactamente ese día en Convocation. El alegato de Alan Bullock fue tan penoso que «no habrá sido bien recibido en Núremberg», pensaba. Bullock tenía que fingir que «dos masacres atribuibles a un hombre no son de por sí un motivo para no rendirle honores», pero semejante punto de vista era un absurdo. Tal vez volvió a leer las entrevistas de Jessie Street: la bomba atómica mató a personas inocentes y «a muchísimas a la vez, sin aviso previo, sin dejarles posibilidad alguna de escapar o de buscar donde refugiarse».[15] La dejaba estupefacta ver que, ante un hecho así, hubiese «en Oxford tanta gente deseosa de adular a un hombre [como Truman]». Elizabeth quería «ver si había algo que explicase por qué».[16]

Gracias a sus investigaciones, que contaron con la ayuda de sus aliados en los colegios para hombres, descubrió que no eran pocos los que se habían mostrado decididos a oponerse a ella incluso antes de oír sus argumentos y que a algunos «los habían forzado a votar a favor de la concesión del título honorífico». También desenmascaró a los que temían que las mujeres pudieran «estar tramando algo» y descubrió que en las mesas de honor de Worcester, All Souls y New College «se trabajaron a fondo las conciencias [hasta que] se encontró una razón para satisfacerlas: *"¡Sería un error intentar CASTIGAR al señor Truman!"*» Sin embargo, ese razonamiento carecía de todo sentido. Recibir un doctorado *honoris causa* NO es un castigo, y Elizabeth buscó motivos que sirvieran para desmontar el discurso de Bullock, por ejemplo, que fueron muchísimos los que habían participado en la fabricación de la bomba, de ahí que no pudiera decirse que un hombre fuese el único responsable, ni siquiera siendo suya la firma al pie del documento que ordenaba lanzarla.[17] Así y todo, Elizabeth, al visualizar otra vez el objeto brillante que caía sobre Hiroshima mientras los niños se protegían los ojos del sol de agosto con la esperanza de que ese objeto llevara un mensaje de paz, pudo pensar que era innegable que [Truman] *había firmado la orden*. Después, poco a poco, las piezas empezaron a encajar.

«Voy aclarándome un poco —escribió— cuando pienso en lo que la filosofía moral de Oxford ha producido desde la Primera Guerra Mundial.» Es decir, desde que los realistas, Prichard y Ross, se impusieron sobre los idealistas que los habían precedido. Esta vez, Elizabeth no necesita el permiso del arzobispo; no escribe como católica, sino como ella misma, la señorita Elizabeth Anscombe, filósofa. «Hasta la Segunda Guerra Mundial —escribe—, la filosofía moral predominante en Oxford enseñó que una acción puede ser "moralmente buena" sin importar lo reprobable que pudiera ser.» Los realistas habían afirmado «que la idea de lo "correcto" es, en las acciones, un dato objetivo que puede discernirse aplicando un sentido moral» y que «podría estar bien matar inocentes por el bien del pueblo»;[18] el deber de no matar inocentes podría verse derrotado por el deber de salvar vidas. Se había separado el deber de la virtud.

Después de la guerra encontró, en lugar de dicha filosofía, una cuyo principio fundamental dice que «bueno» no es un término «descriptivo».[19] En ese punto piensa en Ayer y Hare. Una vez que el valor se separa del hecho, lo único que tiene que hacer un hombre es elegir sus principios y vivir conforme a ellos lo mejor que pueda. Para una filosofía así, leyes morales como «no asesinar» solo pueden ser principios personales camuflados para que se parezcan a las leyes de Kant. Según Elizabeth, esta filosofía «encaja a la perfección en el espíritu de la época y podría calificarse de filosofía al servicio de la adulación de dicho espíritu». Unos meses más tarde, cuando repitió esas afirmaciones sobre la filosofía moral de Oxford en el programa de radio de la BBC, llegó una avalancha de cartas: «tortuoso sarcasmo», «burlas crueles», «una afrenta a los criterios profesionales y al decoro de la controversia».[20] Las cartas personales a Hare eran menos circunspectas: «mosquito venenoso», «oscurantismo apocalíptico», «como ataque a, entre otras cosas, sus opiniones, todo es una farsa tal que resulta difícil saber por dónde empezar».[21]

Así y todo, cabe recordar que Elizabeth, Iris, Philippa y Mary habían prestado atención a debates anteriores sobre el deber y el principio y que empezaban a componer la metafísica de fondo que se necesitaba para ver las cosas con claridad. Se habían puesto a trabajar en una versión de la vida humana, de la acción y la percepción que pudiera reconectar la moral con lo que realmente importa.

Aplicamos las descripciones de acciones y los términos de la virtud en un momento y un lugar dados. Enseñamos esas descripciones y la manera de aplicarlas basándonos en *ejemplos demostrables*. «Él está enviando una carta» o «Él está haciendo funcionar una bomba»; «Eso es amabilidad»; «Ella es valiente»; «Esto es humillante». Un niño al que se le ofrecen tales demostraciones tiene que hacer algo que vaya más allá de los ejemplos. Tiene que entender cómo ha de seguir. Crecer significa llegar a actuar y entender en función de las descripciones contenidas en nuestro lenguaje y que son posibles gracias a nuestro mundo y a las formas de vida que compartimos. Eso es lo que significa saber moverse en el mundo. La realidad, la vida humana, imponen límites a las descripciones que se pueden aplicar de verdad y de un modo inteligible, pero cuando el mundo cambia rápidamente o con violencia, la aplicación de descripciones puede dejar de ser una norma. Las posibilidades de actuar bien o mal pueden cambiar e ir en contra de ellas mismas de un modo sorprendente a medida que aparecen nuevas posibilidades para la acción y las antiguas quedan bloqueadas. En el Oxford transformado por la guerra, era posible refugiarse en un cine, ir a la biblioteca a donar sangre, ayudar a gente que pasaba hambre en Grecia llevando un abrigo a una tienda de Broad Street. O ver que metían en la cárcel a una vecina porque alguien se había quejado a las autoridades por las cortinas. En un mundo cambiante o a punto de desintegrarse, es tan fácil perder de vista lo que realmente importa para que la vida humana funcione bien como no distinguir cuáles son los males graves e importantes.

Harry S. Truman actuó en una realidad que lo trascendía. Su «trozo de vida», una orden escrita en un papel, tuvo lugar en un mundo de hechos naturales, de instituciones humanas, convenciones y tecnología. Un mundo de presidentes, tratados de paz, capitulaciones. Y, como fondo, la imponente maquinaria de la guerra: nombres en código y comités, reactores, laboratorios; aviones B-29 modificados, buques cargados de uranio atravesando los mares. Harry S. Truman, es verdad, no construyó personalmente esas estructuras. No creó las insituciones en cuyo seno actuaba. No desarrolló la tecnología. No obstante, como presidente de los Estados Unidos, ocupaba, dentro de esa pauta, una posición única y él lo sabía. La descripción «ordenar el lanzamiento de la bomba» se aplicaba a la acción de Harry Truman solo por las circunstancias en las que actuó, circunstancias que incluían nuevas estructuras que posibilitaban llevar a cabo actuaciones a gran escala.

Harry S. Truman deslizó la mano por la hoja de papel porque iba a estampar su firma (A). Al firmar, ordenaba el lanzamiento de la bomba atómica (B). Ordenó que se lanzara la bomba *con vistas a* conseguir la rendición incondicional de los japoneses (D). Matar a los habitantes de Hiroshima era el medio para alcanzar ese fin (C). Para alcanzar ese objetivo era fundamental que la gente muriese a la escala en que lo hizo; de lo contrario, no se conseguiría la rendición incondicional. Harry S. Truman, en su calidad de presidente de los Estados Unidos, era el único capaz de alcanzar ese fin, un acontecimiento material; le bastaba con mover la mano, firmar, dar la orden. Es cierto que la decisión de Truman no se habría materializado sin los científicos que habían enriquecido el uranio, sin los ingenieros que modificaron los aviones que lanzaron la bomba y sin los pilotos que los condujeron a Hiroshima. Es verdad también que sin las convenciones propias del cargo de presidente, él, Harry S. Truman, no habría podido decidir nada.

Pero eso era lo que había, esas fueron las circunstancias en las que actuó. Harry S. Truman no obró ciegamente, no actuó sin saber lo que hacía cuando puso en marcha una cadena de acontecimientos que no quiso provocar. No estaba en la situación de las casi doscientas mil personas que participaron en la concepción y la fabricación de la bomba atómica sin saber lo que estaban haciendo. No. Truman actuó en un mundo que él sí veía. Sabía que se necesitarían «los métodos bélicos más feroces» si el objetivo era conseguir la rendición incondicional; no obstante, escogió ese fin. Sabía que si firmaba, más adelante, muy lejos de Washington, en Hiroshima, caería del cielo un objeto brillante. «Estamos en posesión del explosivo más destructivo concebido jamás. Una sola de las bombas atómicas que acabamos de desarrollar equivale, en potencia explosiva, a las dos mil bombas que nuestros gigantescos B-29 pueden transportar en una sola misión. Es imprescindible reflexionar sobre este espantoso dato y aseguramos solemnemente de que, por triste que resulte, es exacto», se lee en los folletos que los pilotos norteamericanos lanzaron sobre las ciudades japonesas. Una «lluvia de destrucción» fueron las palabras que empleó Truman para explicarlo a la opinión pública de su país. El presidente sabía que el blanco no podían ser únicamente objetivos militares. «Pensé que un cuarto de millón de lo mejor de nuestros jóvenes justificaba la destrucción de un par de ciudades japonesas», comentó más tarde.[22]

«Cuando digo que escoger matar inocentes para alcanzar nuestros fines es asesinato, estoy diciendo algo que generalmente se aceptaría como correcto», escribió Elizabeth. Podemos preguntarnos qué significa «inocentes», pero en este contexto no hace falta definición alguna; con Hiroshima y Nagasaki no nos enfrentamos a un caso límite. «No cabe duda de que, al decidir el bombardeo de esas ciudades, se eligió matar inocentes como medio para alcanzar un fin.»[23]

El trasfondo contra el cual firmar una orden así *es* cometer un asesinato de una dimensión y una complejidad tales que no ha de extrañar que el claustro de Oxford no viera los dos acontecimientos en un solo marco,tampoco Truman los vio así. Falta por completo la escala humana (plegar jerséis, tejer, comidas gratis, el cuadro del mes). Los profesores, que buscaban la maldad en la figura de Truman, no podían verla. En lugar de ello, veían a un hombre que se había visto enfrentado a una decisión difícil y que había hecho lo que, en su opinión, el deber exigía; un hombre que había hecho uso de sus principios morales todo lo bien que había podido. Sin embargo, como escribió Mary Midgley, la maldad no es un rasgo de carácter como el valor o la agresividad; maldad significa «cometer deliberadamente actos que son malos».[24] El telón de fondo de nuestra vida puede, si está mal desplegado, llevar a cometer actos de maldad muy fácilmente a personas de lo más normales y corrientes y de lo más amables. De hecho, puede hacerlos tan fáciles que nadie se da cuenta, ni siquiera quien los comete. En las circunstancias adecuadas, «una persona puede cometer actos increíblemente viles».[25]

«Habíamos pensado que algo así no podía ocurrir», dijo Philippa Foot al volver a Oxford después de la guerra cuando se hizo pública la existencia de los campos de concentración.

«Las protestas de personas que no tienen poder son una pérdida de tiempo», había dicho Elizabeth ante la asamblea reunida el 1 de mayo de 1956. No había ido, dijo en Convocation House, a hacer un «gesto de protesta» contra las bombas atómicas: «Me opongo con vehemencia a *nuestra* decisión de conceder un título honorífico al señor Truman».[26]

Este hombre, el señor Truman, es famoso por una sola acción. No puede separarse de su nombre el hecho por el que se lo conoce en todas partes. Escoger a este hombre como símbolo de lo honorable es escoger *esa acción* como buena, justa y valiente, y fijarla como una pista que puede indicarnos cómo seguir. Llevarnos a ver *tales acciones* bajo *las descripciones* «valiente» y «justa» equivale a dejar de controlar el significado de esos conceptos. Honrar al presidente Truman –«un hombre conocido en todas partes por una acción»[27] tan terrible– significa arriesgarnos a perder de vista lo que de verdad importa para que nuestra vida vaya bien o mal.

Donald MacKinnon le dijo a Philippa que Platón había escrito «llevado por el ímpetu rector de una convicción según la cual en la vida y la muerte de Sócrates había que encontrar una concreción [...] del modo en que las cosas, en última instancia, son».[28] Las acciones de un individuo pueden poner la realidad dentro del foco de atención, iluminarla, mostrarnos nuevas maneras de seguir adelante.

DESPUÉS

Elizabeth, Iris, Mary y Philippa comenzaron su vida filosófica poco después de que Freddie Ayer declarase la extinción de la metafísica. El «herbicida» de Ayer parecía haber reducido a los animales humanos a eficientes máquinas calculadoras. El «¡No entiendo!» había dejado de ser una petición de ayuda, un llamamiento a otro animal metafísico que ayudara a ver las cosas con más claridad y se había convertido en una herramienta para limitar el lenguaje, para aplastar la creatividad y silenciar la especulación. Hemos seguido a estas cuatro amigas por comedores universitarios y salas de estar, por salones de té y pubs, también por carta, mientras con mucho esfuerzo empezaban a replantar la ética en el terreno que le correspondía, siempre creciendo y madurando e intentando ver por sí mismas aquello que de verdad importa en la vida humana, una tarea que se volvió tanto más urgente en la oscuridad que las rodeaba: guerra, asesinatos, personas desplazadas, traumas, sufrimiento.

Al contar esta historia sobre el pasado, hemos tratado de establecer una pauta que sugiera diferentes hilos con los que ir tejiendo la historia familiar de la filosofía del siglo xx, distintas preguntas y distintas maneras de pensar en la esencia de la filosofía. Para nuestras cuatro amigas, lo que más importaba era hacer renacer la filosofía, volver a colocarla en el contexto de la complicada y turbia realidad cotidiana en la que se desarrolla la vida humana en sociedad. Querían volver a la profunda conexión que los filósofos de la Antigüedad habían visto entre la vida humana, la bondad y la forma, reconocer otra vez que somos criaturas vivientes, animales, cuya naturaleza modela nuestra manera de seguir adelante.

Cada una de estas cuatro mujeres encontró distintos modos de equilibrar nuestra animalidad con el hecho de que somos seres que empleamos el lenguaje, seres que formulan preguntas, que crean imágenes. En cuanto *animales metafísicos*, nuestras creaciones, nuestros símbolos y nuestras obras de arte modifican nuestro *Umwelt* y, hasta cierto punto, nuestra propia naturaleza. La tarea de responder a la pregunta «¿Qué clase de animal es un ser humano?» es, como tal, una pregunta de una «dificultad atroz», y el hecho de que las respuestas que damos pasen a formar parte, con el tiempo, de nuestra realidad es la garantía de que ninguna respuesta es la definitiva. En filosofía, siempre será verdad que «hay que empezar de cero».[1]

«Creo que he encontrado una línea provechosa en la filosofía moral», le dijo Philippa Foot a Janet Vaughan en 1957.[2] Así era. Entre 1952 y 1961 publicó «La defensa de la moral por parte del filósofo»;[3] «¿Cuándo un principio es un principio moral?»;[4] «El libre albedrío implica determinismo»;[5] «Opiniones morales»;[6] «Argumentos morales»,[7] y «Bondad y elección».[8] Sus tempranas conversaciones con Elizabeth junto a la chimenea de Somerville siempre fueron un elemento crucial para su filosofía; en 2000 escribió: «Recuerdo que hace mucho tiempo, a finales de la década de 1940, me referí con total seguridad, en una de las muchas conversaciones que empezamos a mantener a partir de entonces, a "la diferencia entre el razonamiento descriptivo y el evaluativo". [Elizabeth], verdaderamente intrigada, se limitó a preguntar: "¿Qué quieres decir?"».[9] Ese desconcierto de Elizabeth, dijo Philippa, marcó el comienzo de un empeño de cuarenta años para entender la conexión entre el buen razonamiento y la bondad.

En 1959, Michael puso fin a su matrimonio con Philippa («Yo seguía deseando apasionadamente tener hijos, pero ella no podía tenerlos. Me sentía un tremendo canalla y la dejé»).[10] Philippa se quedó en Somerville hasta 1969, cuando renunció a su plaza para repartir su tiempo entre Oxford y los Estados Unidos, donde fue profesora visitante en muchas universidades, entre las que cabe destacar la UCLA. Durante sus años en los Estados Unidos, el centro de atención pasó de la metafísica de la moral a la ética aplicada, un ámbito en el que discrepó, por escrito, con las ideas de Elizabeth sobre el aborto y su nombre empezó a asociarse con el célebre «dilema del tranvía»: ¿estaría usted dispuesto a sacrificar una vida para salvar cinco? En 1991, cuando dejó la enseñanza, ya había regresado a su enfrentamiento metafísico con el subjetivismo moral. *Bondad natural*, su obra principal, escrita hacia el final de su vida, expone detalladamente y con elegancia una visión moral cuyas semillas se habían plantado en la década de 1940, una versión de la bondad natural y de la virtud que surge de la costumbre de pensar en plantas. «En este mundo, tan distinto sin ella, todo se hace por primera vez –se lee en una entrada del diario de Philippa redactada después de la muerte de Elizabeth en 2001–.[11] Fue de ella que lo aprendí todo.»[12] Paralelamente a su trabajo de filósofa, Philippa continuó en Oxfam, donde llegó a ser miembro del consejo de administración. «Creo de verdad que he tenido una vida muy feliz y no cabe duda de que Oxfam ha sido uno de los senderos que he seguido de manera ininterrumpida.»[13] Hoy destaca entre los filósofos analíticos morales más importantes del siglo xx.

A Elizabeth Anscombe, que siempre publicó como «G. E. M. Anscombe», se le reconoce, junto a Philippa Foot, el mérito de haber hecho renacer en el siglo xx la ética aristotélica de la virtud. Su «Filosofía moral moderna», texto en el que sostiene que la filosofía moral «debería dejarse de lado hasta que tengamos una adecuada filosofía de la psicología», es hoy uno de los artículos sobre ética más leídos y citados.[14] Su artículo «La primera persona» ha cambiado la manera en que los filósofos piensan en la conciencia que tienen de sí mismos.[15] Elizabeth siguió en Somerville hasta 1970, año en que ocupó en la Universidad de Cambridge la cátedra que había sido de Wittgenstein. Peter y ella tuvieron siete hijos. Gracias a su traducción al inglés, las *Investigaciones filosóficas* se consideran una obra maestra tanto filosófica como literaria. Sus artículos reunidos se publicaron en tres volúmenes: *From Parmenides to Wittgenstein, Metafísica y filosofía de la mente* y *Ética, religión y política*.[16] En su monografía *Intención* inventó la filosofía de la acción en su forma actual; muchos afirman que este libro es «desde Aristóteles, el enfoque más importante sobre la acción».[17]

A los estudiantes de Iris en St. Anne's, cuando se enteraron de que «la brillante filósofa Iris Murdoch [...] intentaba escribir una novela», les pareció divertido.[18] En la década de 1950 se la consideraba una de las filósofas más prometedoras de Gran Bretaña. En esos años publicó muchos trabajos importantes: «El novelista como metafísico», «El héroe existencialista», «Pensamiento y lenguaje», «El mito político existencialista», «Nostalgia de lo particular», «Visión y elección en moral», «Metafísica y ética», «Una casa de la teoría», «Lo sublime y lo bueno» y «Lo sublime y lo bueno revisitado». En 1963 dejó de dar clases y cambió Oxford por el Royal College of Arts, pero no abandonó la filosofía. Junto con sus veintiséis novelas, publicó tres libros más de filosofía: *La soberanía del bien*, *El fuego y el sol: por qué Platón desterró a los artistas*,[19] y *Metaphysics as a Guide to Morals*, este último dedicado a Elizabeth Anscombe. En agosto de 1956 contrajo matrimonio con John Bayley, profesor particular de St. Antony's College. Llevaba un vestido de seda de un azul muy vivo y un impermeable. No fue el suyo un matrimonio convencional: tras conseguir formar un hogar permanente, siguió viviendo muchas vidas, con muchas personas. En 1968, Pip y ella tuvieron una breve aventura.[20] Gracias al empeño de Iris Murdoch por situar al individuo histórico concreto –y la vida real– en el centro de la filosofía moral, conceptos como atención, amor y psicología moral volvieron a ocupar un lugar en la filosofía moral analítica.

Mary Midgley siguió viviendo en Newcastle upon Tyne. En 1964 empezó a trabajar a tiempo parcial en la universidad y, cuando el último de sus hijos dejó la casa familiar, lo hizo a jornada completa.[21] Ella y Geoff consolidaron un departamento de filosofía de una excelencia fuera de lo común, en el que estudiantes y profesores se mezclaban y compartían vida e ideas. Su casa estaba siempre abierta; allí se servía «té, cerveza casera y buen whisky»; además, se mantenían «conversaciones de peso».[22] Sus tres hijos varones crecieron en ese ambiente, rodeados de profesores y alumnos. Cuando Mary, con cincuenta y nueve años, publicó su primer libro, *Bestia y hombre: Las raíces de la naturaleza humana*, en la contraportada pudieron leerse estas palabras de Iris Murdoch: «Este es un libro muy importante».[23] A *Bestia y hombre* lo siguieron dieciocho libros más. Su obra es el germen del que creció gran parte de la ética animal y la ética medioambiental contemporáneas. «No solo nos parecemos a los animales:

somos animales», insistía la autora y, a partir de esa idea, su obra no cesó de fluir.[24] Nunca le dio miedo exclamar «¡Patochadas!» cuando alguien decía una tontería o soltaba una afirmación superficial.[25]

En la década de 1980, cuando el Gobierno conservador de Margaret Thatcher, exalumna de Somerville, fue cerrando un departamento de filosofía tras otro, Mary encabezó una campaña para salvar el suyo. Aunque no lo consiguió, nunca abandonó el cometido de defender la filosofía. La filosofía no es un lujo, insistía; es algo que nosotros, los seres humanos, necesitamos para que nuestra vida vaya bien. Lidió con todas sus fuerzas y mucha causticidad contra la falsa idea de que podemos confiar el futuro a la tecnología y a la inteligencia artificial, idea que podía ser tranquilizadora y reconfortante, pero que, a la hora de imaginar qué hacer a continuación –en ámbitos como el clima, la guerra, el medioambiente o la educación–, revela ser una actitud totalmente suicida. Mary pone punto final a su último libro, *What is Philosophy For?*, con una advertencia y un imperativo:

> Lo que de verdad nos ocurre seguirá estando, sin duda, determinado por las elecciones humanas. Ni siquiera las máquinas más portentosas pueden elegir mejor que las personas que se supone que las programan. Así pues, está claro que a ese respecto nos conviene seguir utilizando nuestra propia mente sin esperar que la materia haga el trabajo.
>
> Y, si eso es cierto, sospecho que [...] a partir de ahora el razonamiento filosófico se volverá bastante importante. Tendremos que reflexionar sobre la mejor manera de pensar en estos temas nuevos y difíciles: cómo imaginarlos, cómo visualizarlos, cómo encajarlos en una visión del mundo convincente. Y si no lo hacemos nosotros, resulta difícil ver quién será capaz de hacerlo en nuestro lugar.[26]

Elizabeth Anscombe
(1919–2001)

Philippa Foot (1920–2010)
Iris Murdoch (1919–1999)

Mary Midgley (1919–2018)

NOTAS*

ABREVIATURAS

Obras citadas con frecuencia

AC: Sally Crawford *et al.* (eds.), *Ark of Civilization: Refugee Scholars and Oxford University, 1930-1945*
EM: Iris Murdoch, *Existentialists and Mystics*
ERP: G. E. M. Anscombe, *Ethics, Religion and Politics*
FPW: G. E. M. Anscombe, *From Parmenides to Wittgenstein*
HUOVIII: Brian Harrison, *The History of the University of Oxford, Volume VIII: The Twentieth Century*
IMAL: Peter Conradi, *Iris Murdoch: A Life*
IMJ: «Iris Murdoch Journal» (IMJ1, IMJ3, IMJ4, IMJ5, IMJ6, IMJ7)
LP: Avril Horner y Anne Rowe (eds.), *Living on Paper*
MPM: G. E. M. Anscombe, *Metaphysics and the Philosophy of Mind*
ODNB: *Oxford Dictionary of National Biography*
OM: Mary Midgley, *The Owl of Minerva: A Memoir*
PI: Ludwig Wittgenstein, *Philosophical Investigations*
SW: Paula Adams, *Somerville for Women*
WW: Peter Conradi, *Writer at War*

Archivos citados con frecuencia

CIAA: Collegium Institute Anscombe Archive, Filadelfia

* En la bibliografía se incluyen las referencias completas a las versiones españolas publicadas de las obras citadas en esta sección. (*N. del T.*)

IMC: Iris Murdoch Collections, Kingston School of Art, Kingston University, Londres

MGMP: Mary and Geoff Midgley Papers, Durham University Library Special Collections, Durham

NCA: Newnham College Archive, Newnham College, Universidad de Cambridge

PCA: The Peter Conradi Archive, Kingston School of Art, Kingston University, Londres

RKA: Raymond Klibansky Archive, Deutsches Literatur Archiv, Marbach

SCA: Somerville College Archive, Somerville College, Universidad de Oxford

SHCA: St Hugh's College Archive, St Hugh's College, Universidad de Oxford

PREFACIO

1. Mary Midgley, «Rings & Books» (década de 1950), p. 1, Mary and Geoff Midgley Papers, Durham University Library Special Collections, Durham [MGMP], MID/C/3.
2. Mary Midgley, *The Owl of Minerva: A Memoir*, Routledge, Londres, 2005 [OM], p. 181.
3. *Ibid.*, p. 83.
4. Iris Murdoch, *Sartre: Romantic Rationalist*, Fontana Collins, Glasgow, 1976, introducción.
5. Donald M. MacKinnon, «And the Son of Man that Thou Visitest Him», *Christendom* 8, septiembre de 1938 (primera parte), pp. 186-192 y diciembre de 1938 (segunda parte), pp. 262-272 y, en la segunda parte, p. 264.
6. Mary Midgley, «The Golden Age of Female Philosophy», *The Guardian*, 28 de noviembre de 2013.
7. Ved Mehta, *Fly and the Fly-Bottle: Encounters with British Intellectuals*, Columbia University Press, Nueva York, 1962, p. 56.
8. Midgley, «The Golden Age of Female Philosophy».
9. Midgley, *OM*, pp. 104-105.
10. Iris Murdoch, *The Sovereignty of Good*, Routledge & Kegan Paul, Londres, 1970, p. 80.
11. Mary Midgley, *What is Philosophy For?*, Bloomsbury Academic, Londres, 2018, pp. 207-208.
12. G. E. M. Anscombe, solicitud de una beca Sarah Smithson, 30 de abril de 1944, pp. 1-2, NCA, AC/5/2. © M. C. Gormally.

1. L. H. Dudley Buxton, *Oxford University Ceremonies*, Clarendon Press, Oxford, 1935, p. 57.
2. G. E. M. Anscombe, *Mr Truman's Degree*, Oxford, 1956, p. 65.
3. Buxton, *Oxford University Ceremonies*, p. 33.
4. Anscombe, *Mr Truman's Degree*, p. 65.
5. «Report of the Committee on Honorary Degrees», 7 y 11 de febrero de 1955, Central Administrative Correspondence file for the Committee on Honorary Degrees, Oxford University Archives, UR 6/HD/7, expediente 3.
6. Anscombe, *Mr Truman's Degree*, p. 65.
7. Pauline Adams, *Somerville for Women: An Oxford College, 1879-1993*, Oxford University Press, Oxford, 1996 [*SW*], p. 233.
8. Anscombe, *Mr Truman's Degree*, pp. 65-66.
9. *Ibid.*, p. 65.
10. John Cecil Masterman, *On the Chariot Wheel: An Autobiography*, Oxford University Press, Oxford, 1975, p. 304.
11. «Report of the Committee on Honorary Degrees», 7 y 11 de febrero de 1955; Jonathan Glover, *Humanity: A Moral History of the Twentieth Century* (New Haven, Yale University Press, 2001), pp. 106-107.
12. Mary Geach, «Introduction», en G. E. M. Anscombe, Mary Geach y Luke Gormally (eds.), *Human Life, Action, and Ethics,* Imprint Academic, Exeter, 2005, p. xiv.
13. Masterman, *On the Chariot Wheel*, p. 304.
14. Basil Mitchell, *Looking Back: On Faith, Philosophy and Friends in Oxford*, Memoir Club, Durham, 2009, p. 230.
15. Anscombe, *Mr Truman's Degree*, p. 64. (Todas las palabras de Anscombe están tomadas de este texto. Hemos cambiado los tiempos verbales en caso de considerarlo necesario.)
16. *Ibid.*, pp. 64-65.
17. «Solitary Opponent of Mr Truman's honorary degree», *The Manchester Guardian*, 2 de mayo de 1956, p. 3.
18. Masterman, *On the Chariot Wheel*, p. 304.
19. *Ibid.*, p. 304.
20. Anscombe, *Mr Truman's Degree*, p. 70.
21. A. L. F. Beeston, carta publicada en *Oxford Magazine* (trimestre de otoño, 1995), citado en Glover, *Humanity*, p. 107.
22. J. Glover, *Humanity*, p. 106.
23. Tal como puede leerse en Anscombe, *Mr Truman's Degree*, p. 66.

24. Alan Bullock, *Hitler: A Study in Tyranny*, Odhams Press, Londres, 1952.

25. Anscombe, *Mr Truman's Degree*, p. 66.

26. *Ibid.*, p. 66.

27. Masterman, *On the Chariot Wheel*, p. 304.

28. Anscombe, *Mr Truman's Degree*, p. 64.

29. Masterman, *On the Chariot Wheel*, p. 304.

30. Jenny Teichman, «Gertrude Elizabeth Margaret Anscombe 1919-2001», *Proceedings of the British Academy* 115 (2002), p. 49.

31. «Solitary Opponent of Mr Truman's Honorary Degree», *The Manchester Guardian*, 2 de mayo de 1956, p. 3.

32. M. R. D. [Michael Richard Daniell] Foot, «Degree for Mr Truman», *The Manchester Guardian*, 7 de mayo de 1956, p. 6.

33. «Oxford Don Fights Honor For Truman», *The New York Times*, 19 de junio de 1956, p. 3.

34. David McCullough, *Truman*, Simon & Schuster, Nueva York, 1992, p. 415.

35. «Gaudy Menu 1956», Christ Church Archive, Universidad de Oxford, sxxiv.c.1/5. College Archive, «Gaudy Menu 1956».

36. *Ibid.* El Segonzac Fine Champagne 1924 es un coñac, no un champán.

37. McCullough, *Truman*, p. 957.

38. Michael Dummett, «Address for the Somerville Philippa Foot Memorial», Somerville College Archives, Universidad de Oxford [SCA], SC/AO/AA/ FW/Foot, p. 3.

39. Carta de Philippa Foot to Janet Vaughan, 3 de noviembre de 1957, SCA, SC/AO/AA/FW/Anscombe.

40. McCullough, *Truman*, p. 348.

41. Richard Doll, «Vaughan [*née* Gourlay], Dame Janet Maria (1899-1993)», *Oxford Dictionary of National Biography*, Oxford University Press, Oxford, 2010 [*ODNB*].

42. *Ibid.*

43. Carta de Philippa Foot a Janet Vaughan.

44. Discurso de Truman: http://news.bbc.co.uk/onthisday/hi/dates/stories/august/6/newsid_3602000/3602189.stm, consultado el 1 de agosto de 2021.

45. «Iris Murdoch Journal 4» [IMJ4], Iris Murdoch Collection, Kingston University [IMC], KUAS202/1/4, 25 de julio de 1947, p. 25.

1. Midgley, *OM*, p. 60.
2. *Ibid.*, p. 2.
3. *Ibid.*, p. 21.
4. *Ibid.*, p. 77.
5. *Ibid.*, p. 3.
6. *Ibid.*, p. 93.
7. Mary Midgley, entrevista de Paul Merchant, *Science and Religion: Exploring the Spectrum. Life Story Interviews*, British Library C1672/05, pista 2, p. 21.
8. Mary Scrutton, «On Being Reformed», *Listener*, 1428 (1956), p. 196.
9. Carta del reverendo Tom Scrutton a Mary Scrutton, 26 de mayo de 1936, cartas de familiares directos, MGMP MID/F.
10. Midgley, *OM*, pp. 81-82.
11. «Jean Wilhelma Rowntree», Imperial War Museum, archivo sonoro: https://www.iwm.org.uk/collections/item/object/80014585, consultado el 21 junio de 2021.
12. Midgley, *OM*, p. 83.
13. Carta del reverendo Tom Scrutton, 24 de abril de 1939, MGMP MID/F.
14. Somerville College, informe y calendario 1938-1939, SCA SC/GB/ AR/ RC 1938-1939.
15. Anne Ridler, *Olive Willis and Downe House: An Adventure in Education,* Murray, Londres, 1967, pp. 81-82.
16. John Dewey, *Experience and Education*, Kappa Delta Pi, Nueva York, 1948, p. 28.
17. *Ibid.*, p. 74.
18. *Ibid.*, p. 49.
19. Jennifer Hart, *Ask Me No More*, Peter Halban, Londres, 1998, p. 14.
20. Mary Scrutton, «On Being Reformed», p. 196.
21. Prue Smith, *The Morning Light: A South African Childhood Revalued*, David Philip, Ciudad del Cabo, 2000, p. 221; SCA, conversación con las autoras.
22. Smith, *The Morning Light*, p. 221.
23. Midgley, *OM*, p. 77.
24. Peter J. Conradi, *Iris Murdoch: A Life*, HarperCollins, Londres, 2001 [*IMAL*], p. 59.
25. *Ibid.*, p. 28.
26. *Ibid.*, p. 59.
27. Jean Storry, *At Badminton with B.M.B. by Those Who Were There*, Bristol, Badminton School, 1982, pp. 7-8.

28. Dulcibel Jenkins McKenzie, *Steps to the Bar*, Greengate Press, Itchenor, 1998, pp. 31-32.
29. Carta a W. D. Howarth, 10 de enero [?],PCA, KUAS6/10/1/7.
30. McKenzie, *Steps to the Bar*, p. 32.
31. Carta de Leila Eveleigh a Peter Conradi, 27 de junio de 1998, PCA KUAS6/10/1/1/1.
32. McKenzie, *Steps to the Bar*, p. 32.
33. Carta de Pat Trenaman a John Bayley, 29 de febrero de 1999, PCA, KUAS6/10/1/10.
34. Carta de Mary Jeffery a Conradi, 22 de febrero de 1981, PCA KUAS 6/10/1/3.
35. Midgley, *OM*, p. 86.
36. Conradi, *IMAL*, p. 97.
37. *Ibid.*, p. 396.
38. *Ibid.*, p. 83.
39. Según Peter Conradi, a Iris la habían aceptado en Somerville para que estudiase filología inglesa, pero en algún momento del primer trimestre la estudiante se pasó a Mods and Greats. *Ibid.*, p. 85.
40. Más información en Robert Currie, «The Arts and Social Studies, 1914-1939», en *The History of the University of Oxford Volume VIII: The Twentieth Century*, ed. de B. Harrison, Clarendon Press, Oxford, 1994 [*HUOVIII*], pp. 109-138.
41. Adams, *SW*, p. 224. Véase también *IMAL*, p. 83.
42. Midgley, *OM,* p. 86. «East» ahora es «Darbishire», según Helen Darbishire, rectora de Somerville 1930-1945.
43. Joyce Reynolds, conversación con las autoras, 2 de julio de 2020.
44. Conradi, *IMAL*, p. 84.
45. Conradi, *IMAL*, p. 82. Véase también Midgley, *OM*, p. 86.
46. Buxton, *Oxford University Ceremonies*, pp. 42-43.
47. Postal de Vera Farnell, decana de Somerville College, Oxford, en relación con la vestimenta universitaria femenina adecuada, MGMP MID/E/36.
48. Adams, *SW*, p. 121.
49. Colin Seymour-Ure, «Bathurst [*née* Borthwick], Lilias Margaret Frances, Countess Bathurst (1871-1965)», *ODNB*.
50. Janet Howarth, «Women», en *HOUVIII*, pp. 345-376, en p. 360.
51. Jane Robinson, *Bluestockings*, Viking, Londres, 2009, pp. 78-79.
52. B. Harrison, «College Life, 1918-1939», en *HOUVIII*, pp. 81-108, en p. 101.
53. Adams, *SW*, p. 164. «Se decía que Cambridge sacaba partido de la imagen de Oxford como "socialista, débil en atletismo y feminizada".»

54. V. Farnell, *A Somervillian Looks Back*, ed. privada, Oxford University Press, Oxford, 1948, p. 1.

55. Howarth, «Women», p. 362.

56. Edna Healey, *Part of the Pattern: Memoirs of a Wife at Westminster*, Headline, Londres, 2007, p. 36.

57. Midgley, *OM*, p. 88.

58. *Ibid.*, p. 88; véase también «Friday Train to Reading», sin fecha, MGMP MID/F.

59. Midgley, *OM*, p. 131. Es Midgley dándole la vuelta a la orden habitual.

60. Conradi, *IMAL*, p. 95.

61. Adams, *SW*, p. 233.

62. J. Morris, *Oxford*, Oxford University Press, Oxford, 2001, p. 65.

63. *Ibid.*, p. 119.

64. Cálculo basado en Morris, *Oxford*, p. 67 (St. John's tiene casi dos veces más dinero que All Souls, y All Souls casi cincuenta veces más que Somerville).

65. Adams, *SW*, pp. 163-165.

66. J. D. Mabbott, *Oxford Memories*, Thorntons, Oxford, 1986, pp. 81-82.

67. Adams, *SW*, p. 115.

68. Mark Rowe, *J. L. Austin: Philosopher and D-Day Intelligence Officer*, manuscrito inédito, Oxford University Press, Oxford, 2023, capítulo 9. Gracias a Fanny Mitchell por permitirnos reproducir esta nota.

69. Midgley, *OM*, p. 23.

70. Conradi, *IMAL*, p. 69.

71. Storry, *At Badminton with B. M. B. by Those Who Were There*, p. 11.

72. «Debating Society Report», *Badminton School Magazine* LX, verano de 1936, Badminton School Archive.

73. Conradi, *IMAL*, p. 69.

74. Storry, *At Badminton with B. M. B. by Those Who Were There*, p. 8, citado en Conradi, *IMAL*, p. 68.

75. «Christmas Holiday Lectures», *Headway*, marzo de 1937, p. 48, en PCA, KUAS6/10/2/8. Véase también Conradi, *IMAL*, p. 78.

76. Iris Murdoch, «If I were Foreign Secretary», *Badminton School Magazine*, LXXV, otoño de 1937, p. 16, Badminton School Archive. Véase también Conradi, *IMAL*, p. 78.

77. Más detalles en Colin Carritt, «The Oxford Carritts» (historia familiar inédita, 2006).

78. Iris Murdoch, «Badmintonians at Oxford», en *Badminton School Magazine*, LXXIX, primavera y verano, 1939, pp. 27-28, Badminton School Archive, citado en Conradi, *IMAL*, p. 83.

79. Conradi, *IMAL*, p. 202.
80. *Ibid.*, p. 83.
81. Adams, *SW*, p. 220.
82. Penny Griffin, *St Hugh's: One Hundred Years of Women's Education in Oxford*, Palgrave Macmillan, Londres, 1986, p. 107.
83. Midgley, *OM*, p. 88.
84. Conradi, *IMAL*, pp. 84-85
85. *Ibid.*, pp. 82-83.
86. *Ibid.*, pp. 89-90.
87. Midgley, *OM*, p. 87.
88. Conradi, *IMAL*, p. 84.
89. Amabel Williams-Ellis, *All Stracheys are Cousins*, Weidenfeld & Nicolson, Londres, 1983, p. 128.
90. Midgley, *OM*, p. 94.
91. Paul Merchant, entrevista a Mary Midgley, pista 2, p. 22.
92. *St Hugh's College Chronicle: 1938-39*, n.º 11, p. 31.
93. Deborah Quare, «Mordan, Clara Evelyn (1844-1915)», *ODNB*.
94. «Report by D. H. Gray, Hilary Term 1938», expediente universitario de Elizabeth Anscombe, St Hugh's College Archive, St Hugh's College, Universidad de Oxford [SHCA], SHG/J/3/2.
95. Documentación fotocopiada, expediente de GEMA, alumna de Sydenham High School, Collegium Institute Anscombe Archive, Universidad de Pennsylvania, Kislak Centre for Special Collections, Rare Books and Manuscripts [CIAA], caja 14, expediente 562.
96. *Ibid.*
97. Mary Geach, correspondencia con las autoras, 28 de septiembre de 2020.
98. *Ibid.*
99. Anne Keene, «Gwyer, Barbara Elizabeth (1881-1974)», *ODNB*.
100. J. Howarth, «Anglican Perspectives on Gender: Some Reflections on the Centenary of St Hugh's College, Oxford», *Oxford Review of Education* 12:3 (1986), p. 299.
101. Griffin, *St Hugh's*, p. 20.
102. Annie Mary Anne Henley Rogers y Clement Francis Rogers, *Degrees by Degrees: The Story of the Admission of Oxford Women Students to Membership of the University*, Oxford University Press, Oxford, 1938.
103. J. Howarth, «Rogers, Annie Mary Anne Henley (1856-1937)», *ODNB*.
104. Véase https://www.st-annes.ox.ac.uk/this-is-st-annes/history/founding-fellows/ annie-rogers/, consultado el 26 de julio de 2021.
105. Griffin, *St Hugh's*, pp. 304-316.

106. Mary Geach, «Introduction», en G. E. M. Anscombe, *Faith in a Hard Ground: Essays on Religion, Philosophy, and Ethics*, ed. de M. Geach y L. Gormally, Imprint Academic, Exeter, 2008, pp. i-xxvi, en p. xxii.

107. G. E. M. Anscombe, «Introduction», en *Metaphysics and the Philosophy of Mind: The Collected Philosophical Papers of G. E. M. Anscombe Volume Two* (Blackwell, 1981) [MPM], pp. vii-x, en p. vii.

108. *Ibid.*

109. Anscombe, *MPM*, p. vii.

110. Mary Midgley, conversación con las autoras, septiembre de 2016.

111. Anscombe obtuvo la confirmación en Francia un año más tarde (julio de 1939). Certificado de confirmación de GEMA, CIAA, caja 10, expediente 373.

112. En efecto, Eleonora nació en Essen y era, como sus padres, ciudadana alemana. Parece muy probable que sus abuelos se encontrasen entre los muchos polacos que emigraron allí, desde la Prusia oriental, a principios de la década de 1870. Véase Michaela Bachem-Rehm, «A Forgotten Chapter of Regional Social History: The Polish Immigrants to the Ruhr 1870-1939», en *The Economies of Urban Diversity: The Ruhr Area and Istanbul*, ed. de Darja Reuschke, Monika Salzbrunn y Korinna Schönhärl, Palgrave Macmillan, Nueva York, 2013.

113. Eleonora F. A. Geach y Doreen Wallace, *–esques*, Blackwell, Oxford, 1918. Una breve biografía de Eleonora Geach puede leerse en http://desturmobed.blogspot.com/ 2012/10/efa-geach.html, consultado el 1 de agosto de 2021.

114. Peter Geach, «A Philosophical Autobiography», en *Peter Geach: Philosophical Encounters*, ed. de Harry A. Lewis (Dordrecht, Springer, 1991), pp. 1-25, en pp. 2, 3 y 5.

115. Geach, «A Philosophical Autobiography», p. 4.

116. Anthony Kenny, «Peter Thomas Geach, 1916-2013», *Biographical Memoirs of Fellows of the British Academy* 14 (2015), pp. 185-203, en p. 186.

117. Geach, «A Philosophical Autobiography», p. 10.

118. https://www.bioethics.org.uk/page/about_us/about_elizabeth_anscombe, consultado el 1 de agosto de 2021.

119. Kenny, «Peter Thomas Geach, 1916-2013», p. 187.

120. Geach, «A Philosophical Autobiography», p. 11.

121. Midgley, *OM*, p. 94.

122. *Ibid.*, p. 94.

123. «PC's interviews in Oxford, Hilary 1999», cuaderno, IMC, KUA26/4/1/1.

124. Conradi, *IMAL*, p. 86.
125. Beatrix Walsh, «Mildred Hartley: A Wartime Recollection», *Somerville College Annual Report 1996*, SCA, pp. 134-137, en p. 134.
126. *Ibid.*, p. 134.
127. Drusilla Scott, *A. D. Lindsay: A Biography*, Basil Blackwell, Oxford, 1971, p. 245.
128. Conradi, *IMAL*, p. 89.
129. Midgley, *OM*, p. 85.
130. Sally Humphreys, «Obituary: Mary Isobel Henderson, Fellow and Tutor 1933-1967; Vice Principal 1960-1967», *Somerville College Annual Report 1967*, SCA, pp. 28-31, en p. 30.
131. Adams, *SW*, p. 232.
132. Humphreys, «Obituary: Mary Isobel Henderson», p. 30.
133. Averil Cameron, «Past Masters», *The Times Higher Education Supplement*, 27 de octubre de 1994.
134. «Marriages», *The Times*, 20 de junio de 1933.
135. A. L. Rowse, «Mr Charles Henderson», *The Times*, 2 de octubre de 1933.
136. Scott, *A. D. Lindsay*, p. 250.
137. Denis Healey, *The Time of My Life*, Londres, Michael Joseph, 1989, p. 28.
138. Scott, *A. D. Lindsay*, p. 250.
139. Roger Eatwell, «Munich, Public Opinion, and Popular Front», *Journal of Contemporary History* 6:4 (1971), pp. 122-139, en p. 128.
140. Healey, *Part of the Pattern*, p. 42.
141. Conradi, *IMAL*, p. 89.
142. *Ibid.*, pp. 631-632 (nota al pie 73); véase la carta de Margaret Stanier a Peter Conradi, 29 de octubre de 1998, IMA, KUAS6/3/143/3.
143. A. Horner y A. Rowe, *Living on Paper: Letters from Iris Murdoch, 1934- 1995*, Londres, Chatto, 2015 [*LP*], pp. 10-11.
144. Horner y Rowe, *LP*, pp. 10-11.
145. T. Snyder, *Bloodlands: Europe Between Hitler and Stalin*, Vintage, Londres, 2011, p. 74. (Traducción española: *Tierras de sangre. Europa entre Hitler y Stalin*, trad. de Jesús de Cor, Club Círculo de Lectores/ Galaxia Gutenberg, Barcelona, 2012.)
146. John Dewey *et al.*, *Not Guilty: Report of the Commission of Inquiry into the Charges Made Against Leon Trotsky in the Moscow Trials*, Harper and Brothers Publishers, Nueva York, 1938.
147. Midgley, *OM*, p. 111.
148. *Ibid.*, p. 111.
149. Michael Ignatieff, *Isaiah Berlin: A Life*, Chatto & Windus, 1998, Londres, p. 73.

150. Leslie Mitchell, *Maurice Bowra: A Life*, Oxford University Press, Oxford, 2010, p. 200.

151. Eric Robertson Dodds, *Missing Persons: An Autobiography*, Clarendon Press, Oxford, 1977, p. 131.

152. Véase Chris Birks, «From Pacifism to Popular Front: the Changing Views of the Left and the Liberal Intelligentsia in Oxford, 1933-1938» (tesis doctoral, Universidad de Oxford, 2020).

153. E. Waugh, *Brideshead Revisited: The Sacred and Profane Memories of Captain Charles Ryder*, Penguin, Londres, 2012, p. 22. (Traducción española: *Retorno a Brideshead*, trad. de Caroline Phipps, Tusquets, Barcelona, 2008.)

154. P. J. Conradi, *A Very English Hero: The Making of Frank Thompson*, Bloomsbury, Londres, 2013, p. 46.

155. Véase Carritt, «The Oxford Carritts», p. 2.

156. Stuart C. Brown y Hugh T. Bredin, *Dictionary of Twentieth-Century British Philosophers*, Bloomsbury Academic, Londres, 2005, p. 157.

157. Conradi, *A Very English Hero*, p. 113.

158. Dorothy Emmet, *Philosophers and Friends: Reminiscences of Seventy Years in Philosophy*; prólogo de Bryan Magee (Basingstoke, Macmillan, 1996), p. 33.

159. Scott, *A. D. Lindsay*, p. 120.

160. *Ibid.*, p. 106.

161. Matthew Grimley, *Citizenship, Community and the Church of England: Liberal Anglican Theories of the State Between the Wars*, Oxford University Press, Oxford, 2004).

162. Scott, *A. D. Lindsay*, p. 106.

163. See J. Savage, *Teenage: The Creation of Youth Culture*, Pimlico, Londres, 2008.

164. Healey, *The Time of My Life*, p. 27.

165. Mitchell, *Maurice Bowra*, pp. 160-162.

166. *Ibid.*, p. 249.

167. Smith, *The Morning Light*, p. 235.

168. Sally Crawford, Katharina Ulmschneider y John Elsner (eds.), *Ark of Civilization: Refugee Scholars and Oxford University, 1930-1945*, Oxford University Press, Oxford, 2017 [*AC*], p. 14. Véase también B. Williams, *Shame and Necessity*, University of California Press, Berkeley, 1993, pp. x-xi.

169. Crawford *et al.* (eds.), *AC*, p. 1.

170. Jaś Elsner, «Pfeiffer, Fraenkel, and Refugee Scholarship in Oxford during and after the Second World War», en Crawford *et al.* (eds.), *AC*, pp. 25-49, en p. 31.

171. Crawford *et al.* (eds.), *AC*, p. 1.
172. Humphreys, «Obituary: Mary Isobel Henderson», p. 30.
173. Midgley, *OM*, p. 98.
174. Eduard Fraenkel, *Aeschylus: Agamemnon, Vol 1*, Oxford University Press, Oxford, 1950, p. 95.
175. Véase Christopher Stray, «A Teutonic Monster in Oxford: The Making of Fraenkel's Agamemnon», en *Classical Commentaries: Explorations in a Scholarly Genre*, ed. de Christina S. Kraus y Christopher Stray, Oxford University Press, Oxford, 2015, pp. 39-57.
176. Véase J. G. Darwin, «A World University», en *HUOVIII*, pp. 607-638, en p. 609.
177. Midgley, *OM*, p. 97.
178. *Ibid.*, pp. 96-97.
179. Eduard Fraenkel, *Aeschylus: Agamemnon, Vol 3*, Oxford University Press, Oxford, 1950, p. 485, citado en Crawford *et al.* (eds.), *AC*, p. 42.
180. G. R. Burton y J. F. Toland, «Ludwig Edward Fraenkel. 28 May 1927-27 April 2019», *Biographical Memorials of Fellows of the Royal Society* 69 (2020), pp. 175-201.
181. Wendy Webster, *Mixing It: Diversity in World War Two Britain*, Oxford University Press, Oxford, 2018, p. 168.
182. Fraenkel, *Aeschylus: Agamemnon, Vol. 1*, p. 95.
183. Mathura Umachandran, «"The aftermath experienced before": Aeschylean Untimeliness and Iris Murdoch's Defence of Art», *Ramus* 48:2 (2019), p. 225 y *passim*.
184. Conradi, *IMAL*, pp. 121-122.
185. *Ibid.*, p. 97.
186. *Ibid.*, p. 93.
187. Sue Summers, «The Lost Loves of Iris Murdoch», *Mail on Sunday*, 5 de junio de 1988, p. 17, citado en Conradi, *IMAL*, p. 96.
188. Conradi, *IMAL*, p. 93.
189. Véase un panorama general en W. J. Mander, *Idealist Ethics*, Oxford University Press UK, Oxford, 2016. Véase también John Henry Muirhead, «How Hegel came to England», *Mind* 36:144 (1927), pp. 423-447; Thomas Hill Green, *Prolegomena to Ethics*, Oxford University Press, Oxford, 2003; Bernard Bosanquet, *Some Suggestions in Ethics,* Macmillan, Londres, 1918; Alexander Dunlop Lindsay, «The Idealism of Caird and Jones», *Journal of Philosophical Studies* 1:2 (1926), pp. 171-182.
190. G. E. Moore, «The Refutation of Idealism», *Mind* 12:48 (1903), pp. 433-453.

191. G. E. Moore, *Principia Ethica*, Cambridge University Press, Cambridge, 1922, capítulo 2, en especial p. 40.

192. H. A. Prichard, «Does Moral Philosophy Rest on a Mistake?», *Mind* 21: 81 (1912), pp. 21-37, en p. 37.

193. Dorothy Emmet, *Role of the Unrealisable: Study in Regulative Ideals*, Palgrave Macmillan, Londres, 1993, p. 64.

194. P. J. Conradi, *Iris Murdoch, A Writer at War: Letters and Diaries, 1939-1945*, Oxford University Press, Oxford, 2011 [*WW*], p. 251. Si se desea, véase también *IMAL*, p. 216.

195. Ernest Nagel, «Impressions and Appraisals of Analytic Philosophy in Europe. I», *Journal of Philosophy* 33, n.º 1 (1936), pp. 5-24, en p. 9. Véase también Ben Rogers, *A. J. Ayer: A Life*, Grove Press, Nueva York, 1999, p. 104.

196. Rogers, *A. J. Ayer*, p. 114.

197. *Ibid.*, p. 58.

198. Véase Friedrich Stadler, *The Vienna Circle: Studies in the Origins, Development, and Influence of Logical Empiricism*, Springer, Viena y Nueva York, 2001.

199. Véase https://www.psy.ox.ac.uk/about-us/120-years-of-psychology-at-oxford, consultado el 1 de agosto de 2021.

200. Midgley, *OM*, p. 84.

201. L. Susan Stebbing, «Moore's Influence», en *The Philosophy of G. E. Moore: The Library of Living Philosophers*, ed. de Paul Arthur Schilpp (La Salle, Illinois, Open Court, 1942), pp. 517-532, en p. 530.

202. Nagel, «Impressions and Appraisals of Analytic Philosophy in Europe. I», p. 6.

203. *Ibid.*, p. 13.

204. John Wisdom, «L. Susan Stebbing, 1885-1943», *Mind* 53:211 (1944), pp. 283-285, en p. 283.

205. Lizzie Susan Stebbing, *A Modern Introduction to Logic*, Methuen, Londres, 1930/1948, p. 1. (Traducción española: *Introducción moderna a la lógica*, trad. de Robert S. Hartman y José Luis González, Instituto de Investigaciones Filosóficas, México, 1965.)

206. Stebbing, *A Modern Introduction to Logic*, pp. 163-165.

207. Lizzie Susan Stebbing, *Thinking to Some Purpose* (Harmondsworth, Penguin Books, 1939), p. 63.

208. *Ibid.*, pp. 70-71.

209. Siobhan Chapman, *Susan Stebbing and the Language of Common Sense*, Palgrave Macmillan, Londres, 2013, p. 126.

210. Rogers, *A. J. Ayer*, p. 55.

211. Alfred Jules Ayer, *A Part of My Life: The Memoirs of a Philosopher*, Oxford University Press, Oxford, 1978, p. 122.
212. Ludwig Wittgenstein, *Tractatus Logico-Philosophicus*, Routledge, Londres, 1921. Publicado por primera vez en alemán en 1921 y, en 1922, en trad. inglesa de Charles Kay Ogden y Frank Plumpton Ramsey.
213. *Ibid.*, §4.116 y 7.
214. Carta de A. J. Ayer a Ryle, 9 de febrero de 1933, Gilbert Ryle Collection, Linacre College, Universidad de Oxford.
215. *Ibid.*
216. Ayer, *Language, Truth and Logic*, p. 86.
217. *Ibid.*, p. 85.
218. Ayer, *A Part of My Life*, p. 144.
219. Ayer, *Language, Truth and Logic*, p. 49. (Ayer tomó esta proposición de *Appearance and Reality: A Metaphysical Essay*, de Francis Herbert Bradley, Swan Sonnenschein, Londres, 1908, 2.ª ed.)
220. Véase Bertrand Russell, «On Denoting», *Mind* 14, n.º 56 (1905), pp. 479-493.
221. Ayer, *Language, Truth and Logic*, p. 60.
222. Iris Murdoch, «Metaphysics and Ethics» (1957), en Iris Murdoch, *Existentialists and Mystics: Writings on Philosophy and Literature*, ed. P. J. Conradi, Londres, Chatto & Windus, 1997) [*EM*], pp. 99-123, p. 60.
223. Midgley, *OM*, p. 120.
224. Mary Midgley, *The Myths We Live By*, Routledge, Londres, 2011, p. 59.
225. Henry H. Price, *Hume's Theory of the External World*, p. 8.
226. Ayer, *A Part of My Life*, p. 154.
227. Ayer, *Language, Truth and Logic*, p. 137.
228. Rogers, *A. J. Ayer*, p. 123.
229. Véase Ignatieff, *Isaiah Berlin: A Life*, p. 85.
230. MacKinnon, «And the Son of Man that Thou Visitest Him», parte 2, p. 269.
231. *Ibid.*, p. 266.
232. Rogers, *A. J. Ayer*, p. 124.
233. Midgley, *OM*, p. 118.
234. Ayer, *A Part of My Life*, p. 166.
235. «H. H. Price Reference for A. J. Ayer», 8 de febrero de 1935, A. J. Ayer Archive, Trinity College, Universidad de Oxford, citado en Rogers, *A. J. Ayer*, p. 106.
236. Ayer, *A Part of My Life*, p. 145.

237. «D'Arcy, Martin Cyril, SJ (1888-1976)», en *The Cambridge Encyclopedia of the Jesuits*, ed. de T. Worcester, SJ, Cambridge University Press, Cambridge, 2017, p. 219.

238. Citado en Colin Wilks, *Emotion, Truth and Meaning: In Defense of Ayer and Stevenson* (Dordrecht, Kluwer Academic Publishers, 2002), p. 38.

239. R. M. Hare, «A Philosophical Autobiography», *Utilitas* 14:3 (2002), pp. 269-305, en p. 288.

240. Geoffrey Reginald G. Mure, *Retreat from Truth*, Blackwell, Londres, 1958, p. vii.

241. Rogers, *A. J. Ayer*, p. 124.

242. Robin George Collingwood, *An Essay on Metaphysics (1940)*, Clarendon Press, Oxford, 1957, p. viii.

243. Collingwood, *An Essay on Metaphysics*, pp. 162-163, 166.

244. *Ibid.*, p. 21.

245. A. D. Lindsay, «What Does the Mind Construct?», *Proceedings of the Aristotelian Society* 25 (1924), pp. 1-18, en p. 11. Véase también Emmet, *Philosophers and Friends*, p. 16.

246. Fred Inglis, *History Man: The Life of R. G. Collingwood*, Princeton, Princeton University Press, 2011, p. 249.

CAPÍTULO 2. ESTUDIAR EN TIEMPOS DE GUERRA

1. Véase Conradi, *IMAL*, p. 105-108.

2. Midgley, *OM*, p. 102. Lo que Chamberlain dijo por la radio el 27 de septiembre de 1938 sobre la anexión alemana de los Sudetes fue: «Cuán horrible, fantástico e increíble es que aquí tengamos que cavar trincheras y ponernos máscaras de gas por culpa de unos combates en un país remoto entre personas de las que no sabemos nada».

3. Webster, *Mixing It*, p. 42.

4. IMJ1, sin fecha, p. 103, IMC, KUAS202/1/1; también Conradi, *IMAL*, p. 107.

5. Midgley, *OM,* p. 103.

6. Addison, «Oxford and the Second World War», *HOUVIII*, pp. 167-188, en p. 169.

7. *Ibid.*, p. 167.

8. M. R. D. Foot, *Memories of an S.O.E. Historian*, Pen & Sword Books, Barnsley, 2009, p. 52.

9. Fotocopia de una carta de Noel Eldridge a su madre (noviembre de 1939), pp. 2-3, PCA, KAUS6/11/1/16/3 (carta citada en Conradi, *IMAL,* p. 156).

10. Conradi, *IMAL*, p. 106.
11. Philip Warner, *Phantom: Uncovering the Secrets of the WW2 Special Forces Unit* (Barnsley, Pen & Sword Books, 1990), pp. 325-326.
12. Conradi, *WW*, p. 111.
13. Conradi, *IMAL*, p. 100.
14. *Ibid.*
15. Conradi, *WW*, pp. 121 y 118.
16. Carta de Nick Crosbie a Mary Scrutton, sin fecha, MGMP, MID/F.
17. Iris Murdoch, «More about Wartime Oxford», en *Badminton School Magazine*, LXXXII, 1941-1942, p. 23, Badminton School Archive.
18. C. S. Lewis, «Learning in War-Time» (22 de octubre de 1939), en C. S. Lewis, *The Weight of Glory: A Collection of Lewis's Most Moving Addresses* (Londres, William Collins, 2013, pp. 49-50. (Traducción española: *El peso de la gloria*, trad. de Gloria Esteban Villar, Rialp, Madrid, 2017.)
19. Carta de Iris Murdoch a Mary Scrutton, sin fecha, enviada desde Somerville, MGMP MID/F.
20. Midgley, *OM*, p. 106.
21. Alice Prochaska, «Patricia Magaret Norman», https://principal2010.files.wordpress.com/2013/09/patricia-margaret-norman.pdf, 2013, consultado el 1 de agosto de 2021.
22. Adams, *SW*, p. 242.
23. Horner y Rowe, *LP*, p. 14.
24. Conradi, *WW*, p. 186.
25. *Ibid.*, p. 190.
26. Carta de Iris Murdoch a Patrick O'Regan, Blackpool, sin fecha (julio de 1940), PCA, KUAS6/1/42/12.
27. Carta de Iris Murdoch a Patrick O'Regan, Blackpool, sin fecha (probablemente marzo de 1941), PCA, KUAS6/1/42/10.
28. Los admiradores de las obras de ficción de Murdoch la reconocerán en el personaje de Paula en *Amigos y amantes*.
29. «Philippa Foot (1920-2010)-An Oxfam Tribute», p. 3, SCA, SC/AO/AA/FW/Foot.
30. Martin Gornall, «Philippa Foot and Thoughts about Oxfam», mecanoscrito, SCA Philippa Foot Papers, caja 10, Oxfam Material, p. 1.
31. Entre ellos, el joven filósofo y celador Herbert James Paton. Véase Robert Currie, «The arts and social studies, 1914-1939».
32. Gornall, «Philippa Foot and Thoughts about Oxfam», p. 1.
33. Rosalind Hursthouse, «Philippa Ruth Foot 1920-2010», *Biographical Memoirs of Fellows of the British Academy*, 11 (2012) pp. 179-196, en p. 181.

34. Currie, «The Arts and Social Studies, 1914-1939», p. 116.

35. Carta al director, *Times*, 26 de mayo de 1936.

36. «Esther Cleveland Weds Capt. Bosanquet: Late President's Daughter Marries Coldstream Guards Officer in Westminster Abbey», *New York Times*, 15 de marzo de 1918.

37. «Old Hall, sales particulars. Sanderson Townend & Gilbert», en SCA, Philippa Foot Papers, caja 1, material de la familia, 1/2.

38. Jane O'Grady, «Philippa Foot: Obituary», *Guardian*, 5 de octubre de 2010.

39. «Commonplace book», 4 de enero de 1998, SCA, Philippa Foot Papers, caja 3, Notebooks & Commonplace books.

40. P. J. Conradi, *Family Business: A Memoir* (Bridgend, Seren, 2019), p. 177.

41. Prophecy Coles, «Memories of Philippa Foot, 2020», correspondencia con las autoras, p. 3.

42. Commonplace book, 4 de enero de 1998.

43. Conradi, *Family Business*, p. 178.

44. Foot, *Memories of an S.O.E. Historian*, pp. 16-17.

45. Gornall, «Philippa Foot and Thoughts about Oxfam», p. 4.

46. Martin Pugh, *We Danced All Night: A Social History of Britain Between the Wars,* Random House, Londres, 2013, p. 129.

47. Conradi, *Family Business*, p. 177.

48. Gornall, «Philippa Foot and Thoughts about Oxfam», p. 1.

49. Peter Conradi, «The Guises of Love: The Friendship of Professor Philippa Foot and Dame Iris Murdoch», *The Iris Murdoch Review*, 5 (2014), pp. 17-28, p. 27.

50. Notebook 4 (tapa roja), agosto de 2001, SCA, Philippa Foot Papers, caja 3 Notebooks & Commonplace books.

51. Peter Conradi y Gavin Lawrence, «Professor Philippa Foot: Philosopher regarded as being among the finest moral thinkers of the age», *Independent*, 23 de octubre de 2011.

52. «Philippa Foot (1920-1910) - An Oxfam Tribute», p. 2.

53. Jonathan Rée, «Philosophical Lives: Philippa Foot interview», transcripción, 19 de septiembre de 2000, SCA, Philippa Foot papers, caja 11: SC/LY/SP/PF/11, p. 5.

54. Gornall, «Philippa Foot and Thoughts about Oxfam», p. 1.

55. Philippa Foot, «Mildred Hartley», *Somerville College Annual Report 1996*, SCA, pp. 130-131.

56. Foot, «Mildred Hartley», p. 130.

57. Hursthouse, «Philippa Ruth Foot 1920-2010», p. 181.

58. Currie, «The Arts and Social Studies, 1914-1939», p. 120.

59. *Oxford Magazine*, 5 de junio de 1941, p. 338.

60. *Ibíd.*, 21 de noviembre de 1940, p. 1.

61. Horner y Rowe, *LP*, p. 14; Farnell, *A Somervillian Looks Back*, p. 74.

62. Addison, «Oxford and the Second World War», p. 170.

63. Adams, *SW*, p. 239.

64. Farnell, *A Somervillian Looks Back*, p. 73.

65. Midgley, *OM*, p. 109.

66. K. M. Lea, «Elisabeth Blochmann Obituary 1892-1972», *The Brown Book: Lady Margaret Hall Magazine, 1972.*

67. Laurence Brockliss, «Welcoming and Supporting Refugee Scholars: The Role of Oxford's Colleges», en Crawford *et al.* (eds.), *AC*, pp. 62-76, en p. 72.

68. Valerie Purton, *An Iris Murdoch Chronology* (Basingstoke, Palgrave Macmillan, 2007), p. 16.

69. Juliet Gardiner, *Wartime Britain 1939-1945,* Headline, Londres, 2016, pp. 166-167.

70. Gardiner, *Wartime Britain 1939-1945*, p. 59.

71. Vera Lynn y Virginia Lewis-Jones, *Keep Smiling Through: My Wartime Story,* Random House, Londres, 2017, p. 115.

72. Addison, «Oxford and the Second World War», p. 171.

73. Véase Scott, *A. D. Lindsay*, pp. 257-287.

74. Midgley, *OM*, p. 105.

75. Transcripción de TS de la entrevista personal de RMH con Brian Harrison, ahora *Sir,* 17 de junio de 1989, p. 10, Balliol College Archive, Universidad de Oxford, R. M. Hare papers.

76. Hare, «A Philosophical Autobiography», p. 276.

77. John Haldane, «Anscombe: Life, Action and Ethics in Context», *Philosophical News*, 18, 2019, pp. 45-75, en p. 65.

78. Anscombe, *The Justice of the Present War Examined*, p. 72.

79. *Ibíd.*, p. 75.

80. *Ibíd.*, p. 81.

81. «The Parish of Beguildy», p. 6.

82. Anscombe, *Collected Philosophical Papers: Ethics, Religion and Politics Vol. 3* [*ERP*], p. vii.

83. «Oxford Student Begs for Revolt in Stuart "Plot": "Party" is Serious», *New York Herald Tribune*, 7 de marzo de 1937. Véase también: «Rupprecht called "King of Britain"», *New York Times*, 31 de enero de 1937, p. 26; «Student made "Prince" by Oxford Jacobites», *Washington Post*, 31 de enero de 1937; «Prince Rupprecht: Jacobite Ceremony at Oxford», *Scotsman*, 1 de febrero de 1937; «Anti-Coronation Stunt Suppressed at Oxford», *St Louis Post*, 8 de mayo de 1937; «Jacobite

Leader», *Vancouver Sun*, 8 de junio de 1937. (Gracias a Roger Teichmann por señalarnos la existencia de estos textos.)

84. «Oxford Clique aims at Revolt: Backs Stuart Pretender Against Reigning», *Daily Boston Globe*, 7 de marzo de 1937.

85. Geach, «A Philosophical Autobiography», pp. 11-12; Kenny, «Peter Thomas Geach, 1916-2013», p. 188.

86. https://www.theweatheroutlook.com/twoother/twocontent.aspx? type=tystat &id=1180&title=January+1940, consultado el 1 de agosto de 2021.

87. Midgley, *OM*, p. 97.

88. *Ibid.*, p. 100.

89. *Ibid.*

90. Entrevista de Paul Merchant a Mary Midgley, pista 2, p. 26.

91. Rowe, *J. L. Austin*, capítulo 9.

92. Cyril Edwin M. Joad, «Appeal to Philosophers», *Philosophy* 15:60 (1940), pp. 400-416, en p. 405.

93. Dorothy Emmet, *The Nature of Metaphysical Thinking*, Macmillan, Londres, 1961.

94. H. H. Price, «The Inaugural Address: Clarity is Not Enough», *Proceedings of the Aristotelian Society, Supplementary Volumes 19* (1945), pp. 1-31, en pp. 24, 31.

95. Christopher Stray, «Eduard Fraenkel (1888-1970)», en Crawford *et al.* (eds.), *AC*, pp. 180-200, en p. 184.

96. Conradi, *IMAL*, p. 118.

97. Elsner, «Pfeiffer, Fraenkel, and Refugee Scholarship in Oxford during and after the Second World War», p. 29.

98. Kate Lowe, «"I shall snuffle about and make relations": Nicolai Rubinstein, the Historian of Renaissance Florence, in Oxford during the war», en Crawford *et al. AC*, pp. 220-233, en p. 222.

99. Conradi, *WW*, p. 187.

100. Stray, «Eduard Fraenkel (1888-1970)», p. 184. Véase también «Super Tastes at a Pioneering Shop», *Oxford Mail*, 30 de marzo de 2011.

101. *Oxford Gazette* (1939-1940), p. 536.

102. Midgley, *OM,* p. 114; Rowe, *J. L. Austin*, capítulo 9.

103. Midgley, *OM*, pp. 114-115.

104. *Ibid.*

105. Mary Midgley, conversación con las autoras, septiembre de 2016.

106. Conradi, *IMAL*, p. 112.

107. Midgley, *OM*, p. 110. Véase también Nina Bawden, *In My Own Time*, Londres, Virago, 1994, p. 109.

108. Mary Midgley, conversación con las autoras, septiembre de 2016.

109. Mary Midgley, «Park Town» (manuscrito inédito), 2016, p. 8.

110. *Ibid.*

111. Midgley, *OM*, p. 125.

112. *Ibid.*

113. Philippa Foot, «The Grammar of Goodness», *Harvard Review of Philosophy* 11:1 (2003), p. 33.

114. Midgley, *OM*, p. 36.

115. Philippa Foot, *Natural Goodness*, Oxford University Press, Oxford, 2001, p. 1, nota al pie 1.

116. Fotocopia de una carta de Iris Murdoch a Rosalind Hursthouse, sin fecha (finales de 1993), PCA, KUAS6/3/65/3. Véase también Hursthouse, «Philippa Ruth Foot 1920-2010», p. 181.

117. Conradi, *IMAL*, p. 127.

118. Harold Mytum, «Networks of Association: The Social and Intellectual Lives of Academics in Manx Internment Camps during the Second World War», en Crawford *et al. AC*, pp. 96-118, en p. 109; Anna Teicher, «Jacob Leib Teicher between Florence and Cambridge: Arabic and Jewish Philosophy in Wartime Oxford», también en Crawford *et al. AC*, pp. 327-340, en p. 335. Véase también Beatrix Walsh, «From Outer Darkness: Oxford and her Refugees», *Oxford Magazine* (1992), pp. 5-10.

119. «Wartime diaries of H.W.B. Joseph», 23 de septiembre de 1940, p. 72, Bodleian Archives & Manuscripts, MSS. Top. Oxon. E. 289.

120. Addison, «Oxford and the Second World War», p. 171.

121. «Wartime diaries of H.W.B. Joseph», 23 de septiembre de 1940, p. 72.

122. Dodds, *Missing Persons*, pp. 138-139.

123. Iris Murdoch, «News from Oxford», *Badminton School Magazine*, LXXXI, trimestres de primavera y verano de 1941, p. 19, archivo de Badminton School.

124. Carta de IM a Patrick O'Regan, Somerville, sin fecha (probablemente junio de 1940), PCA, KUAS6/1/42/7.

125. V. Brittain, *England's Hour*, Macmillan, Londres, 1941, pp. 209-210, citado en Addison, «Oxford and the Second World War», p. 174.

126. Warnock, *Mary Warnock: A Memoir: People and Places*, Duckworth, Londres, 2000, p. 56.

127. Jonathan Harrison, «Henry Habberley Price, 1899-1984», *Proceedings of the British Academy* 80, pp. 473-491, en p. 476.

128. *Ibid.*, p. viii.

129. Ayer, *The Central Questions of Philosophy*, Weidenfeld, Londres, 1977, p. 23.

130. Anscombe, «Introduction», *MPM*, p. viii.
131. H. H. Price, *Hume's Theory of the External World*, Clarendon Press, Oxford, 1940/1963, pp. 11-12.
132. *Ibid.*, pp. 50-51.
133. *Ibid.*, p. 52.
134. David Hume, *A Treatise of Human Nature,* Penguin, Londres, 1985, Part IV, Section II, p. 249. (Traducción española: *Tratado de la naturaleza humana,* trad. de Félix Duque, Tecnos, Madrid, 1988.) Véase Price, *Hume's Theory of the External World*, p. 65, nota al pie 1.
135. Price, *Hume's Theory of the External World*, p. 81.
136. Anscombe, «Introduction», *MPM*, p. viii.
137. *Ibid.*
138. Cf. Anscombe, «Substance» (1964), *MPM*, pp. 37-43, en p. 39.
139. H. H. Price, «A Mescaline Experience», *Journal of the American Society for Psychical Research*, 58:1 (1963), pp. 3-20, en p. 4.
140. *Ibid.*, pp. 18-19.
141. Midgley, *OM*, p. 60.
142. Carta de Iris Murdoch a Frank Thompson, principios del verano de 1940, en Conradi, *WW*, pp. 95-96.
143. H. H. Price, «Animals and the Supernatural», *Listener*, 29 de abril de 1936, p. 838.
144. Carta de Iris Murdoch a Mary Scrutton, Blackpool, sin fecha, MGMP, MID/F.
145. Purton, *An Iris Murdoch Chronology*, p. 19.
146. Carta de Iris Murdoch a Patrick O'Regan, Blackpool, sin fecha (julio de 1940), PCA, KUAS6/1/42/12.
147. Walsh, «From Outer Darkness», p. 7.
148. *Ibid.*, p. 10.
149. Regine Weber, *Lotte Labowsky (1905-1991), Schülerin Aby Warburgs, Kollegin Raymond Klibanskys* (Berlín y Hamburgo, Dietrich Reimer Verlag, 2012), p. 65.
150. Farnell, *A Somervillian Looks Back*, p. 70.
151. Weber, *Lotte Labowsky*, p. 70.
152. Hartley, «A Wartime Recollection», *Somerville College Annual Report 1996*, SCA, pp. 134-137, en p. 136.
153. Webster, *Mixing It*, p. 62.
154. Mary también asistió al curso de Cassirer durante el último trimestre de 1940; «General Problems in Moral Philosophy», Midgley, *OM*, p. 114.
155. *Ibid.*
156. Kant, Immanuel, *Prolegomena to Any Future Metaphysics: That Will Be

Able to Come Forward as Science: With Selections from the Critique of Pure Reason, ed. de Gary Hatfield, Cambridge University Press, Cambridge, 2004, 2.ª ed., p. 10 (4:260). (Traducción española: *Los prolegómenos a toda metafísica futura que quiera presentarse como una ciencia,* trad. de Asunción Gabriel, Alhambra, Madrid, 1992.)

157. Kant, *Prolegomena to Any Future Metaphysics,* p. 7.

158. G. E. M. Anscombe, «Causality and Determinism» (1971), *MPM,* pp. 133-148, p. 135.

159. Véase H. J. Paton, *The Categorical Imperative: A Study in Kant's Moral Philosophy,* Hutchinson's University Library, Londres, 1946, p. 133.

160. Midgley, *OM,* p. 114.

161. Carta de Iris Murdoch a Philippa Foot, 10 de octubre de 1946, IMC, KUAS100/1/2.

162. Irene Cassirer, correspondencia con las autoras, 27 de agosto de 2021.

163. Carta de Lotte Labowsky a Raymond Klibansky, febrero de 1951, Raymond Klibansky Archive, Deutsches Literaturarchiv, Marbach [RKA].

164. Irene Cassirer, correspondencia con las autoras, 12 de noviembre de 2020.

165. 165 IMJ4, 8 de octubre de 1947, p. 90.

166. Carta de A. D. Lindsay a la señora Gwyer, sin fecha (hacia 1927), SHCA, Mary Glover Papers, [SHCA].

167. Correspondencia con las autoras, 18 de octubre de 2020.

168. C. H., «Mary Reaveley Glover», *St Hugh's College Chronicle,* 55 (1982- 1983), p. 44.

169. Kate Price, correspondencia con las autoras, 14 de octubre de 2020.

170. Informe de Victor White a la señorita Glover, 9 de junio de 1939, expediente universitario de Elizabeth Anscombe, SHCA, SHG/J/3/2. Véase John Berkman, «The Influence of Victor White and the Blackfriars Dominicans on a young Elizabeth Anscombe», *New Blackfriars* (2021).

171. Lesley Brown, «Anscombe at Somerville»; recuerdos, en *Anscombe Centenary Conference,* Somerville College, 11 de septiembre de 2019.

172. Mary Glover, «Obligation and Value», *Ethics* 49:1(1938), pp. 68-80.

173. *Ibid.,* p. 68.

174. *Ibid.,* p. 69. Véase H. B. W. Joseph, *Some Problems in Ethics,* Oxford University Press, Oxford, 1931, p. 94.

175. Joseph, *Some Problems in Ethics,* p. 45.

176. *Ibid.*

177. H. W. B. Joseph, «Purposive Action», *Hibbert Journal* 32 (1933), p. 197.

178. Joseph, *Some Problems in Ethics,* pp. 102-103.

179. Glover, «Obligation and Value», p. 71.
180. *Ibid.*, p. 76.
181. Mehta, *Fly and the Bottle,* p. 52. El análisis de Glover y Murdoch puede verse en Robert Audi, «On Mary Glover's "Obligation and Value"», *Ethics* 125:2 (2015), pp. 525-529.
182. Informe sobre la señorita Anscombe, trimestre de otoño de 1939, expediente universitario de Elizabeth Anscombe, SHCA SHG/J/3/2.
183. Informe de William G. de Burgh a la señorita Glover, trimestre de otoño de 1940, expediente universitario de Elizabeth Anscombe, SHCA SHG/J/3/2.
184. *Ibid.*
185. Informe de MacKinnon, trimestre de invierno de 1940 y trimestre de primavera (1940?), expediente universitario de Elizabeth Anscombe, SHCA SHG/J/3/2.
186. Informe de Isobel Henderson a la señorita Glover, trimestre de invierno de 1941, expediente universitario de Elizabeth Anscombe, SHCA SHG/J/3/2.
187. Informe de la señorita Glover, trimestre de primavera de 1940, expediente universitario de Elizabeth Anscombe, SHCA, SHG/J/3/2.
188. Midgley, *OM*, p. 113.
189. Jenny Teichman, «Gertrude Elizabeth Margaret Anscombe», p. 38; Michael Dummett, «Obituary (G. E. M. Anscombe)», *Tablet*, 13 de enero de 2001, p. 31.
190. Mrs. Gertrude Elizabeth Margaret (de soltera) Anscombe, *CV* [NCA], AC/5/2. © M. C. Gormally.
191. Jenny Teichman, «Gertrude Elizabeth Margaret Anscombe», p. 33.
192. «Peter Conradi's notes taken from a conversation with Polly Smythies», 3 de febrero de 1998, PCA, KUAS6/1/50/1.
193. Jeremy A. Crang, «"Come into the Army, Maud": Women, Military Conscription, and the Markham Inquiry», *Defence Studies* 8:3 (2008), pp. 381-395, en p. 386.
194. Dado que su madre y sus abuelos «polacos» eran ciudadanos alemanes, los esfuerzos realizados por Peter Geach no podrían haber llegado a buen puerto.
195. Carta de Isobel Henderson a Mary Midgley, sin fecha (1942), MGMP, MID/F.
196. Conradi, *IMAL*, p. 186.
197. Midgley, *OM*, p. 105.
198. Addison, «Oxford and the Second World War», p. 170.
199. Carta de Donald MacKinnon a M. B. Reckitt, 3 de julio de 1940, citada en André P. Muller, «Donald M. MacKinnon», p. 189.

200. Midgley, *OM,* p. 117.
201. Carta de Donald MacKinnon a Maurice Reckitt, 3 de agosto de 1940, Maurice Reckitt Papers, Colecciones especiales de la Universidad de Sussex SxMs44/2/2/2/8.
202. Carta de Lois MacKinnon a Peter Conradi, 24 de septiembre de 1999, PCA, KUAS6/1/31/2.
203. Carta de Donald MacKinnon a Maurice Reckitt, 3 de agosto de 1940.
204. Muller, «Donald M. MacKinnon», p. 206.
205. Carta de H. H. Price a B. J. Kidd, 26 de noviembre de 1936, citada en Muller, «Donald M. MacKinnon», p. 76 y p. 94. (Price señala una excepción en Alfred Edward Taylor, Edimburgo.)
206. Informe de la señorita Glover, trimestre de otoño de 1939, expediente universitario de Elizabeth Anscombe, SHCA SHG/J/3/2.
207. Conradi, *IMAL*, p. 123.
208. Midgley, *OM,* p. 116.
209. Entrevista de Paul Merchant a Mary Midgley, pista 2, p. 24.
210. Rogers, *A. J. Ayer*, p. 164.
211. Entrevista de Paul Merchant a Mary Midgley, pista 2, p. 24.
212. Conradi, *IMAL,* p. 123.
213. *Ibid.*, p. 127.
214. *Ibid.*, p. 123; John Jones, «Iris, Hegel and Me», *London Review of Books*, vol. 25, n.º 24, 18 de diciembre de 2003.
215. Carta de Iris Murdoch a Philippa Foot, sin fecha (hacia enero de 1947), IMC, KUAS100/1/9.
216. Carta de Vera Crane a Peter Conradi, 8 de octubre de 1998, PCA, KUAS6/11/1/12.
217. Conradi, *IMAL*, p. 124. Véase también la carta de Vera Crane a Peter Conradi, PCA, KUAS6/11/1/12/1.
218. MacKinnon, «And the Son of Man that Thou Visitest Him», parte 2, p. 264. Véase también Donald M. MacKinnon, *A Study in Ethical Theory,* A. & C. Black, Londres, 1957, p. 15.
219. MacKinnon, «And the Son of Man that Thou Visitest Him», parte 2, p. 264.
220. Donald M. MacKinnon, «Revelation and Social Justice» (1941), en *Philosophy and the Burden of Theological Honesty*, ed. de John McDowell, T & T Clark, Londres, 2011, p. 145.
221. Andrew Bowyer, *Donald MacKinnon's Moral Realism: To Perceive Tragedy Without the Loss of Hope* (Edimburgo, T&T Clark, 2015), p. 185, nota al pie 770.
222. Donald M. MacKinnon, «And the Son of Man that Thou Visitest

Him', *Christendom* 8, septiembre de 1938 y diciembre de 1938 (1938), parte 1, p. 187, nota al pie 2.

223. Donald M. MacKinnon, «The Function of Philosophy in Education» (1941), en *Philosophy and the Burden of Theological Honesty*, p. 11.

224. *Ibid.*, p. 14.

225. Véase, por ejemplo, Eric Lionel Mascall, «The Doctrine of Analogy», *Cross Currents* 1:4 (1951). Véase también Emmet, *The Nature of Metaphysical Thinking*.

226. D. M. MacKinnon, «Metaphysical and Religious Language», *Proceedings of the Aristotelian Society* 54 (1953-1954), pp. 115-130, en p. 122.

227. *Ibid.*, p. 118.

228. Donald M. MacKinnon, *The Problem of Metaphysics*, Cambridge University Press, Cambridge, 1974.

229. MacKinnon, *A Study in Ethical Theory*, p. 6.

230. *Ibid.*, pp. 11-12.

231. Conradi, *IMAL*, p. 125.

232. Midgley, *OM*, p. 103.

233. Carta de Donald MacKinnon, 9 de mayo de 1942, y carta de Isobel Henderson, sin fecha (último trimestre de 1942), MGMP, MID/F.

234. Conradi, *IMAL*, pp. 127-128.

235. *Ibid.*, pp. 127-128.

236. Philippa Foot, «Iris at Home in London», *Iris Murdoch News Letter*, 13 (otoño de 1999), p. 3.

237. Conradi, *IMAL*, pp. 37-38.

238. Howarth, «Women», p. 348.

239. Conradi, *WW*, p. 191.

240. Midgley, *OM*, p. 113.

241. Carta de Isobel Henderson, sin fecha (verano de 1942), MGMP, MID/F.

242. Carta de Donald MacKinnon, 14 de julio de 1942, MGMP, MID/F.

243. Postal de Donald MacKinnon, 10 de julio de 1942, MGMP, MID/F.

244. Carta de Donald MacKinnon, 14 de julio de 1942, MGMP, MID/F.

245. Carta de Isobel Henderson, sin fecha (verano de 1942), MGMP, MID/F.

246. Carta de Iris Murdoch a Philippa Foot, sin fecha (finales de verano de 1942), IMC, KUAS100/1/1.

247. Carta de Isobel Henderson a la señorita Plumer, vi.1948, expediente profesional de Iris Murdoch, St Anne's College Archive, Universidad de Oxford.

248. Carta de Isobel Henderson, sin fecha (julio de 1942), MGMP, MID/F.

249. El poeta Matthew Arnold describe así la zona en su obra «The Scholar Gipsy» (1853).
250. Midgley, *OM*, p. 126.
251. *Ibid.*, pp. 125-126.

CAPÍTULO 3. DESÓRDENES Y PENURIA

1. Midgley, *OM*, p. 125.
2. John Haffenden, «Entrevista a Iris Murdoch», *Literary Review*, 58 (abril de 1983), pp. 31-35.
3. Midgley, *OM*, p. 130.
4. *Animal & Zoo Magazine*, noviembre de 1940, 5:6, p. 12.
5. Gardiner, *Wartime Britain 1939-1945*, p. 375.
6. *Ibid.*, p. 383.
7. Alison Feeney-Hart, «The Little-Told Story of the Massive WWII Pet Cull», BBC News Magazine, 12 de octubre de 2013.
8. Ann Sylph, «Whipsnade during the Second World War» (6 de noviembre de 2019), página web de la *Zoological Society of London* https://www.zsl.org/blogs/artefact-of-the- month/whipsnade-during-the-second-world-war, consultada el 1 de agosto de 2021.
9. *Animal & Zoo Magazine*, 5:4 (septiembre de 1940), p. 12.
10. *Ibid.*, 5:7 (diciembre de 1940), p. 25.
11. Carta de Myra Curtis a Barbara Gwyer, 24 de junio de 1942, SHCA, SHG/J/3/2.
12. Carta de Barbara Gwyer a Myra Curti, 25 de junio de 1942, SHCA, SHG/J/3/2.
13. Keene, «Gwyer, Barbara Elizabeth (1881-1974)».
14. Carta de Barbara Gwyer a Myra Curtis, 25 de junio de 1942, *op. cit.*
15. A. Phillips, *A Newnham Anthology*, Cambridge University Press, Cambridge, 1979, p. 208.
16. Más detalles sobre los ferrocarriles durante la guerra, en: D. Wragg, *Wartime on the Railways* (Cheltenham, History Press, 2012).
17. Gardiner, *Wartime Britain 1939-1945*, p. 233 y *passim*.
18. R. Monk, *Ludwig Wittgenstein: The Duty of Genius,* Penguin, Londres, 1991, p. 425.
19. *Ibid.*, p. 445.
20. Wolfe Mays, «Recollections of Wittgenstein», en *Portraits of Wittgenstein*, ed. abreviada de F. A. Flowers III y Ian Ground, Bloomsbury Academic, Londres, 2018, pp. 337-342, en p. 339.

21. Bertrand Russell, «Philosophers and Idiots», en Flowers y Ground, *Portraits of Wittgenstein*, pp. 69-71, en p. 71.

22. Monk, *Ludwig Wittgenstein*, p. 472.

23. Actas del Cambridge Moral Sciences Club, último trimestre de 1942, University of Cambridge Archives, Min. IX. 42.

24. Emmet, *Philosophers and Friends*, p. 100.

25. Véase England and Wales Census Register, 1939; y Donald MacKinnon, «Philosophers in Exile», *The Oxford Magazine* (primer trimestre de 1992), pp. 15-16, en p. 15.

26. Gordon Baker, «Waismann, Friedrich (1896-1959)», *ODNB*.

27. Monk, *Ludwig Wittgenstein*, p. 413.

28. Baker, «Waismann, Friedrich (1896-1959)».

29. Alice Ambrose, «Ludwig Wittgenstein: A Portrait», en Flowers y Ground, *Portraits of Wittgenstein*, pp. 245-255.

30. Emily Dezurick-Badran, «"It is a person's privilege to go to hell": how Ludwig Wittgenstein and Alice Ambrose fell out», 5 de agosto de 2013, https:// specialcollections-blog.lib.cam.ac.uk/?p=5219, consultado el 1 de agosto de 2021.

31. Ambrose publicó el artículo y regresó a los Estados Unidos. Desde Smith College, un centro universitario liberal para mujeres de Massachusetts siguió publicando muchos artículos importantes sobre filosofía del lenguaje (aunque muchas de sus ideas más interesantes se atribuyeron erróneamente a su marido, el filósofo Morris Lazerowitz). Véase Sophia Connell, «Alice Ambrose and Early Analytic Philosophy», *British Journal for the History of Philosophy* (en prensa).

32. Ambrose, «Ludwig Wittgenstein: A Portrait», pp. 252-253.

33. G. E. M. Anscombe, «Cover letter for application for a Sarah Smithson Studentship», 30 de abril de 1944, pp. 1-2, NCA, AC/5/2. © M. C. Gormally.

34. *Ibid.*

35. G. E. M. Anscombe, «Rough Scheme for Proposed Work for a Sarah Smithson Studentship», sin fecha (30 de abril de 1944), © M. C. Gormally.

36. René Descartes, *Philosophical Writings*, ed. de G. E. M. Anscombe y P. T. Geach, Nelson, Londres, 1970, segunda meditación, p. 69.

37. G. E. M. Anscombe, «The Principle of Individuation», *Proceedings of the Aristotelian Society, Supplementary Volumes* 27 (1953), pp. 83-96, en p. 94.

38. Descartes, *Philosophical Writings,* p. 67.

39. *Ibid.*, p. 76.

40. G. E. M. Anscombe, «Events in the Mind» (1963), *MPM*, pp. 57-63, en p. 60.
41. Aristóteles, *The Complete Works of Aristotle: Two Volumes*, ed. de Jonathan Barnes, Princeton University Press, Princeton, 2014.
42. Véase Michael Thompson, «Apprehending Human Form», *Royal Institute of Philosophy Supplement* 54 (2004), pp. 47-74.
43. Véase E. L. Mascall, «The Doctrine of Analogy», *Cross Currents* 1:4 (1951), pp. 38-57, en p. 45.
44. G. E. M. Anscombe, «Rough Scheme for Proposed Work for a Sarah Smithson Studentship», sin fecha (30 de abril de 1944), pp. 1-2, NCA AC/5/2. © M. C. Gormally.
45. Midgley, *OM*, p. 133.
46. Margaret Jones, «Ackroyd, Dame Dorothy Elizabeth», *ODNB*.
47. Midgley, *OM*, pp. 132-133.
48. *Ibid.*, p. 133.
49. Mary Midgley entrevistada por Paul Merchant, pista 1, p. 14.
50. Carta de Iris Murdoch a Philippa Foot, sin fecha (finales de verano de 1942), IMC, KUAS100/1/1.
51. *Ibid.*
52. Conradi, *IMAL*, p. 139.
53. Carta de Iris Murdoch a Philippa Foot, sin fecha (finales de verano de 1942), IMC, KUAS100/1/1.
54. Conradi, *WW*, p. 123.
55. Iris Murdoch, «A Woman Don's Delight», en *Occasional Essays by Iris Murdoch*, ed. de Paul Hullah y Yozo Muroya, University Education Press, Okayam, 1998, p. 17; Dorothy Sheridan, ed., *Wartime Women: A Mass-Observation Anthology 1937-45*, Phoenix, Londres, 2002, pp. 196-205.
56. Conradi, *WW*, pp. 97 y 101.
57. Conradi, *IMAL*, p. 175.
58. Foot, *Memories of an S.O.E. Historian*, p. 70.
59. *Ibid.*, pp. 72-73.
60. Gardiner, *Wartime Britain 1939-1945*, p. 466.
61. Charles Wheeler, carta al *Times*; «Picture of the Month», archivo informativo, National Gallery Research Centre.
62. «Picture of the Month», archivo informativo.
63. Foot, *Memories of an S.O.E. Historian*, p. 72.
64. «Picture of the Month», archivo informativo.
65. Gardiner, *Wartime Britain 1939-1945*, p. 466.
66. Conradi, *WW*, p. 256.
67. Conradi, *IMAL*, p. 174.

68. Conradi, *Family Business*, p. 176.
69. Midgley, *OM*, p. 133.
70. Carta de Iris Murdoch a Margorie Boulton, 16 de agosto de 1942, Horner y Rowe, *LP*, pp. 26-27.
71. Carta de Iris Murdoch a Philippa Foot, julio de 1942, Horner y Rowe, *LP*, p. 25.
72. Conradi, *IMAL*, p. 142.
73. Carta a Margorie Boulton, 16 de agosto de 1942, en Horner y Rowe, *LP*, p. 27.
74. Carta a Frank Thompson, 24 de noviembre de 1942, *Ibid.*, pp. 28-30.
75. *Ibid.*, p. 30.
76. Carta a Margorie Boulton, 16 de agosto de 1942, *Ibid.*, p. 27.
77. Midgley, *OM*, p. 134.
78. Carta a Frank Thompson, 22 de enero de 1943, en Conradi, *WW*, pp. 124-125.
79. *Ibid.*, p. 112.
80. Contribución a la serie documental *The World at War*, Thames Television Ltd (1973-1974), episodio 8.
81. *Ibid.*
82. Gardiner, *Wartime Britain 1939-1945*, p. 87.
83. Carta a Frank Thompson, 19 de octubre de 1942, en Conradi, *WW*, p. 119.
84. Carta a Frank Thompson, 24 de noviembre de 1942, en Horner y Rowe, *LP*, p. 29.
85. Conradi, *WW*, pp. 122-123.
86. *Ibid.*, p. 123.
87. Conradi, *WW*, p. 243 y Conradi, *IMAL*, p. 169.
88. Michael Luke, *David Tennant and the Gargoyle Years,* Weidenfeld & Nicolson, Londres, 1991; Conradi, *IMAL*, p. 169.
89. Conradi, «"The Guises of Love"», p. 18.
90. Carta de Philippa Bosanquet a su madre, sin fecha, SCA, PF 1/6/k.
91. Fotocopia de una carta de Iris Murdoch a Rosalind Hursthouse, PCA, KUAS6/3/65/3.
92. Carta de Philippa Bosanquet a su madre, sin fecha, SCA, PF 1/6/k.
93. June Morris, *The Life and Times of Thomas Balogh: A Macaw Among Mandarins,* Chicago, Sussex Academic Press, 2007, p. 38.
94. Entrevistas de Peter Conradi en Oxford, segundo trimestre de 1999, PCA, KUAS6/4/1/1.
95. Carta de Philippa Bosanquet a su madre, sin fecha, SCA, PF 1/6/k.
96. *Ibid.*
97. Morris, *The Life and Times of Thomas Balogh,* p. 34.

98. Ida W. Busbridge, «Anne Philippa Cobbe», *Bulletin of the London Mathematical Society*, 5:3 (noviembre de 1973), pp. 358-360.

99. Fotocopia de una carta de Iris Murdoch a Rosalind Hursthouse, PCA, KUAS6/3/65/3.

100. Morris, *The Life and Times of Thomas Balogh*, p. 166.

101. Gornall, «Philippa Foot and Thoughts about Oxfam», p. 2,

102. Carta de Philippa Bosanquet a su madre, sin fecha, SCA, PF 1/6/c.

103. Margaret Mead, «The Factor of Food Habits», *Annals of the American Academy of Political and Social Science*, 225 (1943) pp. 136-141.

104. Bertha Bracey, «Europe's Displaced Persons and the Problems of Relocation», *International Affairs*, 20 (1944) pp. 225-243.

105. Bracey, «Europe's Displaced Persons», pp. 225-226.

106. *Ibid.*, p. 227.

107. Roy Greenslade, «Daily Telegraph's Holocaust article in 1942 that Went Unheralded», *Guardian*, 27 de enero de 2015.

108. Carta de Philippa Bosanquet a su madre, sin fecha, SCA, PF 1/6/f.

109. John J. O'Conner y E. F. Robinson, «Anne Philippa Cobbe», abril de 2015, http://mathshistory.st-andrews.ac.uk/Biographies/Cobbe.html, consultado el 27 de enero de 2021.

110. Philippa Foot, «Obituary: A Personal Memoir», pp. 12-14; también en Conradi, *IMAL*, p. 166.

111. Thomas Harding, *Legacy: One Family, a Cup of Tea and the Company that Took On the World*, Random House, Londres, 2019, p. xii.

112. Philippa Foot, «Obituary: A Personal Memoir», pp. 12-14.

113. Conradi, *IMAL*, pp. 168-169.

114. Fotocopia de una carta de Iris Murdoch a Rosalind Hursthouse, PCA, KUAS6/3/65/3.

115. Philippa Foot, «Iris at Home in London», p. 3.

116. Conradi, *IMAL*, p. 123.

117. *Ibid.*, p. 169.

118. Actas del Cambridge Moral Sciences Club (cuaresma de 1944), University of Cambridge Archives, Min. IV. 44; David Archibald, *Charles Darwin: A Reference Guide to His Life and Works* (Maryland, Rowman & Littlefield, 2018), p. 46.

119. Donald M. MacKinnon, «Revelation and Social Justice» (1941), en McDowell, *Philosophy and the Burden of Theological Honesty*, p. 145.

120. Anscombe, «Rough Scheme for Proposed Work», p. 2.

121. *Ibid.*

122. *Ibid.*, p. 1.

123. Véase G. E. M. Anscombe, «Modern Moral Philosophy», *Philosophy* 33, n.º 124 (1958), p. 14.

124. *Ibid.*
125. Anscombe, «Rough Scheme for Proposed Work», p. 2.
126. Calista Lucy, «A Memorial to Fallen» (creado por el Keeper of the Archives), Dulwich College, p. 23.
127. Arthur Foss y Kerith Trick, *St Andrews Hospital, Northampton: The First One Hundred and Fifty Years (1938-1988)*, Granta Editions, Cambridge, 1989, p. 260.
128. «The Parish of Beguildy», p. 6.
129. John Wisdom, «Report to the Fellowship Electors Newnham College on Mrs. Geach's (Miss Anscombe) dissertation 1944», NCA, AC/5/2.
130. Carta de Friedrich Waismann a Miss Curtis apoyando la solicitud de una beca por parte de G. E. M. Anscombe, 15 de mayo de 1944. NCA, AC/5/2.
131. MacKinnon, «Philosophers in Exile», p. 15.
132. Conradi, *IMAL*, p. 170.
133. Carta de Philippa Bosanquet a su madre, sin fecha, SCA, PF 1/6/f.
134. Carta a David Hicks, 6 de noviembre de 1945, Conradi, *WW*, p. 254.
135. *Ibid.*, p. 255.
136. Conradi, *IMAL*, p. 178.
137. Foot, *Memories of an S.O.E. Historian*, p. 84.
138. *Ibid.*
139. *Ibid.*
140. Carta a David Hicks, 6 de noviembre de 1945, Conradi, *WW*, p. 255.
141. Midgley, *OM*, p. 133.
142. *Ibid.*, p. 19.
143. *Ibid.*, p. 134.
144. *Ibid.*, p. 55.
145. Ridler, *Olive Willis and Downe House*, pp. 158-161.
146. Midgley, *OM*, p. 134.
147. St Hilda's College Archives, listas de matriculaciones de la Universidad de Oxford (Margaret Elizabeth Rhoda Torrance ingresó en 1941).
148. Midgley, *OM*, p. 136.
149. Mary Midgley, conversación con las autoras, enero de 2017.
150. Midgley, *OM*, p. 136.
151. Fann, *Wittgenstein*, p. 54.
152. Desmond Lee, «Wittgenstein 1929-31», en *Portraits of Wittgenstein*, ed. de Flowers y Ground, pp. 178-187, en p. 179.
153. Theodore Redpath, «A Student's Memoir», *Ibid.*, pp. 258-272 en p. 259.
154. I. A. Richards, «The Strayed Poet», en Monk, *Ludwig Wittgenstein*, pp. 289-290.

155. Ludwig Wittgenstein, *On Certainty*, ed. de E. Anscombe y George H. von Wright, Blackwell, Londres, 1969, p. 61e.
156. Theodore Redpath, «A Student's Memoir», p. 259.
157. Gitta Deutsch Arnold, «Recollections of Wittgenstein», en *Portraits of Witt genstein*, ed. de Flowers y Ground, pp. 398-399, en p. 398.
158. Anscombe, «Anecdotes about Wittgenstein», CIAA caja 1, archivo 259. © M. C. Gormally.
159. Diálogo reconstruido a partir de L. Wittgenstein *et al.*, *Wittgenstein's Lectures on Philosophical Psychology, 1946-47*, University of Chicago Press, Chicago, 1989, p. 24.
160. Wittgenstein, *PI*, Blackwell, Oxford, 1953, §23.
161. Carta de Philippa Bosanquet a su madre, sin fecha, SCA PF 1/6/e.
162. Recuerdos de Iris Murdoch, mecanoscrito de Margaret Stanier, octubre de 1998, PCA, KUAS6/11/1/31.
163. Fotocopia de una carta de Iris Murdoch a Rosalind Hursthouse.
164. Conradi, *IMAL*, p. 628, nota 58; y en «Picture of the Month information file».
165. Philippa Foot, «Obituary: A Personal Memoir», pp. 12-14.
166. Conradi, *A Very English Hero*, pp. 318, 345 (Thompson llegó a Bulgaria el 27 de mayo de 1944 y fue asesinado el 10 junio).
167. *Ibid.*, p. 328.
168. Conradi, *IMAL*, p. 193.
169. Carta de Iris Murdoch a Leo Pliatzky, 30 de octubre de 1945, IMC, KUAS134.
170. Conradi, *IMAL*, p. 231.
171. Carta de Philippa Bosanquet a su madre, sin fecha, SCA, PF 1/6/h.
172. Carta de Philippa Bosanquet a su madre, octubre de 1944, SCA, PF 1/6/a.
173. *Ibid.*
174. Andrew G. Hodges y Denise George, *Behind Nazi Lines: My Father's Heroic Quest to Save 149 World War II POWs*, Berkley Caliber, Nueva York, 2015, p. 185.
175. Carta de Philippa Bosanquet a su madre, sin fecha, SCA, PF 1/6/h.
176. Foot, *Memories of an S.O.E. Historian*, p. 97.
177. *Ibid.*, p. 99.
178. G. E. M. Anscombe, Solicitud de una beca de investigación, 5 de mayo de 1945, NCA AC/5/2. © M. C. Gormally.
179. *Ibid.*
180. Anscombe, «Anecdotes about Wittgenstein».
181. Anscombe, «Rough Scheme for Proposed Work», p. 2.
182. Bertrand Russell, «Reference for Elizabeth Anscombe», 20 de mayo de 1945, NCA, AC/5/2.

183. Ludwig Wittgenstein, «Reference for Elizabeth Anscombe», 18 de mayo de 1945, NCA, AC/5/2.
184. John Schwenkler, «Untempted by the Consequences: G. E. M. Anscombe's Life of "Doing the Truth"», 2 de diciembre de 2019, *Commonweal* (2 de diciembre de 2019), https://www.commonwealmagazine.org/untempted-consequences, consultado el 1 de agosto de 2021.
185. Teichman, «Gertrude Elizabeth Margaret Anscombe», p. 37; véase también: prefacio de Geach a *Wittgenstein's Lectures on Philosophical Psychology, 1946-47: Notes by P. T. Geach, K. J. Shah, and A. C. Jackson*, University of Chicago Press, Chicago, 1989, p. xi.
186. Mary Alvey Thomas, «Curtis, Dame Myra (1886-1971)», *ODNB*.
187. «Mrs. Gertrude Elizabeth Margaret (*née*) Anscombe, *CV*», NCA AC/5/2. © M. C. Gormally.
188. Geach, *Wittgenstein's Lectures on Philosophical Psychology*, p. xi.
189. Gardiner, *Wartime Britain 1939-1945*, p. 668.
190. Foot, *Memories of an S.O.E. Historian*, p. 100.
191. Midgley, *OM*, p. 139.
192. Purton, *An Iris Murdoch Chronology*, p. 36.
193. Jean Wilhelma Rowntree, Oral History, Imperial War Museum, archivo sonoro, https://www.iwm.org.uk/collections/item/object/80014585, consultado el 1 de agosto de 2021.
194. Midgley, *OM*, p. 96.
195. Carta de Isobel Henderson, 18 de marzo de 1944, MGMP, MID/F.
196. Foot, *Memories of an S.O.E. Historian*, p. 102.
197. Conradi, *WW*, p. 254.
198. A. D. Lindsay, «Reference for Philippa Foot», 24 de mayo de 1945, SCA, caja 5, Appointments and Appreciations.
199. Donald MacKinnon, «Reference for Philippa Foot», 24 de mayo de 1945, SCA, caja 5, Appointments and Appreciations.
200. Heinz Cassirer, «Reference for Philippa Foot», 24 de mayo de 1945, SCA, caja 5, Appointments and Appreciations.
201. Isaiah Berlin, *Personal Impressions*, Hogarth Press, Londres, 1980, p. 103.
202. Morris, *The Life and Times of Thomas Balogh*, p. 34.
203. Conradi, *WW*, p. 203.
204. *Ibid.*, p. 227.
205. Conradi, *IMAL*, p. 206.
206. Carta de Iris Murdoch a Leo Pliatzky, 30 de octubre de 1945, IMC, KUAS134.
207. IMJ3, 5 de agosto de 1945, p. 20, IMA, KUAS202/1/3.
208. Brendan Sweetman, «Introduction», *A Gabriel Marcel Reader* (South Bend, St Augustine's Press, 2011), p. 5.

209. Foot, *Memories of an S.O.E. Historian*, p. 100.

CAPÍTULO 4. PARK TOWN

1. Secretario de New College, citado en Nicola Lacey, *A Life of H.L.A. Hart: The Nightmare and the Noble Dream*, Oxford University Press, Oxford, 2004, p. 126. Véase también Addison, «Oxford and the Second World War», p. 187.
2. Eric Lionel Mascall, *Saraband: The Memoirs of E. L. Mascall* (Leominster, Gracewing, 1992), p. 246.
3. Mehta, *Fly and the Fly-Bottle*, p. 27.
4. Adams, *SW*, p. 254.
5. Foot, *Memories of an S.O.E. Historian*, p. 50.
6. Warnock, *People and Places*, p. 44.
7. Adams, *SW*, p. 255.
8. Price, «Clarity Is Not Enough», p. 1.
9. Rogers, *A. J. Ayer*, p. 182.
10. *Ibid.*, pp. 196-197.
11. *Ibid.*, p. 138.
12. *Ibid.*, p. 228.
13. G. J. Warnock, «Gilbert Ryle's Editorship», *Mind* 85:337 (1976), pp. 47-56, en p. 48.
14. Warnock, «Gilbert Ryle's Editorship», p. 48.
15. Rowe, *J. L. Austin*, capítulo 7.
16. *Ibid.*, capítulo 23.
17. Mary Midgley, conversación con las autoras, septiembre de 2016.
18. Rowe, *J. L. Austin*, capítulo 9.
19. *Ibid.*, capítulo 21.
20. Jean Austin, «Pleasure and Happiness», *Philosophy* 43, n.º 163 (1968), pp. 51-62.
21. Anat Biletzki y Anat Matar, *The Story of Analytic Philosophy: Plot and Heroes,* Routledge, Nueva York, 1998, p. 22.
22. Constance Reaveley (Glover) y J. Winnington, *Democracy and Industry,* Chatto & Windus, Londres, 1947, p. vii. Mary Glover fue la coautora de un libro y escribió varios artículos de prensa con el seudónimo «Constance Reaveley».
23. Reaveley y Winnington, *Democracy and Industry*, p. 78.
24. *Ibid.*, p. 141.
25. Scott, *A. D. Lindsay*, p. 293.
26. Véase C. H. «Mary Reaveley Glover»; también Scott, *A. D. Lindsay,*

capítulos 17 y 19. The University College of North Staffordshire (fundado en 1949) sería luego la Universidad de Keele (1962).

27. Constance Reaveley (Glover), «Wrong Things to Teach», *Spectator*, 2 de febrero de 1945, p. 101.

28. Carta de Donald MacKinnon a Christopher Cox, 11 de septiembre de 1958, New College Archives, Oxford, Papers of H.W.B. Joseph, PAJOS caja 23/1-2.

29. Carta de Kenneth Sisam al Warden, Alic Smith, 11 de julio de 1947, Papers of H.W.B. Joseph, New College Archives, Universidad de Oxford, PAJOS caja 23/1-2.

30. Carta de Donald MacKinnon a Christopher Cox, 11 de septiembre de 1958, *Ibid*. En 1949 se publicaron, editadas por J. L. Austin, las clases de Joseph.

31. Citado en Midgley, *OM*, p. 143. En la lápida de Murray (Poets' Corner, abadía de Westminster, puede leerse: «Mientras él vivió revivieron las letras de los griegos antiguos».

32. G. Murray, *Gilbert Murray: An Unfinished Autobiography*, Oxford University Press, Oxford, 1960, p. 166.

33. Alex Voorhoeve, *Conversations on Ethics*, Oxford University Press, Oxford, 2011, p. 91.

34. Gornall, «Philippa Foot and Thoughts about Oxfam», p. 2.

35. Constance Reaveley (Glover), «Could We Go Nazi», *Spectator*, 5 de octubre de 1945, pp. 307-308, en p. 307.

36. Goeffrey Reginald G. Mure, *Retreat From Truth*, Blackwell, Oxford, 1958, p. 4.

37. Doll, «Vaughan [married name Gourlay], Dame Janet Maria (1899-1993)».

38. Smith, *The Morning Light*, p. 234.

39. Voorhoeve, *Conversations on Ethics*, p. 91.

40. *Ibid.*, p. 92.

41. Foot, *Memories of an S.O.E. Historian*, p. 102.

42. Crawford *et al.* (eds.), *AC*, p. 3.

43. Ingrid Jacoby, *My Darling Diary, Volume 1, The Girl In and Out of Love: Oxford 1944-1950* (Penzance, United Writers, 2006), citado en Anthony Grenville, «Academic Refugees in Wartime Oxford: An Overview», en Crawford *et al.* (eds.), pp. 50-61, en p. 60.

44. Grenville, «Academic Refugees in Wartime Oxford», p. 60.

45. Midgley, *OM*, p. 148.

46. Foot, *Memories of an S.O.E. Historian*, pp. 102-103.

47. Mary Midgley, *Wickedness: A Philosophical Essay*, Routledge, Londres, 1984-2001, p. 4.

48. Midgley, *Wickedness*, p. 7.
49. Helmut Gollwitzer *et al.*, *Dying We Live: The Final Messages and Records of the German Resistance* (Eugene, Oregon, Wipf & Stock Publishers, 2009), p. 51.
50. Philippa Foot, «Rationality and Goodness», *Royal Institute of Philosophy Supplement* 54 (2004).
51. Barbara Harvey, «Address Given in Commemoration of Philippa Foot in Somerville Hall», 19 de marzo de 2011, SCA, SC/AO/AA/FW/Foot.
52. Gaby Charing, «Memorial Address», 19 de marzo de 2011, SCA, SC/AO/AA/FW/Foot.
53. Iris Murdoch remitió a Philippa una carta sin fecha (desde Chiswick) en la que decía sentir envidia al saber que Foot asistía a las clases de MacKinnon (IMC, KUAS100/1/9).
54. Paul Merchant, entrevista a Mary Midgley, pista 5, p. 64.
55. Conradi, *WW*, p. 237.
56. Carta de Iris Murdoch a Leo Pliatzky, 30 de octubre de 1945, IMC, KUAS134.
57. Conradi, *WW*, p. 237.
58. Carta de Iris Murdoch a Philippa Foot, 11 de noviembre de 1946, IMC, KUAS100/1/7.
59. Véase la carta de Iris Murdoch to Leo Pliatzky, 30 de octubre de 1945, *op. cit.*
60. Iris Murdoch, *Sartre, Romantic Rationalist*, con una nueva introducción de Iris Murdoch, Penguin, Londres, 1987-1989), p. 10.
61. Catherine Lanneau, *L'Inconnue française: La France et les Belges Francophones, 1944-1945* (Bruselas, P.I.E. Peter Lang, 2008), pp. 259-260.
62. Equivalentes a unos 14 euros de hoy. Frances White, *Becoming Iris Murdoch,* Kingston University Press, Londres, 2014, p. 32. El cuaderno se conserva en el IMA, «Notes on a lecture given by Jean Paul Sartre», IMA, IML 682.
63. Todas las referencias son a Jean-Paul Sartre, «Existentialism is a Humanism» (1946), trad. de Philip Mairet, en *Existentialism from Dostoyevsky to Sartre*, ed. de Walter Kaufman, Penguin, Londres, 1991, pp. 345-368, en p. 349.
64. Sartre, «Existentialism is a Humanism», pp. 348-349.
65. *Ibid.*, p. 361.
66. *Ibid.*, p. 349.
67. Conradi, *WW*, p. 251.
68. Morris, *The Life and Times of Thomas Balogh*, p. 34.

69. Sartre, «Existentialism is a Humanism», p. 349.
70. *Ibid.*, p. 350.
71. *Ibid.*, p. 353.
72. Lanneau, *L'Inconnue Française*, pp. 259-261, en p. 261.
73. IMJ6, 12 de diciembre de 1948, p. J.
74. «Notes on a lecture given by Jean Paul Sartre», IMA, IML 682.
75. Conradi, *WW*, p. 251.
76. Carta de Iris Murdoch a Leo Pliatzky, 30 de octubre de 1945, IMC, KUAS0134.
77. Carta de Iris Murdoch a David Hicks, 3 de diciembre de 1945, en Conradi, *WW*, p. 264.
78. Conradi, *IMAL*, p. 203.
79. Carta de Iris Murdoch a Hal Lidderdale, 28 de febrero de 1946, IMC, KUAS78/65; véase también Conradi, *IMAL*, p. 216.
80. Conradi, *WW*, p. 269.
81. En una comunicación de la zona británica de la Administración de las Naciones Unidas para el Auxilio y la Rehabilitación (UNRRA) para septiembre de 1946 figuran 1.049 niños refugiados, de los que 830 están con familias austriacas, aunque añade: «Es altamente probable que por cada niño que figura como en compañía de una familia austriaca se puedan descubrir uno o dos más.» Véase «Staff Bulletin October 1946», p. 22, UN Archives, (https://archives.un.org/), United Nations Relief and Rehabilitation Administration (1943-48), Austria Mission / Monthly Narrative Reports, item ref. S-1494-0000-0106- 00001.
82. Conradi, *WW*, p. 273.
83. Conradi, *IMAL*, p. 235.
84. Gornall, «Philippa Foot and Thoughts about Oxfam», p. 9.
85. https://www.iwm.org.uk/collections/item/object/80014585, consultado el 1 de agosto de 2021.
86. Conradi, *WW*, p. 288.
87. *Ibid.*, p. 303.
88. Horner y Rowe, *LP*, pp. 58-59.
89. Conradi, *WW*, p. 298.
90. Conradi, *IMAL*, p. 247.
91. Carta de Iris Murdoch a Hal Lidderdale, 17 de abril de 1946, IMC, KUAS78/66.
92. Purton, *An Iris Murdoch Chronology*, p. 45.
93. Harold C. Fey, *A History of the Ecumenical Movement, Volume 2: 1948-1968* (Eugene, Oregon, Wipf & Stock Publishers, 2009).
94. M. Metod Milac̆, *Resistance, Imprisonment & Forced Labor: A Slovene Student in World War II,* Peter Lang, Nueva York, 2002.

95. Horner y Rowe, *LP*, p. 71.
96. Véase http://www.dpcamps.org/graz.html, consultado el 1 de agosto de 2021.
97. Horner y Rowe, *LP*, p. 71.
98. *Ibid.*, pp. 68-69.
99. Carta de Iris Murdoch a Leo Pliatzky, 4 de abril de 1945, IMC KUAS134.
100. Carta de IM a «Madam» (Miss Myra Curtis, directora de Newnham College). Sarah Smithson Studentship, desde UNRRA, Viena, 9 de abril de 1946, NCA AC/5/2/1, pp. 1-2.
101. *Ibid.*, p. 1.
102. Carta de Iris Murdoch a David Hicks, 5 de enero de 1946, en Conradi, *WW*, p. 280.
103. Martin Buber, *I and Thou*, trad. de Ronald Gregor-Smith, Edimburgo: T & T Clark, 1958, p. 25.
104. Carta de IM «Madam» *re.* Sarah Smithson Studentship, *op. cit.*, p. 2.
105. Carta de Donald MacKinnon a la rectora, 27 de abril de 1946, NCA, AC/5/2/3.
106. Expediente de Mildred Hartley (con su apellido de casada), SCA SC/AO/AA/FW/ Taylor.
107. Carta de Mildred Hartley a la rectora, 6 de junio de 1946, NCA AC/5/2/4.
108. Véase el análisis en John Searle, «Oxford Philosophy in the 1950s», *Philosophy*, 90(2), 2015.
109. Christian Erbacher, «Wittgenstein and His Literary Executors», *Journal for the History of Analytical Philosophy*, 4, 3 (2016), p. 29.
110. «John Campbell memorial address», 19 marzo de 2011, p. 1, SCA, SC/AO/ AA/FW/Foot.
111. Rée, «Philosophical Lives: Philippa Foot interview», p. 2.
112. Esta es la traducción que da Anscombe del «*Je pense, donc je suis*» cartesiano, en Descartes *et al., Philosophical Writings*, p. 31.
113. G. E. M. Anscombe, «Mary Somerville Research Fellow Report, May 1947», SC/AO/FS/MSRF/Fellows' Reports. © M. C. Gormally.
114. G. E. M. Anscombe, «Rough Scheme for Proposed Work».
115. Wittgenstein, *PI*, §244.
116. G. E. M. Anscombe, 'Mary Somerville Research Fellow Report, May 1948', SC/AO/FS/MSRF/Fellows' Reports. © M. C. Gormally.
117. Wittgenstein, *PI*, parte II, p. 174.
118. L. Wittgenstein *et al., Last Writings on the Philosophy of Psychology, Volume 1,* University de Chicago Press, Chicago, 1982, §§966.
119. Rée, «Philosophical Lives: Philippa Foot interview», p. 2.

120. Carta de Philippa Foot a GEMA, Boston, 19 de febrero de 1964, CIAA, caja 14, 580.
121. Philippa Foot, *Virtues and Vices: and Other Essays in Moral Philosophy*, Basil Blackwell, Oxford, 1978, p. 2.
122. Foot, *Virtues and Vices*, p. xi.
123. IMJ4, 25 de octubre de 1947, p. 145.
124. Conradi, *IMAL*, p. 246.
125. Carta de Iris Murdoch a Mary Scrutton, sin fecha (hacia 1941), MGMP, MID/F.
126. Midgley, *OM*, p. 125.
127. Copia de la carta de Donald MacKinnon a la rectora [MC], Balliol, 3 de junio de 1947, NCA, AC/5/2/10.
128. Purton, *An Iris Murdoch Chronology*, p. 47.
129. Conradi, *IMAL*, p. 247.
130. *Ibid.*, p. 248.
131. Carta de Iris Murdoch a Philippa Foot, Chiswick, 10 de octubre de 1946, IMC, KUAS100/1/2.
132. Carta de Iris Murdoch a Philippa Foot, Chiswick, sin fecha, IMC, KUAS100/1/4.
133. Carta de Iris Murdoch a Philippa Foot, Chiswick, 11 de noviembre de 1946, IMC, KUAS100/1/7.
134. IMJ3, 17 marzo de 1947, p. 84.
135. Rowe, *J. L. Austin*, capítulo 9.
136. G. J. Warnock, «John Langshaw Austin: A Biographical Sketch (1963)», en *Symposium on J. L. Austin*, ed. de K. T. Fann, Routledge & Kegan Paul, Londres, 1969, pp. 3-21, en p. 9.
137. Rowe, *J. L. Austin*, capítulo 10.
138. G. J. Warnock, *J. L. Austin*, Routledge, Londres, 1989, pp. 6-7.
139. J. O. Urmson, «Austin's Philosophy», *Symposium on J. L. Austin*, ed. Fann, pp. 22-32, en p. 24.
140. G. J. Warnock, «Saturday Mornings», *Essays on J. L. Austin: By Berlin [And Others]*, ed. de I. Berlin, Clarendon Press, Oxford, 1973, pp. 31-32.
141. Rée, «Philosophical Lives: Philippa Foot interview», p. 2. Más tarde, Austin haría una excepción con Mary Wilson, pero solo después de que pasara a ser la señora Mary Warnock casándose con Geoffrey, el favorito de Austin (Warnock, *People and Places*, p. 17).
142. Urmson, «Austin's Philosophy», p. 24.
143. *Ibid.*
144. J. L. Austin, «A Plea for Excuses», *Proceedings of the Aristotelian Society*, 57 (1956-7), pp. 1-30, en p. 24.

145. Urmson, «Austin's Philosophy», pp. 24-25.
146. Bryan Magee y Anthony Quinton, *Modern British Philosophy*, Oxford University Press, Oxford, 1971, p. 95.
147. J. L. Austin, *Sense and Sensibilia (reconstructed from the manuscript notes by G.J. Warnock)*, Oxford University Press, Oxford, 1962, p. 16.
148. Austin, *Sense and Sensibilia*, pp. 50-52.
149. Magee y Quinton, *Modern British Philosophy*, p. 116.
150. Conversación con las autoras, enero de 2016.
151. Chapman, *Susan Stebbing and the Language of Common Sense*, p. 177.
152. Warnock, *People and Places*, p. 65.
153. *Ibid.*
154. Warnock, «John Langshaw Austin: A Biographical Sketch», p. 11.
155. Daniel W. Harris y Elmar Unnsteinsson, «Wittgenstein's Influence on Austin's Philosophy of Language», *British Journal for the History of Philosophy* 26:2 (2018), pp. 371-395.
156. J. L. Austin, «The Meaning of a Word» (manuscrito de 1940), *Philosphical Papers,* ed. de J. O. Urmson y G. J. Warnock, Oxford University Press, Oxford, 1979, 3.ª ed.), pp. 55-75.
157. Warnock, *People and Places*, p. 65.
158. IMJ3, 21 de febrero de 1947, p. 54.
159. Anscombe, «Mary Somerville Research Fellow Report», mayo de 1947.
160. Anscombe, «Mary Somerville Research Fellow Report», mayo de 1948.
161. G. E. M. Anscombe, «Mary Somerville Research Fellow Report», mayo de 1949, SCA, SC/AO/FS/MSRF/Fellows' Reports. © M. C. Gormally.
162. Isaiah Berlin, «I'm Going to Tamper with Your Beliefs a Little» (2006), transcripción, *The Isaiah Berlin Virtual Library*, (https://berlin.wolf.ox.ac.uk/), pp. 19-20.
163. Carta de Wittgenstein a Rush Rhees, 13 de julio de 1938, *Wittgenstein in Cambridge: Letters and Documents 1911-1951,* Wiley, Oxford, 2012, p. 279.
164. Cartas relativas al nombramiento de Oscar Wood, Worcester College Archive, Universidad de Oxford, WOR/PRO 10/1/54.
165. Monk, *Ludwig Wittgenstein*, p. 496.
166. Paul Merchant, entrevista a Mary Midgley, pista 3, p. 36.
167. Monk, *Ludwig Wittgenstein*, p. 496.
168. Warnock, *People and Places*, p. 52.
169. RMH, entrevista personal a Brian Harrison (ahora *Sir)*, p. 10.
170. Midgley, *OM*, pp. 159-160.

171. Foot, *Natural Goodness*, p. 1.
172. Midgley, *OM*, p. 160.
173. Rée, «Philosophical Lives: Philippa Foot interview», p. 3.
174. Mary Warnock, «A Tremendous Coup», en *Portraits of Wittgenstein*, ed. de Flowers y Ground, pp. 395-397, en p. 396.
175. Prichard, «H.W.B. Joseph», *Mind*, abril de 1944, 53:210, pp. 189-191.
176. Emmet, *Philosophers and Friends*, p. 4.
177. Warnock, *People and Places*, p. 57.
178. Una versión ligeramente distinta de este intercambio, aunque no del resultado, en Lacey, *A Life of H.L.A. Hart*, p. 140.
179. RMH, entrevista personal a Brian Harrison (ahora *Sir*), p. 16.
180. Warnock, «A Tremendous Coup», p. 395.
181. Mabbott, *Oxford Memories*, p. 147.
182. Midgley, *OM*, pp. 156-157.
183. Lacey, *A Life of H.L.A. Hart*, p. 128.
184. MacKinnon, «And the Son of Man that Thou Visitest Him», parte 2, p. 264.
185. Midgley, *OM*, p. 156.
186. Mary Scrutton, «Untitled paper on theories about perception in the philosophy of Plotinus», sin fecha (1948-1949), MGMP, MID/E/69.
187. Paul Merchant, entrevista a Mary Midgley, pista 2, p. 19.
188. F. H. Bradley, *Appearance and Reality: A Metaphysical Essay*, S. Sonnenschein, Londres, 1908, 2.ª ed., p. 206.
189. Mary Scrutton, «Individuation in Plotinus», sin fecha (1948-1949), MGMP MID/C/22, MID/E/71, p. 27.
190. Dorothy M. Emmet, «On the Idea of Importance», *Philosophy* 21:80 (1946), pp. 234-244.
191. Esta idea volverá a aparecer muchos años después en Mary Midgley: «Is "Moral" a Dirty Word?», *Philosophy* 47:181 (1972), pp. 206-228.
192. Mary Scrutton, «Self and Not-Self in Plotinus», 1 de diciembre de 1948, p. 18, MGMP, MID/C/22, MID/E/68.
193. *Ibid.*, p. 18.
194. Dodds, *Missing Persons*, p. 180.
195. IMJ3, 17 de marzo de 1946, p. 86.
196. Carta de Iris Murdoch a Philippa Foot, sin fecha (probablemente invierno de 1946/1947), IMC, KUAS100/1/9.
197. Carta de Donald MacKinnon a la rectora, 3 junio de 1947, *op. cit.*
198. Iris Murdoch, Plan de trabajo para la beca Sarah Smithson, sin fecha (mayo de 1947), p. 4, NCA, AC/5/2/20.
199. *Ibid.*, p. 3.

200. *Ibid.*, p. 4.
201. I. Murdoch, «A House of Theory» (1956), *EM*, p. 174.
202. IMJ3, 27 de febrero de 1947, p. 64.
203. Carta de Donald MacKinnon a la rectora, 3 de junio de 1947, *op. cit.*
204. Carta de Lois MacKinnon a Peter Conradi, 24 de septiembre de 1999, IMC, KUAS6/1/31/2.
205. IMJ4, 23 de septiembre de 1947, p. 53.
206. Conradi, *IMAL*, p. 254; véase también Midgley, *OM*, p. 151.

CAPÍTULO 5. UN «¡NO!» EXCLAMADO AL UNÍSONO

1. Adams, *SW*, p. 259.
2. Teichman, Jenny, «Elizabeth Anscombe», p. 34.
3. IMJ6, 12 de junio de 1948, p. 103.
4. Midgley, *OM*, p. 147.
5. Mary Midgley, «Then and Now» (2016), transcripción, https://www.womenin parenthesis.co.uk/then-and-now/, consultado el 1 de agosto de 2021.
6. IMJ4, 8 de octubre de 1947, p. 90.
7. Anscombe, «Mary Somerville Research Fellow Report 1948».
8. Rée, «Philosophical Lives: Philippa Foot interview», p. 1.
9. Midgley, *OM*, p. 170.
10. IMJ6, 12 de junio de 1948, p. 103.
11. Mary Midgley, «Sorting Out the Zeitgeist», *Changing English* 7, n.º 1 (2000), pp. 89-92, en p. 89.
12. Midgley, «Then and Now».
13. Hare, «A Philosophical Autobiography», p. 283.
14. Transcripción de entrevista personal: RMH con Brian Harrison (ahora *Sir)*, p. 8.
15. Hare, «A Philosophical Autobiography», p. 285.
16. *Ibid.*
17. Transcripción de entrevista personal: RMH con Brian Harrison (ahora *Sir)*, p. 4.
18. *Ibid.*, p. 2.
19. *Ibid.*, p. 8.
20. Hare, «A Philosophical Autobiography» p. 285.
21. *Ibid.*, p. 281.
22. R. M. Hare, «Moral Objectivity», sin fecha. MS, pp. 7-8, R. M. Hare papers.
23. Hare, «AUTOB2», 31 de mayo de 1994, MS, p. 4, R. M. Hare papers.

24. Hare, «A Philosophical Autobiography», p. 285.
25. *Ibid.*, p. 288.
26. *Ibid.*, p. 269.
27. R. M. Hare, *The Language of Morals*, Clarendon Press, Oxford, 1952, en especial los capítulos 2 y 3.
28. R. M. Hare, archivos de Balliol College.
29. R. M. Hare, «Imperative Sentences», *Mind* 58, n.º 229 (1949), pp. 21-39; y Hare, *The Language of Morals*.
30. Hare, «Moral Objectivity», p. 10.
31. Murdoch, «Metaphysics and Ethics», *EM*, p. 63.
32. Conradi, *IMAL*, p. 263.
33. Monk, *Ludwig Wittgenstein*, p. 528.
34. Conradi, *IMAL*, p. 270.
35. Carta de Iris Murdoch a Philippa Foot, Newnham, 16 de noviembre de 1947, KUAS100/1/28.
36. IMJ4, 25 de julio de 1947, p. 25.
37. Carta de Iris Murdoch a Philippa Foot, Cambridge, 17 de octubre (1947), KUAS100/1/8.
38. Véase David Edmonds y John Eidenow, *Wittgenstein's Poker,* Ecco, Harper Collins, Nueva York, 2001.
39. G. E. M. Anscombe, «The Reality of the Past» (1950), *MPM*, pp. 103-119, en p. 114 (nota al pie 3); todas las palabras de Anscombe son citas (o citas ligeramente adaptadas) de este artículo.
40. Anscombe, «The Reality of the Past», p. 103.
41. *Ibid.*
42. *Ibid.*, pp. 112, 113.
43. *Ibid.*
44. G. E. M. Anscombe, *Intention*, Blackwell, Oxford, 1957, §1.
45. Anscombe, «The Reality of the Past», pp. 103-104.
46. G. E. M. Anscombe, «Hume and Julius Caesar» (1973), en su obra *From Parmenides to Wittgenstein: Collected Philosophical Papers Volume I*, Basil Blackwell, Oxford, 1981 [*FPW*], pp. 86-92, en p. 89.
47. IMJ4, 17 de octubre de 1947, p. 129.
48. Gabriel Marcel, *The Mystery of Being, Volume 1: Reflection & Mystery,* Harvill, Londres, 1951.
49. IMJ4, 8 de octubre de 1947, p. 89.
50. Gabriel Marcel, *Being and Having*, trad. inglesa de Katharine Farrer (Westminster, Dacre Press, Londres, 1949, p. 19.
51. IMJ4, 17 de octubre de 1947, p. 128.
52. IMJ4, 2 de noviembre de 1947, p. 158.
53. IMJ4, 8 de octubre de 1947, p. 89.

54. Véase Sweetman, «Introduction».

55. IMJ4, 7 de noviembre de 1947, p. 166.

56. Carta de Iris Murdoch a Philippa Foot, Cambridge, 8 de noviembre de 1947, IMC, KUAS100/1/11.

57. Carta de Iris Murdoch a Philippa Foot, sin fecha (matasellos: 30 de mayo de 1947), IMC, KUAS100/1/22.

58. Carta de Iris Murdoch a Philippa Foot, Cambridge, 15 de noviembre de 1947, IMC, KUAS100/1/12.

59. Conradi, *IMAL*, p. 261.

60. Horner y Rowe, *LP*, p. 108.

61. Monk, *Ludwig Wittgenstein*, p. 497.

62. L. Wittgenstein y C. Barrett, *Wittgenstein: Lectures and Conversations on Aesthetics, Psychology and Religious Belief*, Basil Blackwell, Oxford, 1966, p. 56.

63. Edmonds y Eidenow, *Wittgenstein's Poker*, p. 9.

64. IMJ4, 4 de abril de 1948, p. 55.

65. Wittgenstein *et al.*, *Wittgenstein's Lectures on Philosophical Psychology, 1946-47*.

66. Carta de Iris Murdoch a Philippa Foot, Cambridge, 24 de abril de 1948, IMC, KUAS100/1/16.

67. Mehta, *Fly and the Fly-Bottle*, p. 55.

68. IMJ4, 23 de octubre de 1947, p. 143.

69. Prophecy Coles, correspondencia con las autoras, 13 de octubre de 2020.

70. Midgley, *OM*, p. 115 (y conversación con las autoras, septiembre de 2016).

71. Harding, *Legacy*, p. 386.

72. En esta escena, las palabras de Philippa se han tomado y adaptado ligeramente de sus artículos publicados. Véase Philippa Foot, «Moral Beliefs», *Proceedings of the Aristotelian Society* 59 (1958), pp. 83-104, en p. 83.

73. Véase Philippa Foot, «Moral Arguments», *Mind* 67, n.º 268 (1958), pp. 502-513, en p. 508.

74. *Ibid.*

75. Midgley, *OM*, p. 115.

76. *Ibid.*

77. IMJ4, 25 de julio de 1947, p. 25.

78. Midgley, *OM*, pp. 115-116.

79. Glover, «Obligation and Value», p. 76.

80. Joe D. Heck, editor, *Socratic Digest 1943-1952* (Austin, Texas, Concordia University Press, 2012), p. 102.

81. Iris Murdoch en su prólogo a S. Aldwinckle, *Christ's Shadow in Plato's Cave: A Meditation on the Substance of Love*, Amate Press, Oxford, 1990, p. 7.

82. Carta a Jim Stockton de la Universidad Estatal de Boise, Idaho, Departmento de Filosofía, 2012, MID/E/48.

83. Jim Stockton, «Chaplain Stella Aldwinckle: A Biographical Sketch of the Spiritual Foundation of the Oxford University Socratic Club», *Inklings Forever: Published Colloquium Proceedings 1997-2016*, Vol. 8, Article 26 (2012) pp. 1-8, en p. 6.

84. Stella Aldwinckle, «Memories of the Socratic Club», en *C. S. Lewis and His Circle: Essays and Memoirs from the Oxford C. S. Lewis Society*, ed. de Roger White, Judith Wolfe y Brendan N. Wolfe, Oxford University Press, Oxford, 2015, pp. 192-196, en p. 192.

85. Michael Ward, «Afterword: A Brief History of the Oxford», *ibid.*, pp. 249-256, en p. 252.

86. G. E. M. Anscombe, «A Reply to Mr. C. S. Lewis's Argument that "Naturalism" is Self-Refuting» (1948), en su obra *MPM*, pp. 224-233, en p. 224.

87. *Ibid.*, pp. 224-226.

88. *Ibid.*, pp. 227-228.

89. Anscombe, *Intention*, §23.

90. *Ibid.*, §23.

91. *Ibid.*, §48.

92. Carta de GEMA a Wittgenstein, 3 de febrero (1948), p. 1, CIAA, caja 13, n.º 537.

93. Carta de Peter Daniel a Peter Conradi, 17 de marzo de 1998, PCA KUAS6/1/51/3.

94. Carta de GEMA a Wittgenstein, *op. cit.*

95. http://www.lewisiana.nl/anscombe/, consultado el 1 de agosto de 2021.

96. Anscombe, *MPM*, p. x.

97. G. E. M. Anscombe, «On Transubstantiation» (1974), en G. E. M. Anscombe, *Ethics, Religion and Politics: Collected Philosophical Papers Volume III*, Basil Blackwell, Oxford, 1981 [*ERP*], pp. 107-112, en pp. 107-108. Mary Geach identifica a la niña como Barbara en su introducción a Anscombe *Faith in a Hard Ground*, p. xxii.

98. Midgley, *OM*, p. 131.

99. Maurice O'Connor Drury, *The Selected Writings of Maurice O'Connor Drury: On Wittgenstein, Philosophy, Religion and Psychiatry*, Bloomsbury, Londres, 2017, p. 65.

100. Midgley, *OM*, p. 159.

101. Anscombe, *Intention*, §42.
102. G. E. M. Anscombe, *From Plato to Wittgenstein*, ed. de Mary Geach y Luke Gormally, St Andrews Studies in Philosophy and Public Affairs, Imprint Academic, Exeter, 2011, p. xiii.
103. Erbacher, «Wittgenstein and His Literary Executors», p. 29.
104. «Self and not-self in Plotinus», 1 de diciembre de 1948, p. 5, MGMA MID/E/68.
105. IMJ4, 17 de octubre de 1947, pp. 126-127.
106. IMJ4, 30 de octubre de 1948, p. 154.
107. IMJ4, 17 de octubre de 1948, p. 129.
108. IMJ4, 3 de noviembre de 1947, p. 161.
109. IMJ4, 18 de octubre de 1947, p. 133.
110. IMJ4, 9 de noviembre de 1947, p. 180.
111. IMJ6, 24 de febrero de 1948, p. 23.
112. IMJ6, 5 de marzo de 1948, p. 39.
113. IMJ6, 24 de febrero de 1948, p. 23.
114. Carta de Iris Murdoch a Lucy Klatschko, sin fecha (1989?), PCA KUAS6/18/2/16.
115. Plan de trabajo, sin fecha, p. 1. NCA AC/5/2/20.
116. Carta de Iris Murdoch a la señorita Curtis en la que vuelve a solicitar una beca Smithson, 28 de febrero de 1948. AC/5/2/27.
117. IMJ6, 24 de febrero de 1948, p. 23.
118. IMJ6, 18 de febrero de 1948, p. 12. El 1 de marzo, Iris escribe «¡véase mi discusión con Elizabeth acerca de un sistema de búsqueda del pensamiento!».
119. IMJ6, 12 de junio de 1948, p. 106.
120. IMJ6, 4 de abril de 1948, p. 55.
121. Hart, *Ask Me No More*, p. 135.
122. Conradi, *IMAL*, p. 291.
123. Carta de Iris Murdoch a Philippa Foot, Cambridge, 24 de abril de 1948, KUAS100/1/16.
124. Carta de Donald MacKinnon a Miss Plumer, 1 de junio de 1948, y carta de Isobel Henderson a Miss Plumer, vi.1948, expediente profesional de Iris Murdoch, St. Anne's College Archive, Universidad de Oxford.
125. Conradi, *IMAL*, p. 288.
126. Horner y Rowe, *LP*, p. 112.

1. El Tesorero a Anscombe, 6 de mayo de 1949, correspondencia entre el *solicitor,* el tesorero y G. E. M. Anscombe, *re.* 27 St John Street, St John's College Archive, Universidad de Oxford.
2. M. C. Gormally, correspondencia con las autoras, 25 de septiembre de 2020.
3. El Tesorero a Anscombe, 6 de mayo de 1949, *op. cit.*
4. Anscombe, «Anecdotes about Wittgenstein».
5. Nota del Tesorero a «caballeros», 6 de mayo de 1949, correspondencia entre el *solicitor,* el tesorero y G. E. M. Anscombe *re.* 27 St. John Street, p. 1.
6. El Tesorero a Anscombe, 6 de mayo de 1949, *op. cit.*
7. Anscombe al señor Chick, 14 de junio de 1949, *op. cit.*
8. Nota del Tesorero a «caballeros», 6 de mayo de 1949, *op. cit.*
9. Monk, *Ludwig Wittgenstein,* p. 567.
10. Kenny, «Peter Thomas Geach, 1916-2013», p. 188.
11. Anscombe, «Anecdotes about Wittgenstein».
12. Mary Warnock, conversación con las autoras, 13 de enero de 2016.
13. Anscombe, «Anecdotes about Wittgenstein».
14. Mary Warnock, conversación con las autoras, 13 de enero de 2016.
15. Erbacher, «Wittgenstein and His Literary Executors», p. 26.
16. Warnock, *People and Places,* p. 59.
17. Carta de Iris Murdoch a Philippa Foot, Chiswick, 10 de julio de 1943, IMA KUAS100/1/43; véase también Conradi, *IMAL,* p. 288.
18. N. Pevsner y J. Sherwood, *Oxfordshire* (Harmondsworth, Penguin, 1974), p. 266.
19. Jane O'Grady, «Elizabeth Anscombe», *Guardian,* 11 de enero de 2001.
20. Teichman, «Gertrude Elizabeth Margaret Anscombe», p. 35.
21. Adrian Moore, conversación con las autoras, 31 de mayo de 2021.
22. Anscombe, «Mary Somerville Research Fellow Report», mayo de 1948.
23. Timothy Chappell, (desde 2014 Sophia Grace Chappell), *Reading Plato's Theaetetus,* Hackett, Cambridge, 2004, p. 103.
24. *Ibid.,* p. 83.
25. IMJ6, 9 junio de 1948, p. 101.
26. Chappell, *Reading Plato's Theaetetus,* pp. 56-57.
27. *Ibid.,* p. 130.
28. *Ibid.,* p. 130.
29. G. E. M. Anscombe, «The Subjectivity of Sensation» (1976) en *MPM,* pp. 44-56, en p. 44.

30. Wittgenstein, *PI*, §258.
31. IMJ6, 15 de octubre de 1948, p. 133.
32. Anscombe, *Intention*, §46.
33. Carta de G. H. White al *Senior Proctor,* 14 de octubre de 1948, Oxford University Archives, PR 1/12/4.
34. IMJ7, 31 de octubre de 1949, IMJ, KUAS202/1/7, p. 40.
35. Adams, *SW*, p. 318.
36. Horner y Rowe, *LP*, p. 105.
37. Foot, *Memories of an S.O.E. Historian*, p. 119.
38. Carta de Iris Murdoch a Hal Lidderdale, 29 de diciembre (?), IMC, KUAS 78/13.
39. Mary Scrutton a Geoff Midgley, sin fecha (finales de 1949), MGMP, MID/F.
40. IMJ7, 1 de marzo de 1949, p. 7; también en Conradi, *IMAL*, p. 297.
41. Conradi, *IMAL*, p. 285.
42. IMJ6, 12 de noviembre de 1948, p. E.
43. IMJ6, 30 de junio de 1948, p. 106.
44. IMJ7, 15 de junio de 1949, p. 22.
45. IMJ7, 17 de noviembre de 1949, p. 42.
46. IMJ6 y IMJ7, *passim.*
47. IMJ6, 14 de mayo de 1948, p. 84.
48. Véase Erbacher, «Wittgenstein and His Literary Executors», p. 25; IMJ4, *passim.*
49. IMJ7, 15 de junio de 1949, p. 22.
50. IMJ6 e IMJ7, *passim.*
51. Notas de Peter Conradi tomadas de una conversación con Polly Smythies, 3 de febrero de 1998, PCA KUAS6/1/50/1, citadas en Conradi, *IMAL*, p. 635, nota 79.
52. IMJ6, 9 de noviembre de 1948, p. 150/C-D.
53. IMJ6, 11 de octubre de 1948, p. 132.
54. Anscombe, «Anecdotes about Wittgenstein», CIAA, Box 6, file 212, p. 1.
55. IMJ6, 27 de octubre de 1948, p. 150/B.
56. IMJ6, 4 de noviembre de 1948, p. C.
57. IMJ6, 14 de diciembre de 1948, p. P.
58. IMJ7, 30 de enero de 1949, p. 2.
59. IMJ6, 14 de diciembre de 1948, p. O.
60. IMJ9, 14 de febrero de 1959, p. 38.
61. IMJ6, 14 de diciembre de 1948, p. Q.
62. IMJ6, 15 de noviembre de 1948, p. G.
63. IMJ6, 23 de noviembre de 1948, p. H.

64. *Ibid.*
65. IMJ6, 12 de diciembre de 1948, p. I.
66. IMJ6, 14 de diciembre de 1948, p. Q.
67. IMJ6, 12 de diciembre de 1948, p. J.
68. *Ibid.*, p. I.
69. *Ibid.*
70. *Ibid.*, p. L.
71. *Ibid.*, pp. I-K.
72. IMJ6, 13 de diciembre de 1948, p. M.
73. Monk, *Ludwig Wittgenstein*, pp. 518-519.
74. *Ibid.*, p. 535.
75. Anscombe, «Anecdotes about Wittgenstein», CIAA, caja 12, expediente 212, p. 1.
76. Erbacher, «Wittgenstein and His Literary Executors», pp. 25-26. Véase también Anscombe, «Anecdotes about Wittgenstein», p. 3.
77. L. Wittgenstein, *Last Writings on the Philosophy of Psychology*, Blackwell, Oxford, 1982, §165.
78. Anscombe, 'Mary Somerville Research Fellow Reports», mayo de 1948.
79. Anscombe, «Anecdotes about Wittgenstein», CIAA, caja 12, file 212, p. 1.
80. Anscombe, *Intention*, §46.
81. *Ibid.*, §4.
82. Anscombe, «Intentionality of Sensation» (1965) en *MPM*, pp. 3-20.
83. Mascall, *Saraband*, p. 247.
84. Citado en: *Ibid.*, p. 254.
85. Conradi, *IMAL*, p. 305.
86. Mascall, *Saraband*, p. 234.
87. Mitchell, *Looking Back*, p. 254.
88. Mascall, *Saraband*, p. 248.
89. Conradi, *IMAL*, p. 305.
90. Rogers, *A. J. Ayer*, pp. 66-67.
91. *Ibid.*, pp. 114-115.
92. Vigo August Demant, «Michael Beresford Foster: Died October 15, 1959», en *Christian Scholar*, 43:1 (marzo de 1960), pp. 3-7, en p. 5.
93. Notas de Peter Conradi tomadas de la conversación con Denis Nineham, 1 de abril de 1998, p. 1, PCA, KUAS6/13/16/1.
94. Mitchell, *Looking Back*, p. 136.
95. Notas de Peter Conradi tomadas de la conversación con Denis Nineham, p. 2, *op. cit.*
96. Hare, «A Philosophical Autobiography», p. 296.

97. R. M. Hare, «A Chapter of Gulfs», sin fecha, manuscrito inédito, p. 4, R. M. Hare papers.
98. Scrutton, «Individuation in Plotinus», pp. 11-12.
99. Scrutton, «Self and Not-self in Plotinus», p. 5.
100. *Ibid.*, p. 19.
101. Scrutton, «Individuation in Plotinus», pp. 29-30.
102. *Ibid.*, p. 37.
103. Midgley, *OM*, pp. 160-161.
104. *Ibid.*, p. 139.
105. B. Russell, *Human Knowledge, Its Scope and Limits*, Allen & Unwin, Londres, 1948.
106. Bradley, *Appearance and Reality*, p. 206.
107. IMJ6, 12 de diciembre de 1948, p. K.
108. IMJ7, 3 de febrero de 1949, p. 4.
109. IMJ7, 26 de febrero de 1949, p. 6.
110. Anscombe, «Mary Somerville Research Fellow Reports», mayo de 1951, SCA. © M. C. Gormally.
111. Anscombe, «Mary Somerville Research Fellow Reports», mayo de 1949, SCA, p. 1. © M. C. Gormally.
112. Anscombe, «Mary Somerville Research Fellow Reports», mayo de 1948, SCA. © M. C. Gormally.
113. IMJ7, 1 de marzo de 1949, p. 7.
114. IMJ7, 26 de febrero-1 de marzo de 1949, p. 6.
115. IMJ7, 1 de marzo de 1949, p. 8.
116. https://www.giffordlectures.org/lecturers/herbert-arthur-hodges, consultado el 1 de agosto de 2021.
117. Midgley, *OM*, p. 167.
118. Rudolf Makkreel, «Wilhelm Dilthey», *The Stanford Encyclopedia of Philosophy* (primavera de 2021).
119. Alexander D. Lindsay, «Wilhelm Dilthey», *Nature* 156:3964 (1945), p. 461.
120. Martin Armstrong, «Critic on the Hearth», *Listener* 42:1078 (1949), p. 507.
121. Correspondencia Mary Scrutton-Geoff Midgley, MGMA, MID/F, *passim.*
122. Midgley, *OM*, p. 170. Citado con el permiso de Mirjam Foot.
123. Sarah Broadie, «On Philippa Foot», 18 de junio de 2013, *LSE Podcast* con Alex Voorhoeve, https://soundcloud.com/lsepodcasts/on-philippa-foot-audio, consultado el 1 de agosto de 2021.
124. Carta de Michael Foot a Peter Conradi, 17 de diciembre de 2000, PCA, KUAS6/3/40/8. Citada con el permiso de Mirjam Foot.

125. IMJ6, 9 de junio de 1948, p. 102. (Hemos modificado la entrada del diario para presentarla como un diálogo.)
126. IMJ7, 10 de agosto de 1949, p. 31.
127. IMJ7, 1 de junio de 1949, p. 13.
128. IMJ7, 4 de junio de 1949, pp. 14-17.
129. IMJ7, 4 de junio de 1949, p. 14.
130. IMJ7, 10 de noviembre de 1949, pp. 41-42.
131. IMJ7, 17 de noviembre de 1949, p. 42.
132. Wittgenstein, *Tractatus Logico-philosophicus*, §§6.41-6.421.
133. IMJ7, 7 de diciembre de 1949, p. 44.
134. *Ibid.*
135. Anscombe, «Mary Somerville Research Fellow Report», mayo de 1950. © M. C. Gormally.
136. IMJ7, 16 de enero de 1950, p. 45.
137. «Creíamos que se trataba de una clase especialmente poco inspiradora de psicología infantil», en Paul Feyerabend, *Killing Time: The Autobiography of Paul Feyerabend*, University of Chicago Press, Chicago, 1996, p. 75.
138. Anscombe, «Mary Somerville Research Fellow Reports», 1950.
139. Monk, *Ludwig Wittgenstein*, p. 563.
140. *Radio Times*, «Third Programme», n.º 1376, 26 de febrero de 1950, p. 19.
141. Conradi, *IMAL*, pp. 289-290.
142. Murdoch, «The Novelist as Metaphysician», (1950), en *EM*, pp. 101-107.
143. *Ibid.*, pp. 104-105.
144. *Ibid.*, p. 105.
145. *Ibid.*, pp. 106-107.
146. Murdoch, «The Existentialist Hero«, pp. 111-112.
147. R. M. Hare, «Off the record», transcripción, 6 de septiembre de 1982.
148. Murdoch, «The Novelist as Metaphysician», p. 105.
149. Iris Murdoch, «The Sublime and The Good», *Chicago Review* 13:3 (1959), pp. 42-55, en p. 51.
150. Foot, «Moral Arguments», p. 512.
151. Philippa Foot, «When is a Principle a Moral Principle?», *Aristotelian Society,* Supplementary 28:1 (1954), pp. 95-110, en pp. 105 y 106.
152. Foot, «When is a Principle a Moral Principle?», p. 108.
153. Foot, «Moral Beliefs», p. 94.
154. Mary Warnock (de soltera Wilson), conversación con las autoras, 13 de enero de 2016.
155. Price, «The Inaugural Address: Clarity is Not Enough», p. 31.

156. Anscombe, «Anecdotes about Wittgenstein».
157. L. Wittgenstein *et al., Culture and Value*, Blackwell, Oxford, 1980, p. 85, citado en Monk, *Ludwig Wittgenstein*, p. 572.
158. Monk, *Ludwig Wittgenstein*, pp. 572-573.
159. *Ibid.*
160. Últimas voluntades y testamento de Ludwig Wittgenstein (copia), en CIAA.
161. Anscombe, «Anecdotes about Wittgenstein».

CAPÍTULO 7. ANIMALES METAFÍSICOS

1. Midgley, *OM*, pp. 171-172.
2. *Ibid.*, p. 171.
3. Carta de Mary Scrutton a Geoff Midgley, sin fecha (principios de la década de 1950), MGMP, MID/F.
4. Carta de Mary Scrutton a Geoff Midgley, sin fecha (finales de 1949), MGMP, MID/F.
5. Midgley, *OM,* p. 161.
6. Carta de Mary Scrutton a Geoff Midgley, sin fecha (finales de 1949), MGMP, MID/F.
7. Midgley, *OM*, p. 172.
8. *Ibid.*, p. 34.
9. *Ibid.*, p. 171.
10. *Ibid.*, p. 162.
11. Janet Penrose Trevelyan, *The Life of Mrs Humphrey Ward,* Constable & Co., Londres, 1923; Mrs Humphrey Ward, *A Writer's Recollections*; *The Times*, 25 de marzo de 1920.
12. Conversación con las autoras, 13 de enero de 2016.
13. *Ibid.* (Este suceso tuvo lugar en el n.º 19 de Fitzwilliam Street, Cambridge).
14. Véase Mario Wimmer, «The Afterlives of Scholarship: Warburg and Cassirer», *History of Humanities* 2:1 (2017), pp. 245-270.
15. Ernst Cassirer, *An Essay on Man: An Introduction to a Philosophy of Human Culture*, Yale University Press, Yale, 1944, p. 26.
16. IMJ4, 13 de junio de 1947, p. 5.
17. MacKinnon, «Philosophers in Exile», p. 16.
18. Regina Weber, *Lotte Labowsky (1905-1991) Schülerin Aby Warburgs, Kollegin Raymond Klibanskys*, p. 48.
19. Jennifer McMahon, «Beauty as harmony of the soul: the aesthetic of the Stoics», en *Greek Research in Australia: Proceedings of the Eighth*

Biennial International Conference of Greek Studies., ed. de M. Rossetto *et al.* (2009), pp. 54-63.

20. Weber, *Lotte Labowsky*, p. 57.

21. Véase Carole Gibson-Wood, «Raymond Klibansky and the Warburg Institute», *Canadian Art Review* 27:1/2 (2000), pp. 137-139.

22. L. Noble, «Burning Books», https://www.lib.cam.ac.uk/collections/departments/germanic-collections/about-collections/spotlight-archive/burning-books, consultado el 1 de agosto de 2021.

23. Teicher, «Jacob Teicher between Florence and Cambridge», p. 329.

24. Anscombe, «Anecdotes about Wittgenstein».

25. Carta de Lotte Labowsky a Raymond Klibansky, 8 de marzo de 1951, A: RKA.

26. Carta de Lotte Labowsky a Raymond Klibansky, 28 de octubre de 1950, A: RKA.

27. Carta de Lotte Labowsky a Raymond Klibansky, 8 marzo de 1951, A: RKA.

28. Weber, *Lotte Labowsky*, p. 95.

29. Paul Oskar Kristeller, «Reviewed Work(s): Plato Latinus by Corpus Platonicum Medii Aevi and Raymundus Klibansky: Volumen II: Phaedo by Henrico Aristippo, Laurentius Minio-Paluello and H. J. Drossaart-Lulofs: Volumen III: Parmenides usque ad finem Primae Hypothesis nec non Procli Commentarium in Parmenidem by Guillelmo de Moerbeka, Raymundus Klibansky and Carlotta Labowsky», *Journal of Philosophy* 53:5 (1956), pp. 196-199.

30. Weber, *Lotte Labowsky*, p. 89.

31. Raymond Klibansky, Informe sobre Elizabeth Anscombe para la señorita Glover, trimestre de invierno de 1941, SHCA, SHG/J/3/2.

32. Véase J. M. E. Moravcsik, reseña de «Plato's The Sophist and the Statesman by A. E. Taylor, Raymond Klibansky and Elizabeth Anscombe», *Philosophical Review* (1963), pp. 122-124.

33. Weber, *Lotte Labowsky*, p. 95.

34. Carta de Lotte Labowsky a Raymond Klibansky, 14 de mayo de 1951, A: RKA.

35. G. E. M. Anscombe, «Cambridge Philosophers II: Ludwig Wittgenstein», *Philosophy* 70:273 (1995), pp. 395-407, en p. 399.

36. G. E. M. Anscombe, «Grammar, Structure, and Essence», *Areté. Revista de Filosofía* 12, n.º 2 (2000), pp. 113-120, en p. 113.

37. Anscombe, «Grammar, Structure, and Essence», pp. 113-114.

38. G. E. M. Anscombe, *FPW*, Basil Blackwell, Oxford, 1981, p. xi.

39. Wittgenstein, *PI*, §31.

40. *Ibid.*, §30.

433

41. Anscombe, «Cambridge Philosophers II: Ludwig Wittgenstein», p. 399.
42. Anscombe, «Grammar, Structure, and Essence», p. 118.
43. Monk, *Ludwig Wittgenstein*, p. 579.
44. Foot, *Natural Goodness*, p. 85.
45. Weber, *Lotte Labowsky*, p. 98.
46. Carta de Lotte Labowsky a Raymond Klibansky, 2 de junio de 1951, A: RKA.
47. Christian Erbacher, *Wittgenstein's Heirs and Editors,* Cambridge University Press, Cambridge, 2020, p. 3.
48. Carta de Lotte Labowsky a Raymond Klibansky, 28 de octubre de 1951, A: RKA.
49. Carta de Lotte Labowsky a Raymond Klibansky, 14 de mayo de 1951, A: RKA.
50. Es la versión de Lesley Brown en correspondencia con los autores, 1 de julio de 2019.
51. Carta de Lotte Labowsky a Raymond Klibansky, 14 de mayo de 1951, A: RKA.
52. Anscombe, Mary Somerville Research Fellow Reports, mayo de 1949.
53. IMJ7, 1 de marzo de 1951, p. 64.
54. Wittgenstein, *PI*, §185.
55. *Ibid.*, §198.
56. IMJ7, 1 de marzo de 1951, p. 64.
57. Wittgenstein, *PI*, §211, y *passim*, §185.
58. Erbacher, *Wittgenstein's Heirs and Editors*, p. 2.
59. Wittgenstein, *PI*, p. 197.
60. Carta de Iris Murdoch a Wallace Robson, 16 de diciembre de 1951, en Horner y Rowe, *LP*, p. 131.
61. G. E. M. Anscombe, transcripción mecanografiada de la emisión del 23 de abril de 1953 sobre Ludwig Wittgenstein - BBC Third Programme, pp. 2 y 5, CIAA caja 22, documento W1. © M. C. Gormally.
62. Haldane, «Anscombe: Life, Action and Ethics in Context», p. 55.
63. *Ibid.*, pp. 50-51.
64. Christopher Coope, correspondencia con las autoras, 3 de abril de 2020.
65. Teichman, «Gertrude Elizabeth Margaret Anscombe», p. 34.
66. Anscombe, transcripción mecanografiada de la emisión del 23 de abril de 1953 sobre Ludwig Wittgenstein - BBC Third Programme.
67. Véase Horner y Rowe, *LP*, *passim*.
68. IMJ7, 1 de noviembre de 1950, p. 60.
69. Horner y Rowe, *LP*, p. 131.

70. Conradi, *IMAL*, pp. 313-314.
71. Purton, *An Iris Murdoch Chronology*, p. 63.
72. Conradi, *IMAL*, p. 294.
73. R. Sorabji, «Tony Lloyd», *Proceedings of the British Academy,* 97 (1998), pp. 347-355.
74. Horner y Rowe, *LP*, pp. 128-129.
75. Iris Murdoch, entrevista a Radio New Zealand, 1978, impreso en *The Iris Murdoch Review*, 1:3, p. 8.
76. IMJ6 IMA 24 de febrero de 1948, p. 23.
77. Iris Murdoch, «Symposium: Thinking and Language», *Proceedings of the Aristotelian Society* 25 (1951), pp. 25-34.
78. *Ibid.*, p. 32.
79. *Ibid.*, p. 29.
80. John Clare, «Summer Images».
81. *Ibid.*, p. 29.
82. A. C. Lloyd, «Symposium: Thinking and Language», pp. 35-65, en p. 63.
83. Charlotte Vrijen, «The Philosophical Development of Gilbert Ryle: A Study of his Published and Unpublished Writings» (tesis doctoral, Groningen, 2007), p. 25.
84. Su ejemplar se encuentra ahora en el Ryle Archive, Linacre College, Oxford.
85. Murdoch, «Thinking and Language», p. 29.
86. Gilbert Ryle, «Symposium: Thinking and Language», pp. 65-82, en p. 75.
87. H. H. Price, «Symposium on Thinking and Language. Remarks by the Chairman», *Proceedings of the Aristotelian Society* 51 (1951), pp. 334-335.
88. Horner y Rowe, *LP*, p. 134.
89. Midgley (Scrutton), «The Natural History of Contradictions», p. 589.
90. *Ibid.*
91. *Ibid.*
92. Midgley, *OM*, p. 148.
93. Midgley, *What is Philosophy For?*, p. 64; véase también Mary Midgley, «Philosophical Plumbing», *Royal Institute of Philosophy Supplement* 33 (1992), pp. 139-151.
94. Rée, «Philosophical Lives: Philippa Foot interview», p. 4.
95. Midgley, *OM*, p. xii.
96. Midgley (Scrutton), «The Natural History of Contradictions», p. 590.
97. IMJ7, 13 de marzo de 1951, p. 66.
98. IMJ3, 21 de febrero de 1947, p. 54.

99. Midgley (Scrutton), «The Natural History of Contradictions», p. 590.

100. IMJ7, 11 de agosto de 1951, p. 67.

101. «Labour Party Women's Organisation, Annual Conference Report», abril de 1952, p. 12, citado M. Pugh, *Women and the Women's Movement in Britain, 1914-1959*, (Macmillan, Londres, 1992, p. 291.

102. Ina Zweiniger-Bargielowska, «Rationing, Austerity and the Conservative Party Recovery after 1945», *Historical Journal* 37:1 (1994), pp. 173-197, en p. 186.

103. Carta de Iris Murdoch a Hal Lidderdale, 29 de junio de 1951, en Horner y Rowe, *LP*, p. 128.

104. Murdoch, *Sartre* (1953/1976), p. 7.

105. Iris Murdoch, «The Existentialist Political Myth», *Socratic Digest* 5 (1952), pp. 52-63, *EM*, p. 236.

106. Murdoch, «The Existentialist Political Myth», *EM*, p. 239.

107. Conradi, *IMAL*, p. 294.

108. Murdoch, «The Existentialist Political Myth», p. 239.

109. Murdoch, 'A House of Theory', p. 171.

110. Justin Broackes, *Iris Murdoch, Philosopher*, Oxford University Press, Oxford, 2012, p. 30.

111. Murdoch, «A House of Theory», pp. 172 y 182.

112. *Ibid.*, pp. 171-174.

113. *Ibid.*, p. 171.

114. G. E. M. Anscombe, «Does Oxford Moral Philosophy Corrupt the Youth?», *Listener*, 14 de febrero de 1957, pp. 226-271, en p. 267.

115. *Ibid.*

116. Conradi, *IMAL*, p. 317.

117. Notas de Peter Conradi tomadas de una conversación con Polly Smythies.

118. Kenny, *Brief Encounters*, p. 176.

119. IMJ7, 5 de marzo de 1952, p. 104.

120. *Ibid.*, pp. 104-105 (véase también Conradi, *IMAL*, p. 315).

121. Carta de Iris Murdoch a Hal Lidderdale, sin fecha, IMC KUAS78/17.

122. IMJ7, 5 de marzo de 1952, p. 105.

123. Véase Graham Lord, *Just the One: The Wives and Times of Jeffrey Bernand (1932-1997)*, Headline, Londres, 1997; también Conradi, *IMAL*, p. 316.

124. IMJ7, 5 de marzo de 1952, pp. 104-105.

125. Coescritos con Judith Hughes en Mary Midgley y Judith Hughes, *Women's Choices: Philosophical Problems Facing Feminism*, Weidenfeld & Nicolson, Londres, 1983, p. 41.

126. Mary Midgley (Scrutton), «Letter to Posterity», *Listener*, 27 de marzo de 1952, pp. 510-511.

127. *Ibid.*, p. 511.
128. Mary Midgley (Scrutton), «Rings & Books», sin fecha (195?), p. 1, MGMP, MID/C/3.
129. *Ibid.*, p. 3.
130. Midgley, *OM*, p. 181.
131. Iris Murdoch, «The Image of Mind» (1951), en *EM*, pp. 125-129, en p. 129.
132. Justin Broackes, «Iris Murdoch's First Encounters with Simone Weil», *Iris Murdoch Review* 8, pp. 17-20.
133. Simone Weil, *Oppression and Liberty*, trad. inglesa de Arthur Wills y John Petrie, Routledge Classics, Londres, 2001, pp. 9-10.
134. Véase Lawrence A. Blum y Victor J. Seidler, *A Truer Liberty: Simone Weil and Marxism*, Routledge, Londres, 2009.
135. S. Weil y J. P. Holoka (editor y traductor), *Simone Weil's The Iliad, Or, The Poem of Force: A Critical Edition*, Peter Lang, Oxford, 2003, p. 3.
136. Iris Murdoch, «"Waiting on God": A Radio Talk on Simone Weil» (1951), *Iris Murdoch Review* 8 (2017), ed. de Justin Broackes, pp. 9-16, en p. 10. Véase nota al pie 1. También Justin Broackes, «"Waiting on God": Prefatory note on the text» en *Iris Murdoch Review* (2017).
137. Murdoch, «Waiting on God», p. 11.
138. Véase Iris Murdoch, *The Sovereignty of Good*, Routledge Classics, Londres, 2001, p. 52 y *passim*.
139. Conradi, *IMAL*, p. 384.
140. Billie Batchelor, «Revisions in Iris Murdoch's *Under the Net*», *Books at Iowa*, 8 (1968), pp. 30-36, en p. 30.
141. S. B. Sagare e Iris Murdoch, «An Interview with Iris Murdoch», *Modern Fiction Studies* 47:3 (2001), pp. 696-714, en p. 697.
142. Murdoch, «The Sublime and the Good», p. 51.
143. Purton, *An Iris Murdoch Chronology*, p. 40.
144. Véase A. Rebecca Rozelle-Stone y Benjamin P. Davis, «Simone Weil», *Stanford Encyclopedia of Philosophy* (otoño de 2020).
145. Véase Rozelle-Stone y Davis, «Simone Weil».
146. Glover, «Obligation and Value», p. 75.
147. Murdoch, *The Sovereignty of Good*, p. 85.
148. Broackes, «Prefatory note», p. 9.
149. Iris Murdoch, «"Waiting on God", A Radio Talk on Simone Weil» (1951), pp. 15 y 16.
150. Más detalles sobre Steiner e Iris en J. Adler y R. Fardon, *Franz Baermann Steiner: A Stranger in the World*, Berghahn, Nueva York, 2022.
151. Conradi, *IMAL*, p. 319.

152. Véase Peter Filkins, *H. G. Adler: A Life in Many Worlds*, Oxford University Press, Oxford, 2019).

153. Jeremy Adler y Richard Fardon, eds., *Taboo, Truth and Religion: Franz Baermann Steiner Selected Writings, Vol. 1*, Berghahn Books, Oxford, 1999, p. 88.

154. Conradi, *IMAL*, p. 317.

155. Adler y Fardon, *Taboo, Truth and Religion*, pp. 92-93.

156. Conradi, *IMAL*, p. 317.

157. Adler y Fardon, *Taboo, Truth and Religion*, p. 89.

158. *Ibid.*, p. 18.

159. Conradi, *IMAL*, p. 318.

160. Adler y Fardon, *Taboo, Truth and Religion*, p. 89.

161. Diario de Franz Steiner, 31 de octubre de 1952, *Deutsches Literaturarchiv Marbach*, Zugangsnummer HS.1996.0151.00892, Mediennummer HS001523034.

162. Conradi, *IMAL*, p. 325.

163. Elias Canetti, «Franz Steiner», *Akzente*, 3, junio de (1995), p. 205, citado en Adler and Fardon, *Taboo, Truth and Religion*, p. 80.

164. F. B. Steiner y J. D. Adler, *Am Stürzenden Pfad: Gesammelte Gedichte*, (Goettingen, Wallstein, 2000), p. 326 (con *w* y *g* minúscula en el original alemán), trad. inglesa de Mara-Daria Cojocaru.

165. Citado en Adler y Fardon, *Taboo, Truth and Religion*, p. 97.

166. Conradi, *IMAL*, p. 337.

167. Maggie Black, *A Cause for Our Time: Oxfam, the First Fifty Years*, Oxford University Press, Oxford, 1992, pp. 37-40.

168. Véase, por ejemplo, el prefacio de 1977 a Foot, *Virtues and Vices*.

169. Rée, «Philosophical Lives», entrevista a Philippa Foot, p. 3.

170. Mary Midgley, conversación con las autoras, septiembre de 2016.

171. IMJ8, 12 de noviembre de 1953.

172. Mitchell, *Looking Back*, p. 257.

173. Murdoch, *Sovereignty of Good*, p. 22. Bernard Williams, que asistió a la clase, emplea «*thin*» y «*thick*» en lugar de «*general*» y «*specialized*» como hace Murdoch; véase B. Williams, *Ethics and the Limits of Philosophy*, Harvard University Press, Cambridge, Mass., 1985, pp. 217-218, nota al pie 7.

174. Purton, *An Iris Murdoch Chronology*, p. 67.

175. Mary Scrutton, «Review», *New Statesman and Nation*, 1951.

176. Midgley, *OM*, p. 182.

177. Entrevista de Paul Merchant a Mary Midgley, pista 2, p. 28.

178. R. B. Braithwaite, «Hare, R. M. - The Language of Morals», *Mind* 63, (1954), pp. 249-262.

179. Mary Midgley, conversación con las autoras, septiembre de 2016.
180. Véase Konrad Lorenz, *King Solomon's Ring: New Light on Animal Ways*, Routledge Classics, Londres, 2002.
181. Midgley, *OM*, p. 6.
182. Mary Midgley, *Beast and Man: The Roots of Human Nature*, Routledge, Londres, 2002, p. 235.
183. Midgley, *OM*, p. 30.
184. *Ibid.*, p. 189.
185. *Ibid.*, p. 31.
186. Mary Midgley, *Animals and Why They Matter*, University of Georgia Press, Athens, Georgia, 1998, pp. 112-124.
187. Midgley, *OM*, pp. 202 y 208.
188. Mary Midgley (Scrutton), «Untitled Essay» (sin fecha), MGMP, ensayo no catalogado, p. 9.
189. Midgley, *OM*, p. 188.
190. Entrevista de Paul Merchant a Mary Midgley, pista 1, p. 8.
191. Foot, «Moral Beliefs», p. 94.
192. Philippa Foot, «Interview with Rick Lewis», en *Philosophy Now*, 41, mayo/ junio de 2003.
193. Hare, *The Language of Morals*, pp. 96-97.
194. «Editorial», *Cactus and Succulent Journal of Great Britain* 8, n.º 3 (1946).
195. Philippa Foot, «Goodness and Choice», *Aristotelian Society Supplementary Volume* 35, n.º 1 (1961), pp. 45-60, en p. 55.
196. Black, *A Cause for Our Time: Oxfam, the First Fifty Years*, pp. 36-37.
197. Murdoch, *The Sovereignty of Good*, p. 85.
198. Philippa Foot, «Review: *The Philosophy of Ernst Cassirer: The Library of Living Philosophers Vol. VI*», ed. de Paul Arthur Schilpp, *Philosophy* 26:98 (1951), pp. 273-274. Cita en p. 274.
199. Cassirer, *An Essay on Man*, pp. 23-26.
200. IMJ8, 12 de marzo de 1953.
201. IMJ4, 13 de junio de 1947, p. 5.
202. Wittgenstein, *PI*, §415.
203. G. E. M. Anscombe, «The Moral Environment of the Child», sin fecha, manuscrito, en *Faith in a Hard Ground: Essays on Religion, Philosophy and Politics by G. E. M. Anscombe*, ed. de Mary Geach y Luke Gormally (Exeter, Imprint Academic, 2008), pp. 224-233, en p. 230.
204. R. M. Hare, «An Apology for Being a Philosopher», sin fecha, mecanoscrito, R. M. Hare, Balliol College Archives, p. 2.
205. Philippa Foot, «The Philosopher's Defence of Morality», *Philosophy* 27:103 (1952), pp. 311-328, en p. 311.

206. *Ibid.*, p. 319.
207. Purton, *An Iris Murdoch Chronology*, p. 70.
208. Carta de Iris Murdoch a Mrs Smallwood, 2 de mayo de 1955, en Horner y Rowe, *LP*, pp. 170-171.
209. Murdoch, «Metaphysics and Ethics», p. 75.
210. Conradi, *IMAL*, p. 385.
211. Midgley, *OM*, p. 183.
212. Mary Midgley (Scrutton), *Wintersault*, manuscrito sin fecha, MGMP MID/C/22.
213. Erbacher, *Wittgenstein's Heirs and Editors*, p. 13.
214. L. Wittgenstein, *Remarks on the Foundations of Mathematics*, Blackwell, Londres, 1956, parte 1, sección 3.
215. Morris, *Oxford*, p. 42.
216. *Ibid.*
217. Informe de 11 de febrero de 1955, Central University Administrative Correspondence File for the Committee on Honorary Degrees, Oxford University Archives, UR6/HD/7/3.

EPÍLOGO. EL TÍTULO DEL SEÑOR TRUMAN, OTRA VEZ

1. G. E. M. Anscombe, «Mr. Truman's Degree», panfleto publicado por la autora (1956), CIAA, caja 531.
2. G. E. M. Anscombe, «I Am Sadly Theoretical», *The Catholic Herald*, 8 de julio de 1938, p. 7; véase John Berkman, «Justice and Murder: The Backstory to Anscombe's "Modern Moral Philosophy"», en *The Oxford Handbook of Elizabeth Anscombe*, ed. de Roger Teichmann, Oxford University Press, Oxford, 2021.
3. Carta de 14 Park Town, 2 de mayo de 1956, CIAA, caja 394.
4. Carta de Women's International League for Peace and Freedom, 4 de mayo 1956, *Ibid.*
5. Carta del General E. C. O. Murphy, 2 de mayo de 1956, *Ibid.*
6. Carta de General E. C. O. Murphy, 8 de mayo de 1956, *Ibid.*
7. Carta de Vera Farnell, sin fecha, *Ibid.*
8. Donald M. Mackinnon, «Reflections on the Hydrogen Bomb», *The Listener* 52, 13 (1954), p. 239.
9. Carta de Donald MacKinnon, 2 de mayo de 1956, *Ibid.*
10. Carta de «An American Woman», 4 de mayo de 1956, *Ibid.*
11. Carta de Carrie Packinton [?], 4 de mayo de 1956, *Ibid.*
12. Carta de Ordnance Research Institute, Taipéi, 3 de mayo de 1956, *Ibid.*

13. Carta de Jessie Street, 5 de mayo de 1956, *Ibid.*
14. Anscombe, *Mr Truman's Degree*, p. 71.
15. *Ibid.*, pp. 64-65.
16. *Ibid.*, p. 70.
17. *Ibid.*, pp. 65-66.
18. *Ibid.*, pp. 70-71.
19. *Ibid.*, p. 71.
20. Anscombe, «Does Oxford Moral Philosophy Corrupt the Youth?», pp. 266-267 y p. 271; cartas de R. M. Hare y P. H. Nowell-Smith en n.º 1456; carta de Anthony Flew en n.º 1458; carta de P. H. Nowell-Smith en n.º 1459; carta de Anthony Flew en n.º 1460; carta de R. M. Hare en n.º 1461.
21. Carta de Bernard Williams a R. M. Hare, 26 de enero de 1957, R. M. Hare Archive, Hare 2018, caja de cartas. Citada con el permiso Patricia Williams. Véanse también las cartas de Patrick Nowell-Smith y Anthony Flew.
22. McCullough, *Truman*, p. 439.
23. Anscombe, *Mr Truman's Degree*, p. 64.
24. Midgley, *Wickedness*, p. vii.
25. Anscombe, *Mr Truman's Degree*, p. 64.
26. *Ibid.*, p. 70.
27. *Ibid.*, p. 64.
28. MacKinnon, *The Problem of Metaphysics*, p. 110.

DESPUÉS

1. IMJ4, 25 de julio de 1947, p. 25.
2. Somerville College Archive, Oxford, carta de Philippa Foot a Janet Vaughan, 3 de noviembre de 1957.
3. Foot, «The Philosopher's Defence of Morality».
4. Foot, «When is a Principle a Moral Principle?»
5. Philippa Foot, «Free Will Involving Determinism», *Philosophical Review* 66, n.º 4 (1957), pp. 439-450.
6. Foot, «Moral Beliefs».
7. Foot, «Moral Arguments».
8. Foot, «Goodness and Choice».
9. Philippa Foot, «Does Moral Subjectivism Rest on a Mistake?», *Royal Institute of Philosophy Supplement,* 46:107 (2000), pp. 107-123, en p. 107.
10. Foot, *Memories of an S.O.E. Historian*, p. 130.

11. El cuaderno verde de tapa dura, con entradas del diario correspondientes a agosto de 1996; entrada del 15 de enero de 2001, SCA, Philippa Foot papers, caja 3.

12. Rée, «Philosophical Lives: Philippa Foot», p. 2.

13. Gornall, «Philippa Foot and Thoughts about Oxfam», p. 10.

14. Anscombe, «Modern Moral Philosophy», p. 1.

15. G. E. M. Anscombe, «The First Person», en *Mind and Language.*, ed. de Samuel D. Guttenplan, Oxford University Press, Oxford, 1975.

16. Anscombe, *FPW*; Anscombe, *MPM*; Anscombe, *ERP*.

17. Donald Davidson en la portada de G. E. M. Anscombe, *Intention* (Harvard: Harvard University Press, 2000).

18. Smith, *The Morning Light*, p. 240.

19. Iris Murdoch, *The Fire and the Sun: Why Plato Banished the Artists*, Viking, Londres, 1990.

20. Horner y Rowe, *LP*, p. 357.

21. Midgley, *OM*, p. 183.

22. Jane Heal, «Mary Midgley Obituary», *The Guardian,* 12 de octubre de 2018.

23. Midgley, *Beast and Man*.

24. Midgley, introducción a la primera ed., *Beast and Man*.

25. Mary Midgley, «The Objection to Systematic Humbug», *Philosophy* 53, n.º 204 (1978), pp. 147-169.

26. Midgley, *What is Philosophy For?*, pp. 207-208.

BIBLIOGRAFÍA

Obras del Cuarteto citadas en el presente libro

Anscombe, G. E. M. «I Am Sadly Theoretical», *The Catholic Herald*, 8 de julio de 1938, 7.

— (con Norman Daniel). *The Justice of the Present War Examined*, Oxford, 1939.

—. «A Reply to Mr. C. S. Lewis's Argument That "Naturalism" is Self-Refuting». *Socratic Digest* 4, n.º 2 (1948), 7-16.

—. «The Reality of the Past», en *Philosophical Analysis*, ed. de Max Black, Cornell University Press, Ithaca, Nueva York, 1950, pp. 36-56.

—. «The Principle of Individuation». *Proceedings of the Aristotelian Society*, Supplementary Volumes, 27 (1953), 83-96.

—. «Mr Truman's Degree». Ed. de la autora, 1956.

—. «Does Oxford Moral Philosophy Corrupt the Youth?». *Listener*, 14 de febrero de 1957, pp. 266-271.

—. *Intention*, Harvard University Press, Cambridge, Mass., 1957/2000. (Traducción española: *Intención*, trad. de Ana Isabel Stellino, Paidós, Barcelona, 1991.)

—. «Modern Moral Philosophy». *Philosophy* 33, n.º 124 (1958), 1-19.

—. «Hume and Julius Caesar». *Analysis* 34, n.º 1 (1973), 1-7.

—. *Causality and Determinism*, Cambridge University Press, Cambridge, 1971.

—. «The First Person», en *Mind and Language*, ed. de S. Guttenplan, Oxford University Press, Oxford, 1975, pp. 45-65.

—. *From Parmenides to Wittgenstein: Collected Philosophical Papers Volume I*, Basil Blackwell, Oxford, 1981.

—. *Metaphysics and the Philosophy of Mind: Collected Philosophical Papers, Volume II*, Basil Blackwell, Oxford, 1981.

443

—. *Ethics, Religion and Politics: Collected Philosophical Papers,* Volume III, Basil Blackwell, Oxford, 1981.

—. «The Intentionality of Sensation: A Grammatical Feature», en *MPM*: Basil Blackwell, Oxford, 1965/1981, pp. 3-20.

—. «The Subjectivity of Sensation», en *MPM*: Basil Blackwell, Oxford, 1976/1981, pp. 44-56.

—. «Events in Mind», en *MPM*: Basil Blackwell, Oxford, 1963/1981, pp. 57-63.

—. «On Transubstantiation», en *ERP:* Basil Blackwell, Oxford, 1974/1981, pp. 107-112.

—. «Cambridge Philosophers II: Ludwig Wittgenstein». *Philosophy* 70, n.º 273 (1995): 395-407.

—. *Human Life, Action, and Ethics: Essays by G. E. M Anscombe,* ed. de M. Geach y L. Gormally, *St Andrews Studies in Philosophy and Public Affairs.* Exeter, Imprint Academic, 2005.

—. *Faith in a Hard Ground: Essays on Religion, Philosophy, and Ethics,* ed. de M. Geach y L. Gormally. Exeter, Imprint Academic, 2008.

—. «The Moral Environment of the Child», en *Faith in a Hard Ground: Essays on Religion, Philosophy and Politics by G. E. M. Anscombe,* ed. de M. Geach y Luke Gormally. Exeter, Imprint Academic, sin fecha/ 2008.

—. *From Plato to Wittgenstein: Essays by G. E. M. Anscombe,* ed. de M. Geach y L. Gormally. Exeter, Imprint Academic, 2011.

—. «Grammar, Structure and Essence». *Areté. Revista de Filosofía* 12, n.º 2 (2000), 113-120. (Traducción española: «Gramática, estructura y esencia», trad. de Jorge Secada, *Areté. Revista de Filosofía* 12, n.º 2 [2000], 121-132.)

Foot, P. Reseña de *The Philosophy of Ernst Cassirer,* ed. de Paul Arthur Schlipp. Volume VI de *The Library of Living Philosophers. Philosophy* 26, n.º 98 (1951), 273-274.

—. «The Philosopher's Defence of Morality». *Philosophy* 27, n.º 103 (1952), 311-328.

—. «When is a Principle a Moral Principle?». *Aristotelian Society, Supplementary Volume* 28, n.º 1 (1954), 95-110.

—. «Moral Arguments». *Mind* 67, n.º 268 (1958), 502-513.

—. «Free Will Involving Determinism». *The Philosophical Review* 66, n.º 4 (1957), 439-450.

—. «Moral Beliefs». *Proceedings of the Aristotelian Society* 59 (1958), 83-104.

—. «Goodness and Choice». *Aristotelian Society Supplementary Volume* 35, n.º 1 (1961), 45-60.

—. *Virtues and Vices. And Other Essays in Moral Philosophy,* Basil Blackwell, Oxford, 1978. (Traducción española: *Las virtudes y los vicios,* trad. de Claudia Martínez, UAM, México, 1994.)

—. «Does Moral Subjectivism Rest on a Mistake?». *Royal Institute of Philosophy Supplement* 46 (2000), 107-123.

—. *Natural Goodness*, Oxford University Press, Oxford, 2001. (Traducción española: *Bondad natural*, trad. de Ramón Vilà Vernis, Paidós, Barcelona, 2002.)

—. «Rationality and Goodness». *Royal Institute of Philosophy Supplement* 54 (2004), 1-13.

Midgley (Scrutton), M. «Letter to Posterity». *Listener*, 27 de marzo de 1952, pp. 510-511.

—. «The Natural History of Contradictions». *Listener*, 11 de octubre de 1951, pp. 489-490.

—. «On Being Reformed». *Listener*, 9 de agosto de 1956, pp. 196-197.

—. «The Objection to Systematic Humbug». *Philosophy* 53, n.º 204 (1978), 147-169.

—. «Philosophical Plumbing». *Royal Institute of Philosophy Supplement* 33 (1992), 139-151.

—. *Animals and Why They Matter*, University of Georgia Press, Athens, Georgia, 1983-1998.

—. *Beast and Man: The Roots of Human Nature*, Routledge, Londres, 1978-2002. (Traducción española: *Bestia y hombre: las raíces de la naturaleza humana,* trad. de Roberto R. Reyes Mazzoni, Fondo de Cultura Económica, México, 1989.)

—. *Wickedness: A Philosophical Essay,* Routledge, Londres, 1984-2001.

—. *Heart and Mind. The Varieties of Moral Experience.* Routledge, Londres, 1981/2003.

—. *The Myths We Live By*, Routledge, Londres, 2011.

—. *The Owl of Minerva: A Memoir*, Routledge, Londres, 2005.

—. «Park Town». 2016. MGMP.

—. «Rings & Books» (década de 1950). MGMP.

—. «Sorting out the Zeitgeist». *Changing English* 7, n.º 1 (2000), 89-92.

—. «Then and Now». 2016. MGMP.

—. *What Is Philosophy For?*, Bloomsbury Academic, Londres, 2018.

— (con J. Hughes). *Women's Choices: Philosophical Problems Facing Feminism*, Weidenfeld & Nicolson, Londres, 1983.

Murdoch, I. «Thinking and Language». *Proceedings of the Aristotelian Society* 25 (1951), 25-34.

—. «The Existentialist Political Myth». *Socratic Digest* 5 (1952), 52-63.

—. *Sartre: Romantic Rationalist*, Fontana Collins, Glasgow, 1953/1976, y Penguin Books, Londres, 1987/1989. (Traducción española: *Sartre. Un racionalista romántico,* trad. de Nicole Laffay y Ernesto Bottini, Debolsillo, Barcelona, 2007.)

—. «Metaphysics and Ethics», en *The Nature of Metaphysics*, ed. de D. F. Pears, pp. 99-123, Macmillan, Londres, 1957.

—. «The Sublime and the Good». *Chicago Review* 13, 3 (1959), 42-55.

—. *The Sovereignty of Good*, Routledge & Kegan Paul, Londres, 1970. (Traducción española: *La soberanía del bien,* trad. de Andreu Jaume i Ensenyat, Taurus, Barcelona, 2029.)

—. *Existentialists and Mystics: Writings on Philosophy and Literature*, ed. de P. J. Conradi, con un prólogo de G. Steiner, Chatto & Windus, Londres, 1997.

—. «The Novelist as Metaphysician», en *EM*, Chatto & Windus, Londres, 1950 / 1997, pp. 101-107.

—. «The Existentialist Hero», en *EM*, Chatto & Windus, Londres, 1950 / 1997, pp. 108-115.

—. «The Image of Mind», en *EM*, Chatto & Windus, Londres, 1951 / 1997, pp. 125-129.

—. «A House of Theory», en *EM*, Chatto & Windus, Londres, 1956 / 1997, pp. 171-186.

—. «Salvation by Words», en *EM*, Chatto & Windus, Londres, 1972 / 1997, pp. 235-242.

—. *The Fire and the Sun: Why Plato Banished the Artists*, Chatto & Windus, Londres, 1977. (Traducción española: *El fuego y el sol: por qué Platón desterró a los artistas,* trad. de Juan José Herrera de la Muela, Siruela, Madrid, 2016.)

—. «A Woman Don's Delight», en *Occasional Essays by Iris Murdoch*, ed. de P. Hullah y Y. Muroya, University Education Press, Okayam, 1998, pp. 193-196.

—. *Metaphysics as a Guide to Morals*, Chatto & Windus, Londres, 1992.

—. «"Waiting on God": A Radio Talk on Simone Weil (1951)». *Iris Murdoch Review* 8 (2017): 9-16.

*Bibliografía selecta**

Adams, Pauline. *Somerville for Women: An Oxford College, 1879-1993*, Oxford University Press, Oxford, 1996.

Addison, Paul. «Oxford and the Second World War», en *The History of the University of Oxford,* Volume VIII, ed. de B. Harrison, Clarendon Press, Oxford, 1994, pp. 167-188.

* Véanse en las notas los detalles relativos a materiales citados y no incluidos en esta bibliografía.

Adler, Jeremy y Richard Fardon (eds.). *Taboo, Truth and Religion: Franz Baermann Steiner, Selected Writings,* vol. 1, Berghahn Books, Nueva York y Oxford, 1999.

Aldwinckle, Stella e Iris Murdoch. *Christ's Shadow in Plato's Cave: A Meditation on the Substance of Love,* Oxford University Press, Oxford, 1990.

Audi, Robert. «On Mary Glover's "Obligation and Value"». *Ethics* 125, n.º 2 (2015), 525-529.

Austin, John Langshaw. «The Meaning of a Word», en *Philosophical Papers»,* ed. de J. O. Urmson y G. J. Warnock, Oxford University Press, Oxford, 1979, pp. 55-75.

—. *Sense and Sensibilia* (reconstruido a partir de las notas manuscritas de G. J. Warnock), Oxford University Press, Oxford, 1962. (Traducción española: *Sentido y percepción,* trad. de Alfonso García Suárez, Tecnos, Madrid, 1981.)

Austin, Jean. «Pleasure and Happiness». *Philosophy* 43, n.º 163 (1968), 51-62.

Ayer, Alfred Jules. *Language, Truth and Logic.* Harmondsworth, Penguin Books, 1936/1972. (Traducción española: *Lenguaje, verdad y lógica,* trad. de Marcial Suárez, Martínez Roca, Barcelona, 1971.)

—. *A Part of My Life: The Memoirs of a Philosopher,* Oxford University Press, Oxford, 1978.

Beaney, Michael. *The Oxford Handbook of the History of Analytic Philosophy,* Oxford University Press, Oxford, 2013.

Beaney, Michael y Siobhan Chapman. «Susan Stebbing», en *The Stanford Encyclopedia of Philosophy,* ed. de Edward N. Zalta. 2017.

Berkman, J. «Justice and Murder: The Backstory to Anscombe's "Modern Moral Philosophy"», en *The Oxford Handbook of Elizabeth Anscombe,* ed. de Roger Teichmann, Oxford University Press, Oxford, 2021.

—. «The Influence of Victor White and the Blackfriars Dominicans on a young Elizabeth Anscombe. An Essay accompanying the Republication of Elizabeth Anscombe's "I am Sadly Theoretical: It is the Effect of Being at Oxford" (1938)». *New Blackfriars,* septiembre de 2021.

Berlin, Isaiah (ed.). *Essays on J. L. Austin,* Clarendon Press, Oxford, 1973.

—. *Personal Impressions,* Hogarth Press, Londres, 1980. (Traducción española: *Impresiones personales,* trad. de Juan José Utrilla y Audón Coria, FCE, Madrid, 1992.)

Biletzki, Anat y Anat Matar. *The Story of Analytic Philosophy: Plot and Heroes,* Taylor & Routledge, Nueva York, 1998.

Birks, C. «From Pacifism to Popular Front: The Changing Views of the Left and the Liberal Intelligentsia in Oxford, 1933-1938». Master of

Studies in Historical Studies, tesis doctoral, Universidad de Oxford, 2020.

Black, Maggie. *A Cause for Our Time: Oxfam, the First Fifty Years*, Oxford University Press, Oxford, 1992.

Blum, Laurence A. y Victor Seidler. *A Truer Liberty: Simone Weil and Marxism*, Routledge, Londres, 2009.

Bowyer, Andrew. *Donald MacKinnon's Moral Realism: To Perceive Tragedy Without the Loss of Hope,* Edimburgo, T&T Clark, 2015.

Broackes, Justin (ed.). *Iris Murdoch, Philosopher*, Oxford University Press, Oxford, 2011.

—. «Introduction», en *Iris Murdoch, Philosopher*, ed. de J. Broackes, Oxford University Press, Oxford, 2012, pp. 1-92.

—. «Iris Murdoch's First Encounters with Simone Weil», *The Iris Murdoch Review*, n.º 8 (2017), 17-20.

—. «Waiting on God» (Nota introductoria), *The Iris Murdoch Review*, n.º 9 (2017), 9.

—. *Sovereignty of Good: A Philosophical Commentary*, Oxford University Press Oxford, 2022.

Brown, S. y H. T. Bredin. *Dictionary of Twentieth-Century British Philosophers*, Bloomsbury Academic, Londres, 2005.

Browning, G., *Why Iris Murdoch Matters*, Bloomsbury, Londres, 2018.

Buber, Martin. *I and Thou*, trad. inglesa de Ronald Gregor-Smith, Edimburgo, T&T Clark, 1958. (Traducción española: *Yo y tú*, trad. de Horacio Crespo, Nueva Visión, Buenos Aires, 1982.)

Bullock, A. *Hitler: A Study in Tyranny*, Odhams Press, Londres, 1952. (Traducción española: *Hitler: Estudio de una tiranía*, trad. de Julio Luelmo, Grijalbo, Barcelona, 1973.)

Cassirer, E. *An Essay on Man: An Introduction to a Philosophy of Human Culture*, Yale University Press, New Haven, 1944.

Chapman, S. *Susan Stebbing and the Language of Common Sense*, Palgrave Macmillan UK, Londres, 2013.

Collingwood, R. G. *An Essay on Metaphysics* (1940), Clarendon Press, Oxford, 1957.

Connell, S.M. y F. Janssen-Lauret, «Lost Voices: Women in Philosophy 1880- 1970». *British Journal for the History of Philosophy,* 2022.

Conradi, P. J. *Iris Murdoch: A Life*, HarperCollins, Londres, 2001.

—. *Family Business: A Memoir*. Brigend, Seren, 2019.

—. «"The Guises of Love": The Friendship of Professor Philippa Foot and Dame Iris Murdoch», *The Iris Murdoch Review*, n.º 5 (2014), 17-29.

—. *Iris Murdoch, a Writer at War: Letters and Diaries, 1939-1945,* Oxford University Press, Oxford, 2011.

—. *A Very English Hero: The Making of Frank Thompson*, Bloomsbury, Londres, 2013.

Crawford, S., K. Ulmschneider y J. Elsner. *Ark of Civilization: Refugee Scholars and Oxford University, 1930-1945*, Oxford University Press, Oxford, 2017.

Currie, Robert. «The Arts and Social Studies, 1914-1939», en *The History of the University of Oxford Volume VIII: The Twentieth Century*, ed. de B. Harrison, Clarendon Press, Oxford, 1994, pp. 109-138.

Darwin, J. G. «A World University», en *The History of the University of Oxford Volume VIII: The Twentieth Century*, ed. de B. Harrison, Clarendon Press, Oxford, 1994, pp. 607-638

Descartes, R., G. E. M. Anscombe, P. T. Geach y A. Koyré. *Philosophical Writings*. Middlesex, Nelson, 1954/1970.

Dewey, J. *Experience and Education*, Touchstone, Nueva York, 1997. (Traducción española: *Experiencia y educación,* trad. de Lorenzo Luzuriaga, Biblioteca Nueva, Madrid, 2004.)

Dodds, E. R. *Missing Persons: An Autobiography*, Clarendon Press, Oxford, 1977.

Dudley Buxton, L. H. *Oxford University Ceremonies*, Clarendon Press, Oxford, 1935.

Edmonds, D., *The Murder of Professor Schlick: The Rise and Fall of the Vienna Circle*, Princeton, Princeton University Press, 2020.

—. y J. Eidenow. *Wittgenstein's Poker*, Ecco, Harper Collins, Nueva York, 2001. (Traducción española: *El atizador de Wittgenstein: una jugada incompleta*, trad. de María Morrás, Península, Barcelona, 2001.)

Emmet, D. «On the Idea of Importance». *Philosophy* 21, n.º 80 (1946), 234-244.

—. *The Nature of Metaphysical Thinking*, Macmillan, Londres, 1945/1966.

—. *Philosophers and Friends: Reminiscences of Seventy Years in Philosophy*, con un prólogo de Bryan Magee. Basingstoke, Macmillan, 1996.

—. *Role of the Unrealisable: Study in Regulative Ideals*, Macmillan, Londres, 1993.

Erbacher, Christian. «Wittgenstein and His Literary Executors». *Journal for the History of Analytical Philosophy* 4, 3 (2016), 1-40.

—. *Wittgenstein's Heirs and Editors*, Cambridge University Press, Cambridge, 2020.

Fann, K. T. y L. Wittgenstein. *Ludwig Wittgenstein: The Man and His Philosophy*, Humanities Press, Atlantic Highlands, Nueva Jersey, 1967.

Farnell, V. *A Somervillian Looks Back*, impreso a título privado en University Press, 1948.

Feyerabend, P. *Killing Time: The Autobiography of Paul Feyerabend*,

University of Chicago Press, Chicago, 1996. (Traducción española: *Matando el tiempo. Una autobiografía,* trad. de Fabrián Chueca, Debate, Barcelona, 1995.)

Filkins, P. *H. G. Adler: A Life in Many Worlds,* Oxford University Press, Oxford, 2019.

Flowers III, F. A. e I. Ground. *Portraits of Wittgenstein,* Bloomsbury Academic, Londres, 1999/2018.

Foot, M. R. D. *Memories of an S.O.E. Historian.* Barnsley, Pen & Sword Books, 2008.

Fraenkel, Eduard. *Aeschylus: Agamemnon, Vol 1: Prolegomena, Text, Translation,* Oxford University Press, Oxford, 1950.

Gardiner, J. *Wartime Britain 1939-1945,* Headline, Londres, 2016.

Geach, P. «A Philosophical Autobiography», en *Peter Geach: Philosophical Encounters,* ed. de Harry A. Lewis. Dordrecht, Springer Netherlands, 1991, pp. 1-25.

Gibson-Wood, C. «Raymond Klibanksy and the Warburg Institute». *Canadian Art Review* 27, n.º 1/2 (2000), 137-139.

Glover, J. *Humanity: A Moral History of the Twentieth Century.* New Haven, Yale University Press, 2001. (Traducción española: *Humanidad e inhumanidad: Una historia moral del siglo xx,* trad. de Marco Aurelio Galmarini, Cátedra, Madrid, 2001.)

Glover, M. «Obligation and Value». *Ethics* 49, n.º 1 (1938), 68-80.

—, C. Reaveley y J. Winnington. *Democracy and Industry,* Chatto & Windus, Londres, 1947.

— y C. Reaveley. «Wrong Things to Teach». *Spectator,* 2 de febrero de 1945, pp. 101-102.

— y C. Reaveley. «Could We Go Nazi». *Spectator,* 5 de octubre de 1945, p. 175.

Griffin, P. *St Hugh's: One Hundred Years of Women's Education in Oxford,* Palgrave Macmillan, Londres, 1986.

Grimley, M. *Citizenship, Community and the Church of England: Liberal Anglican Theories of the State between the Wars,* Oxford University Press, Oxford, 2004.

Hacker-Wright, J., *Philippa Foot on Goodness and Virtue,* Cham, Springer International Publishing, 2018.

—. *Philippa Foot's Moral Thought,* Bloomsbury, Londres, 2013.

Haddock, A. y R. Wiseman, *The Anscombean Mind,* Routledge, Londres, 2022.

Haldane, J. «Anscombe: Life, Action and Ethics in Context». *Philosophical News* 18 (2019), 45-75.

Hämäläinen, N. y G. Dooley. *Reading Iris Murdoch's Metaphysics as a Guide to Morals.* Cham, Springer International Publishing, 2019.

Hare, R. M. «Imperative Sentences». *Mind* 58, n.º 229 (1949), 21-39.

—. «A Philosophical Autobiography: R. M. Hare». *Utilitas* 14, n.º 3 (2002), 269-305.

—. *The Language of Morals*, Clarendon Press, Oxford, 1952. (Traducción española: *El lenguaje de la moral*, trad. de Genaro R. Carrió y Eduardo A. Rabossi, UAM, México, 1975.)

Harris, D. y E. Unnsteinsson. «Wittgenstein's Influence on Austin's Philosophy of Language». *British Journal for the History of Philosophy* 26, n.º 2 (2018), 371-395.

Harrison, B. «College Life, 1918-1939», en *The History of the University of Oxford: Volume VIII: The Twentieth Century*, ed. de B. Harrison, Oxford University Press, Oxford, 1994, pp. 81-108.

—. *The History of the University of Oxford: Volume VIII: The Twentieth Century*, Clarendon Press, Oxford, 1994.

Heck, J. D. (ed.). *Socratic Digest 1943-1952*. Austin, Texas, Concordia University Press, 2012.

Hopwood, M. y S. Panizza. *The Murdochian Mind*, Routledge, Londres, 2022.

Horner, A. y A. Rowe (eds.). *Living on Paper: Letters from Iris Murdoch*, Chatto & Windus, Londres, 2015.

Howarth, J. «Anglican Perspectives on Gender: Some Reflections on the Centenary of St Hugh's College, Oxford», *Oxford Review of Education* 12, n.º 3 (1986), 299-304.

—. «Women», en *The History of the University of Oxford: Volume VIII: The Twentieth Century*, ed. de B. Harrison, Clarendon Press, Oxford, 1994, pp. 345-376.

Ignatieff, M. *Isaiah Berlin: A Life*, Chatto & Windus, Londres, 1998. (Traducción española: *Isaiah Berlin, una vida*, trad. de Eva Rodríguez Halffter, Taurus, Barcelona, 1999.)

Inglis, F. *History Man: The Life of R. G. Collingwood*. Princeton, Princeton University Press, 2011.

Joad, C. E. M. «Appeal to Philosophers». *Proceedings of the Aristotelian Society* 40, n.º 1 (1940), 27-48.

Joseph, H. W. B. «Purposive Action». *Hibbert Journal* 32:2 (1933), 213-226.

—. *Some Problems in Ethics*, Oxford University Press, Oxford, 1933.

Kenny, A. «Peter Thomas Geach 1916-2003». *Biographical Memoirs of Fellows of the British Academy*, XIV (2015), 185-203.

Kidd, I. J. y L. McKinnell, *Science and the Self: Animals, Evolution, and Ethics: Essays in Honour of Mary Midgley*, Routledge, Londres, 2015.

Lanneau, C. *L'Inconnue Française: La France et les Belges Francophones, 1944-1945*, Bruselas, Peter Lang, 2008.

Leeson, M. *Iris Murdoch: Philosophical Novelist*, Bloomsbury, Londres, 2011.

Levine, E. J. «The Other Weimar: The Warburg Circle as Hamburg School». *Journal of the History of Ideas* 74, n.º 2 (2013), 307-330.

Lindsay, A. D. «What Does the Mind Construct?». *Proceedings of the Aristotelian Society* 25 (1924), 1-18.

—. «The Idealism of Caird and Jones». *Journal of Philosophical Studies* 1, n.º 2 (1926): 171-182.

—. «Wilhelm Dilthey». *Nature* 156, n.º 3964 (1945): 461.

Lipscomb, B. *The Women Are Up to Something: How Elizabeth Anscombe, Philippa Foot, Mary Midgley, and Iris Murdoch Revolutionized Ethics*, Oxford University Press, Oxford, 2021.

Loner, J. D. «Wittgenstein and his Students, 1912-1968». Tesis doctoral, Universidad de Cambridge, 2018.

Lorenz, Konrad. *King Solomon's Ring: New Light on Animal Ways*, Routledge, Londres, 2002. (Traducción española: *El anillo del rey Salomón,* trad. de Ramón Margalef, Ediciones Irreverentes, Madrid, 2002.)

Lynn, V. y V. Lewis-Jones. *Keep Smiling Through: My Wartime Story,* Random House, Londres, 2017.

Mabbott, J. D. *Oxford Memories*, Thorntons of Oxford, Oxford, 1986.

MacKinnon, D. M. «And the Son of Man That Thou Visitest Him». *Christendom* 8, septiembre de 1938 y diciembre de 1938 (1938), 186-192 y 260-272.

—. «The Function of Philosophy in Education (1941)», en *Philosophy and the Burden of Theological Honesty*, ed. de John McDowell, T & T Clark, Londres, 2011, pp. 11-14.

—. «Revelation and Social Justice (1941)», en *Philosophy and the Burden of Theological Honesty*, ed. de John McDowell, T & T Clark, Londres, 2011.

—. «Preface», en *Being and Having*, de Gabriel Marcel, trad. inglesa de Katharine Farrer, Westminster, Dacre, Londres, 1949, pp. 1-3.

—. «Metaphysical and Religious Language». *Proceedings of the Aristotelian Society* 54 (1954), 115-130.

—. «Reflections on the Hydrogen Bomb». *The Listener* 52, n.º 13 (1954): 239-240.

—. *A Study in Ethical Theory*, A & C Black, Londres, 1957.

—. «Philosophers in Exile». *The Oxford Magazine*, 1992, pp. 15-16.

—. *The Problem of Metaphysics*, Cambridge University Press, Cambridge, 1974.

Magee, B. y A. Quinton. *Modern British Philosophy*, Oxford University Press, Oxford, 1971.

Mander, W. J. *Idealist Ethics*, Oxford University Press UK, Oxford, 2016.
—. *British Idealism: A History*, Oxford, Oxford University Press, 2014.
Marcel, Gabriel. *Being and Having*, trad. inglesa de Katharine Farrer, Westminster, Londres, Dacre Press, 1949. (Traducción española: *Ser y tener*, trad. de Ana María Sánchez, Caparrós Editores, Madrid, 1995.)
—. *The Mystery of Being Vol 1: Reflection & Mystery*, Harvill, Londres, 1951. (Traducción española: *El misterio del ser*, trad. de María Eugenia Valentié, Edhasa, Barcelona, 1971.)
Mascall, E. L. «The Doctrine of Analogy». *Cross Currents* 1, n.º 4 (1951), 38-57.
—. *Saraband: The Memoirs of E. L. Mascall*. Leominster, Gracewing, 1992.
Masterman, J. C. *On the Chariot Wheel: An Autobiography*, Oxford University Press, Oxford, 1975.
Matherne, S., *Cassirer*, Routledge, Londres, 2021.
McCullough, D. *Truman*, Simon & Schuster, Nueva York, 1992.
McElwain, G. *Mary Midgley: An Introduction*, Bloomsbury, Londres, 2019.
McGuinness, B. (ed.). *Wittgenstein in Cambridge: Letters and Documents 1911-1951*, Wiley-Blackwell, Oxford, 2012.
Mehta, Ved. *Fly and the Fly-Bottle: Encounters with British Intellectuals*, Columbia University Press, Nueva York, 1962. (Traducción española: *La mosca y el frasco: Encuentros con intelectuales británicos,* trad. de Augusto Monterroso, Fondo de Cultura Económica de España, Madrid, 1976.)
Mitchell, B. *Looking Back: On Faith, Philosophy and Friends in Oxford*, Memoir Club, Durham, 2009.
Mitchell, L. *Maurice Bowra: A Life*, Oxford University Press, Oxford, 2010.
Monk, R., *Ludwig Wittgenstein: The Duty of Genius*, Vintage, Londres, 1992. (Traducción española: *Ludwig Wittgenstein,* trad. de Damià Alou, Anagrama, Barcelona, 2006.)
Moore, A. W., *The Evolution of Modern Metaphysics: Making Sense of Things*, Cambridge University Press, Cambridge, 2012.
Moore, G. E. «The Refutation of Idealism». *Mind* 12, n.º 48 (1903), 433-453.
—. *Principia Ethica*, Cambridge University Press, Cambridge, 1922. (Traducción española: *Principia Ethica,* trad. de María Vázquez, Barcelona, Crítica, 2002.)
Morris, Jan. *Oxford*, Oxford University Press, Oxford, 2001.
Morris, June. *The Life and Times of Thomas Balogh: A Macaw among Mandarins*. Eastbourne, Sussex Academic Press, 2007.
Muirhead, J. H. «How Hegel Came to England». *Mind* 36, n.º 144 (1927), 423-447.

Muller, A. «Donald M. MacKinnon: The True Service of the Particular, 1913-1959». Tesis de doctorado, Universidad de Otago, Dunedin, 2010.

Mure, G. R. G. *Retreat from Truth*, Blackwell, Oxford, 1958.

Murray, G. *Gilbert Murray: An Unfinished Autobiography*, Oxford University Press, Oxford, 1960.

Nagel, E. «Impressions and Appraisals of Analytic Philosophy in Europe. I». *The Journal of Philosophy* 33, n.º 1 (1936), 5-24.

Paton, H. J. *The Categorical Imperative: A Study in Kant's Moral Philosophy*, Hutchinson's University Library, Londres, 1946.

Pevsner, N. y J. Sherwood. *Oxfordshire*, Penguin, Harmondsworth, 1974.

Phillips, A. *A Newnham Anthology*, Cambridge University Press, Cambridge, 1979.

Price, H. H. «The Inaugural Address: Clarity is Not Enough». *Proceedings of the Aristotelian Society*, Supplementary Volumes 19 (1945), 1-31.

—. «The Permanent Significance of Hume's Philosophy». *Philosophy* 15, n.º 57 (1940), 7-37.

—. *Hume's Theory of the External World*, Clarendon Press, Oxford, 1963.

Prichard, H. A. «Does Moral Philosophy Rest on a Mistake?» *Mind* 21, n.º 81 (1912), 21-37.

—. *Moral Obligation: Essays and Lectures*, Clarendon Press, Oxford, 1949.

Pugh, M. *We Danced All Night: A Social History of Britain between the Wars*, Random House, Londres, 2013.

—. *Women and the Women's Movement in Britain, 1914-1959*, Palgrave Macmillan, Basingstoke, 1992.

Purton, V. *An Iris Murdoch Chronology*, Palgrave Macmillan, Basingstoke, 2007.

Ridler, A. *Olive Willis and Downe House: An Adventure in Education*, Murray, Londres, 1967.

Robinson, J. *Bluestockings,* Viking, Londres, 2009.

Rogers, A. M. A. H. y C. F. Rogers. *Degrees by Degrees: The Story of the Admission of Oxford Women Students to Membership of the University*, Oxford University Press, Oxford, 1938.

Rogers, Ben. *A. J. Ayer: A Life*, Grove Press, Nueva York, 1999.

Ross, W. D. *The Right and The Good*, ed. de Philip Stratton-Lake, Clarendon Press, Oxford, 1930/2002. (Traducción española: *Lo correcto y lo bueno*, trad. de Leonardo Rodríguez Dupla, Sígueme, Salamanca, 2017.)

Rowe, Mark. *J. L. Austin: Philosopher and D-Day Intelligence Officer* (manuscrito inédito, en prensa, Oxford University Press).

Rozelle-Stone, A. Rebecca y Benjamin P. Davis, «Simone Weil», *The Stanford Encyclopedia of Philosophy* (otoño de 2020), ed. de Edward N. Zalta, <https://plato.stanford.edu/archives/fall2020/entries/simone-weil/>.

Russell, B. *Human Knowledge, Its Scope and Limits*, Simon & Schuster, Nueva York, 1948.

—. «On Denoting». *Mind* 14, n.º 56 (1905), 479-493.

Sagare, S. B. e I. Murdoch. «An Interview with Iris Murdoch». *Modern Fiction Studies* 47, 3 (2001), 696-714.

Sartre, J-P. «Existentialism is a Humanism» (1946), trad. inglesa de Philip Mairet, en *Existentialism from Dostoyevsky to Sartre*, ed. de Walter Kaufman, Penguin, Londres, 1991, pp. 345-369. (Traducción española: *El existencialismo es un humanismo*, trad. de Victoria Prati de Fernández, Sur, Buenos Aires, 1973.)

Savage, J. *Teenage: The Creation of Youth Culture*, Pimlico, Londres, 2008. (Traducción española: *Teenage. La invención de la juventud 1875-1945*, trad. de Enrique Maldonado Roldán, Desperta Ferro, Madrid, 2018.)

Schwenkler, J. *Anscombe's Intention: A Guide*, Oxford University Press, Oxford, 2019.

Scott, D. *A. D. Lindsay: A Biography*, Basil Blackwell, Oxford, 1971.

Searle, J. «Oxford Philosophy in the 1950s». *Philosophy* 90, n.º 2 (2015), 173-193.

Sheridan, D. (ed.). *Wartime Women: A Mass-Observation Anthology 1937-45*, Phoenix, Londres, 2002.

Smith, P. *The Morning Light: A South African Childhood Revalued*. Ciudad del Cabo, David Philip, 2000.

Stadler, F. *The Vienna Circle: Studies in the Origins, Development, and Influence of Logical Empiricism*, Springer, Viena y Nueva York, 2001.

Stebbing, S. L. *Thinking to Some Purpose*. Harmondsworth, Penguin Books, 1939.

Stray, Christopher. «A Teutonic Monster in Oxford: The Making of Fraenkel's Agamemnon», en *Classical Commentaries: Explorations in a Scholarly Genre*, ed. de Christina S. Kraus y Christopher Stray, Oxford University Press, Oxford, 2015.

Teichman, Jenny. «Gertrude Elizabeth Margaret Anscombe 1919-2001». *Proceedings of the British Academy* 115 (2002), 31-50.

Teichmann, Roger. *The Oxford Handbook of Elizabeth Anscombe*, Oxford University Press, Oxford, 2022.

—. *The Philosophy of Elizabeth Anscombe*, Oxford University Press, Oxford, 2008.

Thompson, M. «Apprehending Human Form». *Royal Institute of Philosophy Supplement* 54 (2004), 47-74.

Umachandran, Mathura. «"The Aftermath Experienced Before": Aeschylean Untimeliness and Iris Murdoch's Defence of Art». *Ramus* 48, n.º 2 (2019), 223-247.

455

Urmson, J. O. «Austin's Philosophy», en *Symposium on J. L. Austin*, ed. de K. T. Fann. Routledge & Kegan Paul, Londres, 1969.

Voorhoeve, A. *Conversations on Ethics*, Oxford University Press, Oxford, 2011.

Vrijen, C. «The Philosophical Development of Gilbert Ryle: A Study of His Published and Unpublished Writings». Tesis de doctorado, Groninga, 2007.

Walsh, B. «From Outer Darkness: Oxford and Her Refugees». *Oxford Magazine*, 1992, 5-7.

Warnock, G. J. «Gilbert Ryle's Editorship». *Mind* 85, n.º 337 (1976): 47-56.

—. «John Langshaw Austin: A Biographical Sketch (1963)», en *Symposium on J. L. Austin*, ed. de K. T. Fann, Routledge & Kegan Paul, Londres, 1969.

Warnock, M. *A Memoir: People and Places*, Duckworth, Londres, 2000.

Weber, R. *Lotte Labowsky (1905-1991): Schülerin Aby Warburgs, Kollegin Raymond Klibanskys*. Berlín y Hamburgo, Dietrich Reimer Verlag, 2012.

Webster, W. *Mixing It: Diversity in World War Two Britain*, Oxford University Press, Oxford, 2018.

Weil, S. y J. P. Holoka. *Simone Weil's the Iliad, or, the Poem of Force: A Critical Edition*, Peter Lang, Londres, 2003.

—. *Oppression and Liberty*, trad. inglesa de A. Wills y J. Petrie, Routledge, Londres, 2001. (Traducción española: *Opresión y libertad: Ensayos de crítica social y política*, trad. de Luis González Castro, Página Indómita, Barcelona, 2020.)

White, F. *Becoming Iris Murdoch*, Kingston University Press, Londres, 2014.

White, R., J. E. Wolfe y B. N. Wolfe. *C. S. Lewis and His Circle: Essays and Memoirs from the Oxford C. S. Lewis Society*, Oxford University Press, Oxford, 2015.

Williams, B. *Ethics and the Limits of Philosophy*, Harvard University Press, Cambridge, Mass., 1985.

—. *Shame and Necessity*, University of California Press, Berkeley, California, 1993. (Traducción española: *Vergüenza y necesidad: recuperación de algunos conceptos morales de la Grecia antigua*, trad. de Alba Montes Sánchez, A. Machado Libros, Boadilla del Monte, 2018.)

Wimmer, M. «The Afterlives of Scholarship: Warburg and Cassirer». *History of Humanities* 2, 1 (2017), 245-270.

Winch, P. *Simone Weil: «The Just Balance»*, Cambridge University Press, Cambridge, 1989.

Wiseman, R. *Routledge Philosophy Guidebook to Anscombe's Intention*, Routledge, Londres, 2016.

Wittgenstein, L. y G. E. M. Anscombe. *Philosophical Investigations: The German Text, with a Revised English Translation*, Blackwell, Oxford, 2001. (Traducción española: *Investigaciones filosóficas,* trad. de Alfonso García Suárez y C. Ulises Moulines, Crítica, Barcelona, 2008.)

Wittgenstein, L. *Wittgenstein: Lectures and Conversations on Aesthetics, Psychology and Religious Belief,* ed. de C. Barrett, Basil Blackwell, Oxford, 1966. (Traducción española: *Lecciones y conversaciones sobre estética, filosofía y creencia religiosa,* trad. de Isidoro Reguera, Paidós-UAB, Barcelona, 1996.)

—. *On Certainty,* ed. de Anscombe y Von Wright, Harper Torchbooks, Nueva York, 1969-1972. (Traducción española en *Tractatus Logico-Philosophicus. Investigaciones filosóficas. Sobre la certeza,* trad. de Josep Lluís Prades y Vicent Raga, Gredos, Madrid, 2009.)

—, P. T. Geach, K. J. Shah y A. C. Jackson. *Wittgenstein's Lectures on Philosophical Psychology, 1946-47,* University of Chicago Press, Chicago, 1989. (Traducción española: *Lecciones sobre filosofía de la psicología, 1946-1947,* trad. de Isidoro Reguera y Andoni Alonso, Alianza, Madrid, 2004.)

—, C. G. Luckhardt, G. H. von Wright y H. Nyman. *Last Writings on the Philosophy of Psychology, Volume 1,* University of Chicago Press, Chicago, 1982. (Traducción española: *Últimos escritos sobre filosofía de la psicología,* trad. de Edmundo Fernández, Encarna Hidalgo, Pedro Mantas y Luis Manuel Valdés, Tecnos, Madrid, 2008.)

— y C. K. Ogden. *Tractatus Logico-Philosophicus,* Routledge, Londres, 1921. (Traducción española: *Tractatus Logico-Philosophicus,* trad. de Jacobo Muñoz Veiga e Isidoro Reguera Pérez, Alianza/Gredos, Madrid, 2009.)

—, G. H. Wright, G. E. M. Anscombe y R. Rhees. *Remarks on the Foundations of Mathematics,* Blackwell, Londres, 1956. (Traducción española: *Observaciones sobre los fundamentos de las matemáticas,* trad. de Isidoro Reguera, Alianza, Madrid, 1987.)

Wragg, D. *Wartime on the Railways,* The History Press, Stroud, 2012.

LECTURAS DESTACADAS

El interés sobre la filosofía de estas mujeres no deja de crecer. De la bibliografía anterior, destacamos aquí las lecturas que nos han sido de gran ayuda durante nuestro proceso de investigación para la redacción de *Animales metafísicos*.

Si se busca un panorama general, recomendamos: Roger Teichmann, *The Philosophy of Elizabeth Anscombe*; John Hacker-Wright, *Philippa Foot's Moral Thought*; Gregory S. McElwain, *Mary Midgley: An Introduction,* y Justin Broackes, ed., *Iris Murdoch, Philosopher.* Las obras que mencionamos a continuación pueden considerarse guías para la lectura de textos claves: John Schwenkler, *Anscombe's Intention: A Guide*; Rachael Wiseman, *Routledge Philosophy Guidebook to Anscombe's Intention*; Justin Broackes, *Sovereignty of Good: A Philosophical Commentary,* y Nora Hämäläinen y Gillian Dooley, eds., *Reading Iris Murdoch's Metaphysics as a Guide to Morals.* Por su parte, *The Stanford Encyclopaedia of Philosophy* es un útil recurso de libre acceso.

También queremos señalar algunas excelentes colecciones de publicación reciente: entre otras, Roger Teichmann, *The Oxford Handbook of Elizabeth Anscombe*; Adrian Haddock y Rachael Wiseman, *The Anscombean Mind*; John Hacker-Wright, *Philippa Foot on Goodness and Virtue*; Ian James Kidd y Liz McKinnell, eds., *Science and the Self: Animals, Evolution, and Ethics: Essays in Honour of Mary Midgley*; Justin Broackes, y Mark Hopwood y Silvia Panizza, eds., *The Murdochian Mind.*

Más detalles biográficos pueden encontrarse en: Mary Warnock, *A Memoir: People and Places;* Anthony Kenny, *Brief Encounters: Notes from a Philosopher's Diary*; Benjamin J.B. Lipscomb, *The Women Are Up to Something: How Elizabeth Anscombe, Philippa Foot, Mary Midgley, and Iris Murdoch Revolutionized Ethics*; John Haldane, «Anscombe: Life, Action and Ethics in Context»; Teichman, «Elizabeth Anscombe»; Mary Midgley, *Owl of Minerva: A Memoir*, Peter Conradi, *Iris Murdoch: A Life*; Frances White, *Becoming Iris Murdoch*. Asimismo, *Why Iris Murdoch Matters,* de Gary Browning, e *Iris Murdoch: Philosophical Novelist,* de Miles Leeson, son trabajos que analizan las novelas de Iris Murdoch desde una perspectiva filosófica.

Otras obras de filosofía que ayudan a definir los contornos de esta disciplina en el siglo XX y la vida de pensadoras claves son: Michael Beaney, ed., *The Oxford Handbook of the History of Analytic Philosophy*; Laurence A. Blum y Victor Seidler, *A Truer Liberty: Simone Weil and Marxism*; Siobhan Chapman, *Susan Stebbing and the Language of Common Sense*; Sophia Connell y Frederique Janssen-Lauret, «Lost Voices. Women in Philosophy 1900-1970»; David Edmonds, *The Murder of Professor Schlick: The Rise and Fall of the Vienna Circle*; John David Loner, «Wittgenstein and his Students», *1912-1968*; W. J. Mander, *British Idealism: A History*, y también *Idealist Ethics*; Ray Monk, *Ludwig Wittgenstein: The Duty of Genius*; Adrian W. Moore, *The Evolution of Modern Metaphysics: Making Sense of Things*; Brendan Sweetman, *A Gabriel Marcel Reader* (South Bend, St. Augustine's Press, 2011); Samantha Matherne, *Cassirer*; Ben Rogers, *A. J. Ayer: A Life*; André P. Muller, «Donald M. MacKinnon: The True Service of the Particular, 1913-1959»; Mark Rowe, *J. L. Austin: Philosopher and D-Day Intelligence Officer*; Friedrich Stadler, *The Vienna Circle: Studies in the Origins, Development, and Influence of Logical Empiricism*; Regina Weber, *Lotte Labowsky (1905-1991): Schülerin Aby Warburgs, Kollegin Raymond Kli banskys*, y Peter Winch, *Simone Weil: «The Just Balance»*.

Entre los intérpretes y estudiosos contemporáneos cuyo trabajo nos ha parecido especialmente esclarecedor destacamos a: Hannah Altorf (Murdoch); David Bakhurst (Murdoch); Paul Bloomfield (Anscombe, Foot, Murdoch); Justin Broackes (Murdoch); Sophie Grace Chappell (Anscombe and Murdoch); Sophia Connell (Anscombe y Midgley); Alice Crary (Murdoch); Anton Ford (Anscombe); Jennifer Frey (Anscombe y Foot); Anil Gomes (Murdoch); Mark Hopwood (Murdoch); Nikhil Krishnan (Foot); Katherine Nieswandt (Foot y Anscombe); Evgenia Mylonaki (Anscombe y Murdoch); Gavin Lawrence (Foot); Kieran Setiya (Anscombe y Murdoch), y Roger Teichmann (Anscombe).

Entre los filósofos y las filósofas de más edad que utilizan hoy las obras de nuestras cuatro mujeres (muchos estudiaron con ellas) citaremos a: Lawrence Blum (Murdoch); Cora Diamond (Anscombe y Murdoch); Rosalind Hursthouse (Foot); Anthony Kenny (Anscombe); Sabina Lovibond (Murdoch); Alisdair MacIntyre (Anscombe); John McDowell (Anscombe y Murdoch); Martha Nussbaum (Murdoch); Charles Taylor (Murdoch); Michael Thompson (Anscombe y Foot), y Candace Vogler (Anscombe).

ILUSTRACIONES

111 Evacuación de Dunkerque, junio de 1940 (*Creative Commons*).

121 Mary Glover (*Kate Price, Richard Glover y Jane Glover*).

127 Donald MacKinnon (© *JPI Media*).

139 Arando con un elefante: revista *Animal & Zoo*, septiembre de 1940, vol. 5, n.º 4, p. 12.

141 Maniobras en Emmanuel, Universidad de Cambridge ARP, 1939 o 1940.

149 La abadía de Westminster dañada por las bombas (*Creative Commons*).

151 Tiziano, *Noli me tangere*: The National Gallery, Londres (*imagen de dominio público*).

154 Interior de Seaforth Place, 5, Londres.

171 La Torre, Whewell Court, Cambridge (*fotografía de la autora*).

178 Plan de investigación de Elizabeth Anscombe, 1945: NCA, AC/5/2. (*The Fellows and Principal of Newnham College © M. C. Gormally.*)

196 16, Park Town, Oxford (*fotografía de las autoras*).

203 Zonas ocupadas por los aliados en Austria y Viena, *New York Times*, 9 de agosto de 1945, p. 11 (© *New York Times*).

205 Hotel Mariabrunn, hacia 1950 (*Creative Commons*).

206 Anuncio de Oxfam: The Bodleian Library, Universidad de Oxford, Ms. Oxfam APL/3/1/1 (*The Bodleian Library, Oxford University and Oxfam*). Oxfam no suscribe necesariamente ningún texto ni ninguna actividad que acompañen a los materiales.

207 Tienda del comité de Oxford para el alivio de la hambruna, hacia 1948: The Bodleian Library, Universidad de Oxford, Per. G. A. Oxon C.86 (V. 71) 1940/41 (*The Bodleian Library, Oxford University; and Oxfam*). Oxfam no suscribe necesariamente el texto y las actividades que acompañen a sus materiales.

212 Sala común sénior de Somerville (*JT Interiors*).

216 Carta de Iris Murdoch en relación con la beca Sarah Smithson, 4 de junio de 1946: NCA, AC/5/2/1. (*The Fellows and Principal of Newnham College © Audi Bayley.*)

218 El Perro de la Felicidad, dibujo de Iris Murdoch: IMA, KUAS100/1/38 (© *Kingston University*).

255 Interior del salón de té Lyons' hacia 1942: Fotografía D6573. (*Ministry of Information Second World War Official Collection, Imperial War Museum.*)

268 Esbozo de Iris Murdoch: Husserl y Wittgenstein como una hidra: IMC, carta de Iris Murdoch a Hal Lidderdale, 29 de febrero de 1948, KUAS78/60 (© *Kingston University*).

276 Exterior del número 27 de St. John Street, Oxford (*fotografía de las autoras*).

282 Carta de Elizabeth Anscombe al Senior Proctor, 24 de enero de 1951: Oxford University Archive, PR 1/12/4. (*The Bodleian Library, Oxford University* © *M. C. Gormally.*)

283 Pintura rupestre, Lascaux (*Creative Commons*).

289 El pato-conejo (*John Wiley and Sons Limited*).

314 Carta de Mary Scrutton a Geoff Midgley: MGMP, MID/F. (*Durham University Archives and Special Collections* © *David Midgley.*)

317 Lotte Labowsky.

319 El vapor *Hermia* (*Hapag-Lloyd AG, Hamburg*).

325 Prueba geométrica (*ilustración de las autoras*).

329 Elizabeth Anscombe y Peter Geach con John y Mary (© *M. C. Gormally*).

343 Mary Scrutton, «Rings & Books», p. 1: MGMP, MID/C/3. (*Durham University Archives and Special Collections* © *David Midgley.*)

351 Ilustración de Konrad Lorenz, *King Solomon's Ring* (*Routledge*).

353 Ilustración de David Garnett, *Lady into Fox* (*Chatto & Windus*).

355 The Dell en el jardín de St. Hugh's College: SHCA, SHG/M/4/3 (9-3). (*The Fellows and Principal of St Hugh's College.*)

357 Tres monedas romanas, en *Natural Goodness* (© *Oxford University Press*).

380 Elizabeth Anscombe (© *The Anscombe Bioethics Centre, Oxford*); Philippa Foot e Iris Murdoch (© *Peter Conradi and Jim O'Neill*); Mary Midgley (© *Ian Ground*).

Se ha hecho todo lo posible por localizar a los titulares del *copyright* de las ilustraciones. En caso de detectarse omisiones o errores involuntarios, se ruega contactar con los editores con vistas a corregirlos cuanto antes.

AGRADECIMIENTOS

Escribimos este libro durante la pandemia de Covid-19. En febrero de 2020, cuando nos despedimos de Anne Manuel y Kate O'Donnell, las magníficas archiveras de Somerville College, suponíamos que acabábamos de hacer la primera de una larga serie de visitas. Tuvieron que pasar dos años para que pudiéramos volver (con un borrador completo). Por ese motivo, nuestro primer y más sincero agradecimiento es para Anne y Kate. A lo largo de toda la pandemia, trabajando en condiciones desconocidas, arriesgadas e impredecibles, contestaron con amabilidad y entusiasmo nuestras extrañas preguntas y nuestras infinitas peticiones de textos escaneados y copias. Sin su ayuda no podríamos, *literalmente,* haber escrito este libro. En Oxford, les damos las gracias a Amanda Ingram (St. Hugh's), Oliver Mahony (Lady Margaret Hall y St. Hilda's), Bethany Hamblen y Amy Boylan (Balliol), Fiona Richardson (Linacre), Peter Monteith (Keble), Judith Curthoys (Christ Church), Jennifer Thorp (New College), Emma Goodrum (Worcester), Michael Riordan (Queen's), Alice Millea, Anne Petre, Nicola O'Toole y muchos más (de los archivos de la Universidad de Oxford). En Cambridge, a Frieda Midgley (Newnham) y Jonathan Smith (Trinity). Kate O'Donnell y Anne Manuel (Somerville), Andrew Gray (del Mary and Geoff Midgley Archive, Durham) y Dayna Miller (del Iris Murdoch Archive, Kingston) hicieron esfuerzos heroicos para ayudarnos, igual que Janet Dilger (de los archivos Klibanksy y Steiner, en Marbach). Daniel Cheely y Terrence y Jessica Sweeney (del Collegium Institute Anscombe Archive de la Universidad de Pennsylvania) se ofrecieron a

465

ayudarnos cuando, a causa de la pandemia, se canceló nuestro viaje a los Estados Unidos. Ese viaje que no hicimos, y, no menos importante, el periodo sabático durante el que escribimos este libro, se financiaron con una beca del Arts and Humanities Research Council. Agradecemos también las becas que nos concedieron el Collegium Institute, la British Academy, el Royal Institute of Philosophy, la British Society of Aesthetics y las universidades de Durham y Liverpool, y a los profesores que apoyaron nuestras solicitudes, incluidas Nancy Cartwright, Jenny Saul y Matthew Soteriou.

La deuda que tenemos con nuestros colegas es enorme. David Bakhurst, Ana Barandalla, Justin Broackes, Lesley Brown, Gary Browning, Siobhan Chapman, Alix Cohen, Peter Conradi, Andy Hamilton, Miles Leeson, André Müller, Mark Rowe y Robert Stern leyeron todo el manuscrito y entre todos nos ahorraron muchos papelones. John Berkman, Chris Birks, Colin Carritt, John Haldane, André Müller, Mark Rowe y Ron Tacelli compartieron investigaciones inéditas y en muchos casos mantuvieron con nosotras, durante meses, un prolongado intercambio por correo electrónico. Paul Bryers tuvo la generosidad de enviar el guión de su brillante docudrama *A Vote for Hitler* (1988) y de enviar la película en breves fragmentos, llevando a cabo un meticuloso trabajo, a causa de nuestra inestable conexión a internet. Recibimos ideas, inspiración y ayuda práctica de todas las integrantes de la red «Women In Parenthesis». Gracias en especial a las brillantes Rachel Bollen, Ana Barandalla (cuya impecable e incisiva corrección del manuscrito es una verdadera maravilla); a Mara-Daria Cojocaru (que tradujo al inglés el poema de Steiner incluido en el texto); a Amber Donovan, Eva-Maria Düringer, Sasha Lawson-Frost, David Loner, Annie MacCallion, Amber Perera, Sally Pilkington, Ellie Robson, Anne Sterle y Amy Ward. Hannah Altorf, Luna Dolezal, Liza Thompson y Dawn Wilson fueron amigos de los primeros tiempos de «Women In Parenthesis». *Todos* nuestros colegas de Durham y Liverpool nos han apoyado y alentado de muchas e incontables maneras. Vaya un agradecimeinto especial a Chiara Brozzo, Simon Hailwood, Michael Hauskeller, Daniel Hill, Ian James Kidd, Liz McKinnell, Joe Saunders, Vid Simoniti, Ben Smith, Richard Stopford, Sara Uckelman, Yiota Vassilopoulou y, del University College de Dublín, a Áine Mahon y Danielle Petheridge. Hemos contado con el apoyo y la experiencia de demasiadas personas más para nombrarlas a todas (y esperamos que sepáis a quienes nos referimos), por lo cual nos limitamos a mencionar a algunas de las mujeres que han sido nuestras mentoras e inspiradoras: Maria Baghramian, Nancy Cartwright, Cora Diamond, Susan Frenk, Jane Heal, Jennifer Hornsby, Marie McGinn, Sarah Richmond, Christine Sypnowich, Gabrielle Taylor, Mary Warnock y Alison Wiley.

Uno de los grandes placeres que nos procuró escribir el presente libro ha sido conocer a personas que trataron y amaron a los personajes que aparecen en sus páginas. Las familias, los amigos y los albaceas literarios de Elizabeth Anscombe, Philippa Foot, Mary Midgley e Iris Murdoch han sido generosos a la hora de concedernos tiempo, historias y permisos. Audi Bayley nos autorizó a usar las cartas de Iris a Mary, conservadas ahora en Durham. Mary y Luke Gormally compartieron historias, fotografías y momentos de la familia Anscombe y nos permitieron reproducir y citar de numerosas fuentes inéditas. Francis y Penelope Warner nos abrieron la puerta de su casa (en el n.º 27 de St. John Street). Lesley Brown nos ayudó a formarnos una idea de Philippa Foot (una mujer terriblemente reservada) y nos permitió utilizar material inédito del archivo de Somerville. Lawrence Blum, John Campbell, Prophesy Coles y Martin Gornall compartieron con nosotras historias de una importancia crucial. Joyce Reynolds nos ayudó a reconstruir parte del Somerville de la década de 1930. Con Mary y su familia —sus tres hijos, sus nietos— y con numerosos amigos y antiguos colegas trabamos amistad a lo largo del proceso; gracias, pues, a Gillian Allnutt, Mike Bavidge, Jessica y Sheridan Few, Ian Ground, Tenzin Haarhaus, Judith Hughes y a David, Martin y Tom Midgley. Miles Leeson, Anne Rowe y Francis White han compartido con nosotras muchos conocimientos sobre Iris Murdoch. También queremos dar las gracias a los amigos y las familias de Heinz Cassirer (y Iona Hine), Michael Foot, Mary Glover, R. M. Hare, Lotte Labowsky, Donald MacKinnon, H. H. Price, Franz Steiner, Jessie Street, Frank Thompson, Victor White y Bernard Williams (y a Adrian Moore). *Iris Murdoch: A Life*, de Peter Conradi, ha sido un recurso de un valor incalculable para nuestro trabajo, y Peter ha llegado a ser un mentor y amigo. Así como por toda la ayuda que nos prestó para este libro, y muchas cosas que nos contó sobre Iris y Philippa, le agradecemos la invitación a la casa que comparte con Jim, donde disfrutamos de la sauna y la piscina y nos recuperamos después de entregar el manuscrito. ¡Lo necesitábamos, y cómo!

Hemos tenido la gran suerte de trabajar con un extraordinario equipo de mujeres. Nuestra agente Zoë Waldie (de RCW) es un fenómeno. Ha sido gracias a su entusiasmo, su aliento y su meticulosa gestión que hemos seguido en la brecha (con altibajos) durante los tres últimos años. Clara Farmer (de Chatto & Windus, Reino Unido) y Kris Puopolo (de Doubleday, Estados Unidos) se enamoraron de nuestras cuatro heroínas tanto como nosotras, hicieron las intervenciones editoriales más oportunas y sensatas y mantuvieron la calma cuando nosotras nos volvíamos locas. Las tres trabajan con equipos increíbles, de los que forman parte, entre otros, Mary Chamberlain, Tom Atkins, Ryan Bowes, Becky Hardie y Natasia Patel.

Todos los miembros de nuestras respectivas familias, pero muy especialmente Joseph, Rob, Penelope y Ursula nos apoyaron con su amor, su paciencia y su amabilidad mientras nosotras tratábamos de escribir un libro, al alimón y a lo largo de una serie de confinamientos, clases en casa, finales en falso, calamidades y dramas. Leyeron borradores, ayudaron con la investigación, cantaron canciones, dibujaron, cocinaron y nos advirtieron del momento en que convenía parar. Los queremos y nos alegra afirmar que, esta vez sí, hemos terminado.

ÍNDICE